Polen · Der Norden
Ostseeküste und Masuren

Izabella Gawin

Inhalt

Kultur & Geschichte

Einstimmung	10
Landschaftsbilder und Natur	12
Tipp Zwölf Höhepunkte in Nordpolen	16
Landeskunde im Schnelldurchgang	17
Geschichte und Gegenwart	18
Staatsgründung	18
Deutsche Ritter und polnische Könige	20
Verklärte Adelsrepublik	22
Unter fremder Herrschaft	26
Thema Pommern, West- und Ostpreußen kurzgefasst	28
Hoffnung auf Neubeginn	32
Thema Atlantis des Nordens – Suche nach einem versunkenen Land	34
Zeittafel	36
Kulturelle Streiflichter	39
Literarische Reise in die Vergangenheit	39
Von der Backsteingotik zur Plakatkunst	41
Feste und Festivals	44
Pomp, Passion und Prozession	44
Tipp Feste von Monat zu Monat – Eine Jahresübersicht	46
Spezialitäten polnischer Küche	48
Tipp Goldwasser, Wodka & Krambambuli	51

Reisen in Nordpolen

Stettin und der Nordwesten

Grenzfluss Oder	56
Stettin – Pforte zum Baltischen Meer	56
Ein Blick zurück	59
Stadtrundgang	61
Thema Die Hanse – freier Handel ohne Grenzen	62
Zwischen Heide und Haff	64
Thema Vineta – die Stadt auf dem Meeresgrund	68
Usedom und Wolin	68
Tipp Drei Wanderungen im Wolliner Nationalpark	72
Von Kamień Pomorski (Cammin) nach Mrzeżyno (Deep)	76
Thema Bernstein – »Tränen der Götter«	78

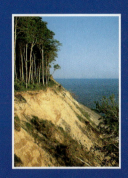

Mittlere Ostseeküste

Strände, so weit das Auge reicht	82
Kołobrzeg (Kolberg) – Bade- und Kurort	82
Ein Blick zurück	82
Stadtrundgang	84
Thema Ein Film macht mobil	84
Über Koszalin (Köslin) nach Ustka (Stolpmünde)	87
Tipp Die Pommersche Seenplatte	88

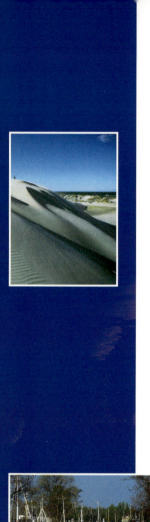

Kaschubei

Wanderdünen, Moränenhügel und steinerne Kreise	94
Vom Slowinzischen Nationalpark zur Halbinsel Hel	95
Tipp Wandern in der »Polnischen Sahara«	98
Kaschubische Schweiz	104
Thema Teufelsspuren und dubiose Steinkreise	105

Von Danzig nach Toruń (Thorn)

Die Dreistadt und die Ordensburgen	110
Danzig – Königin des Baltikums	110
Ein Blick zurück	110
Stadtrundgang	114
Thema Günter Grass und Oskar, der Trommler	117
Von Oliwa (Oliva) nach Gdynia (Gdingen)	126
Thema Klaus Kinski, ungeliebter Sohn der Stadt	128
Marienburg	132
Thema Der Deutsche Ritterorden	134
Festungsstädte entlang der Weichsel	137
Tipp Gepfeffert und gesüßt – Thorner Lebkuchen	139

Frisches Haff und Oberländische Seenplatte

Schilf, Wasser und ein technisches Kuriosum	144

Elbląg (Elbing) – Stadt in Wartestellung	144
Ein Blick zurück	144
Stadtrundgang	146
Tipp Tagesausflug nach Königsberg	148
Entlang der Frischen Nehrung	150
Von Kadyny (Cadinen) nach Frombork (Frauenburg)	152
Thema Nikolaus Kopernikus – Ketzer und Domherr	156
Oberländischer Kanal und Eylauer Seenplatte	156
Tipp Bootsfahrt über geneigte Ebenen	158

Olsztyn (Allenstein) und Umgebung

Vom Ermland ins Masurische	162
Olsztyn (Allenstein)	162
Ein Blick zurück	162
Stadtrundgang	164
Über Lidzbark Warmiński (Heilsberg) zur »Wolfsschanze«	167
Von Olsztynek (Hohenstein) nach Szczytno (Ortelsburg)	173
Thema Jeder vierte Storch der Welt ist ein Pole	175

Naturparadies Masuren

Land der tausend Wälder und Seen	178
Rund um Mrągowo (Sensburg)	179
Thema Das Wiechert-Museum – Huldigung eines »aufrechten« Autors	180
Mikołajki (Nikolaiken) und die Johannisburger Heide	185
Tipp Auf der Krutynia – Polens schönste Paddeltour	188

Giżycko (Lötzen) und der Mamry-See	193
Thema Die Masuren	194
Suche nach Suleyken	198

Die Naturparks im Nordosten

Flussauen, Sümpfe und Urwälder	202
Suwałki und der Wigry-Nationalpark	202
Thema Ausflug ins litauische Grenzland	204
Von Augustów zu den Biebrza-Sümpfen	206
Thema Tanz der Vampire	208
Rund um Białystok	209
Thema Esperanto – Sprache der Hoffnung?	212

Warschau und Posen

Boom & Business	216
Metropole Warschau	216
Daten und Taten	218
Stadtrundgang	221
Thema Jüdisches Warschau	226
Ausflugsziele	234
Messestadt Posen	236
Ein Blick zurück	236
Stadtrundgang	238
Ausflugsziele	243

Verzeichnis der Karten und Pläne

Stettin und der Nordwesten

    Stadtplan Szczecin (Stettin)   57
    Der Nordwesten   65

Mittlere Ostseeküste

    Stadtplan Kołobrzeg (Kolberg)   83
    Die mittlere Ostseeküste   90

Kaschubei

    Ostseeküste und Kaschubische Schweiz   95

Von Danzig nach Thoruń (Thorn)

    Stadtplan Gdańsk (Danzig)   115
    Von der Küste ins Landesinnnere   127

Frisches Haff und Oberländische Seenplatte

    Stadtplan Elbląg (Elbing)   145
    Stadtplan Kaliningrad (Königsberg)   149
    Die Oberländische Seenplatte   153

Olsztyn (Allenstein) und Umgebung

    Stadtplan Olsztyn (Allenstein)   163
    Das Ermland   166

Naturparadies Masuren

    Die Masurische Seenplatte   179

Die Naturparks im Nordosten

    Der Nordosten   203

Warschau und Posen

    Stadtplan Warszawa (Warschau)   220
    Rund um Warschau   234
    Stadtplan Poznań (Posen)   239
    Rund um Posen   244

Serviceteil

Tipps & Adressen von Ort zu Ort   251
Reiseinformationen von A bis Z   325
Sprachführer   338
Abbildungs- und Quellennachweis   342
Register   343

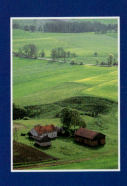

Der nahe Osten

Einstimmung

»Der Tourismus, der etwas erleben will, geht in die nächste Nachbarschaft, und nicht unbedingt nach Übersee.«
(Karl Schlögel)

Die Geschichte Nordpolens ist deutsch geprägt. Da sieht man wuchtige Backsteinkirchen der Hansezeit und Trutzburgen der Ordensritter, kaiserliche Jagdpaläste und Schlösser der Junker. Auf alten Kanaldeckeln prangen deutsche Firmennamen, unter dem Putz der Fassaden entdeckt man vertraute Worte in verblichener Schrift. Deutsch klingen auch die Namen vieler neuer Lokale in Städten wie Danzig, wo mit Bezeichnungen wie »Rathauskeller« und »Goldwasser« geworben wird – der Zeitgeist ist, so scheint's, des Deutschen Freund. Die meisten Polen gestehen heute unumwunden zu, dass Teile ihres Landes lange Jahre unter deutschem Vorzeichen standen. Doch was einmal war, liefert kaum mehr Grund für Angst: Mit dem Eintritt in die Europäische Union fühlt sich die Mehrzahl der Polen als Bewohner eines gemeinsamen, europäischen Hauses.

Auch auf deutscher Seite hat sich vieles geändert. Die Zeit, da man nach Polen fuhr, um Klagelieder auf die verlorene Heimat anzustimmen, ist vorbei. Die heute ins Land reisen, gehören zumeist einer jüngeren Generation an, die das Wort »Vertreibung« nur aus Erzählungen kennt. Einige von ihnen mögen sich zwar noch auf Spurensuche begeben, wollen sehen, wo ihre Eltern und Großeltern einst lebten, doch sie sind keine »Heimwehtouristen«, haben auch nicht den Wunsch, dass dies alles wieder deutsch werden möge.

Polen ist heute eines der attraktivsten Reiseländer Europas – paradoxerweise gerade weil es vom »Fortschritt« so lange ausgeschlossen war. Zwar gibt es in den größeren Städten auch hier bereits Straßenzüge mit glitzernden Glasfassaden, dem Geruch von Management und Marketing; doch sobald man aus den Zentren der Globalisierung hinaustritt, erlebt man eine andere, erfrischend dörfliche Welt, die bei uns fast vergessen ist: schattige Alleen und kopfsteingepflasterte Straßen, alte Mütterchen mit Pilzen

In vielen Regionen scheinen »Fortschritt« und Globalisierung noch weit entfernt

am Wegesrand, Pferdefuhrwerke und veraltete Gleisanlagen – im »Land der tausend Sümpfe und Seen« sind die Normen der Europäischen Union vorerst nicht durchsetzbar, vor allem in den östlichen Gebieten wird es noch Jahre dauern, bis die Stechuhr funktioniert.

Dieses Buch begleitet Reisende auf dem Weg von Stettin entlang der Ostseeküste nach Danzig, zu den masurischen Seen und den Naturparks an der litauischen und weißrussischen Grenze – auf Wunsch mit Abstecher nach Kaliningrad (Königsberg) – und zurück über Warschau und Posen. Tourenvorschläge machen mit einigen der schönsten Landschaften Nordpolens vertraut: Sie führen über Wanderdünen und die Küste entlang, durch abgelegene Tatarendörfer und einsame Wälder, vorbei an Synagogen, Holzkirchen und Moscheen.

Abschließend einige Worte zur Wahl von Ortsbezeichnungen: Da es darauf ankommt, dem der polnischen Sprache nicht mächtigen Leser das Verständnis der mitgeteilten Information zu erleichtern, werden in der Einführung in der Regel die deutschen Namen verwendet. Beim Reisen durchs Land jedoch kommt man mit den deutschen Bezeichnungen nicht weit. Mit Mühe erkennt man noch Allenstein in Olsztyn, dagegen hat Lötzen kaum etwas gemein mit Gyżicko und noch weniger Sensburg mit Mrągowo oder Ortelsburg mit Szczytno. Zur besseren Orientierung werden deshalb im praktischen Reiseteil die polnischen Namen bevorzugt, nur die Großstädte werden deutsch aufgeführt. Für alle, die den Ehrgeiz haben, die polnischen Zungenbrecher auch auszusprechen, gibt es im Anhang einen Sprachführer!

Landschaftsbilder und Natur

Auf den ersten Blick wirkt Polen sehr gleichmäßig. Es erstreckt sich in einer von Norden nach Süden ansteigenden Ebene über 650 km von der Ostsee bis zu den Karpaten, und fast ebenso lang ist die Ausdehnung von Westen nach Osten. Im Westen folgt die Grenze der Lausitzer Neiße und dem Unterlauf der Oder, im Osten verläuft sie über weite Strecken am Bug entlang. Damit hat das Land eine kompakte, annähernd runde Gestalt, die ziemlich genau das Zentrum Europas einnimmt, sofern man den Kontinent von der Iberischen Halbinsel bis zum Ural verortet. Seine Nachbarn im Westen sind Deutschland, im Süden die Tschechische und die Slowakische Republik, im Osten die Ukraine und Weißrussland, im Nordosten Litauen und das zu Russland gehörende Gebiet von Kaliningrad; jenseits der Ostsee liegen Dänemark und Schweden.

Polen gliedert sich in parallele, horizontal verlaufende Landschaftsräume. Die Küste ist 524 km lang und reicht vom Stettiner bis zum Frischen Haff: Auf die dem Oderdelta vorgelagerten Inseln Usedom und Wollin folgt eine gerade, fast wie mit dem Lineal gezogene Linie bis zur Halbinsel Hel. Bewaldetes Steilufer wechselt ab mit Dünen und lagunenartigen Seen, die weißen, feinsandigen Strände zählen zu den breitesten in Europa.

An die Küste schließt sich der Baltische Höhenrücken an, eine weite, ruhige Hügellandschaft. Sie entstand während der Eiszeiten, deren letzte vor etwa 10 000 Jahren ausklang. Mehrfach überrollten skandinavische Gletscher das Land und schoben gewaltige Mengen von Sand und Gesteinsschutt vor sich her. Als das Eis zum Stillstand kam, erstarrten diese zu einer Kette unruhig geformter Buckel, die in der Kaschubei und in Masuren bis zu einer Höhe von über 300 m aufragen. Für sie haben Geologen den Ausdruck »Stirnmoränen« geprägt – im Unterschied zu den »Grundmoränen«, jener welligen, flachhügeligen Landschaft, die von den über sie hinwegrollenden Gletschern abgeschmirgelt worden war. In den von

In Masuren

diesen ausgeschürften Hohlräumen (Schmelzwasserrinnen, Tälern und Kesseln) bildeten sich Seen, einige von ihnen mit einem langen, in die Landschaft gekerbten Bett, andere weiträumig und flach oder lochartig vertieft. Westlich der Weichsel liegt die Pommersche, östlich die Masurische Seenplatte: eine stille, melancholische Landschaft mit mehr als 3000 verschlungenen Gewässern. Sie sind durch Flüsse und Kanäle miteinander verbunden, manchmal so groß, dass man sie als »kleine Meere« bezeichnet.

An den Baltischen Höhenrücken grenzt südwärts eine von Urstromtälern durchzogene Niederung, die mit ihren Wald- und Heideflächen ganz Zentralpolen einnimmt. Auf die Tiefebene folgt wieder Hügelland, das sich östlich der Oder vom oberschlesischen Annaberg über das Heilig-Kreuz-Gebirge bis zur Ukraine erstreckt. Noch weiter südlich schließt sich die Gebirgsregion an: Höchster Punkt der Sudeten ist mit 1602 m die Schneekoppe im Riesengebirge, die Karpaten werden vom 2499 m hohen Rysy (Meeraugspitze) in der Hohen Tatra beherrscht.

Nationalparks, Flora und Fauna

Nur wenige Länder Europas bieten derart vielfältige Naturlandschaften wie

In den Wäldern Nordpolens leben Wölfe noch in freier Natur

Polen. In den Wäldern, Sümpfen und Flusstälern leben Tiere, die im Westen längst ausgestorben sind, darunter Wolf und Bär, Wisent und Elch. Im Unterholz wachsen wilde Beeren und Unmengen von Pilzen – fast alle bei uns verkauften Pfifferlinge und Steinpilze stammen aus Polen.

Einige der schönsten und spektakulärsten Landschaften werden in Nationalparks geschützt. Den ersten entdeckt man gleich hinter der Grenze. Am Fuß des bis zu 100 m hohen Steilufers der **Insel Wollin** liegen kilometerlange weiße Strände, während das Hinterland mit Eichen- und Buchenwäldern bedeckt ist. Bei Wanderungen kommt man an smaragdgrünen Seen vorbei und begegnet seltenen Vögeln wie dem Seeadler.

Weiter östlich, nahe Leba, stößt man auf die Riesendünen des **Slowinzischen Nationalparks,** der von der UNESCO zum Biosphärenreservat erklärt wurde. Von der Küste wandern die Sandberge landeinwärts und begraben alles unter sich, was sich ihnen in den Weg stellt. Im Lauf der Zeit haben sie mehrere Buchten von der offenen See abgetrennt, die nun als verschilftes Binnengewässer Vögeln wie Kranich und Stummschwan als Brutstätte dienen. In Ufernähe sieht man Wildschweine, Hirsche und Rehe, in den küstennahen Wäldern leben Füchse und Dachse.

Als »grüne Lunge« wird der nur spärlich bevölkerte Nordosten Polens gerühmt. Es gibt dort weder große Städte noch Industriezentren, Luft- und Wasserverschmutzung sind unbekannt. Erstaunlicherweise ist die beliebte Urlaubsregion Masuren noch immer nicht als Nationalpark geschützt. Oft schon wurde seine Gründung angekündigt, doch der Tourismuslobby zuliebe beließ man es bei der Ausrufung eines »Landschaftsparks«, womit eine Hintertür für zukünftige Bauprojekte offen bleibt. Dafür gibt es schon jetzt ein Dutzend Naturreservate, in denen sich Flora und Fauna vollkommen geschützt entfalten können. Am Lucknainen-See sieht man Kolonien von Höckerschwänen inmitten von Teichrosen, auf einer Insel nahe Nikolaiken tummeln sich weit über tausend schwarze Kormorane.

Schon bei der Anreise über die Kaschubische Schweiz hat man sich am Anblick von Störchen erfreut, doch nirgends sind sie so zahlreich wie in Masuren. Sie bauen ihre Nester auf stillgelegten Schornsteinen und Strommästen, schweben im Gleitflug über den See und suchen sich Nahrung auf Wiesen und Feldern.

Zu den größten Waldgebieten zählen die Johannisburger und die Augustower Heide. Hier wachsen keine Fichtenwälder in Monokultur wie etwa in Südpolen, sondern ein resistenter Mischwald aus Eichen, Eschen und Kiefern. Auf sumpfigem Grund gedeihen Erlen und Birken. Neben den gängigen Reptilien lebt hier noch eine absolute Seltenheit, die Sumpfschildkröte.

Noch wenig bekannt ist der äußerste Nordosten. Vom **Wigry-Nationalpark** fließt die Czarna Hańcza in die Mangrovengebiete von **Biebrza** und **Narew,** an die sich der Urwald von **Bialowieska,** der letzte von Menschenhand unberührte Primärwald des alten Kontinents, anschließt. Viele Bäume sind wahre Riesen, erreichen Ausmaße wie nirgendwo sonst in Europa. 120 Vogelarten nisten hier, im Dickicht leben Elch, Luchs und Wolf. Auch der anderswo längst ausgestorbene Wisent ist hier zu Hause, dazu das wilde Tarpanpferd, das sich ausschließlich von den jungen Trieben der Pflanzen ernährt.

Umweltschutz

Die Kollektivierung der Landwirtschaft, mag sie auch seltener erfolgt sein als etwa in der DDR, brachte zwar eine Vergrößerung der Ackerbauflächen, aber auch einen intensiven Einsatz von Mineraldünger und Pestiziden. Im Konkurrenzkampf mit dem kapitalistischen Westen floss jeder Złoty in die unmittelbare Produktivitätssteigerung, teure Umweltschutzmaßnahmen waren unerwünschte Nebenkosten. Im Süden des Landes, aber auch im Raum von Stettin, entwichen Abgase ungefiltert in die Luft, ungeklärte Abwässer gelangten ins Meer, in Flüsse und Seen. Das oberschlesische Braun- und Steinkohlerevier galt lange Zeit als ökologisches Katastrophengebiet; nicht nur Bergarbeiter, auch weite Teile der dortigen Bevölkerung litten an Erkrankungen der Atemwege.

Nach der politischen Wende 1990 trat eine spürbare Besserung ein. Die Stilllegung großer Kraftwerke und unrentabler Industriebetriebe führte zur Regenerierung von Luft, Wasser und Boden. An der Ostseeküste sorgte die Schließung der Danziger Werft sowie einiger Chemiekombinate dafür, dass überall im Meer wieder gebadet werden darf. Seit der Entscheidung für einen EU-Beitritt Polens wird auch aktiver Umweltschutz betrieben. Um die Brüsseler Normen zu erfüllen, wird Polen nach Schätzungen der Weltbank in den nächsten Jahren etwa 20 Mrd. Euro investieren müssen. Das Geld hierfür stammt größtenteils aus dem nationalen Schuldentopf: Die Hälfte der ausstehenden Westschulden wird Polen erlassen, sofern es für den entsprechenden Betrag umweltfreundliche Technologie in den Gläubigerländern erwirbt. Zusätzlich stellt die Europäische Gemeinschaft Mittel bereit: Im Rahmen des Förderprogramms Phare wurden bereits Klärwerke längs der Oder und Neiße eingerichtet sowie moderne Abfallsysteme in Swinemünde und Stettin. Die Heizungsanlagen wurden vielerorts von Kohle auf umweltschonendes Gas umgestellt.

Zwölf Höhepunkte in Nordpolen

Steilküste von Wollin
Sturmgebogene Kiefern krallen sich in bis zu 100 m hohe Steilklippen, an ihrem Fuß erstrecken sich kilometerweit schneeweiße Strände.

Danziger Altstadt
Giebelhäuser, Backsteinkirchen und eine malerische Uferpromenade: Das restaurierte Danzig erinnert an die Zeit, als es »die Königin der Ostsee« war.

Polnische Sahara am Meer
Riesige Dünen wandern landeinwärts und begraben alles, was sich ihnen in den Weg stellt. Aus dem Sand ragt totes Baumgeäst, zwei große Seen werden allmählich verschüttet.

Warschaus Altstadt & Neue Welt
Auf den Ruinen des Zweiten Weltkriegs entstand eine neue »alte Stadt«. Von ihr führt die Flaniermeile »Neue Welt« zu Schlössern und romantischen Parks.

Amazonas des Nordens
Im Kajak kann man die Sumpf- und Seenlandschaft zwischen Biebrza und Narew erkunden, macht dabei Bekanntschaft mit Otter, Biber und Elch.

Trutzige Marienburg
Die Machtzentrale der Deutschen Ordensritter präsentiert sich als Festung aus glühendem Backstein. Klösterliche Askese kontrastiert mit höfischer Pracht, dunkle Grüften wechseln ab mit eleganten Sälen.

Bialowieska-Nationalpark
Das einstige Jagdrevier von Königen und Zaren ist Europas letzter Urwald und wurde von der UNESCO zum »Welterbe der Menschheit« erklärt.

Mittelalterliches Thorn
Viel Frische vor alter Kulisse: Tausende Studenten tummeln sich in der perfekt erhaltenen Kopernikusstadt.

Einsiedlerkloster Wigry
Die Kamaldulensermönche hatten ein gutes Gespür für die schönsten Flecken des Landes: Am Ufer des Wigry-Sees bauten sie ein barockes Kloster, das heute als Hotel seine Türen öffnet.

Fahrt auf dem Oberländischen Kanal
Statt Schleusen »geneigte Ebenen«: Das Ausflugsschiff durchfährt nicht nur Flüsse und Seen, sondern wird auch über grasbewachsene Berge gezogen.

Paddeltour auf der Krutinna
Von Schloss Sorquitten bis Nikolaiken, dem »masurischen Venedig«: 100 km Natur pur, Einsamkeit und ländliche Idylle. Ein Kurztrip führt vom Dorf Krutinnen nach Ukta.

Kaschubische Schweiz
Die »kaschubische Großmutter« aus der Blechtrommel von Günter Grass hat die Gegend berühmt gemacht: Seen, sanft gewellte Kuppen und malerische Dörfer.

Landeskunde im Schnelldurchgang

Staatsname: Republik Polen (Polska Rzeczpospolita)
Flagge: waagrecht weiß-rot geteilt
Staatswappen: silberner, golden bekrönter Adler in rotem Schild
Fläche: 312 685 km^2
Bevölkerung: 38,7 Mio. Einw., davon ca. 3% nationale Minderheiten; zu diesen gehören Deutsche, Ukrainer, Weißrussen, Litauer, Slowaken, Roma und Sinti, Russen und Tschechen.
Hauptstadt: Warschau (1,6 Mio. Einw.) Weitere große Städte: Danzig (mit Gdingen und Zoppot) 770 000 Einw., Posen 590 000 Einw. und Stettin 420 000 Einw.

Klima: Nordpolen liegt im Übergangsbereich vom ozeanisch bestimmten Klima Westmitteleuropas zum Kontinentalklima Osteuropas. Unmittelbar an der Küste wird es von der temperaturausgleichenden Ostsee beeinflusst: Die Schwankungen zwischen Tag und Nacht sowie zwischen Sommer und Winter sind weniger ausgeprägt als im Binnenland. Die Tageshöchsttemperatur liegt in Danzig zwischen durchschnittlich 23° C im Sommer und 0° C im Winter. Weiter östlich setzt sich kontinentales Klima durch, das sich durch jahreszeitlich bedingte Temperaturgegensätze auszeichnet: Der Sommer ist sehr warm, der Winter rau und oft schneereich. Die jährliche Niederschlagsmenge beträgt an der Küste 700 mm und nimmt landeinwärts ab (Zentralpolen: 400 mm). Die Wassertemperatur der Ostsee schwankt zwischen 19° C im Sommer und 1° C im Winter.
Wirtschaft: Die Landwirtschaft hat am Bruttosozialprodukt nur noch einen Anteil von 9%, die Industrie von 48%. Der Rest entfällt auf Forstwirtschaft (2%), Fischerei (1%) und Dienstleistung (40%). Mit stabiler Währung, hohen Wachstumsraten und positiver Handelsbilanz gilt Polen als Musterland der Transformation, die Arbeitslosenquote liegt aber noch immer bei über 10%.
Bodenschätze: Bedeutende Rohstoffe wie Stein- und Braunkohle, Blei, Kupfer und Zink liegen im Süden des Landes. Im Mündungsbereich der Oder sowie in der Danziger Bucht wird Erdgas gefördert, bei Suwałki hat man vor kurzem Eisenerz entdeckt.
Staatsform: Parlamentarische Demokratie mit starken Befugnissen des Präsidenten.
Verwaltung: Polen ist seit 1999 in 16 Woiwodschaften unterteilt, die in etwa den deutschen Bundesländern entsprechen.
Religion: Die polnische Bevölkerung ist zu 95% römisch-katholisch; dazu kommen Griechisch-Katholische (Unierte), Griechisch-Orthodoxe, Evangelische (Augsburger Konfession), Altkatholiken, Zeugen Jehovas, Moslems und Juden.

Geschichte und Gegenwart

Das Land zwischen Oder und Bug, das heutige Staatsgebiet Polens, ist bereits seit der jüngeren Steinzeit, also seit mehreren tausend Jahren, besiedelt. Um die Zeitenwende wurde die so genannte Lausitzer Kultur durch die Germanen abgelöst, die von der Ostseeküste kamen und weit in das Land vordrangen. Zur Zeit der Völkerwanderung zogen Schwaben, Goten und Burgunder durch das Gebiet, später kamen – von Osten her – die ersten slawischen Stämme. Im 7. Jh. n. Chr. stießen diese bis zur Unterelbe und zum oberen Main vor; die Polanen (»Feldbewohner«), von denen sich später der Name »Polen« ableiten sollte, errichteten befestigte Dörfer an der mittleren Warthe. Zugleich verliefen quer durchs Land wichtige Handelsstraßen. Die so genannte Bernsteinroute führte von der Ostsee zum nördlichen Mittelmeer und kreuzte sich mit der »Hohen Straße«, die von Westeuropa durch Schlesien nach Ruthenien und zum Schwarzen Meer führte. Neben Bernstein wurde vor allem mit Tuchen, Heringen und Salz gehandelt.

Staatsgründung

In der Mitte des 10. Jh. gab es erste Konflikte zwischen deutscher Ost- und polnischer Westpolitik. Nach dem Zerfall des Karolingerreichs wollten die Ottomanen die Machtfülle des Heiligen Römischen Reichs deutscher Nation erneuern und ihren Einfluss auf das Gebiet zwischen Elbe und Oder ausdehnen. Tatsächlich gelang es ihnen, binnen weniger Jahre die dort ansässigen Elbslawen teilweise unter ihre Kontrolle zu bringen und zu christianisieren. 963, ein Jahr nach der Krönung Ottos I. zum Kaiser, führte Markgraf Gero einen ersten Feldzug über die östliche Reichsgrenze hinaus, um die missionspolitischen Pläne des Kaisers zu sichern. Fürst Mieszko I., Herrscher der Polanen aus der Dynastie der Piasten, hatte den Deutschen wenig Widerstand entgegenzusetzen und geriet in die Vasallenschaft des Kaisers; er verpflichtete sich zur Tributzahlung und erhielt dafür die Zusicherung der Deutschen, nicht weiter gen Osten vorzurücken. Dies verschaffte dem Piastenfürsten den nötigen Freiraum, um eigene machtpolitische Ziele verfolgen zu können. Zuvor schon hatten seine Truppen Masowien, ein Gebiet beiderseits der Weichsel rund um das spätere Warschau, unterworfen; angestrebt wurde die Schaffung eines großpolnischen Herrschaftsraums. 966 – es gilt heute als das Gründungsjahr Polens – ließ sich Mieszko mitsamt seinem Gefolge nach lateinischem Ritus taufen, zwei Jahre später entstand ein Missionsbistum in Posen. Großpolen (Polonia Maior) wurde damit nordöstlicher Vorposten des christlichen Abendlands, rückte auf zu einem Juniorpartner des mächtigen deutschen Nachbarn. 977 heiratete Mieszko die Tochter des sächsischen Markgrafen, was ihn freilich nicht davor bewahrte, tributpflichtig zu bleiben. Als einmal die Zahlung ausblieb, schickte Otto II. sogleich Truppen ins Land, um das alte Verhältnis der Unterordnung wiederherzustellen.

Besser war das Verhältnis zwischen Mieszkos Sohn Bolesław I. (992–1025) und Otto III. (980–1002). Im Jahr 1000 reiste der deutsche Kaiser ins Nachbarland, um am Grab des drei Jahre zuvor von heidnischen Pruzzen getöteten Missionars Adalbert zu beten. Im Anschluss kam es zum berühmten »Milleniumsgipfel«, bei dem Bolesław zum »Bruder und Mitstreiter im Kaiserreich« aufstieg und den Status eines Tributpflichtigen (tributarius) gegen den eines Herren (dominus) eintauschen durfte. Die Aufwertung spiegelte sich auch in der Gründung des Erzbistums Gnesen (Gniezno) mit Billigung des Kaisers.

Die nach Ottos Tod eingeleitete Expansionspolitik Polens führte zu einer raschen Verschlechterung der Beziehungen zu Deutschland. Binnen weniger Jahre gelang es Bolesław, das polnisch-christliche Herrschaftsgebiet nordwärts bis zur Ostsee und ostwärts zur Weichsel auszudehnen. Er eroberte Pommern, Schlesien und das Vorland der Karpaten, unterwarf im Süden zeitweise Böhmen und Ungarn, gründete Bistümer in Kolberg (Kołobrzeg), Breslau und Krakau. Kurz vor seinem Tod 1025 ließ er sich mit päpstlicher Billigung zum ersten König Polens krönen, um die gewonnene Unabhängigkeit seines Landes zu unterstreichen.

Doch die Stärke Polens war nicht von Dauer – als sich Mieszko II. weigerte, dem deutschen Kaiser zu huldigen, kam es zu Kriegen, in deren Verlauf Polen auf die zwischenzeitlich eroberte sächsische Ostmark und das Milzener Land (die spätere Oberlausitz) verzichten musste. Im Frieden von Merseburg 1033 wurde Mieszko II. gezwungen, auf den Königstitel zu verzichten, Polen war nicht mehr in der Lage, eine expansive Westpolitik zu betreiben. Es mehrten sich nun auch Aufstände heidnischer Stämme im Innern des Landes, die kirchliche Hauptstadt wurde nach einem Vorstoß der Böhmen von Gnesen nach Krakau verlegt. Zum schließlichen Zerfall der Zentralmacht

Eines der wenigen Relikte der Pruzzen-Zeit: Steinfigur »Baby« (Museum in Olsztyn)

trug die 1138 eingeführte Erbfolgeregelung bei, die den ältesten, in Krakau residierenden Königssohn als Herrscher auswies und die drei übrigen männlichen Nachgeborenen mit je einem Landesteil bedachte. Die Dynastie splitterte sich in mehrere Linien auf, die der schlesischen, großpolnischen und kleinpolnisch-masowischen Piasten, die sich ihrerseits weiter verästelten. Die Fürsten holten deutsche Siedler ins Land, die in den nächsten 200 Jahren Hunderte Dörfer und Städte gründeten. Pommern entfremdete sich als erstes dem polnischen Verbund, ab 1200 trennte sich auch Schlesien schrittweise von Polen.

Deutsche Ritter und polnische Könige

Zwischen Weichsel und Memel lebte der baltische Stamm der Pruzzen, der sich über mehrere Jahrzehnte mit Erfolg allen Christianisierungsversuchen seitens der polnischen Nachbarn widersetzt hatte. Zu ihrer Unterwerfung, dies war Herzog Konrad von Masowien klar, bedurfte es kriegserfahrener, schlagkräftiger Truppen, die er nicht besaß. 1226 bat er daher den Deutschen Orden (s. Thema S. 134), ihn im Kampf gegen die Pruzzen zu unterstützen und stellte ihm als Gegenleistung das zu erobernde Kulmer Land nördlich von Thorn (Toruń) in Aussicht. Den Ordensrittern kam dieser Auftrag wie gerufen, bot er ihnen doch die Chance, sich im heidnischen Land eine eigene Machtbasis zu schaffen. Sie errichteten Festungsburgen entlang der Weichsel und griffen aus in den Nordosten, vereinigten sich bald auch mit dem Schwertbrüder-Orden, der Missionsbasteien rund um den Rigaer Meerbusen errichtet hatte. 1283 war die Christianisierung offiziell abgeschlossen, der Orden machte sich nun an den Aufbau eines eigenen theokratischen Staates. Mit Hilfe deutscher Siedler wurden über hundert Städte gegründet, die Pruzzen mussten sich, sofern sie die Gemetzel überlebt hatten, den neuen Herren anpassen. Relikte ihrer Kultur überdauerten einzig in geografischen Bezeichnungen, allen voran im Staatsnamen »Preußen«.

Allein mit dem Kulmer Land mochte sich der Orden nicht zufrieden geben. 1308 eroberte er das slawische Herzogtum Pommerellen zwischen Leba und Danzig, wodurch Polen vom Meer abgeschnitten wurde. Ein Jahr später verlegte der Hochmeister des Ordens seine Residenz von Venedig in die Marienburg. Er konsolidierte seine Herrschaft mit dem Erwerb von Livland (1328), Estland (1346), Gotland (1398) und pommerscher Neumark (1402). Binnen einer

vergleichsweise kurzen Zeit war an der Nordflanke Polens ein mächtiger, das halbe Baltikum umfassender Feudalstaat entstanden, dessen Expansion keineswegs abgeschlossen schien.

Die Bedrohung, die von den neuen deutschen Nachbarn ausging, schmiedete die polnischen Teilfürstentümer zusammen. Zu Beginn des 14. Jh. vereinte Władysław I. Großpolen und Kleinpolen, ließ sich zum König krönen und schuf die Grundlagen für eine bis ins 18. Jh. fortdauernde staatliche Entwicklung mit einer relativ stabilen deutsch-polnischen Staatsgrenze im Westen. Sein Sohn Kazimierz III. (reg. 1333–1370) erweiterte das Reich in Richtung Osten und annektierte Teile der heutigen Ukraine. Er förderte die Gründung von Städten, schuf in der Hauptstadt Krakau die erste polnische Universität und vereinheitlichte das Rechtswesen. Nach Pogromen in Westeuropa lud er die Juden nach Polen ein und bestätigte das »Statut von Kalisz«, das der großpolnische Herzog 1264 erlassen hatte, um Juden den Zuzug ins Land schmackhaft zu machen. Sie erhielten Handelsfreiheiten und das Recht, sich selbst zu verwalten; auch standen sie unter dem Schutz des Landesherrn, was freilich Anfeindungen seitens der Bevölkerung und der Kirche nicht ausschloss.

Polen übernahm die Rolle eines wichtigen Transitlands im europäischen Fernhandel. Vom oberungarischen Bergbaugebiet gelangte Kupfer über Krakau auf der »Preußischen Straße« nach Thorn und Danzig und von dort weiter gen Westen, aus dem damals polnischen Lemberg kamen Orientwaren wie Gewürze, Samt und Seide. Krakauer Kaufleute bemühten sich um Schwächung der Vermittlerrolle Thorns und lenkten den Handel zeitweise über die Hansestädte Pommerns (Via nova versus Flandriam).

Mit dem Tod von Kazimierz III. erlosch die Piasten-Dynastie. Als der zum Thronnachfolger ernannte Ludwik I. von Ungarn gleichfalls ohne männlichen Erben blieb, musste der Adel seine Zustimmung zur weiblichen Thronfolge geben. Die Einwilligung ließ er sich teuer bezahlen: Er ertrotzte die Steuerfreiheit und erhob Anspruch auf alle wichtigen weltlichen und geistlichen Ämter. Auch bei der Wahl des Monarchen erstritt er ein Mitspracherecht: Er drängte die Thronerbin zum Bündnis mit dem benachbarten Litauen, um vor der »deutschen Gefahr« besser gewappnet zu sein. So heiratete 1386 die elfjährige Jadwiga den litauischen Großfürsten Jogaila, der umgehend den christlichen Glauben annahm und als Władysław II. Jagiełło den polnisch-litauischen Thron bestieg. Unter seiner Herrschaft avancierte das Doppelreich zum flächenmäßig größten Staat

»Die Schlacht von Grunwald«, Gemälde (1878) von Jan Matejko

Europas, reichte von Posen im Westen bis an den Dnjepr im Osten. Seinen wichtigsten außenpolitischen Erfolg errang der König 1410: In der Schlacht bei Grunwald – der sog. Tannenbergschlacht – wurde der Deutsche Orden vom vereinigten polnisch-litauischen Heer geschlagen, etwa 40 000 Soldaten, darunter auch der Hochmeister, fielen.

War der Mythos der Unbesiegbarkeit erst einmal zerstört, wuchs auch der Widerstand in den vom Orden verwalteten Gebieten. Der hohen Steuer- und Kriegslasten überdrüssig, schlossen sich Städte wie Danzig, Thorn und Elbing (Elbląg) zum Preußischen Bund zusammen, sicherten sich die Unterstützung des polnischen Königs und besiegten die Ritter in einem 13-jährigen Bürgerkrieg. Im Friedensvertrag von Thorn (1466) wurde deren Niederlage besiegelt: Die Ritter durften ihre Herrschaft nur in Estland und Lettland aufrecht erhalten, das südliche Gebiet des heutigen Litauen, Kaliningrad und Masuren verwandelte sich in ein polnisches Lehen. Gänzlich abtreten mussten die Ritter das Kulmer Land, Ermland und Pommerellen. Danzig wurde innerhalb Polens eine »freie Stadt« oder – wie es der britische Historiker Norman Davies ausdrückte – »ein deutsches Juwel in der polnischen Krone«. Dabei profitierte es von Polens Rolle als Kornkammer Europas, Getreide wurde über Danzig bis zur Iberischen Halbinsel verschifft. Polnisches Leinen, Tuch- und Lederwaren waren im Ausland begehrt, auch Tischler- und Goldschmiedearbeiten fanden dort zahlkräftige Käufer. Polens Könige unternahmen immer wieder Versuche, die Handelsmetropole ihrer Macht zu unterstellen, doch wahrte diese mit Unterstützung der Hanse erfolgreich ihre Autonomie.

Polen, ein Vielvölkerstaat mit einem Anteil von nur 40% polnischer Bevölkerung, erlebte unter den Jagiellonen-Königen Zygmunt I. (reg. 1506–1548) und Zygmunt II. (reg. 1548–1572) sein »Goldenes Zeitalter«, eine Blütezeit für Handel und Handwerk, Kunst und Kultur. König und Adel ließen sich Schlösser im Stil der Renaissance erbauen, reiche Bürger eiferten ihnen nach mit städtischen Palästen. Aber auch intellektuell bewegte sich einiges: Der Adel öffnete sich für das Gedankengut des Humanismus und der Reformation, debattierte Thesen von Hus, Morus und Erasmus. Kurze Zeit mochte es scheinen, Polen entwickle sich zu einem »Ketzerparadies«, einem Zufluchtsort für religiös Verfolgte aller Couleur. In dieser Atmosphäre der Toleranz entwickelte Kopernikus seine bahnbrechende These, nicht die Erde, sondern die Sonne sei das Zentrum des Universums. Damit wurde das christliche Weltbild auf den Kopf gestellt: Die Erde erschien nicht mehr als Krönung der Schöpfung, sondern als ein Planet unter vielen anderen.

Verklärte Adelsrepublik

Das »Goldene Zeitalter« währte mehrere Jahrzehnte und blieb doch nur ein Zwischenspiel: In der letzten Etappe der Jagiellonen-Herrschaft baute der Adel seine Macht kontinuierlich aus. Er brauchte keine Steuern zu zahlen und besetzte alle wichtigen Ämter, trotzte dem König einen Reichstag (Sejm) ab und erwirkte in der Verfassung, dass ohne seine Zustimmung »nichts Neues« (*Nihil novi*) beschlossen werden durfte. Auch gelang es ihm, die Bauern der königlichen Rechtssprechung zu entheben und sie der eigenen zu unterstellen. Sie wurden von der Zinspacht über die Hörigkeit bis zur Leibeigenschaft herabgestuft – der Adel durfte über ihr Leben und ihren Besitz nach eigenem Gutdünken verfügen. Folgenreich war auch die Einschränkung des städtischen Außenhandels: Gewinne aus dem lukrativen Getreideexport flossen fortan nicht in bürgerliche, sondern in adelige Kassen.

Zu den letzten wichtigen Amtshandlungen der Krone zählte die – unter dem Druck der russischen Expansion zustande gekommene – Unterzeichnung des Vertrags von Lublin (1569), in dem das bislang in Personalunion regierte Polen und Litauen zu einer Realunion vereint wurde. Sichtbares Zeichen der neuen Entwicklung war die Verlegung der Hauptstadt: Die bisherigen Hauptstädte Krakau (für Polen) und Vilnius (für Litauen) wurden von Warschau abgelöst, das auf halbem Weg zwischen beiden Städten lag.

Mit dem Tod Zygmunts II. (1572) erlosch die Jagiellonen-Dynastie, die Einführung der Wahlmonarchie degradierte den König zur Marionette des Adels. Es gehörte zum politischen Alltag, dass Günstlinge auswärtiger Herrschaftshäuser durch Bestechung führender Adelsgruppen zu polnischen Regenten avancierten. In rascher Folge kamen Franzosen, Ungarn und drei Schweden aus dem Haus Wasa auf den Thron, später auch mehrere Sachsen. Polen machte sich zum Spielball fremder Mächte, lange bevor es von der Landkarte verschwand. Dabei wurde es in Krisen und bald auch in Kriege verstrickt.

Zunächst freilich sah es nach triumphaler Machterweiterung aus. Das vereinte polnisch-litauische Heer marschierte 1612 in Moskau ein, um nach dem Tod von Boris Godunow Ansprüche auf den Zarenthron geltend zu machen. Zwei Jahre hielten sie die Hauptstadt besetzt, erst dann zogen sie sich zurück, nicht ohne Michail Fjodorowitsch, dem ersten Zaren der Romanow-Dynastie, wichtige Zugeständnisse abzutrotzen. Dann aber begann eine lange Kette von Niederlagen. Auf dem Gebiet der heutigen Ukraine bot die »Religionsfrage« Konfliktstoff. Die polnisch-katholischen Magnaten erwarben riesige Güter in Wolhynien und Podolien und ließen diese von jüdischen Gutspächtern verwalten, die gegenüber der orthodoxen, völlig entrechteten Bauernschaft als Herren auftraten. Das religiös-soziale Konfliktpotential entlud sich 1648 in dem von Bohdan Chmielnicki angeführten Bauern- und Kosakenaufstand, dem – stellvertretend für die verhasste Adelsschicht – weit über 100 000 Juden zum Opfer fielen. Der flugs gegründete Kosakenstaat fiel sechs Jahre später an Russland, damit verlor Polen Teile der östlichen Ukraine und das Gebiet um Smolensk.

Unter der Herrschaft der schwedischen Wasa-Könige (1587–1668) glitt die polnische Adelsrepublik in eine dynastische Dauerkrise. Die an der Weichsel regierenden katholischen Könige erhoben zugleich Anspruch auf den nordischen Thron und lagen im Kampf mit ihren protestantischen Vettern in Schweden. Immer wieder kam es zu militärischen Konflikten, die schließlich im Ersten Nordischen Krieg (1655) kulminierten. In diesem Jahr brach die »schwedische Sintflut« über Polen herein – die Adelsrepublik verlor neben Livland auch Preußen, das sich aus polnischer Lehnsherrschaft befreite. Zu den wenigen Städten Polens, die dem schwedischen Angriff trotzten, zählte Tschenstochau, wo der Sieg dem Wirken der »Schwarzen Madonna« zugeschrieben wurde. Aus diesem kleinen Triumph wusste der König großes politisches Kapital zu schlagen: Er ließ Maria zur »polnischen Königin« krönen und machte sie zum Symbol für Freiheit und Souveränität. Obgleich Katholiken nur die Hälfte der Bevölkerung stellten, war dies der Augenblick, da Polen den Ruf erwarb, ein »katholisches Land« zu sein.

An der Südgrenze kam es zu Kriegen mit dem Osmanischen Reich. Nachdem Polen schon früh das Moldaugebiet und die Schwarzmeerküste hatte abtreten müssen, verlor es 1676 auch Podolien. Sieben Jahre später ein letzter Triumph: König Jan III. Sobieski stoppte bei Wien das weitere Vorrücken der Türken und ließ sich dafür als »Retter des Abendlandes« feiern – der Mythos von Polen als »Vorhut der Christenheit« war an dieser Stelle geboren.

Nach dem Tode Sobieskis stammten in den folgenden 66 Jahren (1697–1763) die in Polen regierenden Monarchen aus Sachsen, unter deren Herrschaft in Warschau architektonische Meisterwerke im Stil des Barock und des Rokoko entstanden. Zwar hat man in jüngster Zeit versucht, der »Sachsenzeit« auch positive Aspekte abzuringen, doch die Gesamtbilanz ist düster. Im Zweiten Nordischen Krieg scheiterte der Versuch von August dem Starken, das an Schweden verlorene Livland zurückzuerobern, in der Folge wurde das russisch-preußische Bündnis begründet. Parallel zum politischen und wirtschaftlichen Niedergang Polens etablierte sich der Katholizismus als Staatsreligion. Mit päpstlicher Unterstützung wurden über 100 Jesuiten-Kollegien gegründet, deren Ziel es war, lutherische und calvinistische Ideen zurückzudrängen. 1733 wurde offiziell die Gleichheit der Religionen aufgehoben, die Anerkennung römisch-katholischer Dogmen war nun Vorbedingung für gesellschaftlichen Aufstieg. Orthodoxe und Unierte, Juden und Lutheraner – niemand von ihnen durfte mehr im Sejm sitzen oder höhere Staats- und Richterämter bekleiden.

Mit Stanisław August Poniatowski, dem Geliebten von Zarin Katharina II., durfte 1764 ein Pole König werden, der nicht der Adelsklasse entstammte und von einer gleichberechtigten Union seines Landes mit Russland träumte. Mit russischer Hilfe gelang es, dem polnischen Adelsparlament ein »Toleranztraktat« aufzunötigen (1768), das die Gleichstellung der christlichen Konfessionen vorsah. Dagegen erhob sich ein Teil des Adels, der sich als Verteidiger des »wahren katholischen Glaubens« begriff. Die Rebellion mündete in bürgerkriegsähnliche Auseinandersetzungen zwischen den Anhängern des Status Quo und den Verfechtern von Reformen. Die »polnische Anarchie« bot den Nachbarn Anlass zur Intervention. Die Zarin ließ ihre Truppen aufmarschieren, worauf Preußen und Habsburg ihrerseits Teile des Landes besetzten.

Die schrittweise Liquidierung der Adelsrepublik verdankte sich einem erfolgreichen Zusammenspiel der absolutistischen Mächte: einer »heiligen Dreieinigkeit« von orthodoxer Zarin, katholischer Kaiserin und protestantischem König. 1772 kam es zum ersten »chirurgischen Schnitt«, bei dem Polen rund ein Drittel seines Territoriums verlor. Preußen annektierte die im Norden gelegenen Gebiete Ermland und Pommerellen und schloss damit die geografische »Lücke« zwischen seinen beiden Landesteilen; Österreich annektierte Teile Kleinpolens (Galizien), Russland nahm sich den Osten zwischen Dwina und Dnjepr. In dieser Situation war der polnische König Patriot genug, grundlegende Reformen als unaufschiebbar zu begreifen. Mit der »Nationalen Erziehungskommission« (1773) und dem »Immerwährenden Rat« (1775) erhielt das Land progressive Bildungs- und Verwaltungseinrichtungen. Der Sejm verabschiedete

1791 die erste geschriebene Verfassung Europas, die von den Ideen der Französischen Revolution inspiriert war und die Abschaffung der Königswahl und des *Liberum veto* beinhaltete. Darauf schlossen sich Adlige in einer Konföderation zusammen, die mit Hilfe auswärtiger »Schutzmächte« die Reformpartei zur Rücknahme der Verfassung zwang. Russland und Preußen ließen sich auch diese Intervention teuer bezahlen: Die Zarin sicherte sich weitere Territorien im Osten, während sich Preußen Großpolen, Thorn und die Freie Stadt Danzig einverleibte. Der dritte und letzte Akt des Dramas folgte unmittelbar. Ein von General Tadeusz Kościuszko 1794 angeführter Aufstand wurde niedergeschlagen, worauf Restpolen unter Russland, Preußen und Österreich aufgeteilt wurde und von der politischen Landkarte Europas verschwand.

»Die Lage des Königreichs Polen im Jahr 1773«, der zeitgenössische Kupferstich zeigt Katharina II. von Russland, Stanislaus II. August von Polen, Joseph II. von Österreich und Friedrich II. von Preußen über der Landkarte Polens

Unter fremder Herrschaft

Für 123 Jahre (1795–1918) war Polen von der Landkarte getilgt und durch drei Provinzen ersetzt, die jeweils einem anderen Staat angehörten und in denen die polnischen Bewohner Bürger zweiter Klasse waren. »Polen« existierte nur als Erinnerung an eine vermeintlich goldene Zeit und als utopischer Zukunftsentwurf. Sprache, Religion und Kultur hielten die Bewohner zusammen, ließen sie in einer Kette von Aufständen aufbegehren und scheitern.

Zunächst setzten die Polen ihre Hoffnungen auf das revolutionäre Frankreich. Drei Legionen kämpften an der Seite Napoleons, als dieser in Preußen einmarschierte, sich mit dem Großherzogtum Warschau ein Protektorat schuf und weiter gen Moskau zog. Doch nachdem die Grande Armée in Russland geschlagen wurde, setzten sich die alten Teilungsmächte wieder ins »Recht«. Nur wenige Zugeständnisse wurden an den Unabhängigkeitswillen der Polen gemacht: Posen erhielt kulturelle Autonomie, Krakau wurde »Freie Stadt« und das Großherzogtum Warschau mutierte zum »Königreich Polen« (Kongresspolen) – mit dem Zaren an der Spitze, aber weitgehender Selbstverwaltung.

Im »Königreich«, wo die Freiheit zu jener Zeit noch am größten und den Polen sogar die Bildung eigener Truppenverbände erlaubt war, fand im November 1830 unter Führung des Kleinadels der erste Aufstand statt. Nach seiner Niederschlagung setzte eine rigide Russifizierungskampagne ein; der Kleinadel ging aller seiner Privilegien verlustig, Tausende seiner Güter wurden konfisziert. In deutschen Landen wurden die Freiheitskämpfer in »Polenliedern« besungen, doch ihre zweite Heimat suchten diese lieber in Frankreich; zu den bekanntesten Asylanten, die sich in Paris niederließen, zählten die Nationaldichter Adam Mickiewicz und Juliusz Słowacki, der Komponist Frédéric Chopin und der Diplomat Fürst Adam Czartoryski.

Beim Aufstand im österreichischen Galizien 1846 verlor Krakau den Status der »freien Stadt«, zwei Jahre darauf gab es eine kleinere Rebellion auch in Posen. 1863 loderte die Flamme des Protests wieder im russisch besetzten Teil. Auslöser war diesmal der Beschluss des Zaren, die Bauern aus der Leibeigenschaft zu befreien und den Juden Niederlassungsfreiheit zu gewähren. Nun war es der Großadel, der »für Polen« mobilisierte. Freilich ohne durchschlagenden Erfolg; denn die Bauern sahen keinen Grund, sich an der Seite ihrer ehemaligen Herren für die nationale Sache zu begeistern. »Kongresspolen« wurde daraufhin zum »Weichselgouvernement« herabgestuft, Russisch wurde Amtssprache und die orthodoxe auf Kosten der katholischen Kirche gestärkt.

Im preußisch besetzten Teil hatte sich nach dem Aufstand 1848, vor allem aber nach der Reichsgründung 1870 die Repression verschärft. Der katholischen Kirche als Trägerin der nationalen Idee wurde der »Kulturkampf« angesagt, Deutsch rückte zur alleinigen Amts- und Unterrichtssprache auf. Eine systematische Kolonisationspolitik sollte die »Germanisierung des Bodens« vorantreiben. Kaufte der Staat zunächst polnischen Grund und Boden, um ihn deutschen Siedlern zur Verfügung zu stellen, so ging er ab 1908 dazu über, ihn zu konfiszieren. Tausende von Juden und anpassungsunwilliger Polen wurden des Landes verwiesen.

Der starke, oft auch religiös untermauerte Nationalismus verhinderte in

Polonia – auferstanden aus Ruinen, Plakat

Polen die Entstehung einer schlagkräftigen marxistischen Bewegung. Die freiheitlich-revolutionären Ideen der aus Zamość stammenden Rosa Luxemburg fanden zwar in Warschau und auch in Industriestädten überzeugte Anhänger, doch erfolgreicher agitierte General Józef Piłsudski, ein populistisch auftrumpfender »Sozialist«, der der Schaffung eines polnischen Staates absolute Priorität einräumte. Seine große Stunde schlug nach dem Ersten Weltkrieg, als das Prinzip nationaler Selbstbestimmung zur Grundlage der staatlichen Neuordnung wurde. Dabei profitierte Polen von der Niederlage der beiden Teilungsmächte Österreich und Deutschland sowie von den revolutionären Umwälzungen in Russland – 1919 erhielt es seinen lang ersehnten, eigenen Staat.

Das von den Siegermächten geschaffene neue Polen umfasste in etwa die Gebiete, die es vor der ersten Teilung von 1772 besessen hatte. Ein etwa 140 km breiter Streifen, der so genannte polnische Korridor, durchschnitt Deutschlands Landverbindung mit der Ostprovinz Preußen und verschaffte

Pommern, West- und Ostpreußen kurz gefasst

Die Begriffe geistern durch die Erzählungen der Großeltern, tauchen in Romanen, Filmen und historischen Abhandlungen auf. Doch wer weiß heute noch, wo Vor- und Hinterpommern lagen, wo Westpreußen aufhörte und Ostpreußen begann?

Ursprünglich lebten an der Ostseeküste die slawischen Pomoranen und die baltischen Pruzzen. Während die Pomeranen im 12. Jh. zunehmend unter den Einfluss deutscher Reichsfürsten gerieten, wurden die Pruzzen im 13. und 14. Jh. von den Deutschen Ordensrittern unterworfen. Das östliche Pommern wurde 1648 dem Herzogtum Brandenburg einverleibt, das sich bereits 30 Jahre zuvor die Reste des Ordensstaates unter dem Titel »Weltliches Herzogtum Preußen« angeeignet hatte.

Im Deutschen Reich (ab 1871) bildeten diese Regionen die Provinzen Pommern (Hauptstadt Stettin), West-

Polen Zugang zum Meer. Das zu 95% von Deutschen bewohnte Danzig wurde »Freie Stadt« unter dem Schutz des Völkerbunds, die polnische Minderheit erhielt weitgehende Mitspracherechte. Doch Jósef Piłsudski, der neue starke Mann, gab sich mit dem Modell der Siegermächte nicht zufrieden. Ab 1920 führte er Krieg gegen Sowjetrussland, annektierte Vilnius, die Hauptstadt des neuen Litauen, und rückte in der kurz zuvor gegründeten Ukraine bis Kiew vor. Damit wurden die Grenzen des neuen Polen gegenüber dem Versailler Modell um 200 km gen Osten verschoben.

Das neue Polen war kein homogener Nationalstaat, sondern setzte sich zu fast einem Drittel aus nationalen Minderheiten zusammen: 19 Mio. Polen standen 4 Mio. Ukrainer und über 2 Mio. Juden gegenüber, dazu je 1 Mio. Deutsche und Weißrussen sowie kleinere Gruppen von Russen, Litauern und Tschechen. Die polnische Regierung, die sich gegenüber den Siegermächten hatte verpflichten müssen, Angehörigen der nationalen Minderheiten alle staatsbürgerlichen Rechte zuzuerkennen, tat sich mit der Umsetzung schwer. Man sah in den »Fremden« potentielle Separatisten und setzte wenig Vertrauen in ihre Loyalität gegenüber dem jungen polnischen Staat. Der Minderheitenschutz wurde ab 1926 schrittweise aufgehoben, Sanacja, eine »moralische Diktatur«, sollte Polen in eine starke Großmacht verwandeln.

Im Rahmen einer Politik der Annäherung an seinen deutschen Nachbarn kam es 1934 zum Abschluss eines Nichtangriffspakts und eines Handelsabkommens. Noch im September 1938 nahm Polen bei der Zerschlagung der Tschechoslowakei das ihm von der deutschen Regierung zugeschanzte Teschener Land willig in Empfang. Doch als Hitler

preußen (Hauptstadt Danzig, ab 1920 Marienwerder) und Ostpreußen (Hauptstadt Königsberg). Pommern reichte vom Saaler Bodden nördlich von Rostock bis zum Zarnowitzer See unmittelbar vor der Danziger Bucht. Traditionell wurde zwischen Vor- und Hinterpommern (oder auch West- und Ostpommern) unterschieden, wobei die Oder die Scheidelinie bildete. Östlich von Hinterpommern schloss sich die Provinz Westpreußen an, wobei im Sprachgebrauch freilich auch weiterhin die historischen Namen Pommerellen (westlich der Weichsel) und Ermland (östlich der Weichsel) bevorzugt wurden. Nach dem Ersten Weltkrieg wurde Westpreußen geteilt: Danzig erhielt einen Sonderstatus als Freistadt, Pommerellen wurde zum »polnischen Korridor«, und nur das Gebiet rund um Marienwerder (heute Kwidzyń) blieb beim Deutschen Reich. Die Nogat markierte die Grenze zu Ostpreußen, das sich über Teile des Ermlands und Masuren nordostwärts bis zur Memel erstreckte. Die Grenze zu Polen verlief knapp östlich der Linie Goldap (Gołdap) und Lyck (Ełk), im Süden auf der Höhe von Neidenburg (Nidzica).

Nach dem Zweiten Weltkrieg wurden neue Staatsgrenzen festgesetzt: Der nördliche Teil Ostpreußens mit Königsberg (heute Kaliningrad) fiel an die Sowjetunion, während Polen den südlichen Teil Ostpreußens, Westpreußen und Hinterpommern erhielt. Vorpommern kam dagegen zur 1949 gegründeten Deutschen Demokratischen Republik und 1990 zur Bundesrepublik Deutschland.

Geschichte

einige Wochen später darauf drängte, die Freie Stadt Danzig »heim ins Reich zu holen« und eine extraterritoriale Autobahn- und Eisenbahnlinie durch den polnischen Korridor zu bauen, winkte Polen ab. Im Januar 1939 machte Hitler seinem polnischen Partner eine letzte Offerte: Erklärte sich Polen bereit, den polnischen Korridor abzutreten, wäre Deutschland bei der Eroberung neuer Häfen behilflich. »Das Schwarze Meer«, so Hitler zum polnischen Außenminister, sei schließlich »auch ein Meer«. Als Polen auch auf diesen Vorschlag nicht einging, kündigte Hitler im April die fünf Jahre zuvor unterzeichnete Nichtangriffserklärung auf und gab den Befehl zur Vorbereitung des Krieges. Im August wurde ein deutsch-sowjetisches Friedensabkommen unterzeichnet (Molotov-Ribbentrop-Pakt), in dessen geheimem Zusatzprotokoll die vierte Teilung Polens beschlossen wurde. Mit der Beschießung des polnischen Munitionsdepots auf der Danziger Westerplatte am 1. September 1939 wurde der Zweite Weltkrieg eröffnet. Schon Ende September standen deutsche Truppen am Bug und stießen dort auf die Rotarmisten, die zuvor den polnischen Osten besetzt hatten.

Alle ehemals preußischen Teilungsgebiete wurden dem Deutschen Reich eingegliedert. Dazu gehörten Westpreußen, das Posener Wartheland und das östliche Oberschlesien. In den folgenden fünf Jahren kam es zu einer systematischen Unterdrückung und Verfolgung polnischer und vor allem jüdischer Bewohner. Arbeiter und Bauern wurden zur Zwangsarbeit ins Reich abkommandiert, Grundbesitzer, Unternehmer und Intellektuelle ins »Generalgouvernement« befördert. So hieß der nicht unmittelbar ans Reich angeschlossene »polnische Rest«, ein koloniales Anhängsel »rassisch minderwertiger Menschen« und ein Reservoir billiger Arbeitskräfte. Aber auch in der Osthälfte Polens, die von der Sowjetunion annektiert wurde, kam es zu Verfolgung und Liquidierung. Viele Intellektuelle wurden deportiert, Tausende von Offizieren erschossen.

Der deutsche Angriff auf die Sowjetunion (1941) zielte auf die Zerschlagung der sozialistischen Gesellschaftsordnung, in der Hitler eine »ungeheure Gefahr für die Zukunft« sah. Fünf Monate waren für den Krieg angesetzt, doch man hatte die Widerstandskraft der Russen unterschätzt. Unter großen Opfern verteidigten diese ihr Terrain, besiegten die faschistischen Truppen bei Stalingrad und Kursk (1943) und konnten im Folgejahr die Gegenoffensive einleiten. Erst zu diesem Zeitpunkt (Juni 1944) ließen die Westmächte ihre Truppen in der Normandie landen und eröffneten eine zweite Front, die die endgültige Niederlage der Deutschen besiegelte.

Aus den Verwüstungen des Zweiten Weltkriegs ging Polen als Sozialistische Volksrepublik hervor: rechtlich souverän, tatsächlich aber abhängig von der Sowjetunion. Auf den Konferenzen von Teheran, Jalta und Potsdam wurde das Staatsterritorium mitsamt seiner Bewohner um mehrere hundert Kilometer nach Westen verschoben. Die neuen Grenzen sahen denen vor 1000 Jahren verblüffend ähnlich. Im Westen verliefen sie entlang der Oder und Lausitzer Neiße, im Osten weitgehend entlang des Bug. Zu Polen gehörten nun das südliche Ostpreußen mit Ermland und Masuren, Pommern mit Danzig sowie fast ganz Schlesien – vor dem Krieg hatte rund ein Viertel dieses Territoriums zu Deutschland gehört. Die Zahl der in den Westen ausgestoßenen Deutschen wird auf ca. 4 Mio. geschätzt. In ihre Häuser und Höfe zogen Vertriebene aus Polens Ostgebieten, die nun zur Sowjetunion gehörten.

Die Polnische Sozialistische Arbeiterpartei organisierte den Wiederaufbau

Denkmal für die gefallenen Werftarbeiter, Opfer der Danziger Unruhen 1970

des Landes, nationalisierte Banken und Schlüsselindustrien. Zwar diagnostizierte Stalin, Kommunismus passe zu Polen »wie der Sattel auf eine Kuh«, dennoch wurden dem Land planwirtschaftliche Maßnahmen verordnet und die Landwirtschaft kollektiviert. Nach sowjetischem Vorbild wurde die Großindustrie, vor allem der Bergbau und die Schwerindustrie, gefördert; 1949 wurde Polen in den Rat für gegenseitige Wirtschaftshilfe, sechs Jahre später in das östliche Militärbündnis integriert.

Es dauerte nicht lange, bis die Schwachstellen des Systems zutage traten: Viele staatliche Betriebe arbeiteten unproduktiv und zielten an den Bedürfnissen der Bevölkerung vorbei. Deren Protest richtete sich anfangs freilich nicht so sehr gegen den Sozialismus als vielmehr gegen bestimmte, in Führungspositionen aufgerückte Parteivertreter. Man warf ihnen Mangel an Kompetenz vor und versprach sich von deren Absetzung eine Besserung der eigenen Lebenssituation – so geschehen 1956 in Posen, als nach den Massendemonstrationen der Dissident Władysław Gomułka zum Parteichef avancierte. Er propagierte einen spezifisch »polnischen Weg zum Sozialismus«, nahm die Kollektivierung der Landwirtschaft zurück und versprach eine bessere, an die Leistung gekoppelte Entlohnung. Nach den Danziger Unruhen 1970 wurde Gomułka von Edward Gierek abgelöst, der mit Hilfe westlicher Kredite einen vorübergehenden Aufschwung einleitete. Doch schon wenige Jahre später – mit dem Beginn einer dramatischen Wirtschaftskrise – begann die Hoffnung auf die Reformierbarkeit des Sozialismus zu sinken. Wer nun aber meinte, es werde wieder ein wenig Aufstand geprobt, auf dass an der Parteispitze ein paar Köpfe rollten und ansonsten alles beim Alten bliebe, sah sich getäuscht – diesmal braute sich in Polen ein soziales Gewitter zusammen, das auch für die Entwicklung in den sozialistischen Nachbarländern von großer Bedeutung war.

»Droht Gefahr, dann holt der allmächtige Gott mit einem gewaltigen Glockenton als seinen neuen Papst einen Slawen auf seinen Thron.« Die Worte des Dichters Juliusz Słowacki (1848) erfüllten sich im Jahr 1978: Der Pole Karol Wojtyła wurde als Johannes Paul II. zum Oberhaupt der katholischen Kirche gewählt. Ein Jahr später reiste der Papst ein erstes Mal in seine polnische Heimat. Seine Messen waren politische Kundgebungen, in denen er seine Landsleute zum passiven Widerstand aufforderte. Das Volk der Helden und Märtyrer, so prophezeite er, werde Kraft zum Neubeginn finden und eines nicht mehr fernen Tages als freie Nation wieder auferstehen. Tatsächlich wurde der Besuch des Papstes zum Auslöser für eine mächtige Protestbewegung, deren Leitfigur Lech Wałęsa war: ein Elektromonteur aus Danzig mit engem Kontakt zum Papst und einem Antlitz der Jungfrau Maria am Jackenrevers. Nachdem sich die Streiks von den Werften im Norden aufs ganze Land ausgedehnt hatten, lenkte die Staatsmacht ein und erlaubte die Gründung der unabhängigen Gewerkschaft Solidarność (31. August 1980). Die in ihr versammelte Opposition reichte von Reformlinken bis zu reaktionären Klerikern und zählte innerhalb weniger Wochen 10 Mio. Mitglieder.

Mit der Gewerkschaftsgründung war der erste Schritt zur Entmachtung der Partei getan: Sie verlor nicht nur das über vier Jahrzehnte ausgeübte Organisationsmonopol über die »Werktätigen«, sondern musste zugeben, dass sie von denen, die sie zu vertreten vorgab, nicht anerkannt wurde. Da nutzte es auch nichts, dass Ministerpräsident Wojciech Jaruzelski nach einer neuerlichen Streikwelle im Dezember 1981 für anderthalb Jahre das Kriegsrecht verhängte und die Solidarność verbot. Der Grund für diese Maßnahme (den laut Adam Michnik »mildesten Umsturz im 20. Jh.«) ist bis heute nicht eindeutig geklärt; doch geht man davon aus, Jaruzelski habe eine militärische Intervention durch Truppen des Warschauer Paktes verhindern, laut einem polnischen Sprichwort als »Kissen zwischen dem sowjetischen Schlagstock und dem polnischen Hinterteil« fungieren wollen. Mit Glasnost und Perestrojka wanderte der »sowjetische Schlagstock« schneller als erwartet in die historische Requisitenkammer. 1988 eröffnete Jaruzelski den Dialog mit der Opposition, der den Weg freimachte zur Demontage der Sozialistischen Volksrepublik Polen.

Hoffnung auf Neubeginn

1989 wurde mit Tadeusz Mazowiecki erstmals in der Nachkriegsgeschichte Osteuropas ein Nichtkommunist Chef der Regierung, und spätestens im darauffolgenden Jahr war mit der Übernahme der Präsidentschaft durch Lech Wałęsa der Übergang zur marktwirtschaftlichen Demokratie vollzogen. Polens Wirtschafts- und Außenpolitik orientierte sich gen Westen; nach dem Auseinanderfallen der Sowjetunion und der Auflösung des Warschauer Pakts sowie der staatsrechtlich verbindlichen Anerkennung der Oder-Neiße-Grenze durch das vereinte Deutschland schien keinerlei militärische Bedrohung mehr für das Land zu bestehen.

Viele Polen glaubten, eine neue, bessere Zeit sei angebrochen, frei von der Last der Vergangenheit mit ihren Kämpfen und Niederlagen. Doch wieder mussten sie lernen, »Opfer« zu bringen – diesmal nicht für Marx, sondern für den kapitalistischen Markt. Die demokratisch gewählten Politiker riefen zur Bescheidenheit auf und ermahnten die Bürger, »zwecks Entlastung der Staatskasse« den Gürtel enger zu schnallen. Finanzminister Balcerowicz verordnete dem Volk eine Schocktherapie – nur so ließ sich die polnische Ökonomie den Anforderungen des europäischen Marktes anpassen. Der Staat, der früher fast alle gesellschaftlichen Bereiche organisiert und finanziert hatte, zog sich aus der Verantwortung zurück, kürzte Subventionen und soziale Leistungen; er schloss unrentable Staatsunternehmen und fror in den noch funktionierenden die Löhne ein. Die Preise wurden dem freien Markt überlassen, was die Inflation zeitweise stark klettern ließ. Dazu wurde der bis dahin abgeschottete Binnenmarkt geöffnet, polnische Unternehmen waren aufgrund der Konkurrenz ausländischer Ware zur Modernisierung und Rationalisierung gezwungen.

Inzwischen ist die Unruhe der ersten »Transformationsphase« verebbt, die Zahl der Arbeitslosen ging zurück und die Inflationsrate wurde auf ein erträgliches Maß gesenkt. Die politischen Verhältnisse gelten als stabil, eine dezidiert linke Opposition gibt es nicht mehr. Regierungswechsel finden ohne besondere Vorkommnisse statt – mal stimmen die Bürger für den Block um die politische Rechte, mal für die Sozialdemokraten. Deren Vertreter Aleksander Kwaśniewski wurde zweimal hintereinander (1995 und 2000) zum Präsidenten gewählt, seit 2001 stellt diese Partei auch die Regierung. Ein Zurück zu den alten Zeiten gibt es nicht mehr, längst

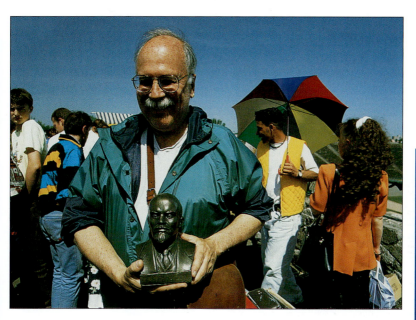

Nur noch auf dem Flohmarkt geschätzt: einstige kommunistische Größen wie W. Lenin

gehören die Ex-Kommunisten zum Machtkartell der neuen Wirtschaftselite. Internationaler Währungsfond und Weltbank bescheinigen ihnen »gewachsenen Realitätssinn« und trauen ihnen die Modernisierung des Landes eher zu als der Wahlaktion Solidarnosć, in deren Reihen sich zu viele fromme Nationalisten und Europagegner tummeln.

Seit 1998 ist Polen Mitglied der NATO. Nun wird entschlossen die Mitgliedschaft in der Europäischen Union angestrebt, wovon man sich den Anschluss an westlichen Arbeits- und Lebensstandard erhofft. Um ausländisches Kapital anzulocken, entstehen vielerorts Sonderwirtschaftszonen, in denen Investoren extrem niedrige Steuern und Abgaben zu entrichten haben. Doch je mehr Zeit bis zum Beitritt verstreicht, desto lauter werden in Polen die Stimmen der Kritiker. Sie warnen vor dem möglichen Verlust staatlicher Souveränität und säen Zweifel, ob man in der Gemeinschaft als gleichberechtigter Partner wahrgenommen wird. Vor allem gegenüber Deutschland ist die Skepsis gewachsen. Den Einfluss der Sowjetunion, so wird geklagt, habe man nicht abgeschüttelt, um sich nun von einem neuen »großen Bruder« bevormunden zu lassen. Aus Angst, die Deutschen könnten ihnen aufgrund der günstigeren Grundstückspreise Haus und Hof wegkaufen, entstand die Forderung nach einer mehrjährigen Beschränkung des Immobilienerwerbs durch Ausländer. Umgekehrt fürchten Deutsche und Österreicher die polnischen Arbeiter als potentielle Lohndrücker und möchten deshalb deren Niederlassungsfreiheit für sieben Jahre aussetzen. Für Polen freilich käme dies einem Beitritt zweiter Klasse gleich – es bleibt zu hoffen, dass die Hindernisse auf dem Weg in die EU rasch beseitigt werden können.

»Atlantis des Nordens«
Suche nach einem versunkenen Land

Januar 1945: Nach einem 1000 km langen Marsch durch von der Wehrmacht verwüstetes russisches Land stieß die Rote Armee in Ostpreußen auf deutsches Gebiet vor. Bis zuletzt gab die nationalsozialistische Führung Durchhalteparolen aus und stellte die Flucht der Bewohner unter Todesstrafe. Erst sehr spät, als die Sowjets den Ostwall schon durchbrochen hatten und zum Frischen Haff marschierten, wurde die Räumung Ostpreußens angeordnet. Endlose Trecks setzten sich in Bewegung gen Westen – in klirrender Kälte, auf vereisten und spiegelglatten Straßen. Zahlreiche Menschen starben an Hunger und Erschöpfung, ertranken in den Fluten des vermeintlich zugefrorenen Haffs oder auf sinkenden Flüchtlingsschiffen wie der »Gustloff«, wurden von sowjetischen Truppen überrollt oder kamen im Bombenhagel der Tiefflieger ums Leben.

Viele derer, denen die Flucht gelang, organisierten sich in Vertriebenenverbänden und klagten lautstark ein »Recht auf Heimat« ein. Jahrelang wurden sie von der Regierung hofiert, »als handele es sich um fremde Großmächte, die bei Laune gehalten werden mussten« (Marion Gräfin Dönhoff). Bei ihren jährlichen Pfingsttreffen ließen sie junge, in Trachten gehüllte Mädchen auftanzen, lauschten deutschen Volksweisen und beklagten die »Verwahrlosung« ihrer Höfe unter polnischer Wirtschaft. Opfer waren immer nur sie, nicht die anderen – nie wurde thematisiert, was ihrer Vertreibung vorausgegangen war: die Hitlerbegeisterung vieler Deutscher, der verbrecherische Überfall auf Polen und die Sowjetunion. Doch die Geschichte zeigt: Man muss aus ihr nichts lernen, um ins »Recht« gesetzt zu werden. Seit der Auflösung des sozialistischen Staatenblocks dürfen die Vertriebenen begründet hoffen, eines nicht mehr fernen Tages in ihre Heimat zurückkehren zu können. Bei einer Rede vor den Vertriebenenverbänden im Jahr 2000 malte ihnen Bundeskanzler Gerhard Schröder die Vorteile eines »Europas der offenen Grenzen« aus. Mit der EU-Osterweiterung, verkündete er, werde sich »den Kindern und Enkeln der Vertriebenen die Möglichkeit eröffnen, sich im Rahmen der europäischen Freizügigkeit an den Orten ihrer Eltern und Großeltern niederzulassen und dort am gesellschaftlichen und politischen Leben teilzuhaben.«

Auf diesen Tag hat man sich in Polen vorzubereiten. Junge, nach dem Krieg geborene polnische Intellektuelle taten sich schon 1991 in Allenstein (Olsztyn) zum Kulturverein Borussia (lat. »Preußen«) zusammen. Sie stammen aus Ermland und Masuren, aus Landstrichen, in denen, wie sie programmatisch erklärten, »einst die preußischen Stämme heimisch waren und später Deutsche, Polen, Masuren, Litauer,

Ukrainer.« In aller Offenheit distanzieren sie sich von der in Polen verbreiteten Doktrin, Masuren sei »urpolnisches Land«. Der von der Regierung 1945 unternommene Versuch, mehrere hundert Jahre deutscher Geschichte durch ein Konstrukt vom »Polen der Piasten« vergessen zu machen, war nach ihrer Meinung ein Akt ideologischer Verblendung. Ziel der Gruppe ist es, die Vergangenheit zu »entlügen« und das »Atlantis des Nordens« freizulegen: einen Kontinent mit reicher Geschichte, voller nicht eingelöster Versprechen. Die Mitglieder plädieren für Offenheit nach allen Seiten – nur so, glauben sie, lässt sich eine wirkliche Versöhnung zwischen Polen und Deutschen herbeiführen und die Utopie des sich einigenden Europa beleben.

Zweimal jährlich gibt der Kulturverein eine Zeitschrift heraus. An der Diskussion um das verschollene Atlantis beteiligen sich inzwischen auch viele Vertreter der deutschstämmigen Minderheit, die das Land nach 1945 nicht zu verlassen brauchten, weil sie als »Autochthone« anerkannt waren: Menschen polnischen Ursprungs, die man – laut national-kommunistischer Lesart – im Laufe der Geschichte »zwangsgermanisiert« hatte. Nach dem Vorbild der Borussia entstehen in Pommern und Masuren zahlreiche deutsch-polnische »Heimatmuseen«, in denen bekannte Persönlichkeiten geehrt werden.

Hunderttausende flüchteten im Winter 1945 von Ostpreußen aus Richtung Westen

Zeittafel

Frühgeschichte

ab 1300 v. Chr. Kelten und Skythen gründen im Gebiet zwischen Weichsel und Bug erste befestigte Niederlassungen.
7. Jh. v. Chr. Aus der so genannten »Lausitzer Kultur« stammt das Inseldorf Biskupin, die europaweit wichtigste Fundstätte der Eisenzeit.
1. Jh. v. Chr. Münzfunde belegen Handelskontakte auf der von der Ostseeküste zum Mittelmeer führenden Bernsteinstraße.
6.–9. Jh. In der Zeit der Völkerwanderung dringen slawische Stämme aus dem Dnjepr-Gebiet weit in den Westen vor.

Staatsgründung

960–992 Fürst Mieszko I., Nachfahre des legendären Piast vom Stamm der Polanen, wird Herrscher über das Gebiet zwischen Oder und Warthe. 966 lässt er sich und sein Volk taufen. Damit wird er in die christliche Staatengemeinschaft aufgenommen und darf seinerseits missionierend tätig werden. 990 erobert er das böhmische Schlesien.
1000 Die Fürstenresidenz Gnesen (Gniezno) wird Polens erstes Erzbistum. Der deutsche Kaiser Otto III. gesteht seinem polnischen Vasallen eine eigenstaatliche Entwicklung zu, die 1025 mit der Krönung Bolesławs I., der sein Reich inzwischen weit nach Osten erweitert hat, wirksam wird.
1038–1040 Nach Aufständen der Heiden und dem Einfall der Böhmen im Südwesten des Landes wird die Hauptstadt von Gnesen nach Krakau verlegt.
Ab 1138 Nach Einführung der neuen Erbfolgeregelung 1138 zerfällt Polen in konkurrierende Teilfürstentümer. 1181 geht die Oberhoheit über Pommern an den deutschen Kaiser über, in der Folge fällt auch Schlesien von Polen ab. Deutsche Siedler werden angeworben, die Gebiete östlich der Oder zu erschließen.

Deutsche Ritter und polnische Könige

1226–1309 Der polnische Herzog Konrad von Masowien bittet den Deutschen Orden um Mithilfe bei der Christianisierung der Pruzzen. Der Orden unterwirft den heidnischen Stamm und gründet einen eigenen, straff organisierten Staat, der vom Kulmer Land aus erweitert und ab 1309 von der Marienburg regiert wird.
Ab 1320 Władysław I. Łokietek (reg. 1305–1333) vermag die polnischen Teilfürstentümer wieder zu einen. In der Folge gelingt es Kazimierz III. (reg. 1333–1370), dem Land neue Gebiete im Osten, u. a. Teile der heutigen Ukraine, einzuverleiben.

1386–1572 Die »deutsche Gefahr« schweißt Polen und Litauen zusammen: Unter der Dynastie der Jagiellonen werden die Länder in Personalunion regiert, es entsteht der flächenmäßig größte Staat des Kontinents. Er reicht von Posen im Westen bis an den Dnjepr im Osten und im Süden bis ans Schwarze Meer. 1410 besiegt das polnisch-litauische Heer den Deutschen Orden bei Grunwald, ein 13-jähriger Bürgerkrieg führt 1466 seine endgültige Niederlage herbei: Er muss weite Gebiete an Polen abtreten, das mit Pommerellen und der Freien Stadt Danzig Zugang zur Ostsee erhält.

1569 In Lublin wird die personale Union zwischen Polen und Litauen in eine »reale« überführt.

Verklärte Adelsrepublik

1572–1795 Mit dem Verlöschen der Jagiellonen-Dynastie wird die Wahlmonarchie eingeführt, der Adel wird auf Kosten der Krone gestärkt. Die Zentralmacht zerfällt, Polen verstrickt sich in Kriege und büßt seinen Rang als osteuropäische Großmacht ein.

1596 Warschau wird neue polnische Hauptstadt.

Ab 1600 Unter der Herrschaft des Wasa-Königs Sigismund III. kommt es zu kriegerischen Auseinandersetzungen mit Schweden, später auch mit Russland und der Türkei.

1648 Bauern- und Kosakenaufstand in den Ostprovinzen.

1655 Schwedische Truppen besetzen weite Teile des Landes. Mit der vergeblichen Belagerung des Klosters bei Tschenstochau wird der Marienkult in Polen begründet.

1660 Die Thronkämpfe mit Schweden enden mit dem Friedensschluss von Oliva.

1683 Jan III. Sobieski (1674–1696) schlägt die türkischen Heere bei Wien und läßt sich als »Retter des Abendlandes« feiern.

1697–1763 Zeit der Sachsenkönige aus dem Hause Wettin.

1772–1795 Polen wird unter Preußen, Österreich und Russland schrittweise aufgeteilt.

Unter fremder Herrschaft

1795–1918 123 Jahre lang existiert kein souveräner polnischer Staat. Beim Wiener Kongress 1815 kommt es zur Festschreibung der polnischen Teilungen. Aufstandsversuche werden in den Jahren 1830/31, 1846–48 und 1863 von den Besatzungsmächten niedergeschlagen.

1918–1921 Nach Wiedererlangung der Souveränität erhält Polen gemäß dem Friedensvertrag von Versailles Zugang zum Meer durch den Erwerb von Pommerellen (»polnischer Korridor«). Danzig wird zum Freistaat unter dem Schutz des Völkerbunds.

1921–1939	Dem Vielvölkerstaat Polen mangelt es an politischer Stabilität. Die einander rasch ablösenden Regierungen scheitern an der Bewältigung wichtiger wirtschaftlicher Probleme, ab 1926 regiert Marschall Piłsudski diktatorisch. Sein Nachfolger General Sławoj-Składkowski (ab 1935) setzt den autoritären Kurs fort, 1936 wird der Minderheitenschutz für Juden aufgehoben.
1939–1945	In dem von Deutschland verschuldeten Zweiten Weltkrieg werden 6 Mio. Polen getötet, in Konzentrationslagern wird ein großer Teil der europäischen Juden ermordet. Am Ende des Krieges liegen die Städte in Schutt und Asche, die Mehrzahl der polnischen Industriebetriebe ist zerstört.
	Die Siegermächte beschließen Polens Westverschiebung: Neue Grenze im Westen wird die Oder-Neiße-Linie, im Osten die sog. Curzon-Linie entlang des Bug. Die ansässige deutsche Bevölkerung, insgesamt ca. 4 Mio. Menschen, wird vertrieben; an ihrer Stelle werden Polen aus den ehemaligen polnischen Ostgebieten angesiedelt, die als Sozialistische Volksrepubliken Litauen, Weißrussland und Ukraine an die Sowjetunion fallen.
1947–1989	Polen wird Teil des sozialistischen »Ostblocks«, die Opposition sammelt sich im Schutz der Kirche. In den Jahren 1956 und 1968, 1970 und 1980 werden regierungsfeindliche Unruhen niedergeschlagen. Nach der Revolte von 1980 entsteht auf der Danziger Werft die unabhängige Gewerkschaft Solidarność, die sich – mit Unterstützung des polnischen Papstes (seit 1976 Kirchenoberhaupt) – die Demontage des politischen Systems zum Ziel setzt. Auch die Verhängung des Kriegsrechts (1981–1983) kann den Zerfall des Sozialismus nicht aufhalten; die Selbstauflösung des sowjetischen Systems macht den Weg für radikale Reformen frei.

Hoffnung auf Neubeginn

1989/1990	Die Sozialistische Volksrepublik wird durch die »Republik Polen« ersetzt, eine kapitalistische Demokratie mit starken Befugnissen des Präsidenten.
Ab 1991	Im deutsch-polnischen Freundschaftsvertrag verpflichtet sich die deutsche Regierung zur Anerkennung von Polens Westgrenze, im Gegenzug garantiert Polen die Rechte der deutschen Minderheit. Nach Auflösung der Bündnisstrukturen der ehemaligen sozialistischen Staaten erlebt Polen ein Jahrzehnt der Transformation: Der freie Markt ersetzt den sozialistischen Plan.
1997	Polen erhält eine neue demokratische Verfassung.
1999	Die Westorientierung wird durch den Beitritt zur NATO unterstrichen.
2002	Polens angestrebte Eingliederung in die EU wird von Sonderregelungen flankiert.

Kulturelle Streiflichter

Literarische Reise in die Vergangenheit

Im Reisegepäck vieler Polen-Besucher finden sich die Erzählungen und Romane von Siegfried Lenz, Arno Surminski und Günter Grass – sämtlich Autoren aus den ehemaligen deutschen Ostprovinzen, die in ihrer Literatur die Erinnerung an ein verlorenes Land wach halten und an Menschen, die es nicht mehr gibt.

Bereits 1955 veröffentlichte Siegfried Lenz das Buch »So zärtlich war Suleyken«. Der Titel, bei dem Leser glauben könnten, es handele sich um eine Frauenfigur, verweist auf ein Dorf 17 km nordwestlich von Lyck (heute: Ełk), jenem Ort, in dem der Autor zur Welt kam. Rund um Suleyken, »zwischen Torfmooren und sandiger Öde, zwischen verborgenen Seen und Kiefernwäldern«, siedelt er heiter-verspielte Geschichten an, ein Mosaik unterschiedlichster Charaktere, die ihrer Fabulierlust freien Lauf lassen, schelmenhaft-listig oder einfältig-verschlagen. Da werden weltfremde Bauern und alte Mütterchen vorgestellt, die Kulkasker Füsiliere, zwei Vettern, denen eine tote Tante ausgebüchst ist, der verschrobene Onkel Stanisław Griegull und Herr Kukielka aus Schissomir: kauzige Gestalten am Rande der modernen Welt, die nicht in den preußisch durchdisziplinierten Staat passen wollen.

Den nostalgisch-verklärenden Erzählungen hat Lenz 1978 ein ergänzendes Werk zur Seite gestellt. »Heimatmuseum«: ein tausend Seiten dickes literarisches Denkmal für die Menschen und Landschaften Masurens. Held des Romans ist Zygmunt Rogalla, der 1945 aus seiner Heimat vertrieben wird, aber nicht zu jenen gehört, die dafür den Polen und Russen die Schuld geben, sondern den Nationalsozialisten. In seiner neuen schleswig-holsteinischen Heimat richtet er aus Liebe zu dem, was er verloren hat, ein »Heimatmuseum« ein. Doch schon bald bekommt er zu spüren, dass Deutschland sich nicht grundlegend gewandelt hat: Als sich der ihm aus der masurischen Heimat bekannte Obernazi anschickt, als neuer Vorsitzender des Heimatvereins die Inhalte des Museums zu »säubern«, beschließt Rogalla, sein Lebenswerk zu zerstören. Indem er das Museum einäschert, will er es vor dem Zugriff der ewig Gestrigen bewahren.

Ohne den Bezug zu seiner heute polnischen Heimat ist auch das Werk von Günter Grass nicht denkbar. Für seine »Danziger Trilogie« erhielt der kaschubische Autor 1999 den Literaturnobelpreis (s. Thema S. 117). Zwei polnische Schriftsteller haben sich von ihm zu eigenen Werken inspirieren lassen: Der eine ist Stefan Chwin (Jahrgang 1949), der andere Paweł Huelle (Jahrgang 1957). Beide waren von der Idee fasziniert, der untergegangenen Welt des deutschen Danzig nachzuspüren. In ihren Romanen schlagen sie einen Bogen von der Vor- zur Nachkriegszeit, thematisieren Flucht und Vertreibung und den Einzug der Polen in die zerstörte Stadt. Stefan Chwins Roman »Tod in Danzig« präsentiert sich als wehmütiger Abgesang auf die bürgerlich-behagliche, deutsch geprägte Kultur. Bereits acht Jahre zuvor hatte Paweł Huelle den Roman »Weiser Dawidek« veröffentlicht: die Geschichte einer Danziger Kindheit, so atmosphärisch dicht, dass die Aura einer ganzen Epoche wieder auflebt.

Allen, die der Poesie misstrauen, wenn es um die Darlegung historischer Sachverhalte geht, sei das »zugreifende« Werk von Journalisten empfohlen. Aus erster Hand stammen die Berichte von Marion Gräfin Dönhoff. Sie entstammte einer mächtigen preußischen Adelsfamilie, die im Zuge der deutschen Ostsiedlung im 13. Jh. in die »Große Wildnis« gelangt war. Als Herausgeberin der Wochenzeitung »Die Zeit« hat sich die Gräfin stets für deutsch-polnische Versöhnung engagiert und in mehreren Büchern das einstige Masuren geschildert. »Kindheit in Ostpreußen« heißt der Erinnerungsband, in dem sie die bis 1945 gültige, streng-hierarchische Ordnung von Herr und Knecht beschreibt. Nebenbei erfährt man Interessantes über die verworrene Geschichte dieser Region, »wo Deutsche, Polen, Russen, Schweden und Dänen jahrhundertelang miteinander gelebt und gegeneinander gekämpft, Bündnisse geschlossen und sich gegenseitig umgebracht hatten und wo – je nach dem, wer gerade wen unterworfen hatte – bald der eine, bald der andere die Oberherrschaft ausübte.« Die »rote Gräfin«, die ursprünglich 1933 über den Marxismus hatte promovieren wollen, hatte sich dann doch für ein anderes Thema entschieden: Ihre Untersuchung über das Zustandekommen des ostpreußischen Familienbesitzes bot eine günstige Voraussetzung, um wenige Jahre später selber die Verwaltung der Güter übernehmen zu können, die sich von Quittanien in Masuren bis Friedrichstein bei Königsberg erstreckten. Als die nationalsozialistische Führung im Januar 1945 die Räumung Ostpreußens befahl, stellte sie sich an die Spitze des in Richtung Westen ziehenden Trecks. »Namen, die keiner mehr nennt« heißt das Buch, in dem sie in knapp-nüchterner Sprache die Flucht der Bewohner schildert und zugleich darüber nachdenkt, dass mit ihrem Exodus die 700-jährige deutsche Geschichte der Region unwiderruflich erlischt.

Als einen »Ostpreußen des Herzens« hat Marion Gräfin Dönhoff ihren Kollegen Ralph Giordano bezeichnet. In einem Zeitungsartikel stellte sie die Frage, wie es denn möglich sei, dass »jemand, der seine jüdische Mutter verloren hat und der seine Kindheit in der Illegalität verbringen musste, vier große Reisen nach Ostpreußen unternimmt«. Giordano hat in seinem Werk klar gemacht, warum dies so war. Außer der Erinnerung an ein faszinierendes Landschaftsfoto, die ihn zeitlebens begleitete, war es die in Ostpreußen verdich-

Ralph Giordano

tete Geschichte Deutschlands, die ihn nach Masuren trieb: die Hitlerbegeisterung der Ostpreußen, dann der von der »Wolfsschanze« geleitete Überfall auf die Sowjetunion, der Vormarsch der Roten Armee »über die verwüstete, ausgemordete Heimat hin auf die Grenzen des Angreifers zu«, schließlich die Flucht und Vertreibung der Deutschen und das von den Vertriebenenverbänden jahrzehntelang eingeklagte »Recht auf Heimat«. Giordanos Buch »Ostpreußen ade – Reise durch ein melancholisches Land« ist äußerst spannend zu lesen, denn die Geschichte wird aus den Blickwinkeln derer geschildert, die heute dort leben. Da gibt es Menschen, die bei phänomenalem Gedächtnis genau zu sortieren wissen, »an was sich erinnert werden will und an was nicht« und andere, die bestürzende Wahrheiten offen und schonungslos darlegen. Der Autor lässt Polen und zwangsweise angesiedelte Ukrainer, aber auch Deutschstämmige zu Wort kommen, versprengte Existenzen, die sich nach 1945 bemühten, in Masuren neue Wurzeln zu schlagen.

Fast zeitgleich erschien Klaus Bednarz' Buch »Fernes nahes Land – Begegnungen in Ostpreußen« (1995). Der aus Ukta, einem Dorf an den Großen Masurischen Seen stammende Journalist, ist dem Weg nachgefahren, auf dem seine Familie im Januar 1945 geflüchtet war. Dabei stieß er auf Spuren deutscher Kultur in der Kopernikusstadt Frauenburg (Frombork), auf der Frischen Nehrung und im Gestüt Trakehnen. Unterwegs führte er Gespräche mit »Nostalgietouristen«, aber auch mit Polen, für die Masuren ihre selbstverständliche Heimat ist.

Was Dönhoff, Giordano und Bednarz für Masuren, ist Christian Graf von Krockow für Hinterpommern. Der aus Krokowa stammende Publizist – wie Marion Gräfin Dönhoff im Frühjahr 2002 verstorben – wurde nicht müde, die Schönheit der Landschaft zu schildern und von den Menschen zu sprechen, die sie heute bewohnen. In seinem mehrfach aufgelegten Buch »Die Reise nach Pommern – Bericht aus einem verschwiegenen Land« unternimmt er Exkurse in die Vergangenheit bis zurück zu seinen mittelalterlichen Vorfahren, die die Aussicht auf gesellschaftlichen Aufstieg in den Osten verschlug. Praktisches Resultat seines Engagements für einen deutsch-polnischen Neubeginn ist die Einrichtung der »Europäischen Begegnungsstätte« im ehemaligen Schloss seiner Familie in Krokowa.

Von der Backsteingotik zur Plakatkunst

Von Backsteinkirchen im Westen bis zu orthodoxen Kathedralen im Osten, von Deutschordensburgen bis zu Bürgerpalästen: Tausend Jahre Kunstgeschichte haben im Land vielfältige Spuren hinterlassen. Polnische Restaurateure haben beim Wiederaufbau der zerstörten Städte Meisterarbeit geleistet, nach historischen Stichen entstanden Danzig, Warschau und Marienburg völlig neu.

In fast allen Städten Nordpolens stößt man auf Backsteinkirchen. Ob in Stettin, Cammin (Kamień Pomorski) oder Köslin (Koszalin) – überall erscheinen sie so mächtig, als seien sie für die Ewigkeit errichtet. Aus Mangel an Naturstein wurde für den Bau gebrannter Ton verwendet. Er war nicht nur widerstandsfähig, sondern verlieh den Bauten einen attraktiven rötlichen Schein. Das technische Know-How, wie aus Lehm Ziegeln entstehen, brachten deutsche Siedler um 1200 in den Osten. Sie waren es auch, die die **Gotik** einführten, jenen Architekturstil, der mit seinen hoch aufschießenden Türmen, Spitzbogenfenstern und Strebepfeilern die Kirche als »himmlisches Haus« darstellte. Im mittelalterlichen Danzig sollten alle Bürger in ihm einen Platz finden: Die für 25 000 Menschen ausgelegte Marienkirche ist noch heute das weltweit größte, aus Backstein errichtete Gotteshaus.

Mit der Herrschaft des Deutschen Ordens waren bald ganze Städte von der Gotik bestimmt, nirgendwo sonst im mittelalterlichen Europa gab es ein derart ehrgeiziges Bauprogramm. Vom Kulmer Land bis Königsberg entstanden unzählige Rathäuser, Wehranlagen und Burgen. Als Musterbeispiel erscheint noch heute die Stadt Thorn (Toruń) an der Weichsel. Hier ist alles bestens geordnet, längs der schachbrettartig angelegten Straßen reihen sich Bürgerhäuser und Warenkontore. Einen Besuch lohnt auch die Marienburg, ein Meisterwerk der Verteidigungskunst. Sie beeindruckt mit ihren Türmen und Zinnen, als spätgotisches Juwel präsentiert sich ihr Hochmeisterpalast.

Im späten 15. Jh. verlor der Deutsche Orden an Einfluss, das weitgehend autonome Danzig übernahm die wirtschaftliche Führungsrolle in der Region. Seine Kaufleute lieferten Unmengen von Getreide nach Flandern und Holland; mit dem dort verdienten Geld warben sie Architekten an, damit diese ihre Stadt im zeitgemäßen Stil umgestalteten. Vom **niederländischen Manierismus** zeugen Bürgerhäuser mit weit ausladenden Terrassen und hohen Giebeldächern, die neben den asketischen Backsteinbauten herausfordernd anmutig wirken.

Im 17. Jh. brachten die Jesuiten den **Barock** nach Polen, um geistliches Terrain, das an die protestantischen »Ketzer« verloren gegangen war, zurückzugewinnen. Stilprägend wurde er vor allem in den katholisch-polnischen Landesteilen, in den Städten Warschau und Posen, im Ermland sowie rund um Suwałki. Mitten in der masurischen Wildnis, in Heiligelinde (Święta Lipka), entstand eine fast südländisch anmutende Kirche, noch weiter östlich, am See von Wigry, bauten sich die Kamaldulenser ein prächtiges Kloster. Das nach dem Schwedenkrieg zerstörte Warschau wurde barock neu aufgebaut; der Hofarchitekt Tylman van Gameren schuf prunkvolle Paläste für Adel und Krone. Unter den Sachsen-Königen

*Die Marienburg:
ein Meisterwerk der Verteidigungskunst*

kamen ein paar **Rokoko**-Bauten hinzu; Stanisław August Poniatowski, der kunstsinnige letzte König von Polen, etablierte den **Klassizismus.**

Nach 1945 wurde Warschau abermals zum Experimentierfeld neuer Stile. Der **Sozialistische Realismus** verlangte vom Künstler positive Inhalte in nationaler Formensprache, eingängige Muster, die vom Publikum ohne große intellektuelle Anstrengung verstanden wurden. In Malerei und Skulptur beherrschten muskelstrotzende, kraftvoll zupackende Arbeiter das Bild, in der Architektur nahm man Anleihen bei der Renaissance, Polens »goldener Epoche«. Nach dem politischen Tauwetter 1956 regte sich Widerstand gegen den verordneten Fortschrittskult, entsprach er doch keineswegs dem Lebensgefühl der Bevölkerung. Im Bereich der Grafik profilierte sich erstmals eine **»polnische Schule«,** vor allem die Plakatkunst erregte auch international Aufsehen. In ihr präsentierte sich keine glatte Warenästhetik, sondern es wurden sozialkritische Botschaften vermittelt. Jan Lenica überraschte mit großflächig-bunten Kompositionen, in denen er existentielle Unsicherheit ausdrückte, als »polnischer Dalí« schuf Franciszek Starowiejeski surreal-alptraumhafte Tableaus. Sehr viel milder stimmen die poetischen Bilder und Plakate des aus Litauen stammenden Stasys Eidrigevicius. Er verzerrt die Welt, in dem er sie durch die groß aufgerissenen, ungläubig-traurigen Augen eines Kindes betrachtet.

Feste und Festivals

Pomp, Passion und Prozession

Für die Polen sind die kirchlichen Festtage ein willkommener Anlass, um ausgiebig zu feiern. Zu **Ostern,** wenn der Schnee schmilzt und sich die ersten Pflanzen regen, wird eines der größten Feste begangen. Am Palmsonntag findet eine Prozession statt: Die Teilnehmer schwingen zartgrüne Buchsbaumzweige in Erinnerung an die Palmwedel, mit denen Jesus bei seinem Einzug in Jerusalem begrüßt wurde. Vier Tage später, am Gründonnerstag, steht die Bestrafung des Judas auf dem Programm. Dann wird ein lebensgroßer Strohmann mit 30 Glasscherben gespickt, die für die Silbertaler stehen, die der Apostel für seinen Verrat an Jesus

erhielt. Unter dem Beifall der Menge wird er vom Kirchturm gestürzt, anschließend durch die Straßen geschleift und mit Stöcken geschlagen. Tags darauf, am Karfreitag, versammeln sich die Gläubigen am Grab des gekreuzigten Jesus und legen Blumen nieder. Zum Fest der Auferstehung am Ostersonntag versammelt sich die Gemeinde zum Gottesdienst, es erklingt kraftvolle Chormusik. Kunstvoll bemalte Ostereier werden gesegnet und beim anschließenden opulenten Frühstück verputzt.

In einigen Dörfern der Kaschubischen Schweiz hat sich der Brauch der Passionsspiele erhalten. Die Bibel ist das dramaturgische Skript, nach dem wort- und detailgetreu Jesu letzte Tage inszeniert werden. Das Spektakel reicht vom Einzug in Jerusalem über den Judas-Verrat und das Letzte Abendmahl bis zu seiner Kreuzigung auf dem Golgatha. Die Passionsspiele wurden im Mittelalter eingeführt, um den des Lesens und Schreibens unkundigen Bauern die Bibel nahe zu bringen; heute sollen sie das Gefühl vermitteln, Zeuge des Leidens Christi zu sein. Heidnischen Ursprungs ist der Śmigus-Dyngus-Tag, mit dem Ostern abgeschlossen wird: Alle Mädchen und Frauen, die sich auf der Straße blicken lassen, dürfen an diesem Tag von Männern bespritzt werden. Es heißt, die Wasserorgie symbolisiere das Abstreifen der Sünden, die sich im Lauf des Jahres angehäuft haben. Wie es sich für einen echt polnischen Brauch gehört, ist es nur die Frau, die Schuld auf sich geladen hat und ihre Seele reinigen muss.

Zu **Fronleichnam** sind neue Prozessionen angesagt, doch diesmal bedeutend bunter als zu Ostern. Jung und Alt präsentieren sich in Tracht, kiloweise streuen sie aus Körben duftende Blütenblätter auf den Asphalt. Am prächtigsten ist die Fronleichnamsprozession in Łowicz, wo sich ein wahres Farbfeuerwerk entfaltet: Die Frauen des Orts tragen grellbunt gestreifte Röcke, mit Pailletten bestickte Samtwesten und schwere rote Ketten.

Stand die erste Hälfte des Jahres im Zeichen des Herrn, so die zweite im Zeichen der Jungfrau. Am 13. August wird

Auf vielen Festen präsentieren sich Jung und Alt in bunter Tracht

Feste von Monat zu Monat
Eine Jahresübersicht

Bunte Prozessionen, Trachtenreigen und Wodka in Strömen: So stellt man sich Polens Kirchenfeiern vor. Weniger bekannt ist der weltliche Kulturkalender, in dem Musik, Kunst und Straßentheater die Hauptrolle spielen. Die Palette reicht von Internationalen Orgeltagen über den Danziger Dominikanermarkt bis zum »Warschauer Herbst«, eines der weltweit besten Festivals für zeitgenössische Musik.

Januar: Am 6. Januar, dem Tag der Heiligen drei Könige, ziehen Kinder mit einer Weihnachtskrippe von Tür zu Tür, geben ein Ständchen und erwarten dafür einen kleinen Obulus.

Februar: Zum Karneval finden Maskenbälle und Konzerte, aber keine Faschingsumzüge statt.

April: Ostern wird überall mit großen Prozessionen begangen. In der Grenzstadt Sejny findet ein Ethno-Festival statt, zu dem Musikensembles aus Litauen, Russland und der Ukraine anreisen.

Mai: Schwermütiger Gesang ertönt beim Festival Orthodoxer Kirchenmusik in Hajnówka, während sich beim größten osteuropäischen Theatertreffen im Stadtzentrum von Thorn (Toruń) Revue- und Volkstheater-Ensembles tummeln.

Juni: Am arbeitsfreien Fronleichnamstag werden in allen Kirchen Messen abgehalten, danach starten farbenprächtige Prozessionen. Zur Sonnenwendfeier am 21. Juni lässt man in Warschau und Danzig kerzengeschmückte Blumenkränze auf den Fluss, ein Feuerwerk signalisiert den Sommerbeginn. Freunde der Chormusik treffen sich zu einem Festival in Misdroy (Międzyzdroje), zum Stinthengstfest fährt man nach Nikolaiken (Mikołajki). In der letzten Juniwoche werden in Stettin, Danzig und anderen Ostseestädten die Tage des

Mariä »Entschlafung« zelebriert, besonders inbrünstig in Heiligelinde (Święta Lipka), wo ihr die schönste Barockkirche Nordpolens geweiht ist. Zwei Tage später treffen aus allen Landesteilen Tausende von Pilgern ein, um **Mariä Himmelfahrt** beizuwohnen. Weitere wichtige Termine im Wallfahrtskalender sind das »Fest der Gottesmutter« am 26. August, ihr Geburtstag am 8. September sowie ihre Empfängnis am 8. Dezember.

Krönender Schlusspunkt des Jahres ist **Weihnachten,** das ähnlich wie in Westeuropa gefeiert wird. In der Adventszeit werden in den Kirchen Krippen aufgebaut, in denen rund um die Heilige Familie ein Panoptikum ländlichen Lebens erscheint. Am 6. Dezember beschenkt der Hl. Nikolaus, der in Polen Mikołaj heißt, alle vermeintlich braven Kinder, die eigentliche Bescherung findet freilich auch in Polen nicht vor dem Heiligabend statt. Das ganze Jahr über

Meeres gefeiert, eine Bootsprozession findet am 29. Juni zwischen Putzig (Puck) und Heisternest (Jastarnia) statt.

Juli: Zum Goldwasser-Festival kommen zu Monatsbeginn Straßenkünstler und Jongleure nach Danzig. Liebhaber der Country Music treffen sich zu ihrem jährlichen Picknick in Sensburg (Mrągowo), Rockfans zieht es nach Angerburg (Węgorzewo). Folklore dominiert beim Festival nordischer Klänge in Danzig, Blues hört man drei lange Tage am Ukiel-See in Allenstein (Olsztyn). Ritterturniere finden in den Ordensburgen von Golub-Dobrzyń, Marienburg, Mewe (Gniew) und Ortelsburg (Szczytno) statt. Zum schönsten Kaschubischen Jahrmarkt reist man nach Sanddorf (Wdzydze).

Juli/August: Jeden Sonntag erfreut man sich im Warschauer Łazienki-Park und in Żelazowa Wola, dem Geburtsort des Künstlers, an Chopin-Konzerten. In den Kirchen der Dreistadt erklingt Musica Sacra: Chor- und Kammerkonzerte mit internationaler Besetzung. Festivals mit Orgelmusik locken Besucher nach Cammin (Kamień Pomorski) und Oliva. Die Waldoper von Zoppot (Sopot) ist Austragungsort des bekannten Schlagerfestivals, an der Mole trifft man sich zu Jazz & Rock.

August: Der Danziger Dominikanermarkt findet in den ersten zwei Wochen des Monats statt: eine große Verkaufsmesse mit nächtlichen Festen und der traditionellen Bootsregatta. Im gleichen Monat lädt Marienburg zu Burgfestspielen ein: Alle Akteure und Musiker treten in historischen Kostümen an. Das größte orthodoxe Fest Polens wird in Grabarka, einem Dorf im fernen Osten, zelebriert.

September: In Warschau beginnt die Konzert- und Schauspielsaison. Zu den musikalischen Höhepunkten des Jahres gehört der Warschauer Herbst, ein zehntägiges Festival klassischer Gegenwartsmusik. Traditioneller geht es beim Klavier-Festival in Stolp (Słupsk) zu.

Oktober: Musik von Monteverdi steht im Mittelpunkt eines Barock-Festivals in Warschau. Alle fünf Jahre (2005 etc.) startet in der Philharmonie der internationale Chopin-Wettbewerb, die Konzerte des Jazz Jamboree finden jedes Jahr statt.

November: Am Abend von Allerheiligen pilgern viele polnische Bürger zu ihren Friedhöfen, die sich in ein leuchtendes Kerzenmeer verwandeln.

Dezember: Die schönsten Weihnachtsmärkte erlebt man in der Danziger und Warschauer Altstadt.

---

hat sich die Familie auf diesen Tag gefreut: Der große Festschmaus zählt nicht weniger als zwölf Gänge! Klassisches Hauptgericht ist der Karpfen, der meist lebend gekauft wird. Die häusliche Badewanne wird in ein Aquarium verwandelt, in dem das großäugige Tier seine Runden dreht, bevor es ihm »an den Kragen« geht. Nachdem man es geköpft hat, wird es geschuppt und gereinigt, gekocht, gebraten oder gebacken – bei der Zubereitung sind der Fantasie keine Grenzen gesetzt. Vorneweg gibt's gefüllte Kohlrouladen, Pilz- und Rotebeetesuppe, nach dem Fisch hausgemachte Nudeln mit süßen Soßen, Kompott und eine Vielzahl kleiner Kuchenstücke. Viele polnische Familien halten die Tradition aufrecht, ein Gedeck zu viel aufzutischen: Der unverhofft anklopfende Gast soll am Weihnachtsschmaus teilhaben können. Zuletzt wird unter den Anwesenden eine Oblate gebrochen, wobei man sich fürs neue Jahr Glück wünscht.

Spezialitäten polnischer Küche

»Iss, trink und löse den Gürtel«: Längst ist die einstige Lebensmaxime des Adels in den polnischen Alltag eingesickert; noch heute gilt es, sich viel Zeit zum Essen zu nehmen und an Köstlichkeiten nicht zu sparen. So wird jede sich bietende Gelegenheit beim Schopf ergriffen, um einen Festschmaus zu bereiten: Ob der obligatorische Freitagsfisch oder der Sonntagsbraten, der Namens- oder der Geburtstag – der katholische Kalender bietet reichlich Anlass für kulinarischen Genuss. Die Restaurant-Szene der großen Städte ist mittlerweile international und reich gefächert, neben ihr hat sich erstaunlich gut die polnische Küche behauptet. Sie ist herzhaft und deftig, schwelgt in Soßen und Sahnehäubchen – wahre Kalorienbomben, bei denen man rasch Fettpölsterchen ansetzt. Sie hat jüdische und deutsche, litauische, ukrainische und russische Einflüsse aufgenommen und ist damit ein getreues Abbild der ehemaligen ethnischen Vielfalt des Landes.

Suppen rangieren in der Beliebtheitsskala an oberster Stelle. Da gibt es milde und scharfe, klare und mehlige, säuerliche und süße, Suppen aus Rüben, Nüssen, Kräutern und vielen anderen »exotischen« Zutaten. Am berühmtesten ist der Borschtsch *(Barszcz)*, dessen Zubereitung viel Zeit in Anspruch nimmt: Stundenlang muss die klein gehackte Rote Beete im Kochtopf schmoren, bevor sie gar ist. Nur die klare, tiefrote Bouillon wird weiter verwendet: Leicht angesäuert und mit Knoblauch gewürzt wird sie mit knuspriger Fleischkrokette *(z krokotkiem)* serviert, manchmal auch mit »Öhrchen«, winzigen, pikant gefüllten Teigtaschen *(z uszkami)*. Im Sommer erhält sie durch die Beigabe von Rübenblättern einen grünen Schimmer *(Botwinka)* oder kommt mit viel Sauermilch als Kaltschale auf den Tisch *(Chłodnik)*. Als »weißen Borschtsch« bezeichnet man eine leckere, leicht süßliche Suppe aus angesäuertem Roggenmehl und Sahne, auf deren Grund ein verlorenes Ei oder eine gekochte Wurst schwimmt *(Żurek*, auch *Biały Barszcz)*. Von den Kaschuben und ihrer Vorliebe für Kümmel beeinflusst ist die Kräutersuppe mit Steckrüben und gedünstetem Kohl, feiner und pikanter ist die Danziger Suppe mit kleingehackten Gurken, Kapern und Oliven. Wer im Herbst nach Polen kommt, sollte sich *Zupa grzybowa* nicht entgehen lassen. Die cremige Pilzsuppe gilt bei Kennern als beste der Welt. 31 verschiedene Pilzsorten sind in Polen registriert, am edelsten sind Pfifferling, Morchel und Steinpilz – reich an Eiweiß, Proteinen und Mineralstoffen.

Eine Handvoll Trockenpilze verleiht dem Nationalgericht *Bigos* seine würzige Note. Obwohl es sich im strengen Sinne um keine Suppe handelt, taucht das Gericht auf polnischen Speisekarten oft in dieser Kategorie auf. Es handelt sich hierbei um ein altpolnisches Jägermahl aus gedünstetem Sauerkraut, Speck und Zwiebeln. Es wird mit Lorbeer und Kümmel gewürzt, durch die Beigabe von Paprika rot eingefärbt. Zu festlichen Gelegenheiten fügt man Wildfleisch und Backpflaumen hinzu und verfeinert das Ganze mit Madeira- oder Portwein. Bigos wird im Holzfass oder im Tonkrug aufbewahrt, je öfter man es aufwärmt, desto besser entfaltet es seinen Geschmack.

Fleischerei in Slupsk (Stolp) aus der vorletzten Jahrhundertwende

Salate wurden von Bona Sforza, der Mailänder Gattin König Zygmunts I., populär gemacht. Sie führte Tomaten, Gurken und frische Kräuter aus Italien ein und schuf die klassische Beilage *Surówka*. Liest man *Mizeria* auf der Speisekarte, so handelt es sich nicht um ein Hungermahl, sondern um hauchdünn geschnittene, in Joghurt eingelegte Gurkenscheiben. Wer Saures mag, greift zu *Ogórki kiszone:* pikant marinierte Gurken, abgeschmeckt mit Dill oder Birkenblatt.

Ein Hauptgericht ohne **Fleisch** gilt den meisten Polen als Verstoß gegen die Esskultur. Dass es so gut und herzhaft schmeckt, liegt vor allem an der Tieraufzucht. Meist stammen die Tiere von kleinen Höfen, wo sie noch auf der Weide stehen oder mit erstklassigem Futter gemästet werden. Lecker schmecken z. B. Schweineschnitzel in Jägersoße mit Honig und Rosinen *(Sos myśliwski)* oder pikant gefüllte Rinderrouladen *(Rolada wołowa)*. Aus der Zeit, da der Adel in den Wäldern auf Jagd ging, erhielt sich die Tradition, Reh und Hirsch, Fasan und Wildschwein zu servieren. Enten- oder Hasenbraten wird süßsauer gebeizt und mit geschmorten Äpfeln gefüllt. Die »Danziger Ente« weist freilich eine Besonderheit auf: Sie wird nach traditioneller Art mit Apfelsinenscheiben, Gemüse und einem Schuss Orangenlikör aufgetischt. Dieser Brauch geht auf das 17. Jh. zurück, als in Danzig viele exotische Früchte eingeführt wurden, mit denen die Gerichte veredelt wurden.

Eine gute Alternative zu Fleisch ist **Fisch.** Man kann ihn »in Weißwein dünsten, mit Kapern abschmecken, in Gelee einschließen, köstlich mit Soßen verfremden, (...) brässieren, glacieren, pochieren, nappieren, filetieren, mit Trüffeln adeln, mit Cognac vergeistigen« – so Günter Grass über den Butt, dem er einen 700-seitigen Roman widmete. Zu weiteren Spezialitäten der Region gehören gegrillter Lachs und geräucherter Aal, Zander in Dill- und Karpfen in Braunbiersoße. Die Kaschuben sorgten dafür, dass die Polen zu den größten Heringsvertilgern Europas gehören. Sie essen ihn mit Zwiebeln, Pellkartoffeln, Gemüsesoße und auf »Danziger Art«, wobei der gesalzene Fisch über Nacht gewässert, gehäutet und in Milch eingeweicht wird. Der Clou aber ist die Soße: Herber Weißwein wird aufgekocht, dann tropfenweise mit Eigelb und Gewürzen vermischt und zuletzt mit geraspeltem Apfel angereichert. Originell schmeckt auch Fisch auf »masurische Art«: Dorsch- und Rotbarschfilets, die mit einer süßsauren Soße aus Rosinen, Apfel und Sahne überbacken werden.

Als **Nachtisch** ist Süßes angesagt: Mürbekuchen mit Waldbeerkonfitüre, Käse-, Mohn- und Baumkuchen sowie mit Quark gefüllte Krapfen *(Kugle)*. Wer Leichtes bevorzugt, wählt Kirschen- und Pflaumenkompott, im Frühsommer vielleicht auch eine Schale frischer Blaubeeren *(Jagody)*, Himbeeren *(Maliny)* oder Wilderdbeeren *(Poziomki)* – auf Wunsch mit Schlagsahne.

Zu fast allen Mahlzeiten trinkt man einheimisches **Bier** *(Piwo)*. Seit dem Mittelalter wird es in Polen hergestellt, bekanntlich hat schon der Danziger Astronom Hevelius sein Geld als Brauer verdient und dunkles Joppenbier nach England exportiert. Heute ist nach ihm die bekannteste Brauerei Nordpolens benannt, die mehrere gute Sorten anbietet: das leicht bittere, aromatische »Hevelius«, das pasteurisierte »Gdańskie« (Danziger) und das starke »Kaper« (Freibeuter). **Wein** hingegen wird in Polen nicht produziert, wie für alle importierten Alkoholika ist der Preis weit überzogen.

Kaffee rundet auch in Polen die Mahlzeit ab – freilich nur noch selten *po turecku* (auf türkische Art), was bedeutete, dass der Kaffee nicht gefiltert, sondern mit heißem Wasser übergossen war. Heute wählt man in der Regel einen Espresso oder Kaffee mit Milch, der Cappuccino hat statt einer Milch- meist eine Sahnehaube. Als Spezialität gilt *Kawa po staropolsku*, Kaffee auf altpolnische Art mit Brandy, Zimt und Sahne.

Goldwasser, Wodka & Krambambuli

»Kommst du nach Danzig, verschmähe das Goldwasser nicht!« Der klare, leicht süße Likör, auf dessen Grund Flitter von 22-karätigem Rauchgold schwimmen, bringt jedes Mahl zum krönenden Abschluss. Gesundheitsapostel mögen beim Gedanken zögern, das Edelmetall zu schlucken, und es mag andere geben, die sich sagen, »Schade um das schöne Gold« – doch den reichen Bürgern der Kaufmannsstadt waren solche Bedenken fremd, die Geste der Verschwendung gehörte für sie zum Alltagsgeschäft. Dies war schon 1598 so, als der aus Flandern eingewanderte Ambrosius Vermoellen das besagte »Wässerchen« kreierte. Er wählte kostbare Spezereien, wie es sie nur in einer Handelsstadt wie Danzig gab: Macis und Pomeranzenschalen, Kardamom, Koriander und Wacholderbeeren, dazu einen weichen Anisschnaps. Dem beigemixten Gold sprach er magische Wirkung zu – seine geheimen Kräfte, rühmte er, übertrügen sich beim Trinken auf den Menschen. Der Siegeszug des Goldwassers setzte freilich erst über hundert Jahre später ein: Von 1708 bis 1945 wurde er im Danziger Haus »Zum Lachs« hergestellt, wo man auch den begehrten Kirschlikör »Krambambuli« und den mit getrockneten Pflaumen angereicherten Wacholderschnaps »Machandel« herstellte. Heute ist besagtes Haus eines der besten Danziger Restaurants, die originalen, nach einem Geheimrezept hergestellten Liköre werden aus Nörten-Hardenberg importiert.

Wer es noch hochprozentiger mag, greift zu Wodka, dem klassenübergreifenden Nationalgetränk. Eiskalt wird es getrunken und möglichst in einem Zug. Dutzende von Sorten stehen zur Wahl – kaum zu glauben, wie viele Nuancen aus Getreide, Kartoffeln und Alkohol, seinen wichtigsten Ingredienzien, gezaubert werden. Die Palette reicht vom milden Nobel-Wässerchen »Luksusowa« über den leicht süßlichen »Chopin« bis zum »Lajkonik«, einem aus Kartoffeln destillierten Schnaps, der seinen Namen einem Tatarentöter aus dem 13. Jh. verdankt. Danzig lässt es sich nicht nehmen, der Vielzahl bestehender Wodka-Sorten ein paar weitere hinzuzufügen. So bietet die Firma Polmos Starogard die hochprozentigen »Dwór Artusa« (Artushof) und »Gdańska« (Danziger) – beide in dekorativen Flaschen. Aus Nordpolen stammt auch der »Żubrówka«, auf dessen Etikett ein zotteliger Wisent prangt (Żóbr = Wisent). Seine blassgrüne Farbe rührt von dem in der Flasche schwimmenden Büffelgras, dem Lieblingsgericht von Europas größtem Säugetier. Wem das nicht »koscher« erscheint, der mag zu einer der traditionell jüdischen Marken greifen. Die Plakette von »Jankiel« zeigt einen orthodoxen Juden, und »Fiddler« erinnert mit einem Klezmer-Musikanten an den Broadway-Erfolg »The Fiddler on the Roof«.

Reisen in Nordpolen

Stettin und der Nordwesten

Stettin und der Nordwesten

Grenzfluss Oder

Malerisch schlängelt sich die Oder durch Stettin, auf ihrem Wasser ziehen Frachtschiffe in Richtung Ostsee. Seit Jahrhunderten ist die Oder ein Grenzfluss, trennte erst die pommerschen Herzogtümer, dann die Provinzen Vor- und Hinterpommern sowie schließlich Deutschland und Polen. Im Bewusstsein vieler Mitteleuropäer beginnt noch heute jenseits des Flusses eine »Terra Incognita« – der Eiserne Vorhang wirkt nach. Doch die Zeit der Annäherung schreitet voran: Die Grenze ist durchlässig geworden und wird tagtäglich von Urlaubern und Pendlern gequert.

Der Fluss ist die Lebensader Stettins, wo er sich in Seitenarme, Kanäle und Durchstiche verzweigt. Auf den dazwischen liegenden Inseln sind Hafenspeicher und Docks aufgereiht, und auf den Helligen sieht man eine Vielzahl von Kränen. Nördlich der Stadt weitet sich der Fluss zu einem riesigen Haff, jenseits dessen er sich mit drei Mündungsarmen seinen Weg in die Ostsee bahnt. Dabei umspült er die beiden vorgelagerten Inseln Usedom und Wolin. Erstere ist zwischen Polen und Deutschland geteilt, letztere gehört ausschließlich zu Polen. Vom Badeort Międzyzdroje erstrecken sich kilometerweite Sandstrände ostwärts, der angrenzende Nationalpark bietet 100 m hohe Klippen, dünenartige Nehrungen, dichte Buchenwälder und kleine Seen.

◁ *An der Oder nahe Stettin*

Stettin – Pforte zum Baltischen Meer

Karte: siehe rechts
Tipps & Adressen: S. 309

■ **Szczecin** (Stettin) ist eine überaus lebendige Stadt. 50 000 junge Menschen studieren an den insgesamt acht Hochschulen, und es gibt eine ausgeprägte Kulturszene – von Konzerten der Avantgarde bis zur traditionellen Oper ist alles im Spielplan vertreten. Insgesamt wirkt die einstige Hansestadt auffallend vital. Dies, so meint ein polnischer Fremdenführer, hänge mit der turbulenten Vergangenheit Stettins zusammen, mit der Entwurzelung seiner Bewohner und ihrem Leben in Unsicherheit. In den Jahren nach 1945 habe sich eine »Stettiner Psyche« ausgebildet: Aus der Hauptstadt der deutschen Provinz Pommern mit einem polnischen Bevölkerungsanteil von nur 4% wurde binnen kürzester Zeit die Hauptstadt der Woiwodschaft Szczecin mit einem deutschen Bevölkerungsanteil von 1%. Die neuen Bürger dieser Stadt kamen aus den ehemals polnischen, nun aber sowjetischen »Ostgebieten« und wurden samt zwangsweise umgesiedelten Ukrainern und einer beträchtlichen Zahl von Litauern in die äußerste Nordwestecke Polens »versetzt« – dorthin, wo früher die Deutschen gelebt hatten, von denen man eines mehr oder weniger fernen Tages vielleicht erneut vertrieben würde. Durfte man hier einen Lebensbaum pflanzen?

Stettin ist Polens wichtigster Hafen und seit der Verwaltungsreform 1999 Hauptstadt der erweiterten Woiwodschaft Westpommern. In zwei großen

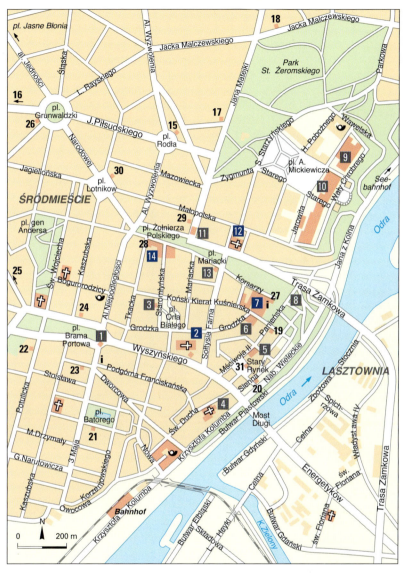

Szczecin (Stettin) – Sehenswürdigkeiten: *1* Hafentor *2* Jakobskathedrale *3* Palais unter dem Globus *4* Johanniskirche *5* Altes Rathaus *6* Loitzenhof *7* Schloss der Pommerschen Herzöge *8* Bastei der Sieben Mäntel *9* Woiwodschaftsamt *10* Schifffahrtsmuseum *11* Tor der Preußischen Huldigung *12* Peter-und-Paul-Kirche *13* Professorenhäuser *14* Nationalmuseum
Hotels: *15* Radisson *16* Park *17* Neptun *18* Dom Marynarza *19* Arkona *20* Podzamcze *21* Victoria *22* Rycerski *23* Elka Sen *24* Pomorski *25* Gryf **Restaurants:** *26* Chief *27* Zamkowa *28* Pod Muzami *29* Chata *30* Balaton *31* Pannekoeken Haga

Gemeinsam mit Świnoujście bildet Stettin den größten Seehafen Polens

Flussarmen durchströmt die Oder die Stadt, 65 km nördlich mündet sie in die Ostsee. Seit der EU-Beitritt beschlossene Sache ist, wächst Stettins wirtschaftliche Bedeutung. Die deutsche Hauptstadt liegt nur eine Autostunde entfernt, zusammen mit Świnoujście (Swinemünde) bildet Stettin einen riesigen Hafen. Größter Schiffsbauer im Ostseeraum ist die Werft Stocznia Szczecinska, die ihre wichtigsten Aufträge von Reedereien aus Singapur und Chile bekommt. Geschäftsleute träumen bereits von einer neuen wirtschaftlichen Drehscheibe zwischen Mitteleuropa und dem Baltikum, doch bis es dazu kommt, werden wohl noch einige Jahre vergehen. Der Ausbau der Flug- und Bahnverbindungen geht nur langsam voran, und auch in Berliner Ministerien scheint man vorerst stärker an Kontakten mit Warschau und Posen interessiert. Das Stettiner Konsulat, über das die Geschäftsleute früher miteinander in Kontakt traten, fiel dem Sparkurs des deutschen Außenministers zum Opfer.

Doch in Stettin ist man optimistisch. Mit Erfolg hat man sich ein neues, fort-

schrittliches Image zugelegt. Der Frontstadtcharakter ist abgestreift, man wirbt mit nachbarschaftlicher Offenheit und kosmopolitischem Geist. Die Aufbruchsstimmung spiegelt sich in einem ehrgeizigen Bauprogramm: Das Pazim-Geschäftszentrum mit seinem gläsernen Büroturm am Rodła-Platz wirkt futuristisch, in den Vororten entstehen Villen für die Profiteure des neuen Systems. Fast hat man den Eindruck, Stettin wolle an die Gründerzeit anknüpfen, als die Stadt nach Pariser Vorbild umgestaltet wurde. Damals entstanden weiträumige Plätze, von denen sternförmig Alleen ausgingen – vielleicht eine Nummer zu groß, aber doch dem Geiste der Zeit entsprechend und mit viel Luft zum Atmen.

Ein Blick zurück

Noch vor der polnischen Staatsgründung errichteten slawische Stämme in Stettin eine Wehrburg. Von ihnen stammt auch der Name der Region Pomern (*po morze* = »Land am Meer«). Deutscher Einfluss setzte sich im 12. und 13. Jh. durch, als das Land systematisch christianisiert und besiedelt wurde. Die

Erst vor kurzem restoriert: die Häuser rund um den Alten Markt

pommerschen Fürsten aus dem ursprünglich slawischen Geschlecht der Greifen machten Stettin, ab 1278 Mitglied der Hanse, zum Sitz ihrer Residenz, was es auch bis 1630 blieb. Während des Dreißigjährigen Krieges fiel die Stadt an Schweden, das sich freilich an dem Besitz nicht sonderlich interessiert zeigte und ihn 1720 gegen Zahlung einer geringen Summe an Preußen verschacherte. Im 19. Jh. war Stettin ein wichtiges Verwaltungszentrum, seinen größten Aufschwung erlebte es im Gefolge der Einigung des Deutschen Reichs. 1873 entstand ein großer Bahnhof, ein Jahr darauf das Hauptpostamt und weitere fünf Jahre später das neue Rathaus. Die Stadt avancierte zum maritimen Vorposten Berlins, es blühten Ordnung, Handel und Industrie. Viele Sehenswürdigkeiten gab es allerdings nicht in dieser Stadt. Noch 1936 wurde in Reisebüchern empfohlen, nicht mehr als eine Stunde für einen Rundgang zu veranschlagen. Und auch der in Stettin gebürtige Schriftsteller Alfred Döblin zeigte sich nicht sehr begeistert. »Der Paradeplatz«, schrieb er, »war ungewöhnlich langweilig. ... Die Häuser waren niedrig, die Stadt war sehr unbelebt und ohne Farbe«.

1945 war es mit der soliden preußisch-pommerschen Ordnung vorbei. Zwei Drittel aller Stettiner Häuser hatte der Krieg zerstört, Altstadt und Hafen versanken in Trümmern. An

Polen lag es, die Stadt neu entstehen zu lassen. Doch der Aufbau schritt nur langsam voran. Anders als in Danzig oder Warschau hat man die Altstadt hier nicht vollständig, sondern nur teilweise rekonstruiert. Und nicht immer hatte man bei der Planung des Neuen eine glückliche Hand: Reste alten Stettiner Reichtums kontrastieren oft schmerzhaft mit gesichtsloser, auf Zweckmäßigkeit bedachter Nachkriegsarchitektur.

Stadtrundgang

Alle wichtigen Sehenswürdigkeiten der Altstadt lassen sich bequem zu Fuß erkunden: Sie liegen zwischen dem westlichen Oderufer (Nabrzeże Wieleckie) und dem ehemaligen Hohenzollernplatz (pl. Grunwaldzki). Als Einstieg empfiehlt sich das **Hafentor** 1 (Brama Portowa) unweit der Touristeninformation. 1725–1729 wurde es vom westfälischen Architekten Cornelius von Wallrave erbaut – damals noch Teil der preußischen Stadtbefestigung, heute eine Trutzburg inmitten des wild wogenden Verkehrs.

Über die Wyszyński-Allee läuft man zum Oderufer hinab und sieht zur Linken den roten Turm eines gewaltigen Backsteinbaus. Die **Jakobskathedrale** 2 (Katedra Św. Jakuba) ist die mit Abstand größte Kirche Stettins und entstand im ausgehenden Mittelalter. Das Innere ist nicht so prunkvoll, wie man es von außen vielleicht erwartet. Sehenswert sind die Marienkapelle mit einem auf zwei Säulen ruhenden Kreuzgewölbe sowie der gotische Flügelaltar in der Sakramentskapelle. In einem Pfeiler nahe der Orgel ruht das Herz des Komponisten Carl Loewe, der in der Kirche von 1820 bis 1862 als Organist arbeitete; viele romantische Balladen hat er komponiert, darunter den »Erlkönig«, eine Vertonung des Gedichts von Johann Wolfgang v. Goethe.

Nördlich der Kirche, am pl. Orła Białego, lassen sich Touristen gern an einem barocken, mit Adler gekrönten Springbrunnen fotografieren. Sein deutscher Name (Rossmarktbrunnen) erinnert daran, dass an diesem Platz früher der Pferdemarkt abgehalten wurde. Schräg gegenüber befindet sich das **Palais unter dem Globus** 3 (Pałac Joński), in dem Katharina die Große, die spätere russische Zarin, ihre Kindheit verbrachte.

Wieder zurück auf der Wyszyński-Allee, fast schon am Oderufer, liegt rechts der Straße die dreischiffige **Johanniskirche** 4 (Kościół Św. Jana). Sie wurde Ende des 14. Jh. durch den Franziskanerorden gestiftet, dessen Ordensbrüder 1240 nach Stettin kamen. Etwa zur gleichen Zeit, als die Kirche entstand, machte man sich auch an den Bau einer Brücke, die die heutige Altstadt mit der gegenüberliegenden Insel Lasztownia (Lastadie) verbindet. Für die Kaufleute der Stadt war sie eine wichtige Einnahmequelle. Da die Brücke so niedrig war, dass Schiffe an dieser Stelle nicht durchfahren konnten, ließen sich die Stettiner die angelieferten Waren teuer bezahlen. Nach dem Wiederaufbau von 1959 wurde der Name »Hansabrücke« durch »Most Długi« (Lange Brücke) ersetzt.

Zur Jahrtausendwende wurde endlich auch das Viertel um den **Alten Markt** (Stary Rynek) rekonstruiert: Inmitten eines bunten Ensembles von Cafés, Bars und Läden befindet sich das **Alte Rathaus** 5 (Stary Ratusz), ein zierlicher Backsteinbau mit filigranem Ziergiebel. Anhand von Dokumenten, Karten und Fotografien wird im hier untergebrachten **Stadtmuseum** die Geschichte Stettins vom 10. Jh. bis heute

Die Hanse – freier Handel ohne Grenzen

Krämerseelen und Pfeffersäcke: So nannte man einst voller Verachtung die Hanseaten. Sie selbst nahmen es gelassen, sahen sich als faire Kaufleute und weltgewandte Kosmopoliten. Die Hanse gibt es längst nicht mehr, doch das Sprichwort ist geblieben: Ein »echter Hanseat« besitzt einen kühl-kalkulierenden Kopf und eine Leidenschaft fürs Geschäft.

Es begann im 12. Jh.: Damals schlossen sich die Kaufleute norddeutscher Städte zur »Hansa« (altdeutsch: Bund) zusammen, um den wechselseitigen Handel zu fördern. Stapel- und Marktrecht, Schutz- und Zollabgaben, Münzen und Maße: All dies wurde vereinheitlicht, da die Kaufleute erkannt hatten, dass nur in einem rechtlich abgesicherten Raum das Geschäft florierte. Der Erfolg gab ihnen recht. Bald schlossen sich der Hanse weitere Städte zwischen Brügge und Nowgorod an, insgesamt belief sich ihre Zahl auf etwa zweihundert. Die meisten von ihnen lagen am Schnittpunkt von Handelsstraßen, an Flussläufen und Meeren, kurz: überall dort, wo Waren umgeschlagen und von wo sie rasch weiter transportiert werden konnten.

Einen großen Vorteil besaßen die nach »deutschem Recht« gegründeten Städte. Ihre Bewohner waren freie Bürger, sie durften über Eigentum verfügen

---

nachgezeichnet. Nur wenige Schritte entfernt, erreichbar über eine mittelalterliche Gasse, kommt man zum **Loitzenhof** 6 (Dom Loitzów), einem der wenigen original erhaltenen Bürgerhäuser der Stadt. Strahlend weiß, vierstöckig und mit markantem Fassadenschmuck bildete er im frühen 16. Jh. den repräsentativen Rahmen für die Bankiersfamilie Loitz, die »baltischen Fugger«. Sie besaßen eine eigene Flotte und pflegten Handelskontakte von der Ost- bis zur Nordsee, versorgten Adel und Krone mit schier unerschöpflichem Kredit. Doch als der letzte Jagiellonenkönig 1572 starb, ohne bei der Bank seine Schulden beglichen zu haben, geriet die Familie in finanzielle Schwierigkeiten. Sie musste Konkurs anmelden und ihre Renaissancevilla aufgeben. Heute tummeln sich in dem Patrizierhaus die Studenten der Kunstakademie.

Das unbestritten schönste Gebäude der Stadt ist das **Schloss der Pommerschen Herzöge** 7 (Zamek Książąt Pomorskich), das majestätisch am hohen Ufer der Oder thront. Schon von weitem fallen die weiß verputzte Renaissance-Attika und der hohe, kuppelgekrönte Turm ins Auge. Der mächtige Bau aus dem 16. Jh. besteht aus fünf Flügeln, die zwei Innenhöfe umfassen. Die Stettiner haben das Schloss nach 1945 in ein Kultur- und Veranstaltungszentrum verwandelt. Hier werden Opern und Operetten aufgeführt, Konzerte finden in einem

und es vererben, einen selbst gewählten Beruf ausüben und sich in Zünften organisieren. »Stadtluft macht frei«, so verkündeten sie stolz, in deutlicher Abgrenzung zu jenen Orten, in denen die Bewohner nichts weiter als rechtlose Knechte eines Burgherren waren. Die Städte Pommerns und Preußens besaßen freilich noch weitere Vorteile. Über sie wurde Getreide aus der Kornkammer Polen umgeschlagen, in einer Zeit unkalkulierbarer Ernten und häufiger Hungersnöte war es das wichtigste aller Güter. Zugleich waren sie der Brückenkopf zum russischen Pelzmarkt – Biber- und Bärenfell, Zobel und Hermelin wanderten über die Ostsee in den Westen Europas. Begehrt waren gedörrter und gesalzener Fisch, aber auch Wachs, Holz und Metall. Bald kursierte ein geflügeltes Wort, das die Spezialisierung der Städte auf den Punkt brachte: »Stettin ist ein Fisch-, Danzig ein Getreide- und Krakau ein Kupferhaus«. Im Tausch für die Rohstoffe brachten die Kaufleute flandrische Tuche und englische Wolle, venezianisches Glas, französischen Wein und das »weiße Gold« Zucker.

So gut verdienten die Hanseaten, dass sie sich bald auch als Bankiers einen Namen machten. Sie dominierten das Kredit- und Wechselbriefgeschäft und finanzierten Kriege für König und Adel. Fugger und Welser hießen die berühmtesten Kaufmannsgeschlechter im Westen, im Osten waren es die Stettiner Loitz und die Danziger Ferber und Uphagen.

Mit der Entdeckung der Neuen Welt und dem Aufbau weltumspannender Kolonialreiche wurde der Niedergang der Hanse eingeleitet. Die Schaltstellen des internationalen Handels verlagerten sich nach Westeuropa, wo die Hanseaten bestenfalls ein paar Kontore, aber keinen Einfluss besaßen. Im 16. Jh. löste sich der Bund auf, erhalten blieben Krantore, Stapelplätze und Speicherinseln, backsteinerne Kirchen und Rathäuser sowie ein reicher Fundus aus Flandern importierter Kunst.

Saal des Nordflügels, im Sommer auch im zentralen Haupthof statt. Gemälde und Kunstgegenstände sind im Westflügel ausgestellt, die Sarkophage der pommerschen Fürsten entdeckt man in der Krypta des Ostflügels. Der mit 200 Stufen mühselige Aufstieg zum Glockenturm wird mit einem Panoramablick auf die Stadt und das Oderhaff belohnt. Stets gut besucht sind das Schlosscafé, abends auch der romantische Weinkeller.

Geht man um das Schloss herum, passiert man das fürstliche Stallhaus und die **Bastei der Sieben Mäntel** 8 (Baszta Panieńska Siedmiu Płaszczy), einen mächtigen Wehrturm aus dem frühen 15. Jh., der auch unter der Bezeichnung »Jungfernturm« bekannt ist. Kein architektonisches Glanzstück ist die angrenzende Trasa Zamkowa, ein über 2 km langes Brückenbauwerk, das man 1987 dem Verkehr übergab. Möglichst schnell lassen wir den Autolärm hinter uns und gehen hinüber zur **Hakenterrasse** (Wały Chrobrego), einer Promenade mit herrlichem Ausblick über die Oder. Die dortige Wehranlage hatte man Ende des 19. Jh. geschleift, an ihrer Stelle entstanden auf Wunsch von Bürgermeister Hermann Haken imposante Repräsentationsbauten: ein Machtsymbol des in der Gründerzeit reich gewordenen Bürgertums. Das glanzvollste Haus wurde 1911 im Stil der Neorenaissance fertig gestellt; damals residierte hier die preußische Bezirksregierung, heute das polnische **Woiwodschaftsamt** 9 (Urząd Wojewódzki). Stettiner Kaufleute stifteten 1913 das **Schifffahrtsmuseum** 10 (Muzeum Morskie), das nicht nur auf maritime Themen beschränkt ist: Es vereinigt so unterschiedliche Abteilungen wie Meeresfauna, Militärgeschichte und Ethnografie. Von der 500 m langen Terrasse läuft man über viele Stufen zum Fluss hinab, wo die Schiffe der Weißen Flotte zur Hafenrundfahrt einladen.

Westlich des Museums befand sich früher die bronzene Reiterstatue Kaiser Friedrichs III., doch mochten die Polen diese nach dem Krieg nicht wieder aufrichten. An ihrer Stelle steht nun ein Denkmal für Adam Mickiewicz, den romantischen Nationaldichter (pl. A. Mickiewicza). Der Architekt Cornelius von Wallrave, von dem auch der Entwurf zum Hafentor stammt, lieferte die Pläne für das 1725 errichtete »Königstor«, besser bekannt als **Tor der Preußischen Huldigung** 11 (Brama Hołdu Pruskiego). Der Triumphbogen erinnert daran, dass es fünf Jahre zuvor König Friedrich Wilhelm I. gelungen war, den Schweden die Stadt gegen einen Spottpreis abzunehmen.

600 Jahre zuvor waren die Zisterzienser in die Stadt gekommen und hatten die Christianisierung der Bewohner eingeleitet. Ihre alte Kirche gibt es nicht mehr, doch wo sie einmal stand, erhebt sich nun die **Peter-und-Paul-Kirche** 12 (Kościół Św. Piotra i Pawła). Der einschiffige Backsteinbau aus dem 14. Jh. besitzt eine originelle Holzdecke, in deren Mitte die hl. Dreifaltigkeit thront. Gegenüber, auf der anderen Straßenseite, erblickt man die so genannten **Professorenhäuser** 13 (Kamienice Profesorskie), die im 15. Jh. für die Lehrer des Marienstifts errichtet wurden.

Letzte Station des Rundgangs ist das **Nationalmuseum** 14 (Muzeum Narodowe), das in zwei Gebäuden beiderseits der Staromłyńska-Straße untergebracht ist und mit Ausstellungen zu Malerei und Plastik aufwartet. Dazu gibt es ein umfangreiches Grafikkabinett, Fundstücke aus der pommerschen Geschichte, Silbergeräte und Kunsthandwerk.

Will man nach dem Museumsbesuch sofort zum Ausgangspunkt der Tour zurückkehren, biegt man in die breite, nach Süden verlaufende al. Niepodległości, den preußischen »Paradeplatz«, ein. Hat man mehr Zeit, könnte man sich noch einen kleinen Eindruck vom »modernen« Stettin verschaffen. Dazu folgt man der al. Jedności Narodowej, einer der nach Pariser Vorbild angelegten Alleen stadtauswärts. Rund um den früheren **Kaiser-Wilhelm-Platz** (pl. Grunwaldzki) stehen schöne Jugendstilhäuser, und an der Südwestecke des Königsplatzes (pl. Jasne Błonia) befindet sich die Philharmonie.

Zwischen Heide und Haff

Karte: siehe rechts
Tipps & Adressen: Stargard Szczeciński S. 307, Goleniów S. 270

Die Umgebung Stettins ist reich an Wäldern und Seen. Die Höhen und Täler der weich gewellten Moränenlandschaft sind mit Buchen bewachsen, dazwischen mischen sich Kiefern und Erlen. Nach Süden zu gelangt man über die Buchheide (Puszcza Bukowa) zum **Nationalpark Unteres Odertal** (Narodowy Park Dolinu Odry) 1, der sich zu beiden Seiten des Flusses erstreckt. Er reicht 60 km bis zum Oderbruch und umschließt eine riesige Auenlandschaft: Zwischen den beiden Armen der hier geteilten Oder breitet sich ein Wasserlabyrinth aus – ein ökologischer Filter mit Schilfdickicht, so weit das Auge reicht. Das Feuchtbiotop dient Hunderttausenden von Zugvögeln, darunter auch Kranichen und Graureihern, als Rastplatz.

»Kornkammer Polens« nennt man die Landschaft rings um den pommerschen **Miedwie-See** (Madü-See). Dort haben die Schmelzwasser der Eiszeit eine fette Schwarzerde hinterlassen, auf der Weizen und Roggen gedeihen. Um 1230 errichteten Zisterzienser auf dem fruchtbarem Terrain die berühmte Klosterkirche bei Kolbacz (Kolbatz). Gut 20 Jahre später wurde an der Nordseite des Sees die spätere Hansestadt **Stargard Szczeciński** (Stargard) 2 gegründet. Wie gut es einst ihren Bürgern, die mit den Stettinern um die Führungsrolle konkurrierten, ging, verraten noch einzelne Bauten im Ortszentrum. Auf dem Marktplatz erhebt sich das spätgotische Rathaus mit einem aufwendig gestalteten Schmuckgiebel. Daneben steht die arkadengeschmückte Alte Wache mit einem Regionalmuseum. Überragt wird das Ganze von der trutzigen Marienkirche aus dem Jahr 1292, einem kostbaren Zeugnis der Backsteingotik. Wie durch ein Wunder hat sie mitsamt ihren prachtvollen gotischen Skulpturen alle Kriege überstanden. Rings um das Altstadtareal verläuft eine mächtige Wehrmauer mit Toren und Basteien. Ein Grüngürtel schließt sich an, der das historische Zentrum von dem neuen, unattraktiven Teil der Stadt trennt.

Der Nordwesten

Ein riesiges Wasserlabyrinth erstreckt sich im Nationalpark Unteres Odertal

Fast zur gleichen Zeit wie Stargard entstand das nördlich gelegene **Goleniów** (Gollnow) 3, das sich dank seiner günstigen Lage an Handelswegen rasch entwickelte und 1368 der Hanse beitrat. Der Ort, der inmitten eines morastigen Waldgebiets liegt, das sich bis zum Stettiner Haff erstreckt, erhofft sich von der Nähe zum Stettiner Flughafen eine wirtschaftliche Wiederbelebung. Der alte Stadtkern wird restauriert, an die Vergangenheit erinnern auch hier ein Wehrmauerring, eine backsteinerne Pfarrkirche und ein Kornspeicher am Ufer der Ihna. Ein Abstecher lohnt zum 15 km östlich gelegenen Ort Maciejewo (Matzdorf), wo in der ehemaligen Residenz des Grafen von Flemming eines der schönsten Hotels Nordpolens zum Besuch einlädt. Das Haus liegt am Rand eines Sees und ist von einem Park mit Kastanienbäumen, Rotbuchen und seltenen Eichen umgeben.

Mit der Einrichtung der Weißen Flotte ist das Stettiner Haff aus seinem touristischen Dornröschenschlaf erwacht. An der Südspitze des 800 km^2 großen Binnenmeers liegt **Trzebież** (Ziegenort) 4, ein Fischerdorf mit Fachwerkhäusern und kleinen Molen. Allmorgendlich stechen die Männer mit Reusen und Netzen in See, das Wasser ist inzwischen so sauber, dass sogar Lachs gefangen wird. Gern kommen die Stettiner am Wochenende hierher und besuchen die hiesigen Ausflugslokale. Im Ort gibt es ein Schulungszentrum des polnischen Seglerverbands – alle aus Deutschland kommenden Skipper müssen sich an der Zollstation des Jachthafens registrieren lassen. Mehr Betrieb herrscht im deutsch-polnischen Grenzdorf **Nowe**

Vineta
Die Stadt auf dem Meeresgrund

Ein kleiner Junge ging an einem pommerschen Strand spazieren. Im Sand entdeckte er eine Münze, doch als er sah, dass sie von Grünspan zerfressen war, warf er sie enttäuscht wieder weg. Just in diesem Augenblick erhob sich vor ihm eine zinnengekrönte Mauer, und ein Tor gab den Blick auf eine marmorgeflieste Straße frei. Der neugierige Knabe schlich sich an den ins Würfelspiel vertieften Wachen vorbei und staunte nicht schlecht über die vielen wohlgekleideten Menschen, die seinen Weg kreuzten: Männer in pelzverbrämten Mänteln und federgeschmückten Barretten, Frauen in Samt und Seide. Und sein Blick glitt über die mit Perlmutt verzierten Hausfassaden zu den Schmuckgiebeln empor – etwas so Schönes hatte er bisher nicht einmal im Traum gesehen! Als er am Marktplatz anlangte, winkten ihn Händler zu sich heran und boten ihm alles Schöne, das sie besaßen, zum Kauf. Der Junge suchte ihnen zu erklären, dass er ein armer Schlucker sei, doch die Kaufleute ließen nicht locker. Eine einzige Münze, riefen sie, reiche aus, um all die Pracht ringsum zu erwerben. Da erinnerte sich der Junge der Münze, die er zuvor achtlos in den Sand geworfen hatte. So schnell er konnte rannte er zum Strand zurück und brauchte nicht lange, das Geldstück zu finden. Doch als er sich wieder umdrehte, war er bestürzt: Die schöne Stadt gab es nicht mehr, sie war

Warpno (Neuwarp) **5**, Anlaufpunkt der bis vor wenigen Jahren beliebten »Butterfahrten«. Vom schilfbewachsenen Strand schaut man hinüber nach Altwarp, der Schwesterstadt in Mecklenburg-Vorpommern. Schnäppchenjäger sorgten ab 1995 für einen regen Fährverkehr zwischen dem alten und neuen Ortsteil, mittlerweile gibt es auch Verbindungen nach Ueckermünde und Kamminke, Międzyzdroje und Świnoujście. Nowe Warpno liegt auf einer Landzunge zwischen dem Haff und dem Neuwarper See, sehenswert ist der Marktplatz mit seinem 300 Jahre alten Rathaus und der spätgotischen, etwas zu groß geratenen Kirche.

Auf Usedom und Wolin

Karte: S. 65
Tipps & Adressen: Świnoujście S. 308, Międzyzdroje S. 283, Wolin S. 324

Das pommersche Land ist reich an Legenden. Jedes polnische Schulkind kennt die Geschichte von der Urschlange, die so durstig war, dass sie nicht einmal vor den großen Meeren halt machte. Als sie auch das Baltische Meer auszuschlürfen begann, wollten das die Fischer der Region nicht tatenlos hinnehmen. Um ihr den Appetit zu verderben, rammten sie ihr zwei Erdklum-

wie vom Erdboden verschluckt. Ein Storch, der zufällig vorbeigeflogen kam, bemerkte, wie traurig der Junge war und hatte Mitleid mit ihm. Einst, so klärte er ihn auf, habe hier eine Stadt namens Vineta gestanden; die Bewohner waren ungemein reich, aber auch hochmütig und stolz. Da habe sie Gott mit einer Sturmflut bestraft. Mitsamt ihren Häusern wurde sie in die Tiefe des Meeres gespült, wo sie nun als lebendige Tote ihrer Erlösung harrten. Alle hundert Jahre dürften sie für eine Stunde aus den Fluten aufsteigen, doch nur wenn es ihnen gelänge, in dieser kurzen Zeit einem sterblichen Wesen etwas zu verkaufen, würden sie erlöst...

Die Geschichte geistert durch viele pommersche Legenden; berühmt wurde sie durch Selma Lagerlöfs »Wunderbare Reise des Nils Holgersson mit den Wildgänsen«. So fantastisch die Ausschmückung, so simpel ist doch die Moral. »Geld«, so heißt es, »verdirbt den Charakter«. Die Reichen halten sich so die Sozialneider vom Leib, und die Habenichtse können sich damit trösten, zwar arm, aber immerhin die besseren Menschen zu sein.

Professor Władysław Filipowiak, ein angesehener polnischer Archäologe, belächelt den Versuch, das legendäre Vineta auf deutscher Seite, westlich von Stralsund im Barther Bodden, zu verorten. Über 50 Jahre hat er über die versunkene Stadt geforscht und in Wolin umfangreiche Funde sichergestellt, die er der einstigen Handelsstadt zuordnet. Im kleinen Ort auf der gleichnamigen Insel sind sie auch gelagert und warten darauf, im Rahmen einer großen Ausstellung vorgestellt werden zu können. Westliche Marketing-Konzepte à la Barth oder Zinnowitz, wo pompös inszenierte Vineta-Festspiele Ströme von Touristen anlocken, lassen ihn kalt. »Uns reicht das Wikinger-Festival«, meint er, »das gibt der örtlichen Niedamira-Werft genug Arbeit fürs ganze Jahr.« Für das Fest produziert die dortige Werkstatt originalgetreue Drachenkopfschiffe, mit denen die »Wikinger« eine Woche lang auf Kriegsjagd gehen.

pen ins Maul, und diese waren so riesig und fett, dass es der Schlange bis heute nicht mehr gelungen ist, ihr Maul zu schließen.

Was da gemeint ist, verrät der Blick auf die Karte: Die Schlange ist die Oder, der aufgerissene Schlund ist das Haff; die Klumpen im Maul bilden die beiden Inseln Usedom und Wolin. Natürlich sehen Geologen die Entstehung der Inseln sachlicher. Für sie sind sie die Überbleibsel einer hoch aufragenden, eiszeitlichen Stirnmoräne, die das Meer im Laufe von mehreren tausend Jahren formte. Unentwegt hat die Brandung an der Küste genagt und gehobelt, das dabei zerriebene Gestein als feinsten Sand zurück an die Küste gespült. Darum reiht sich heute ein breiter Strand an den nächsten, wobei die Insel Wolin dank ihres Steilufers und des buckligen, bewaldeten Hinterlands besonders attraktiv ist.

Auf Usedom soll die Reise beginnen. 4 km vom deutschen Ostseebad Ahlbeck entfernt liegt der beliebte Kur- und Ferienort **Świnoujście** (Swinemünde) [6]. Schon seit 1826 genießt er den Status eines Seebads. Theodor Fontane hat hier einen Teil seiner Kindheit verbracht und über seine Eindrücke aus jener Zeit berichtet: »Swinemünde war, als wir im Sommer 1827 dort einzogen, ein unschönes Nest, aber zugleich auch wie-

der ein Ort von ganz besonderem Reiz.« Manches mochte man ihm vorwerfen, doch spießbürgerlich war Świnoujście mitnichten. Schotten, Holländer, Dänen und Schweden waren im Laufe der Jahre in dem Küstenort hängen geblieben und hatten dafür gesorgt, dass das Leben hier bunter war als anderswo – und das war etwas, was dem jungen Fontane gefiel.

Mit der Reichsgründung 1871 entdeckte das vornehme Berlin den Reiz dieser Region und verbrachte in den »Kaiserbädern«, so oft es konnte, seine Sommerfrische. Geld- und Blutadel gaben sich die Klinke in die Hand, außer pommerschen Junkern kamen Berliner Geheim- und Kommerzialräte mit ihren aufgeputzten Frauen. Nach 1945 war ihnen das nicht mehr vergönnt. Unter der Herrschaft der polnischen Sozialisten wurden viele Villen in preisgünstige Ferienheime verwandelt, vor allem Bergarbeiter kamen nun in den Genuss frischer Meeresluft. Doch es dauerte nicht lange, da drehte sich das Rad der

Am Strand von Międzyzdroje

untergebracht ist. Mit der Fähre kann man nach Wolin zum östlichen Ortsteil übersetzen, wo die Stadt ein eher industrielles Gesicht hat. Neben dem Bahnhof befinden sich der Umschlag- und Fischereihafen, die Fischfabriken und Werften. Sehenswert ist der 1857 erbaute Leuchtturm an der Flussmündung. Mit 68 m ist er der höchste an der polnischen Küste, von seiner Plattform bietet sich ein weiter Blick hinüber nach Usedom.

15 km östlich von Świnoujście auf der Insel Wolin liegt **Międzyzdroje** (Misdroy) **7**, das Juwel unter den Ferienorten. Seine Hauptattraktion ist der breite feinsandige Strand, eine Handvoll aufgebockter Boote sorgt fürs Lokalkolorit. Seelenruhig flicken die Fischer ihre Netze, bleiben unbeeindruckt vom Treiben ringsum. Geht man weiter am Strand entlang, schwingen sich über 100 m hohe Klippen auf, aus denen knorrige Buchen ragen.

Die 3 km lange Promenade ist ein beliebter Treffpunkt der Touristen, im Sommer flanieren hier polnische Politiker und Filmstars. Groß ist das Angebot an Cafés und Restaurants, dazwischen sieht man frisch renovierte Villen aus dem 19. Jh. und einige neuere Hotels. Vom Seesteg, der weit ins Meer ausgreift, starten Schiffe der Weißen Flotte zu Ausflügen, das ehemalige Kurhaus lädt zu Konzerten und Ausstellungen ein.

Geschichte ein weiteres Mal: Seit 1989 muss sich der Besuch von Gästen wieder »rentieren«. Man erhofft sich zahlungskräftige Kunden und investiert in die Verschönerung der Stadt.

Ein Dünenwall trennt den breiten und feinsandigen Strand vom Kurkomplex mit seiner Promenade, dem Park und den schönen Jugendstilvillen. Landeinwärts liegt das Wohn- und Geschäftsviertel mit der backsteinernen Pfarrkirche (Ende des 18. Jh. erbaut) und dem Fischereimuseum, das im alten Rathaus

Ein Grüngürtel trennt die Promenade vom traditionellen Ortskern. Auch er wurde in den letzten Jahren aufpoliert, am Neptunplatz entstand eine kleine Fußgängerzone nach westlichem Vorbild. Von dort ist es nicht weit zum Naturkundemuseum, das über Flora und Fauna informiert. Im Garten des Mu-

Drei Wanderungen im Wolliner Nationalpark

Am Museum des Wolliner Nationalparks in Międzyzdroje starten drei markierte Touren, die auch wenig konditionsstarke Wanderer im Rahmen eines Tagesausflugs gut bewältigen können. Zur besseren Orientierung verhilft die Karte Woliński Park Narodowy (Maßstab 1: 30 000), die im Museum erhältlich ist.

1. Rot: Am Meeresufer entlang
Die spektakulärste, rot markierte Tour (Länge: 12 km, Dauer: 4 Std.) führt entlang der Küste und ist identisch mit einem Teilstück des Europäischen Fernwanderwegs E-9. Vom Museum geht man über den Neptunplatz und durch den Chopin-Park zur Promenade, hält sich rechts und biegt hinter dem Hotel Amber Baltic zum Strand ein. Fortan geht es in Nordostrichtung stets am Wasser entlang. Man passiert die aufgebockten, von Möwen umlagerten Kutter der Fischer und stößt rasch zum einsamen Küstenabschnitt vor. Hohe, lehmfarbene Klippen steigen auf, in die Steilwand krallen sich Buchen. Bei schwerem Sturm werden schon mal Teile der Wand unterspült und die darauf wachsenden Bäume weggeschwemmt. Jedes Jahr dringt das Meer tiefer ins Landesinnere vor: Seit 1891, als die Küste erstmals vermessen wurde, hat es sich schon 150 m »vorgearbeitet«, das entspricht 80 Zentimeter im Jahr!

Vielleicht hat man Glück und sieht ein paar Graurobben. Sie treten meist in kleinen Gruppen auf, tauchen aber sofort ins Wasser ab, wenn man sich ihnen nähert. Kurz hinter Grodno, nach etwa 7 km, verlässt man den Strand und folgt dem landeinwärts, über Moränenhügel in Richtung Wisełka schwenkenden Weg. Kurz vor Erreichen des Dorfes geht es links ab und durch waldreiches Gebiet zum 74 m hohen Leuchtturm Kikut hinauf (abgeleitet von »Kieckturm«). Danach führt der Weg geradewegs weiter nach Kołczewo, von wo dank des Golfplatzes regelmäßig Busse nach Międzyzdroje zurückfahren.

2. Grün: Durch Wald zur Seenplatte
Der grüne Weg (Länge: 13 km, Dauer: 4.15 Std.) führt durch »Hoch-Wollin«, den zentralen Teil des Nationalparks. Im buckligen Gelände fühlt man sich fast ins Bergland versetzt, sieht in einem Gehege zottelige Wisente und gelangt schließlich zu mehreren kleinen Seen.

Vom Museum folgt man der ul. Kolejowa und biegt an der zweiten Querstraße links in die ul. Leśna, die »Waldstraße«, ein. Nach knapp 2 km ist das Wisent-Reservat erreicht, wo man außer Europas größtem Säugetier auch Hirsch, Reh und Wildschwein beobachten kann (Mo geschl.). Nach weiteren 4 km, kurz vor dem Dorf Warnowo, schwenkt der Weg auf Nordkurs. Er führt an zwei Seen vorbei und stößt schließlich auf die Straße Wolin – Dziwnów, wo man sich links hält. Nach wenigen Minuten ist das Dorf Kołczewo erreicht, per Bus oder auf rot markiertem Weg geht es nach Międzyzdroje zurück.

3. Blau: Zum Stettiner Haff

Der blau markierte, durch den Süden des Nationalparks führende Waldweg (Länge: 15 km inkl. Rückweg, Dauer: 4.30 Std.) macht mit einem türkisfarbenen See vertraut – zum Finale gibt's einen grandiosen Blick aufs Haff.

Vom Museum folgt man der ul. Kolejowa zum Bahnhof, wechselt auf die gegenüberliegende Seite der Gleise und läuft südwärts an der Grenze des Nationalparks entlang. Ein erster schöner Blick aufs Haff bietet sich vom 58 m hohen Wyżnica nach knapp 4 km. Dann schwenkt der Weg landeinwärts, macht eine Schleife um die Dörfer Wicko und Wapnica und geleitet uns geradewegs zum Türkis-See. Seine eigentümliche Färbung verdankt er einem stillgelegten Kalkbruch, über dessen weißem Grund das Wasser intensiv grün schimmert. Nächste Station ist der auf einem hohen Ufer thronende Weiler Lubin. Von der Kirche stößt man auf schmalen Fußpfaden zur Abbruchkante vor und begeistert sich an dem Anblick. Sandbänke, Gras- und Schilfinseln »schwimmen« auf dem Rückdelta der Świna, dahinter das bis zum Horizont sich erstreckende Haff. Seit ein Kanal durch den Süden Wolins getrieben wurde, gräbt sich die »natürliche« Świna ihr Bett, wie und wo es ihr beliebt. Bei Nordsturm drückt die Ostsee Unmengen von Sand in die Świna, der sich an der Südseite der Insel ablagert und dort eine Vielzahl kleiner Inseln entstehen lässt.

Steilküste auf der Insel Wolin

seums kann man den Seeadler, das Wappentier des Nationalparks, bestaunen; seine Flügel sind bis zu 2 m weit – kein anderer Vogel kann sich mit ihm an Größe messen.

Direkt vor den Toren der Stadt beginnt der **Wolliner Nationalpark** (Woliński Park Narodowy) 8. Der durch ein Netz markierter Wanderwege erschlossene Park (s. Tipp, S. 72) reicht vom Ostseeufer bis zum Stettiner Haff, erstreckt sich von den Klippen über eine gewellte Hochebene bis zur flachen Boddenküste. Weite Teile sind von Wäldern bedeckt: Man sieht vorwiegend Kiefern und Fichten, aber auch viele Buchen und Eichen. An einigen Stellen wirkt der Wald so geheimnisvoll, dass er von den Einheimischen als »Kathedrale« bezeichnet wird. Auf der Hochebene kommt man auch an kleinen Gletscherseen, an Torfmooren und Sümpfen vorbei. Überaus reich sind Flora und Fauna: Am Meer sieht man seltene Dünenpflan-

Gras- und Schilfinseln prägen Teile der Insel Wolin

zen wie Strohblume, Sumpfwurz und Stiefmütterchen, dank der von der Brise heraufgewehten Mineralpartikel wachsen 15 verschiedene Orchideenarten. Silbermöwen und Seeschwalben bauen ihre Nester am grasbewachsenen Dünenhang, Schwarz- und Weißstorch bevorzugen die schilfgesäumten Seen.

Als »König« des Parks lässt sich der Wisent feiern, der bis zu 1 t schwer werden kann. Einst bevölkerte er die pommerschen Wälder, doch weil sein zotteliges Fell auf dem Pelzmarkt begehrt war, jagte man ihn, bis er fast ausgelöscht war. Nun wird in einem Reservat versucht, dem riesig-buckligen Tier mit seinen langen Mähnen und Bärten wieder auf die Beine zu helfen. Ziel ist es, möglichst viele Tiere zu züchten, um sie in naher Zukunft in die freie Wildbahn entlassen zu können. Das Reservat liegt keine 2 km von Międzyzdroje entfernt, hinter der Umzäunung wurden Aussichtsterrassen errichtet.

Ihren Namen verdankt die Ostseeinsel der am Haff gelegenen Stadt **Wolin** (Wollin) 9. Heute erinnert nur noch wenig an den einstigen Glanz dieses Ortes, der einmal große Berühmtheit besessen haben soll und den einige Wissenschaftler sogar mit der sagenumwobenen Stadt Vineta in Verbindung bringen (s. Thema, S. 68). Der spanische Kaufmann Ibrahim Ibn Jakub beschrieb ihn bei seinem Besuch 965 als »eine große Stadt am Weltmeer«, und knapp hundert Jahre später schwärmte Adam von Bremen: »Es ist die größte aller Städte, die Europa umschließt, und wird von Slawen, Griechen und Barbaren bewohnt... Sie ist angefüllt mit Waren aller Völker des Nordens, nichts Begehrenswertes oder Seltenes fehlt.« Doch bereits im 12. Jh. existierte die Handelsstadt nicht mehr, ward bei mehreren Überfällen der Dänen in Schutt und Asche gelegt. Was die Chronisten berichten, haben Archäologen in den vergangenen Jahren bestätigt. Professor Władysław Filipowiak hat rings um Wolin riesige Gräberfelder freigelegt und vier Häfen entdeckt, außerdem Hunderttausende Fundstücke aus dem Schlamm geborgen. Darunter befanden sich Bernsteinschmuck und fein gezackte Kämme, silberne Ketten und Ohrringe sowie Halbmonde, die für den Export in den Orient bestimmt waren. Einige der Kostbarkeiten sind in dem kleinen, aber liebevoll eingerichteten Regionalmuseum ausgestellt, darunter auch eine winzige Statue Światowids, des viergesichtigen Gottes aus der Zeit des legendären »Vineta«.

Von Kamień Pomorski (Cammin) nach Mrzeżyno (Deep)

Karte: S. 65
Tipps & Adressen: Kamień Pomorski S. 273, Dziwnów S. 257, Rewal S. 299, Trzebiatów S. 315

Der jodhaltigen Luft und den in 600 m Tiefe sprudelnden Solequellen verdankt **Kamień Pomorski** (Cammin) [10] seine Aufwertung zum Kurort. Doch die meisten Besucher kommen hierher, um die prachtvolle Architektur zu bewundern. Als 1176 das Bistum vom zerstörten Wolin hierher verlegt wurde, begann man umgehend mit dem Bau einer Kathedrale (Katedra Św. Jana), die noch heute zu den eindrucksvollsten Gotteshäusern Polens zählt. Sie steht auf einem Hügel nahe dem Haff und überragt die gesamte Stadt. Vom Reichtum der Bischöfe künden der meisterhaft geschnitzte Hochaltar und die pastellfarbenen Wandmalereien. Schmuckstück der Kirche ist die vergoldete Barockorgel, die mit 13 m Länge und 9 m Höhe das gesamte Mittelschiff ausfüllt. Ihre Klangfülle entfaltet sie vor allem während des sommerlichen Orgelfestivals, wenn Interpreten aus allen Ländern hier ihre Register ziehen. Weitere Schätze entdeckt man im kleinen, über das linke Seitenschiff erreichbaren Museum; sehenswert ist auch der Kreuzgang – ein Ort klösterlicher Stille, der einen romantischen Garten umschließt.

Gegenüber der Kathedrale residierten die Bischöfe standesgemäß in einem Palast, die niedere Geistlichkeit musste mit den Kapitelhäusern vorlieb nehmen. Auf dem Marktplatz steht das gotische Rathaus mit Türmchen und Schmuckgiebel. Ebenso wie die Bürgerhäuser ringsum wurde es sorgfältig restauriert. Zur Haffseite hin haben sich die mittelalterlichen Wehrmauern erhalten; von der besterhaltenen Bastei, dem Woliner Tor, bietet sich ein weiter Blick über den Camminer Bodden, bei schönem Wetter sieht man dort ein buntes Gemisch von Anglern, Surfern und Seglern.

Strandleben pur herrscht in **Dziwnów** (Dievenow) [11], wo eine Brücke die Insel Wolin mit dem Festland verbindet. Wer im Juli oder August hierher kommt, hat Schwierigkeiten, ein freies Bett zu ergattern. Ferienheime und Zeltplätze sind heillos überfüllt, die Besitzer der Imbissbuden machen das Geschäft ihres Lebens. Doch schon Anfang September herrscht wieder Ruhe im Land, die Kirmesatmosphäre macht der Beschaulichkeit Platz, und es gibt sogar Fischer, die mit ihrem Kutter hinausfahren – Bilder wie aus vergangener Zeit.

Weitere kilometerlange Sandstrände folgen: Die Küste zieht sich in schnurgerader Linie ostwärts, Wind und Strömung haben alle Unebenheiten geglättet. Über Dziwnówek (Klein-Dievenow) und das ruhige, bei Familien beliebte Pobierowo (Poberow) geht es weiter nach **Trzęsacz** (Hoff) [12], wo man nochmals eine eindrückliche Vorstellung von der Kraft des Meeres erhält. Eine Kirchenruine, die einst 2 km von der Küste entfernt stand, thront heute unmittelbar an der Abbruchkante der

Klippen. Das Meer hat sich das Land Stück für Stück einverleibt und die Kirche vor gut 100 Jahren zum Einstürzen gebracht. Das halbe Dorf ist bereits in die Tiefe gestürzt und der Friedhof unterspült. Beim nächsten Jahrhundertsturm, so fürchten die Bewohner, wird auch die Kirche von den Fluten verschlungen.

Wer Lust hat, fährt von hier mit der urigen Schmalspurbahn über das am Fuße einer Steilküste liegende **Rewal** (Reval) 13 nach **Niechorze** (Horst) 14 und besichtigt dort den 1866 erbauten, 45 m hohen Leuchtturm. Man kann mit der Bahn aber auch weiterfahren bis **Trzebiatów** (Treptow) 15, einen Ort mit sehenswerter Altstadt. Den quadratischen Marktplatz säumen restaurierte Giebelhäuser, in seiner Mitte steht das barocke Rathaus. Am nördlichen Stadteingang erhebt sich wie ein Gigant die backsteinerne Marienkirche (Kościół Mariacki) mit einem 90 m hohen Turm, der über steile Steinstufen erklommen werden kann. Auf dem Weg zur Aussichtsplattform kommt man an zwei berühmten Glocken vorbei: »Gabriel« zählt zu den ältesten, die 7,2 t schwere »Maria« zu den größten Glocken des Landes.

Erbittert war im 15. Jh. die Konkurrenz unter den Hansestädten. Als 1457 Kolberger Kaufleute die damals weiter östlich verlaufende Mündung des Flusses Rega blockierten, um den Treptowern den Zugang zum Meer zu versperren, ließen diese einen neuen, künstlichen Durchstich in **Mrzeżyno** (Deep) 16 graben. Als Handelshafen hat dieser Ort keine Bedeutung mehr, wohl aber als geruhsames Ferienziel. Ein herrlicher Dünenstrand und ein großer, schilfumrankter See im Hinterland locken seit jeher viele Besucher an. Einer von ihnen war der Maler Lyonel Feininger, der hier zwischen 1924 und 1935 fast jeden Sommer verbrachte und die Schönheit der Landschaft in mehreren Bildern festhielt.

Ein Opfer der Naturgewalten: die Kirchenruine in Trzęsącz

Bernstein – »Tränen der Götter«

Der Sonnengott Helios fuhr jeden Morgen mit seinem vierspannigen Wagen von Osten über den Himmel gen Westen und kehrte nachts über den Ozean zum Ausgangspunkt seiner Reise zurück. Auf die drängenden Bitten seines Sohnes Phaethon erlaubte er diesem, selber einmal die Zügel in die Hand zu nehmen. Doch war dieser so hitzig und ungestüm, dass er die Rosse nicht im Zaum zu halten vermochte. So sehr näherte er sich der Erde, dass er einen großen Weltbrand entfachte; die Berge begannen zu lodern, die Gewässer verdunsteten, und es entstanden endlose Wüsten. Hart war die Strafe des Zeus: Mit einem Blitz tötete er Phaethon und schleuderte ihn in den Eridanos – dieser Fluss, so eine Auslegung des Mythos, kam von Norden und mündete in ein Meer, das wir heute die »Ostsee« nennen. Die Heliaden, Schwestern des Getöteten, waren ob des Verlustes untröstlich. Sie stimmten einen Klagegesang an, der so schrill und herzzerreißend war, dass die Götter sie in rauschende Weiden verwandelten und ihre Tränen still stellten; sobald diese das Wasser des Flusses berührten, gerannen sie zu Bernstein, honiggelb schimmernden Perlen.

Die antike Sage belegt, dass die Griechen schon lange vor der christlichen Zeitrechnung den kostbaren Stoff kannten. Auf der so genannten Bernsteinstraße gelangte er von der Ostsee über die untere Weichsel, über Schlesien und Mähren bis an die Adria, von wo er in alle Mittelmeerländer weiterverschifft wurde. Er war hochwertig und dem Edelstein gleichgestellt, sein Besitz versprach ein Vermögen. Man fand ihn im römischen Pompeji, in griechischen Tempeln oder auch im Grab des vor 3500 Jahren beigesetzten Pharaos Tutenchamon – eingesetzt in die Krone des Herrschers.

Beim »Gold der Ostsee« handelt es sich um das Harz skandinavischer Nadelbäume, das vor Millionen von Jahren von den Bäumen tropfte und sich anschließend verhärtete. Durch Wasser und Wind wurde der »Stein« in die Flüsse und schließlich ins Meer gespült. Geht man aufmerksam am Strand entlang, findet man ihn vielleicht noch heute – besonders wahrscheinlich ist dies nach einer stürmischen Nacht. Er schillert gelb und bronzerot, ist milchig oder transparent. In den größeren Steinen sind oft Insekten oder Blattelemente eingeschlossen – Spuren längst vergangenen Lebens aus dem Tertiär. Mit Hilfe der kleinen Partikelchen konnte schon manches wissenschaftliche Rätsel gelöst werden. So identifizierte man einige als Blattteile von Palmen bzw. Teesträuchern und fand so eine Bestätigung für die These, dass früher rund um die Ostsee sehr hohe Temperaturen herrschten.

Bernstein ist ein geheimnisvoller, geradezu magischer Stoff. Er bricht das Licht und elektrisiert, löst sich auf in Äther und Alkohol. »Bernen« ist ein mittelniederdeutsches Wort und heißt

»brennen«: Ab 375° C beginnt der Stein zu schmelzen und verströmt einen aromatischen Duft. Schon immer haben die Menschen mit dem Stein experimentiert und seine Eigenschaften zu nutzen versucht. Zerrieben zu Pulver und vermischt mit Spiritus ergab sich eine Heiltinktur, von der man sich Hilfe gegen Kopfschmerz und Schnupfen, aber auch gegen die Gefahren des Schlaganfalls versprach. Trug man Bernstein am Hals, schützte er vor Atemnot, trug man ihn am Handgelenk, war man vor Rheuma gefeit. Fein geschliffen diente er als Lupen- und Brillenglas, in erster Linie freilich als Schmuckstück.

Für die Herrscher der Ostsee war Bernstein eine einträgliche Einkommensquelle. Erst besaßen die Herzöge von Pommerellen das Monopol auf den Handel, später ging es an die Ordensritter über. Unter ihrer Herrschaft waren die Küstenbewohner verpflichtet, Bernstein »zu sammeln, zu schöpfen, zu stechen und zu fischen«, um ihn alsdann gegen Salz einzutauschen. Wer gegen das Monopol verstieß, wurde hingerichtet; zur abschreckenden Wirkung waren am Strand Galgen aufgestellt.

Ab ca. 1830 begnügte man sich nicht mehr mit dem Sammeln, sondern begann mit dem systematischen Abbau. Auf der Kurischen Nehrung entstanden in Palmnicken (Jantarnij) erste Bergwerke, mittels Hochdruckdampf wurde

das »Gold der Ostsee« aus der Erde gepresst. Heute agiert dort ein russisches Kombinat; es beliefert die Werkstätten in Danzig, in denen mehr als tausend Kunsthandwerker beschäftigt sind. Ihre Werke kann man in kleinen Läden der Danziger Rechtstadt, vor allem auf dem Langen Markt (Długi Targ) und der Frauengasse (ul. Mariacka) erstehen. Da gibt es in Silber eingefasste Ohrringe, Broschen und Ringe, aber auch Spiegel und Lampen, Briefbeschwerer und Schachfiguren. Alljährlich im März findet die Messe »Amberif« statt, auf der die neuesten Trends der Schmuckbranche vorgestellt werden. Unbearbeiteter Bernstein wird im Archäologischen Museum zu Danzig, eine Sammlung von Schmuckstücken in der Festung Marienburg ausgestellt.

Mittlere Ostseeküste

Mittlere Ostseeküste

Strände, so weit das Auge reicht

Die flirrenden Sanddünen der Ostsee entdeckt man auf Bildern der Expressionisten Max Pechstein und Karl Schmitt-Rottluff, die in die Küstenorte um Kołobrzeg fuhren, um in »südliches Licht« einzutauchen. Seit der Grenzöffnung gibt es junge deutsche Künstler, die ihnen nacheifern und mit Tusche und Pinsel das Bild der Brandung und die Farbspiele des Sonnenuntergangs festhalten wollen. Daneben wächst die Zahl der Touristen, die frei von künstlerischer Ambition einfach nur entspannen wollen. Und wäre es so warm wie am Mittelmeer, hätte dieser Küstenabschnitt Rimini gewiss schon den Rang abgelaufen. Denn was gibt es dort, das nicht auch hier wäre? An Polens Ostseeküste kann man kilometerlang spazieren gehen, es gibt breite Strände mit feinkörnigem Sand, große Dünenfelder und romantische Steilküsten. Dazu alles oder zumindest fast alles, was man für einen erholsamen Urlaub braucht: Hotels für jeden Geschmack, preiswerte Ferienhäuser und Zeltplätze, Imbissläden und Cafés, Restaurants mit polnischer und internationaler Küche, eine Fülle sportlicher Angebote zu Wasser und zu Lande. Das Publikum ist in den Sommermonaten bunt gemischt: Zu den polnischen Urlaubern gesellen sich immer mehr Gäste aus Deutschland und Skandinavien.

◁ *Fischerhafen in Ustka*

Kołobrzeg (Kolberg) – Bade- und Kurort

Karte: siehe rechts
Tipps & Adressen: S. 275

■ Über 500 000 Besucher kommen jedes Jahr nach **Kołobrzeg** (Kolberg). Längs der Küste erstreckt sich ein herrlich breiter Sandstrand, der vom Stadtkern durch Grünanlagen und eine mit Hotels und Erholungsheimen aufgelockerte Kurzone getrennt ist. Die Gäste schätzen die heilsame Wirkung des hiesigen Quellwassers, die jodhaltige Luft, die Sole- und Moorbehandlungen. Vom Hafen stechen Segelschiffe in See, an der Mole trifft man sich zum romantischen Sonnenuntergang.

Ein Blick zurück

Kołobrzeg gehört zu den ältesten Städten Pommerns. Bereits zur Wende zum zweiten Jahrtausend gab es eine ausgebaute Festung an der Mündung der Parsęta (Persante) und einen kleinen Hafen. Im Jahr 1000 wurde Kolberg Sitz einer Diözese, die ebenso wie Krakau und Breslau dem Erzbistum in Gnesen (Gniezno) unterstand. Erster Bischof wurde Reinbern, ein sächsischer Adliger aus dem Hochseegau bei Merseburg. Wie der Heilige Adalbert versuchte auch er, die slawischen Stämme im Ostseeraum zu missionieren.

Seinen frühen Reichtum verdankte Kolberg der Siederei auf der Salzinsel (Wyspa Solna). In einer mittelalterlichen Chronik wird das »Gold an der Persante« gepriesen, Kolberg erlangte

Ruhm als »Salsa Cholbergiensis«. Ganz Pommern, aber auch die pruzzischen Völker wurden mit dem Salz beliefert. Im Jahr 1255 erwarb Kolberg die Stadtprivilegien nach Lübecker Recht und trat bald darauf der Hanse bei. Ab etwa Mitte des 18. Jh. wurde das »weiße Gold« allerdings in anderen Teilen Europas, vor allem in England, billiger hergestellt, so dass die Kolberger Produktion in der Folgezeit stetig zurückging.

In ihrer Geschichte wurde die Stadt mehrmals zerstört. Im Dreißigjährigen Krieg brannte sie nieder, 1761 wurde sie – zwischenzeitlich von Schweden und Brandenburgern wieder aufgebaut – von

Kołobrzeg (Kolberg) – Sehenswürdigkeiten: *1 Leuchtturm 2 Obelisk 3 Marienkirche 4 Rathaus 5 Pulverturm 6 Waffenmuseum*
Hotels: *7 Etna 8 Centrum 9 New Skanpol 10 Solny 11 Arka-Mega 12 Meduza 13 Węgiel Brunatny* **Restaurant:** *14 Gospoda pod Łabędziami*

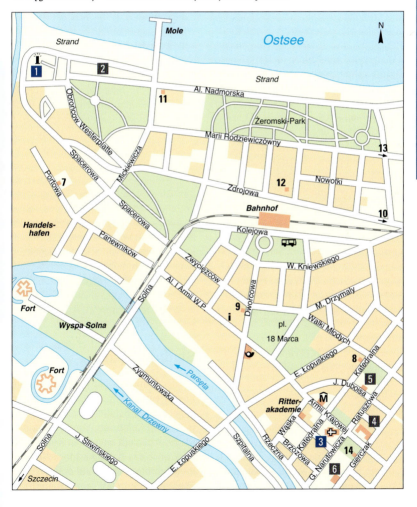

Richtig Reisen Thema

Ein Film macht mobil

Im Januar 1943 ging die Schlacht um Stalingrad verloren, wenig später geriet die deutsche Zivilbevölkerung erstmals ins Visier alliierter Luftangriffe. Der Glaube an den deutschen Endsieg war gründlich erschüttert, und Joseph Goebbels musste alle Register seiner Propagandakunst ziehen, um die Bevölkerung in Kriegslaune zu halten. So lancierte er am 1. Juni 1943 das teuerste und aufwändigste Werk der deutschen Filmgeschichte, einen Monumentalstreifen mit dem Titel »Kolberg«. Mit der Herstellung wurde Veit Harlan beauftragt, ein Regisseur, der sich schon zuvor in den Dienst der NS-Propaganda gestellt hatte: Mit »Jud Süß« (1940) hatte er die antisemitische Hetzkampagne angestachelt, im »Großen König« (1941) zu blindem Gehorsam gegenüber dem Führer aufgerufen. Nun ging es darum, anhand einer Episode aus den Napoleonischen Kriegen die letzten Kraftreserven der Deutschen zu mobilisieren. Historisches Vorbild waren die Kolberger, denen es in den Jahren 1806/1807 unter Führung von General Gneisenau und Bürgeradjutant Nettelbeck gelungen war, ihre Festung gegen den Ansturm napoleonischer Truppen zu verteidigen.

Für seinen Film ließ sich Veit Harlan vom Propagandaminister ermächtigen, »alle Dienststellen von Wehrmacht, Staat und Partei um ihre Hilfe und Unterstützung zu bitten«. Heinrich George übernahm die Rolle des mutigen, die Bürgerwehr organisierenden Bürgeradjutanten; Horst Caspar spielte den General und Kristina Söderbaum das einfache Bürgermädchen Maria: drei Symbole des Widerstands, denen – so die unverkennbare Botschaft des Films – nachzueifern war. Mit der historischen Wahrheit nahm es der Regisseur nicht so genau, den Akteuren wurden wiederholt Zitate von Goebbels und Hitler in den Mund gelegt: »Das Volk steht auf, der Sturm bricht los!« Doch nicht nur dieses Zitat, die gesamte Komposition war darauf ausgerichtet, das deutsche Volk zum Kampf »bis zum letzten russischen Truppen okkupiert. Nach der Schlacht bei Jena und Auerstedt war es das napoleonische Heer, das 1807 sechs Monate die Stadt erfolglos belagerte. Der Mythos der unbesiegbaren Stadt nährte den Durchhaltewillen der deutschen Soldaten am Ende des Zweiten Weltkriegs, verhinderte aber nicht ihren Fall. Nach blutigen Schlachten wurde die Stadt im März 1945 nahezu vollständig zerstört.

Stadtrundgang

An der Mündung der Parsęta zeigt ein **Leuchtturm** 1 (Latarnia Morska) den einfahrenden Schiffen den Weg in den Hafen von Kołobrzeg. Vom 1770 erbauten Turm genießt man einen weiten Ausblick über das Baltische Meer. Nur wenige Schritte entfernt, auf dem Weg zur Seebrücke, erinnert ein **Obelisk** 2

»Symbole« des Widerstands: Heinrich George und Kristina Söderbaum im Film »Kolberg«

Blutstropfen« anzuspornen und die Hoffnung auf ein gutes Ende wach zu halten.

18 Monate brauchte der Regisseur, um sein über weite Strecken pathetisches Werk zu vollenden: Es verschlang mehr als acht Millionen Reichsmark, und die Zahl von 18 500 Statisten war höher als die Gesamtzahl der an der historischen Schlacht beteiligten Soldaten. Doch viel Wirkung war dem Film nicht mehr beschieden: Als er am 30. Januar 1945 in der Atlantikfestung La Rochelle zur Uraufführung gelangte, hatten sich in Pommern bereits lange Flüchtlingstrecks in Marsch gesetzt. Goebbels übermittelte dem Festungskommandanten die Botschaft: »Möge der Film Ihnen und Ihren Soldaten als ein Dokument der unerschütterlichen Standhaftigkeit eines Volkes erscheinen, das in diesen Tagen eines weltumspannenden Ringens, eins geworden mit der kämpfenden Front, gewillt ist, es den großen Vorbildern seiner ruhmvollen Geschichte gleichzutun.«

Das reale Kolberg wurde in den Folgewochen zur Festung erklärt, um dem vom Film geschaffenen Mythos gerecht zu werden: Bis zum 18. März währten noch die Gefechte, dann war die Stadt vom Nationalsozialismus befreit. Kolberg lag in Schutt und Asche, Tausende von Menschen waren tot.

(Pomnik Zaślubin z Morzem) an die Einnahme der Stadt durch russische und polnische Truppen am 18. März 1945 – ein Datum, das von den Polen bis heute als »Tag der symbolischen Vermählung mit der Ostsee« gefeiert wird. Südwärts schließt sich ein breiter, parallel zur Küste verlaufender Grüngürtel an. Der Park, der nach dem polnischen Schriftsteller Stefan Żeromski benannt ist, trennt den Strand von den vielen Hotels und Sanatorien längs der ul. Marii Rodziewiczówny.

Der erst vor wenigen Jahren wieder aufgebaute Stadtkern befindet sich 1,5 km landeinwärts. Die Kirche und mehrere alte Häuser wurden rekonstruiert, dazu entstand eine Fußgängerzone mit steingepflasterten Gassen, vielen Boutiquen, Geschäften und Straßen-

cafés. Wichtigste Sehenswürdigkeit ist die fünfschiffige **Marienkirche** 3 (Kościół Mariacki), ein riesiger, von einem Satteldach überspannter Backsteinbau aus dem 14./15. Jh. Er birgt kunsthandwerkliche Meisterstücke, die zur ursprünglichen Ausstattung gehörten: so einen 4 m hohen, siebenarmigen Messingleuchter und ein bronzenes Taufbecken aus dem 14. Jh., gotische Altäre und Wandbilder mit Christusszenen. Im Hauptschiff befindet sich ein 1513 von der Familie Schlieffen gestifteter Holzleuchter.

Der Marktplatz östlich der Marienkirche wird vom festungsähnlichen **Rathaus** 4 (Ratusz) dominiert, das in den Jahren 1829–1832 nach Entwürfen Karl Friedrich Schinkels im neugotischen Stil erbaut wurde. In seinen Räumen ist heute das Städtische Kulturzentrum sowie eine Galerie für moderne Kunst (Galeria Sztuki Współczesnej) untergebracht. Von hier sind es nur wenige Schritte zum **Pulverturm** 5 (Baszta Prochowa), der von den mittelalterlichen Wehranlagen, die einst den gesamten Stadtkern umschlossen, als einziger erhalten blieb.

Das Militär spielt im Bewusstsein vieler Polen eine bedeutende Rolle, darum sollte den Besucher der Anblick von Hubschraubern und Haubitzen in einem Garten der Innenstadt nicht überraschen. Zu den stolz präsentierten Beutestücken zählen Waffen aus den Kriegen des 17. Jh., Kanonen des napoleonischen Feldzugs sowie Artilleriegeschütze von 1945. Der Freilichtpark gehört zum **Waffenmuseum** 6 (Muzeum Oręża Polskiego), das im Haus der Kaufmannsfamilie Schlieffen eingerichtet

Ein beliebter Badeort: Kołobrzeg

Morskie (Henkenhagen) , ein lang gestreckter Ferienort mit Promenade und 12 km langem, weißem Strand. Bizarr wirken die langen Reihen von Holzpfählen, die zur Uferbefestigung quer zur Strömung ins Meer gerammt wurden. Ostwärts kommt man zum Leuchtturm von Gąski (Funkenhagen), dessen Licht angeblich 23,5 Meilen weit reicht. Man kann ihn über 234 Stufen einer Wendeltreppe besteigen, von dort bietet sich ein imponierender Blick auf das brandungsumtoste Meer.

Weiter geht es über das durch Wellenbrecher geschützte Sarbinowo (Sorenbohm) nach **Mielno** (Großmöllen) 2, das mit seinem Nachbarn Unieście (Nest) zu einem großen Ferienort verschmolzen ist. Er liegt auf einer schmalen, bewaldeten Nehrung, die das Meer vom Jamno-See trennt. Nach Osten zu erstreckt sich eine unbebaute Küstenlandschaft, die noch bis 1999 militärisches Sperrgebiet war.

Wer nach so viel Sonne und Sand wieder eine normale Großstadt erleben möchte, fährt landeinwärts nach **Koszalin** (Köslin) 3. Die im Krieg stark zerstörte Stadt ist heute von modernen Plattenbauten geprägt, nur am Marktplatz wurden einige historische Bürgerhäuser restauriert. Vom Turm der Marienkirche (Kościół N.P. Marii) verschafft man sich einen Überblick; sehenswert sind das gotische Haus des Henkers und die Gertrudenkapelle mit einem Sterngewölbe aus dem 14. Jh. Dank der vielen Studenten wirkt die Stadt jung und dynamisch, die Kulturszene ist rege. In der alten Wassermühle gegenüber der Stadtmauer befindet sich ein Regionalmuseum mit einer nachgestalteten Fischerkate, in der nördlich gelegenen De-

wurde und auch Schlachtengemälde von Wojciech und Jerzy Kossak zeigt; ein wichtiger Teil der Ausstellung ist dem Kampf um Kolberg gewidmet.

Über Koszalin (Köslin) nach Ustka (Stolpmünde)

Karte: S. 90
Tipps & Adressen: Ustronie Morskie S. 317, Mielno S. 285, Koszalin S. 278, Darłowo S. 256, Słupsk S. 302, Ustka S. 316, Rowy S. 299

Östlich von Kołobrzeg setzt sich die Palette der Sandstrände fort. Sie werden von Kliffs gesäumt, die aber nicht mehr die Dramatik des westlichen Küstenabschnitts erreichen. An niedrige Moränenklippen schmiegt sich **Ustronie**

Die Pommersche Seenplatte

Auch südlich von Koszalin erstarkt der Tourismus. Zwischen den bewegten, dicht bewaldeten Höhenzügen sind Hunderte tiefer und fischreicher Seen eingestreut – Resultat eiszeitlicher Wasserstrudel, die sich bis zu 60 m in den Untergrund bohrten. Die Hügel werden von canyonartigen Flusstälern durchschnitten: auch sie eine Konsequenz der letzten Eiszeit, als die Gletscher schmolzen und sich die reißenden Abflüsse tief ins Gestein kerbten.

Auf dem Weg zur Seenplatte empfiehlt sich eine Zwischenstation in **Białogard (Belgard),** dem architektonischen Kleinod der Region. Wie in fast allen mittelalterlichen Städten Pommerns ist der quadratische Marktplatz Ortsmittelpunkt. Er wird von zwei Ratsgebäuden und Bürgerhäusern flankiert, ein 60 m aufschießender Turm weist den Weg zur gotischen Marienkirche von 1310. Teile der alten Wehranlagen blieben erhalten, besonders eindrucksvoll wirkt das südliche, aus Backstein errichtete Hohe Tor (Brama Połczyńska), durch das man geradewegs nach **Połczyn Zdrój** (Bad Polzin, s. S. 295) weiterreisen kann. Der beliebte, nostalgisch anmutende Kurort verdankt seine Entstehung einer wundersamen Geschichte. Im Jahr 1688 geschah es, dass ein Schmied in einem nahe gelegenen Waldstück eine milchig gefärbte Quelle entdeckte. Er beugte sich neugierig über sie und fiel ins Wasser – doch es war ein Sturz mit unerwartet positiven Folgen. Mit Erstaunen stellte der Schmied fest, dass sich sein verdämmerndes Augenlicht von Tag zu Tag besserte. Prompt wurde die kohlensäure- und eisenhaltige Quelle zum Gesundbrunnen erklärt und mit Parks, Alpen- und Rosengarten ausgestattet. Es dauerte nicht lang, da genoss der Ort als »Karlsbad des Nordens« einen hervorragenden Ruf und wurde zum Treffpunkt der führenden Vertreter des pommerschen Adels – aller jener Herren mit so wohlklingenden Namen wie Manteuffel, Puttkammer und von Krockow. Fürst von Bismarck hat sie herablassend »Kraut- und Kartoffelbarone« genannt, doch obwohl er von Diäten und Trinkkuren nicht viel hielt, ließ er es sich nicht nehmen, gleichfalls und sogar mehrmals im Jahr in den Hotels dieses Orts abzusteigen. »Mein Umgang hier«, schrieb er, »besteht aus Hunden, Pferden und Landjunkern. Bei letzterem erfreue ich mich einiges Ansehens, weil ich Geschriebenes mit Leichtigkeit lese, mich jederzeit wie ein Mensch kleide und dabei ein Stück Wild mit der Sicherheit eines Metzgers zerwirke, dreist reite, ganz schwere Zigarren rauche und meine Gäste mit freundlicher Kaltblütigkeit unter den Tisch trinke.«

Seit einigen Jahren versucht man, die deutsche Klientel zurückzugewinnen; man restauriert Villen und Gärten, die Jugendstilhäuser der Altstadt beginnen wieder zu glänzen. In den Bars genießt man das aus dem Quellwasser

Idylle pur: die Pommersche Seenplatte

gewonnene Bier, die Ratsherren rühmen sich ihrer vielen deutschsprachigen Ärzte. Zudem ist Połczyn Zdrój ein hervorragender Ort zur Erkundung der Naturparks. Auf kurvenreicher Straße gelangt man südlich von Połczyn Zdrój ins »Tal der fünf Seen«, das malerische Herzstück der Seenplatte. Wer nur wenig Zeit hat, sollte wenigstens einen Abstecher nach Stare Drawsko bei **Czaplinek** (Tempelburg, s. S. 256) unternehmen; dort bietet das Draheimer Schloss eine fantastische Aussicht auf den buchtenreichen Drawskie-See.

Der Rückweg nach Koszalin führt über **Szczecinek** (Neustettin, s. S. 312), ein weiteres touristisches Zentrum inmitten schönster Natur. Sehenswert sind die vom Krieg verschonten neugotischen Bauten der Stadt, das Rathaus und die Marienkirche. Reste einer Burg der pommerschen Herzöge stammen aus dem 14. Jh., im gotischen Turm der Nikolaikirche ist ein Regionalmuseum untergebracht. Doch mit Stadtbesichtigungen hält man sich an diesem Ort nicht lange auf, zu schön ist die Landschaft ringsum. Außerdem gibt es an der Straße nach Słupsk eine berühmte Hengstzucht: **Biały Bór** (Baldenburg) ist ein Mekka aller Freunde des Reitsports!

pendance (ul. Piłsudskiego) wird die Stadtgeschichte anhand von Fotos, Stichen und archäologischen Funden illustriert.

Einen Ausflug wert ist das 8 km südlich gelegene »Bernsteinschloss« (Bursztynowo Pałac). Der 1899 im Stil der Sezession inmitten eines Parks erbaute Palast gehörte der altpommerschen Junkerfamilie von Kamecke und wird heute als Hotel genutzt. In der Eingangshalle sieht man schöne Jugendstilfenster, alte Gemälde und Skulpturen, die Gäste genießen jeden erdenklichen Komfort. Der Familie gehörte auch der fünf Minuten entfernte, im Jägerstil eingerichtete »Weiße Palast« (Biały Pałac), wo gleichfalls Zimmer zur Verfügung stehen. Mehrmals im Monat finden »historische Abende« mit klassischer Musik statt, zu denen die Bedienung in aristokratischer Tracht erscheint.

36 km nordöstlich von Koszalin liegt die einstige Hansestadt **Darłowo** (Rü-

Die mittlere Ostseeküste

genwalde) **4**, die sich mit dem traditionsreichen Seebad **Darłówko** (Rügenwaldermünde) bis zur Küste hin ausdehnt. Sie zählt zu den wenigen Orten der Region, die den Krieg unversehrt überstanden haben. Der Marktplatz ist von Laubenhäusern gesäumt, an seiner Westseite steht das barocke Rathaus. Gleich dahinter erhebt sich die wuchtige Marienkirche (14. Jh.), in der der Pommernherzog Erik XIII. (Erich von Pommern) begraben liegt. Bis zu seiner Entthronung 1439 war er über 40 Jahre lang König von Dänemark, Schweden und Norwegen. Danach erwarb er sich Ruhm als »Piratenkönig« und »letzter Wikinger der Ostsee«, plünderte die Hansekoggen und kehrte schließlich mit Schätzen reich beladen nach Darłowo zurück. Das Schloss, in dem er die letzten zehn Jahre seines Lebens verbrachte, steht südlich vom Marktplatz und beherbergt heute ein Regionalmuseum. Allein schon ein Spaziergang durch die Räume ist ein Vergnügen – dazu kommen die vielen interessanten Schnitzarbeiten und Skulpturen, Porträts und Antiquitäten.

Nächster Zwischenstopp ist **Słupsk** (Stolp) **5**, eine Stadt, die früher den Beinamen »Klein-Paris von Pommern« trug. Während Rügenwalde mit der bekannten Teewurst von sich reden machte, produzierte Słupsk das »Jungchen«, einen klassischen Camembert. Pariserisch geht es im Ort heute nicht mehr zu, doch gut essen kann man noch immer. Bevor man sich davon überzeugt, lohnt ein Bummel durch den restaurierten Stadtkern. Das im Renaissancestil erbaute Schloss der pommerschen Herzöge beherbergt das Mittelpolnische Museum (Muzeum Pomorza Środkowego), in dem Ikonen und Kunsthandwerk sowie eine große Auswahl expressiver Porträts des Malers Ignacy Witkiewicz ausgestellt werden. Die ethnologische Abteilung des Museums befindet sich gegenüber in der mittelalterlichen Mühle, in der Dominikanerkirche ruhen die Gräber der pommerschen Fürsten. Bei einem Spaziergang längs der Słupia (Stolpe) kommt man zur »Hexenbastei« (Baszta Czarownic), einem Wehrturm, in dem man noch bis 1701 ketzerische Frauen gefangen hielt, die anschließend auf dem Scheiterhaufen verbrannt wurden. Heute finden an diesem Ort Kunstausstellungen statt, ein paar kleinere auch im neugotischen Rathaus (Ratusz), das in deutsch-polnischer Zusammenarbeit aufwändig restauriert wurde.

Wo die Słupia in die Ostsee mündet, entstand bei **Ustka** (Stolpmünde) **6** ein Fischerhafen, der sich sein Flair bewahrt hat und in dem zahlreiche Boote vor Anker liegen. Seit dem späten 19. Jh. ist der Ort ein beliebtes Seebad. In den Kurkliniken und Sanatorien werden Erkrankungen der Atemwege geheilt, daneben stellt man sich auf Erholungs- und Aktivurlauber ein. Das Wasser ist sauber und bestens geeignet zum Baden, Surfen und Segeln. Westwärts kommen Strandläufer zum 30 m hohen Leuchtturm bei Jarosławiec (Jerhöft), ostwärts über immer feiner werdenden Sand nach **Rowy** (Rowe) **7**, wo sich dieser dünenförmig aufschichtet. Das Feriendorf liegt auf einer Landzunge zwischen dem Gardno-See (Garder See) und dem Meer, Wanderwege führen in den Slowinzischen Nationalpark (s. S. 98) und erschließen die angrenzende Seen- und Sumpfplatte. Der Maler Max Pechstein war von der Landschaft so angetan, dass er ab 1927 mehrfach hier seine Ferien verbrachte. In jener Zeit entstanden seine expressiven Bilder »Fischerhütte in Rowe«, »Morgen am Garder See« und »Morgennebel an der Lupow«.

Kaschubei

Kaschubei

Wanderdünen, Moränenhügel und steinerne Kreise

Für viele ist es die landschaftlich reizvollste Gegend ihrer Reise: im Norden das viel besuchte Küstengebiet mit dem Slowinzischen Nationalpark, dem Gutsherrenschloss von Krokowa und der Hela-Nehrung, südlich die »Kaschubische Schweiz«, eine hügelige Landschaft mit einsamen Wäldern und Seen. Am liebsten möchte man das Auto irgendwo abstellen und aufs Fahrrad umsteigen, denn da gibt es sie noch, die Bilder von einst: Pferdefuhrwerke auf kopfsteingepflasterten Straßen, schnatternde Gänseherden und herumstreunende Hunde; dann und wann ein Bauernhof mit Holzlattenzaun, duftende Heugarben und Felder mit blühendem Raps.

»Kaschubien« ist nach einem westslawischen Volksstamm benannt, der seit Jahrhunderten zwischen Ostsee und Tucheler Heide lebt und sich mehr schlecht als recht mit Fischerei und Ackerbau über Wasser hält. Bis heute haben die Kaschuben erfolgreich ihre eigene Sprache erhalten, die sich in Wortschatz und Grammatik erheblich vom Polnischen unterscheidet und auch einige deutsche Elemente aufgenommen hat. Sie hatten es nicht leicht, ihre Identität gegenüber den Machtansprüchen der jeweils Herrschenden zu bewahren. Die kaschubische Großmutter des »Blechtrommlers« Oskar hat ihre Situation treffend beschrieben: »So isses nu mal mit de Kaschuben... Die missen immer dablaiben und Koppchen hinhalten, damit de anderen drauftäppern können, weil unserains nich richtich polnisch is und nich richtich deitsch jenug, und wenn man Kaschub is, das raicht weder de Deitschen noch de Polacken. De wollen es immer genau haben!«

Im 19. Jh. hatten sich die Kaschuben der »Germanisierung« zu erwehren, in der Zwischenkriegszeit – nun wieder unter polnischer Herrschaft – wurden sie als »Staatsverräter« verfolgt. Während des Zweiten Weltkriegs wurden alle Kaschuben, die sich nicht zum Deutschtum bekannten, zur Zwangsarbeit ins Deutsche Reich abkommandiert oder landeten im Konzentrationslager. Im polnischen Sozialismus war es den Kaschuben wenigstens wieder gestattet, sich in Kulturvereinen zu organisieren. Heute wird ihre Zahl auf noch gut 200 000 geschätzt. Sie haben ihre eigenen Trachten und Feste und schaffen Töpferwaren mit der charakteristischen blauen Blume. Museen in Kartuzy, Bytów, Kluki und Wdzydze machen mit dem kulturellen Erbe vertraut, neuerdings träumt man davon, den kaschubischen Dialekt auch in der Schule wieder frei sprechen zu können.

Vom Slowinzischen Nationalpark zur Halbinsel Hel

Karte: siehe rechts
Tipps & Adressen: Lębork S. 281, Łeba S. 281, Slowinzischer Nationalpark S. 302, Kluki S. 275, Krokowa S. 278, Żarnowiec S. 324, Jastrzębia Góra S. 271, Władysławowo S. 323, Mierzeja Helska S. 286, Puck S. 297, Wejherowo S. 322

Wer auf halbwegs schnellen Straßen zur Küste und zum Slowinzischen Nationalpark gelangen will, muss **Lębork** (Lauenburg) 1 passieren – eine typische Nachkriegsstadt mit einer Vielzahl von Plattenbauten. An ihre mittelalterliche Vergangenheit als Sitz der deutschen Ordensritter erinnern nur noch die Wehrmauern, die einen fast quadratischen Stadtkern umschließen, sowie eine Backsteinburg, die mehrfach umgebaut worden ist und in der heute das Bezirksgericht tagt.

30 km nördlich von Lębork liegt zwischen zwei stattlichen Seen der Badeort **Łeba** (Leba) 2, der berühmt für seine langen Sandstrände ist. Durch den Anschluss ans Eisenbahnnetz rückte er zu Beginn des 20. Jh. zur beliebten Sommerfrische auf. Entlang der ul. Kościuszki stehen noch einige Häuser aus früherer Zeit, und der Maler Max Pechstein hinterließ der Pfarrkirche nach dem Zweiten Weltkrieg ein konventionelles Marienbildnis. Wer etwas von der ehemaligen Idylle spüren will, meidet die in der Hochsaison mit Imbissbuden gepflasterten Straßen und wendet sich dem Hafen zu; dort liegen bunte Kutter vor Anker, Silbermöwen warten geduldig auf das Ausladen des Fangs. Die Mehrzahl der Besucher zieht es zu den kilometerlangen Stränden westlich des Ortes. Im Kiefernwald hinter den Dünen

Ostseeküste und Kaschubische Schweiz

Die Łącka-Düne

befinden sich Reste der ursprünglichen Dorfkirche, die zusammen mit einer Handvoll Häuser bei einer Sturmflut 1558 zerstört und anschließend von Wanderdünen begraben wurde.

Łeba ist der beste Ausgangspunkt zur Erkundung des **Slowinzischen Nationalparks** (Słowiński Park Narodowy) 3, der 1977 von der UNESCO zum Biosphärenreservat erklärt wurde. Unmittelbar hinter der Küste ragen sichelförmige, bis zu 50 m hohe Dünen auf, die landeinwärts ziehen und dabei alles begraben, was sich ihnen in den Weg stellt. Hinter ihrem mächtigen, flirrend weißen Wall liegen der Łebsko- (Leba-) und der Gardno-See (Garder See). In ihren verschilften Buchten können seltene Vögel wie Kranich und Seeadler ungestört nisten.

Die Entstehung dieser Landschaft reicht mehrere tausend Jahre zurück. An der Stelle der heutigen Seen befand sich einst eine weite Bucht, die durch angeschwemmten Sand von der offenen See abgetrennt wurde. Eine große Nehrung bildete sich heraus, die von Seemannstreu und Wintergrün, später auch von Kiefern und Birken bedeckt war. Die Menschen, die sich in der Gegend niederließen, rodeten den Wald, um Anbauflächen zu gewinnen, was dazu führte, dass die Küste starker Verwehung ausgesetzt war. Der vorherrschende Nordwestwind türmte den Sand zu immer größeren Dünen und trieb sie landeinwärts – bis zu 9 m im Jahr können sie wandern. Im Laufe der Zeit wurden so Bäume, Häuser und ganze Dörfer verschüttet.

Den Slowinzen, nach denen der Nationalpark benannt ist, wird man nur noch selten begegnen – am ehesten rund um

Wandern
in der »Polnischen Sahara«

Wanderdünen und schilfige Salzseen, weite Senken mit verknorrtem Gehölz, aber auch Passagen mit dichtem Kiefernwald: Ein Tag im Slowinzischen Nationalpark zählt zu den schönsten Erlebnissen einer Polenreise. Im Waldbereich ist der Weg gut ausgebaut, im Dünengebiet weglos, doch dank der mit Farbe markierten Stangen verliert man nie die Orientierung. Für die hier vorgeschlagene 12 km lange Strecke sollte man mindestens vier Stunden einplanen.

Start- und Endpunkt ist der Parkplatz Rąbka 2 km westlich von Łeba (hierher kommt man auch mit öffentlichen Bussen und privaten Mini-Bussen). Vom Parkplatz läuft man bis zur Riesendüne 5,5 km, der Waldweg ist breit und rot markiert. Hat man in der Gruppe jemanden dabei, dem das zu anstrengend ist, so kann dieser auch ein Fahrrad ausleihen oder die ersten 3 km mit elektrischer Bimmelbahn bzw. die Gesamtstrecke mit Kutsche zurücklegen.

Am Fuße der 42 m hohen **Łącka-Düne** beginnt ein kurzer, aber anstrengender Aufstieg. Knöcheltief sinkt man in den Sand ein, doch oben angelangt wird man mit einem fantastischen Ausblick belohnt: Sandberge, so weit das Auge reicht, landeinwärts erblickt man den silbernen, vom Wind gekräuselten Łebsko-See. Für General Rommel war dies der ideale Ort, sein Korps auf die Schlachten in Nordafrika vorzubereiten.

Durch hohe Sandwehen stapft man weiter in Richtung Küste und nimmt immer neue Sahara-Bilder in sich auf. In die Hänge der »Weißen Berge« (Białe Góry) kerbt der Wind seine Handschrift, Wolkentupfer huschen über den weiten Himmel. Bevor man das Meeresufer er-

Auch mit der Kutsche lässt sich die »Polnische Sahara« erkunden

reicht, gabelt sich der Weg. Auf dem rechts abzweigenden, grün markierten Weg geht es problemlos zum Startpunkt der Wanderung zurück.
Variante:
Wer hingegen das Abenteuer liebt, hält sich an besagter Gabelung links und folgt dem rot markierten Weg nach Smołdzino (etwa weitere 6 Std.). Doch sollte man für diese anstrengende Tour viel Trinkwasser dabeihaben – oft steigen die Temperaturen im Dünensand auf über 40° C an! Anfangs hechelt man volle 9 km die sonnendurchglühte Küste entlang, danach schwenkt der Weg landeinwärts, Kiefern und Birken sorgen für angenehmen Schatten. Man passiert den von einem Leuchttum überragten Weiler Czołpino und biegt nach weiteren 2,5 km in den südwestwärts weisenden, schwarz markierten Weg ein. Dieser geleitet durch Kiefern- und Fichtenwald nach **Smołdzino** (Schmolsin, s. S. 303).

Das Dorf liegt an der Nordseite des Rowokół, eines 115 m hohen, von den Slowinzen als »heiliger Berg« verehrten Hügels. Auf ihm sind Ruinenreste einer frühmittelalterlichen Burg zu entdecken, ebenso Spuren von Feuerstellen. In Smołdzino gibt es einfache Übernachtungsmöglichkeiten, man könnte also am Folgetag auf dem gelb markierten Pfad über Kluki nach Łeba zurücklaufen (ca. 30 km, 8 Std.). Dieser Weg führt durch Moore und Laubwälder am Südufer des Łebsko-Sees entlang.

Kluki (Klucken) ▟, einem Dorf am Westufer des Łebsko-Sees. Die meisten Vertreter dieses Volksstammes sind unmittelbar nach Kriegsende aus Polen vertrieben worden, weil sie als Deutsche galten. Zwar betrachten sich die Slowinzen als Westkaschuben, doch sind sie von ihren östlichen Nachbarn durch den protestantischen Glauben und die deutsch geprägte Sprache unterschieden. Relikte ihrer Kultur sind in einem sorgfältig gestalteten Freilichtmuseum zu sehen: reetgedeckte Häuser mit schwarzem Fachwerk, blumenreiche Vorgärten, Höfe mit Backöfen und Bootslagern. Die Einrichtung spiegelt das unterschiedliche Wohnniveau von Tagelöhner, Bauer und Pfarrer. In den Werkstätten kann man noch die »gestiefelten Gäule« bestaunen: Pferde, die beim Torfstechen am Łebsko-See Holzpantinen trugen, um nicht im Morast zu versinken.

Gut 40 km östlich des Nationalparks kommt man zum Żarnowieckie-See (Zarnowitzer See), der nach dem Ersten Weltkrieg die deutsch-polnische Grenze markierte. Ringsum liegen reizvolle Kaschubenorte. An oberster Stelle rangiert **Krokowa** (Krockow) ▟, einige Kilometer abseits der Küste und seit dem 13. Jh. im Besitz der Familie von Krockow. Damals war Albrecht Wickerode von Krockow mit dem Deutschen Orden nach Pommerellen gekommen und hatte den Ort samt seinen Nachbardörfern in Besitz genommen. Das im 14. Jh. gotisch erbaute Schloss wurde später im Stil des Barock umgestaltet. Die Familie unterhielt gute Beziehungen zum polnischen Königshaus, mehrfach kamen Zygmunt III. Wasa und Jan III. Sobieski hierher. Der »Philosophenweg« im Park erinnert an einen weiteren

Im Hafen von Łeba

berühmten Gast: Immanuel Kant aus Königsberg weilte 1792 im Schloss zu Besuch.

Nach der kapitalistischen Renaissance von 1990 kehrten Mitglieder der Familie an den alten Wohnsitz zurück und starteten, was skeptische Bürger der Gemeinde als »Regermanisierung« deuteten. Sie ließen ihre Residenz mit bundesdeutschen Mitteln aufwändig sanieren und begründeten darin die »Europäische Begegnungsstätte der Kaschubei« (Kaszubskie Centrum Spotkań Europejskich). Zu Vorträgen und Seminaren treffen sich hier regelmäßig Vertreter der deutschen und polnischen »Kulturelite«.

Das Schloss präsentiert sich in seiner barocken Gestalt. Wände und Decken sind mit farbigen Fresken bemalt, Öfen mit flämischen Fayencen geschmückt. Sofern nicht gerade eine wichtige Tagung stattfindet, stehen Hotel, Restaurant und Weinbar allen Gästen des Hauses zur Verfügung. Großes Vergnügen bereitet der Spaziergang durch den romantischen Schlosspark.

An der Nordseite des Żarnowieckie-Sees liegt das Kaschubendorf **Żarnowiec** (Zarnowitz) ▟, das mit seiner Klosteranlage den Krieg unbeschadet überstand. Zisterziensermönche hatten sie im frühen 13. Jh. erbaut. Unter den Kunstwerken der Kirche besticht eine gotische Pietá, sehenswert ist auch der Altar aus dem 16. Jh. Über eine kleine Tür im Chor gelangt man ins Kloster, das heute von Benediktinerinnen bewohnt wird. Ihre »Schatzkammer« enthält kostbare liturgische Gewänder und Goldschmiedearbeiten.

Am Protest der Atomkraftgegner scheiterte in den frühen 1980er Jahren der Plan, am See ein Kernkraftwerk entstehen zu lassen. Die Besitzer touristischer Anlagen dürfen frohlocken –

Sitz der Europäischen Begegnungsstätte der Kaschubei: das Schloss Krokowa

während der Sommerferien sind die Picknickplätze am See überfüllt. Aber auch der vorgelagerte Küstenort Dębki (Dembeck) erlebt einen Aufschwung: Westlich von ihm gibt es einen der wenigen in Polen zugelassenen Badeplätze für FKK.

Größter kaschubischer Ferienort ist **Jastrzębia Góra** (Habichtsberg) 7 mit einer beeindruckenden, über 30 m aufragenden Steilküste. Der Anblick des Strandes, zu dem man über Treppen hinabsteigt, tröstet über die wenig ansprechende Stadtarchitektur hinweg. Ein paar schönere, restaurierte Pensionen stammen aus den 1930er Jahren, als sich Warschaus Elite an der ul. Bałtycka Sommerhäuser bauen ließ. Der Aufzug, mit dem man vom Ende der Promenade zum Strand hinabfahren konnte, soll nach dem Willen des Bürgermeisters bald wieder verfügbar sein, auch gibt es Pläne, Moorschlamm und Mineralquellen therapeutisch zu nutzen. Beliebtes Ausflugsziel ist der Leuchtturm am **Kap von Rozewie** (Rixhöft). Er wurde 1821 errichtet und ist der nördlichste Punkt Polens. Stefan Żeromski schrieb hier einen Roman mit lyrischen, leider nie ins Deutsche übersetzten Beschreibungen der Küstenlandschaft; im Turmmuseum wird er mit einer Ausstellung geehrt.

Weiter östlich folgt **Władysławowo** (Großendorf) 8. Die mit Erholungsheimen gespickte Stadt entstand 1936 durch Verbindung des Fischerhafens mit dem Nachbardorf Wielka Wieś und dem Kurort Hallerowo. Das Leben spielt sich rings um den Hafen und das »Haus des Fischers« (Dom Rybaka) ab, in Zukunft werden am Ortsrand moderne Komforthotels entstehen.

In Władysławowo beginnt die **Mierzeja Helska** (Halbinsel Hel) 9, die über

35 km lang wie eine Sense ins Meer ragt und die Danziger Bucht von der offenen See trennt. Sie ist ringsum von weißen Stränden gesäumt, die zu den schönsten der Küste zählen. An der Nordseite sind sie sehr breit; dort ist das Wasser sauberer, aber auch kühler als an der windgeschützten, wärmeren Südseite. Das Meer hat den Sand in Tausenden von Jahren angeschwemmt und die ursprünglich voneinander getrennten Inseln zu einer Landzunge verbunden. An ihrer schmalsten Stelle misst sie 200 m, an ihrer breitesten 3 km – genug Platz für windzerzauste Kiefern und Küstenwiesen sowie einige Felder.

Die Ortschaften sind wie auf einer Schnur aneinandergereiht. Den größten Teil des Jahres bleiben hier Fischer und Handwerker unter sich, doch im Juli und August sind sie in der Hand von Touristen. Aufgrund günstiger Winde treffen sich viele Surfer in Chałupy (Ceynowa), am dünenartigen Strand treffen sich neuerdings auch immer mehr Freunde des FKK. Kaschubische Fischerkaten sieht man noch in Jastarnia (Heisternest). In Jurata, 1928 als Kurort für die polnische Schickeria entstanden, versucht man an ehemaligen Glanz anzuknüpfen und restauriert die im Waldgürtel gelegenen Pensionen. Ein Seesteg und ein breiter Strand laden zum Baden ein.

Jenseits von Jurata beginnt der landschaftlich schönste Teil der Halbinsel, die sich bis zur Spitze deutlich erweitert. Dort liegt Hel (Hela), eine der ältesten, schon 1198 urkundlich belegten Siedlungen im Küstenraum. Ab 1454 unterstand sie der Stadt Danzig, die sich damit die Kontrolle des Seeverkehrs sicherte. Aus dieser Zeit stammt die gotische Peter-und-Paul-Kirche, die heute ein kleines Fischereimuseum birgt – auf dem angrenzenden Friedhof sind alte Boote aufgebockt. Bei einem Spaziergang durch die Stadt entdeckt man zahlreiche, im Zweiten Weltkrieg nicht zerstörte Backsteinbauten; viele Giebelhäuser haben noch ihre charakteristischen zweiflügeligen Türen. Sehenswert ist auch der 41 m hohe Leuchtturm, von dem sich ein weiter Blick über die Danziger Bucht bietet.

Gegenüber der Halbinsel, nur wenige Kilometer südlich von Władysławowo, liegt das beschauliche Küstenstädtchen **Puck** (Putzig) 10. Schon früh blühte hier der Handel, erst unter der Herrschaft der Pommerellenherzöge, dann des Deutschen Ordens und schließlich der Könige Polens. Als Pommern nach dem Ersten Weltkrieg an Polen kam, erfolgte am 10. Februar 1920 die symbolische »Vermählung Polens mit der Ostsee«.

Von der einstigen Bedeutung des Ortes kündet der große Marktplatz im Ortszentrum, der von einem backsteinernen Rathaus und Giebelhäusern aus der Zeit um 1800 gesäumt ist. Im museal aufbereiteten Haus Nr. 28, einer Filiale des Regionalmuseums, erfährt man, wie die Bewohner einst lebten. Weiter nördlich steht die gotische Peter- und-Paul-Kirche: außen wuchtig, innen mit imposantem Gewölbe und einer Renaissance-Kapelle der allmächtigen Weiher-Familie. Von der Kirche geht es zur Anlegestelle hinab, wo Kutter und Jachten vor Anker liegen. Eine ausgelassene Stimmung herrscht am Tag des Schutzheiligen (29. Juni), wenn eine festliche Meeresprozession in Richtung Hel startet. Auf halbem Weg treffen sich die Fischer mit ihren Kollegen aus Kuźnica und Jastarnia und zelebrieren eine Messe auf hoher See.

An der Europastraße 28, die das Küstengebiet von der Kaschubischen Schweiz trennt, liegt **Wejherowo** (Neustadt) 11. Die von dem aus Franken stammenden Jakob Weiher 1643 gegründete Stadt ist das »kaschubische Tschenstochau«. Alljährlich kommen Tausende von Wallfahrern zum »Heiligen Berg«, um auf dem vom Stadtgründer geschaffenen Kreuzweg die Passion Christi nachzuerleben. Zu Ostern, wenn die Mysterienspiele aufgeführt werden, erwacht der Ort zu hektischem Leben. Die insgesamt 26 Kapellen versetzen die Pilger ins biblische Jerusalem und illustrieren Verrat, Kreuzigung und Himmelfahrt. Sie tragen Namen wie »Verhaftungskapelle«, »Pilatus-Palast«, »Tor der Tränen« und »Kapelle der Schmerzensmutter«.

Dennoch ist Wejherowo heute keine Vorzeigestadt: Unansehnliche Gewerbegebiete ziehen sich längs der Eisenbahnlinie Danzig – Stettin und drücken ihr den Stempel auf. Lediglich im Stadtkern erinnern die um den Marktplatz restaurierten Häuser daran, dass die Stadt im 18. Jh. von bedeutenden Magnatenfamilien regiert wurde. Südöstlich des Platzes, im neugotischen Schloss der Familie Keyserling, befindet sich das »Museum des kaschubisch-pommerschen Schrifttums und der Musik«. Es enthält Exponate zur Geschichte, Literatur und Musik der Kaschuben.

Kaschubische Schweiz

Karte: S. 95
Tipps & Adressen: Kartuzy S. 274, Chmielno S. 256, Kościerzyna S. 277, Wdzydze S. 321, Bytów S. 255

Die Kaschubische Schweiz (Szwajcaria Kaszubska) ist mit ihren sauberen Seen, den tief eingeschnittenen Tälern und riesigen Buchenwäldern ein Eldorado für Naturfreunde. Sie ist touristisch nur wenig erschlossen, und doch hat man keine Schwierigkeit, auf dem Lande ein Zimmer zu finden. Preiswerte agrotouristische Unterkünfte entstanden in fast allen Ortschaften, sie sind zumeist sehr einfach ausgestattet, doch was an Komfort fehlt, wird durch freundliches Ambiente ausgeglichen.

Als »Hauptstadt Kaschubiens« gilt **Kartuzy** (Karthaus) [12], das zwischen mehreren Seen und herrlichen Wäldern liegt. Ihren Namen verdankt sie Kartäusermönchen, die 1380 aus Prag hierher berufen wurden und drei Jahre später das Kloster Marienparadies bauten. Anders als die tüchtigen Zisterzienser, die predigenden Franziskaner und Dominikaner waren sie ganz aufs Jenseits fixiert. Sie lebten in weitgehender Isolation, kamen aus ihrer Klause nur zu Speise und Gebet heraus. Memento-Mori-Symbole erinnerten sie daran, dass das Leben kurz und vergänglich sei. So verwundert es nicht, dass das Dach der Marienkirche im Form eines Sargdeckels gestaltet ist und im Innern eine düster-dunkle Atmosphäre herrscht. Der Hauptaltar aus schwarzem Marmor ist durch etwas Alabaster aufgelockert; das Gestühl zeigt nebst Aposteln und betenden Evangelisten berühmte Eremiten, denen die Kartäuser beharrlich nacheiferten.

1826 wurde der asketische Orden von Preußen aufgelöst, erst danach begann sich im Umkreis des Klosters eine weltliche Stadt zu entwickeln. Dass dort bald eine ganz andere Lebensdevise regierte, zeigt sich beim Besuch des Kaschubischen Museums. »Ein Mensch«, so heißt es da, »der nicht trinkt, nicht raucht und keinen Tabak schnupft, ist einen Dreck wert.« Um dem Sprichwort Nachdruck zu verleihen, reicht Führer Pan Franciszek, ein waschechter Kaschube, seinen Gästen eine gute Ration Tabak aus einem Horn. Auf Wunsch singt er auch das »kaschubische ABC«, eine schräge Weise, in der die Lieblingsinstrumente des kunstsinnigen Völk-

Teufelsspuren und dubiose Steinkreise

Im Land der Kaschuben erzählt man sich gern Geschichten vom Teufel, der im Schutz der Moränenhügel sein Unwesen treibt. Vielerorts gibt es Findlinge, auf denen die Bewohner Abdrücke seiner Füße und Klauen zu entdecken glauben. Ein besonders großer Teufelsstein befindet sich an der Straße von Krokowa nach Dębki, an einem waldbewachsenen Hang 1 km nördlich von Odargowo (Odargau). Er ist etwa 4 m hoch und hat einen Umfang von 15 m. Angeblich hatte der Teufel vor, das Kloster in Żarnowiec mit dem Stein zu zermalmen, doch als die Hähne mit lautem Krähen den neuen Tag ankündigten, warf er den Felsbrocken zu Boden. Noch heute, sagen uns ältere Kaschuben, könne man mit bloßem Auge erkennen, mit welchem Ingrimm er seine Klauen in den Stein gebohrt habe.

Geheimnisvolle Steinkreise verbergen sich auch in Węsiory (Wensiori), 18 km nordwestlich von Kościerzyna. Von dem Ort führt ein ausgeschilderter Weg zu einem gotischen Friedhof, den Archäologen an einem bewaldeten Hügel ausmachten. Er stammt aus dem 1.-2. Jh. und besteht aus 20 Hünengräbern, vier Steinkreisen und über 140 Leichensteinen. Ebenso viele Rätsel geben die Kreise bei Odry auf, einem Dorf südlich von Wdzydze auf. Ein jeder der insgesamt zehn aus Findlingen zusammengesetzten Kreise zählt 15 bis 35 m im Durchmesser und ist in seiner Mitte

Steinkreise in Odry

mit einer Art Hinkelstein geschmückt. Der Boden um ihn herum ist steingepflastert, darunter befindet sich eine Höhle. Fragen Sie Einheimische nach den Kręgi Kamienne, und Sie werden die Kreise ohne Schwierigkeit finden. Alljährlich zur Sonnenwendfeier im Juni treffen am Ort der slawischen Vorfahren viele Esoteriker und New-Age-Jünger ein, um sich mit »kosmischer Energie« aufzuladen.

chens aufgezählt werden: Bass und Teufelsgeige, Spaten und Stange, Harken und Schultheissstock. Im Museum ist die gesamte Palette kaschubischer Musikinstrumente ausgestellt, außerdem Vogelscheuchen und Masken, Scherenschnitte und Stickereien.

Am schönsten ist es natürlich, kaschubische Kultur »live« zu erleben. Während des Jahrmarkts im Juli spielen Folkloreensembles auf, Bauerntheater präsentieren Stücke aus dem Alltag der Bewohner. Der kaschubische Humor mit seinem Hang zum Absurden spiegelt sich in griffigen Sprüchen: »Lasst uns den Mond im Brunnen jagen«, heißt es da, oder in fast Münchhausenscher Manier: »Ziehen wir los, den Aal zu ertränken«. Auch das leibliche Wohl kommt bei dem Fest keineswegs zu kurz: An vielen Ständen werden kaschubische Spezialitäten serviert.

Ein beliebter Tagesausflug führt in die Mirchauer Wälder nordwestlich von Kartuzy. Unterwegs lohnt ein Halt an der berühmten Wallfahrtskirche von **Sianowo** am gleichnamigen See. Um einen Blick auf die »Königin der Kaschubei« werfen zu dürfen, muss man im Pfarrhaus vorsprechen. Die wundertätige Figur befindet sich hinter einem Bild im Hochaltar und wurde angeblich von Kindern des Ortes vor über 500 Jahren unter Farnsträuchen entdeckt. In der Folge ist die Kirche mehrfach ausgebrannt, doch um die Gottesmutter schlugen die Flammen stets einen Bogen. Der herrlich saubere See lädt ein zu einem Sprung in die Fluten – doch Vorsicht: An einigen Stellen ist er schon kurz hinter dem Ufer sehr tief!

9 km westlich von Kartuzy liegt das von drei Seen eingekreiste **Chmielno** (Ludwigsdorf) **13**. Schon seit dem frühen 19. Jh. stellt die Familie Necel Krüge und Vasen, Teller und Becher her und verziert sie mit der typisch kaschubischen blauen Blume. Einige ihrer Werke können in einem kleinen Privatmuseum neben der Werkstatt besichtigt werden. Familie Necel bietet zwar keine Zimmer zum Bleiben an, doch entlang der »Kaschubischen Straße« gibt es inzwischen viele Pensionen und Gasthöfe, die sich gut als Standort für Ausflüge in die Umgebung eignen. Im Umkreis von Chmielno befinden sich Rinnen- und Moränenseen, verbunden durch kleine, aber reißende Flüsse. Die schönste Autostrecke führt am Kłodno-See vorbei südwärts, danach schlängelt sie sich in malerischen Kehren am Kleinen Brodno-See entlang. Einen herrlichen Blick auf die Hügel- und Seenlandschaft genießt man an der Kreuzung kurz vor Brodnica Dolna (Nieder-Brodnitz), einem kleinen Dorf an der Radaune. Von hier ist es nur ein Katzensprung zum höchsten Berg der Kaschubei, dem 331 m hohen Wieżyca (Turmberg). Von seiner Spitze bietet sich eine weite Aussicht auf die seenreiche Landschaft.

Südlich davon liegt **Kościerzyna** (Berent) **14**, die größte Stadt der Kaschubischen Schweiz. Sie befindet sich verkehrstechnisch günstig an der Straße von Chojnice nach Danzig, doch als Zentrum des Fremdenverkehrs will sie nicht taugen: Nur rund um den Marktplatz fühlt man sich wohl. Mit einem großen Denkmal wird hier Józef Wybicki (1747–1822) geehrt. In ganz Polen kennt man ihn als Schöpfer der polnischen Nationalhymne. Die Verse (»Noch ist Polen nicht verloren«) widmete Wybicki dem General Dąbrowski, als dieser im Dienst Napoleons für ein freies Polen kämpfte. Ein unbekannter Komponist ließ sich von dem patriotischen Text zu einer Mazurka inspirieren, die 1927 zur offiziellen Nationalhymne erhoben wurde. Wer genau wissen möchte, was es

Freilichtmuseum in Wdzydze

mit Lied und Text auf sich hat, besucht das Geburtshaus Wybickis in Będomin, 9 km östlich von Kościerzyna; das schmucke Herrenhaus wird heute als Museum genutzt.

Nicht weit von Kościerzyna entfernt in **Wdzydze** (Sanddorf) 15 befindet sich am Nordufer des gleichnamigen Sees ein viel besuchtes Freilichtmuseum. In dem Museum bekommt man eine Vorstellung davon, wie in der Kaschubei früher gebaut wurde. Typisch für diese Gegend sind die strohgedeckten Dorfhütten, Gehöfte mit Laubengang und Ziergiebel. Dazu sieht man zwei Windmühlen und eine Holzkirche aus dem 17. Jh., in der jeden Sonntag eine Messe gefeiert wird. Sie stammt aus dem Dorf Swornegacie (Schwornigatz) und wurde von dort hierher »versetzt«. Kirchendecke und -wand sind mit Blumenornamenten verziert, an Feiertagen ist der Raum mit Girlanden überspannt.

Zentrum der Westkaschubei ist **Bytów** (Bütow) 16, eine alte Marktstadt mit einer imposanten Burg der deutschen Ordensritter. Diese erbauten sie 1390 als westlichen Grenzposten ihres Reiches, befestigten sie mit meterdicken Backsteinmauern und Ecktürmen, die sie wiederum mit kleinen Schießscharten ausstatteten. Die Burg beherbergt heute das Westkaschubische Museum. Naive Skulpturen und Gemälde, bemalte Möbel und aufwendige Stickereien bezeugen die Kunstfertigkeit der Kaschuben.

In einem Seitenflügel der Burg kann man günstig übernachten und am nächsten Morgen zu Ausflügen starten. Die Umgebung ist reich an Kiefernwäldern und Seen, am schönsten wandern lässt es sich im nordwestlich gelegenen Słupia-Tal. Der Fluss durchströmt zahlreiche Seen, bevor er Słupsk passiert und bei Ustka in die Ostsee mündet.

Von Danzig nach Toruń (Thorn)

Von Danzig nach Toruń (Thorn)

Die Dreistadt und die Ordensburgen

Das historische Danzig ist mit dem Seebad Sopot und dem Handelshafen Gdynia fast schon zusammen gewachsen. Trójmiasto, die »Dreistadt«, erstreckt sich 35 km entlang der Westseite einer großen, sichelförmigen Bucht. Unmittelbar östlich von Danzig liegt der Hauptmündungsarm der Weichsel, an der die deutschen Ordensritter im 13. Jh. ihre Burgen errichteten: mächtig und backsteinern, gepanzert für die Ewigkeit. Noch heute sind Gniew, Kwidzyn, Chełmno und Toruń eindrucksvolle Festungsstädte; an der Nogat, einem Seitenarm der Weichsel, entstand die Marienburg, eines der größten Kastelle Europas.

Danzig – Königin des Baltikums

Karte: S. 115
Tipps & Adressen: S. 260

■ Ein Meer schmaler Giebelhäuser und eine Armada wuchtiger Backsteinkirchen: Das alte **Gdańsk** (Danzig) wirkt so malerisch und in sich geschlossen, dass man es glatt für die Kulisse zu einem Historienfilm halten könnte. Als sich 1949 polnische Architekten und Restauratoren daran machten, das im Zweiten Weltkrieg zerstörte Danzig wieder aufzubauen, hatten sie nur Gemälde, Stiche und Fotos zur Verfügung, dazu die Erinnerungen ehemaliger Bewohner. Dies war das Anschauungsmaterial, nach dem die Stadt neu zu erschaffen war. Ein exaktes Abbild des untergegangenen Danzig konnte es nicht sein: Nicht immer standen alte Pläne und Unterlagen zur Verfügung – vielerorts musste »nachempfunden«, neugestaltet werden. Dazu kam, dass dunkle Hinterhöfe und gedrängte Gassen nicht der Vorstellung von sozialistischer Wohnkultur entsprachen; einige Häuserzeilen fielen ganz heraus, verbaute Winkel wurden aufgelockert. So entstand detailgetreu, aber auch mit viel Fantasie die Vision einer alten Stadt: »nicht das Danzig der Vorkriegszeit«, so der damalige Bürgermeister Mackiewicz, »sondern ein rekonstruiertes Gdańsk aus dem 18. Jh.« – mit dem Rathaus und prächtigen Patrizierhäusern, der gewaltigen Marienkirche und dem Krantor, insgesamt mehr als 600 Bauten. Ehemalige Bewohner, die ihre Heimatstadt nach vielen Jahren besuchten, waren von der Wiederaufbauleistung begeistert. Ihr altes Danzig, riefen sie aus, habe nie so schön ausgesehen wie in der Gegenwart. Und weil das hanseatische Flair in dieser Stadt so viel besser bewahrt war als in Lübeck, wurde der Film zu Thomas Manns »Buddenbrooks« denn auch in Danzig und nicht am originalen Schauplatz der Handlung gedreht.

Ein Blick zurück

Bei einem Bummel durch die Straßen lassen sich die vielfältigen Einflüsse studieren, die Danzig im Verlaufe seiner Geschichte aufgenommen hat. Schon

◁ *Danziger Rechtstadt*

im 14. Jh. war es eine der bedeutendsten Hafenstädte der Hanse, deren Kontakte sich von Nowgorod bis Sevilla erstreckten. Den weitreichenden Geschäftsbeziehungen entsprach eine betont kosmopolitische Lebensart. Einwanderer aus ganz Europa waren willkommen, denn sie bereicherten die Stadt mit kulturellen Impulsen.

Die eigentliche Blütezeit begann im späten 15. Jh., als Danzig sich von der Bevormundung durch den Deutschen Orden befreite und als Stadtrepublik im Königreich Polen erstaunliche Freiheiten genoss. Immer wieder verstand es das Danziger Bürgertum, seine Eigenständigkeit und seine Privilegien gegenüber dem polnischen König zu wahren. Die Stadt verfügte über eine eigene Regierung und Bürgerwehr, sicherte sich die Zollfreiheit und das Recht auf Prägung von Münzen. Fast der gesamte Außenhandel Polens wurde über Danzig abgewickelt; Getreide aus dem Königreich stapelte sich auf der Speicherinsel, bevor es ins übrige Europa weiterverschifft wurde. Der König besuchte die Stadt einmal im Jahr; er hielt Einzug

Hanseatisches Flair: Häuserzeile in der Rechtstadt (ul. Piwna)

Daten und Taten

Die slawische Siedlung
9. Jh.: Nahe der Mündung der Motława (Mottlau) in die Weichsel entsteht eine slawische Fischersiedlung. Aufgrund der strategisch günstigen Lage wird hier schon früh mit Salz und Bernstein gehandelt.

10. Jh.: Ende des ersten Jahrtausends reist der Prager Missionsbischof Adalbert an die Ostseeküste. Laut einer in Rom veröffentlichten Chronik erreicht er am 27. März 997 eine slawische Burgsiedlung (urbs Gyddanzc), wo sich »eine große Menge Menschen« taufen lässt. Anschließend reist er weiter ins Gebiet östlich der Weichsel, um die dort lebenden heidnischen Pruzzen zu bekehren. Sie widersetzen sich der Missionierung und erschlagen den Bischof.

11.–13. Jh.: Gyddanzc, das spätere Danzig, ist Sitz slawischer Fürsten, die sich später »Herzöge von Pommerellen« nennen. Es entwickelt sich zu einem wichtigen Hafen- und Handelsort, Zisterzienser- und Dominikanermönche werden angeworben. Im Norden der Siedlung, der »Altstadt«, leben vor allem slawische Fischer und Tagelöhner, im südlichen Teil, der »Rechtstadt«, lassen sich deutsche Kaufleute nieder, die meisten kommen aus Lübeck.

Der Deutsche Ritterorden
14./15. Jh.: Der Deutsche Ritterorden, 1226 vom Herzog Konrad von Masowien ins Land gebeten, um bei der Christianisierung der Pruzzen zu helfen, errichtet einen zentralistischen Ordensstaat, dem von 1308 bis 1454/1466 auch Danzig angehört. Die Rechtstadt wird 1361 Mitglied der Hanse und zentrale Schaltstelle im europäischen Warenverkehr. 1386 wird das zuvor christianisierte Litauen mit Polen vereint, ihr gemeinsames Heer besiegt die Ordensritter 1410 in der Schlacht bei Grunwald. Danzig schließt sich 1440 mit 18 weiteren Städten zum Preußischen Bund zusammen, der mit polnischer Hilfe gegen die Ordensherrschaft opponiert. Im Dreizehnjährigen Krieg (1454–1466) wird der Orden besiegt, Danzig unterstellt sich der polnischen Monarchie.

»Freie Stadt« unter polnischer Krone
1466–1793: Als »Freie Stadt« unter polnischer Oberhoheit erlebt Danzig Aufstieg und Niedergang des Polnischen Reichs. Die Stadt ist von hohen Steuerzahlungen befreit und profitiert von ihrem Hinterland. Zollfrei bezieht sie Getreide und Holz aus Polen und verschifft die Waren nach ganz Europa. Im 16. Jh. wird Danzig herausgeputzt. In Italien, Flandern und Holland angeworbene Architekten und Künstler schaffen eine Stadt, die bald zu den schönsten Europas zählt. Schon früh setzt sich das lutherische Gedankengut durch, alle wichtigen Ämter werden von Protestanten und Calvinisten besetzt.

Im 17. Jh. wird Danzig in die Auseinandersetzungen um die polnische Thronfolge einbezogen, erlebt Belagerungen und Seeschlachten. Beim Einfall der Schweden 1655 kann die Stadt zwar eine Eroberung verhindern, doch wird die Wirtschaft entscheidend geschwächt, Danzig verfällt, wird wiederholt von Feuersbrünsten und Seuchen heimgesucht. Bis zum Ende des 18. Jh. geht die Bevölkerung um die Hälfte zurück.

Unter preußischer Herrschaft
1793–1918: Als Ergebnis der Teilung Polens fällt Danzig 1793 an Preußen und verliert seine Selbstverwaltung. 1807 wird die Stadt von napoleonischen Truppen in Besitz genommen, sieben Jahre später geht sie an Preußen zurück. Der Schiffbau wird wichtigster Industriezweig, nach Gründung des Deutschen Reichs 1871 wird in Danzig die kaiserliche Schlachtflotte gebaut. Um die Jahrhundertwende entstehen neue Außenviertel, Werften und Hafenanlagen. Die Einwohnerzahl steigt bis zum Beginn des Ersten Weltkriegs auf 175 000.

Freie Stadtrepublik
1918–1939: Nach dem Ersten Weltkrieg erhält Polen seine Unabhängigkeit zurück und wird Zweite Polnische Republik. Danzig wird im Versailler Vertrag vom Deutschen Reich getrennt und erwirbt den Status eines »Freistaats« mit eigenem Parlament und einem dem Völkerbund unterstellten Hohen Kommissar. Es bildet eine Zollgemeinschaft mit Polen und wird von ihm außenpolitisch vertreten. Auf der Danziger Westerplatte wird mit Zustimmung des Völkerbunds ein polnisches Munitionsdepot angelegt, bei Gdynia (Gdingen) im nur wenige Kilometer breiten »Polnischen Korridor« entsteht ein riesiger Hafen.
Ab 1930 fasst die NSDAP auch in Danzig Fuß und wird 1933 stärkste Partei; wenig später verlassen die ersten Juden die Stadt. Hitlers Forderungen nach der Rückkehr Danzigs ins Reich werden lauter, am 28. April 1939 wird das mit Polen fünf Jahre zuvor geschlossene Nichtangriffsabkommen gekündigt. Am 1. September des gleichen Jahres beginnt der Zweite Weltkrieg mit dem Überfall Deutschlands auf die polnischen Militärposten auf der Westerplatte und dem Angriff auf die Polnische Post. Die Freie Stadt Danzig wird dem Deutschen Reich eingegliedert, im nahe gelegenen Stutthof (heute Sztutowo) wird ein Konzentrationslager errichtet.

Danzig wird polnisch
1945–1989: Der Zweite Weltkrieg endet mit der Niederlage der deutschen Wehrmacht, die »Perle der Ostsee« wird fast vollständig zerstört. Danzig wird Polen zuerkannt, die meisten deutschen Bewohner müssen die Stadt verlassen. Sie werden ersetzt durch Menschen aus dem polnischen Umland sowie aus den an die Sowjetunion abgetretenen früheren polnischen Ostgebieten. Die sozialistische Regierung beschließt den Wiederaufbau des »historischen« Danzig, nördlich entstehen große Plattenbausiedlungen. Schon 1956 leben in der Stadt wieder mehr Menschen als in der Vorkriegszeit. Gdańsk (Danzig), Sopot (Zoppot) und Gdynia (Gdingen) verschmelzen zur »Dreistadt« (Trójmiasto), bleiben aber verwaltungstechnisch getrennt.
Die Streiks der Danziger Werftarbeiter 1980 führen zur Gründung der unabhängigen Gewerkschaft Solidarność – Startsignal zur politischen und wirtschaftlichen Umgestaltung ganz Polens.

Seit 1989: Nach der »Wende« sucht die Dreistadt auf allen Gebieten Anschluss an den Westen. 1997 feiert Gdańsk, 2001 Sopot sein 1000-jähriges Jubiläum. Gdynia wird mit der Aufnahme Polens in das Nordatlantische Bündnis wichtigster Marinestützpunkt der NATO im Ostseeraum.

durch das Hohe Tor und ließ sich seine Hoheit im Rathaus der Rechtstadt feierlich bestätigen. Kam es zu Konflikten mit auswärtigen Mächten, verhielt sich Danzig gegenüber der Krone loyal.

Doch der Niedergang Polens im 17. und 18. Jh. machte auch vor Danzig nicht Halt: Der Handel ging dramatisch zurück, und die Einwohnerzahl sank um mehr als die Hälfte. In den Polnischen Teilungen blieb Danzig zunächst bei Polen, fiel aber 1793 an Preußen und büßte seine Privilegien als selbständige Stadtrepublik ein. Vorbei war es nun »mit hanseatischem Großtun« und »republikanischen Träumen«, fortan herrschte »Ordnung nach preußischem Maß« (Grass). Erst als die Wirtschaft um die Mitte des 19. Jh. einen Aufschwung nahm, wuchs die Zustimmung zu den »Besatzern«; nach Eingliederung ins Deutsche Reich nahm die Zahl jener Danziger zu, die stolz darauf waren, Deutsche zu sein.

Nach dem Ersten Weltkrieg trennten die Siegermächte Danzig vom Deutschen Reich ab und erklärten es zu einem »Freistaat« unter dem Protektorat des Völkerbunds. Ganz so frei, wie der Name vorgibt, war es freilich nicht. Die Mehrheit der Bevölkerung suchte den Anschluss ans Deutsche Reich und empfand die vom Völkerbund den Polen gewährten Privilegien, vor allem aber die Schaffung eines »Korridors«, über den das Nachbarland Zugang zum Meer erhielt, als Provokation. Dort entstand mit Gdynia (Gdingen) ein großer polnischer Hafen, in dem bald mehr Waren umgeschlagen wurden als in Danzig. Die Frage des »Polnischen Korridors« war es denn auch, die den Nationalsozialisten 1939 als Vorwand für den Überfall auf Polen diente: Am 1. September beschoss der Panzerkreuzer Schleswig-Holstein das polnische Militärdepot auf der Danziger Westerplatte und gab damit das Startsignal zum Zweiten Weltkrieg. An dessen Ende lag Danzig in Schutt und Asche.

Stadtrundgang

Der vorgestellte Rundgang beginnt am Hauptbahnhof, von dem aus man alle wichtigen Sehenswürdigkeiten bequem zu Fuß erreicht. Das »historische« Danzig liegt größtenteils westlich der Motława und gliedert sich in die Altstadt, die verkehrsberuhigte Rechtstadt und die Alte Vorstadt mit Speicherinsel. Wer nur wenig Zeit hat, beschränkt sich auf die Besichtigung der prachtvoll restaurierten Rechtstadt und schließt sich der Tour am Hohen Tor an.

Gdańsk (Danzig) – Sehenswürdigkeiten: *1 Hauptbahnhof 2 City Forum 3 Altstädtisches Rathaus 4 Große Mühle 5 Katharinenkirche 6 Brigittenkirche 7 Markthalle 8 Nikolaikirche 9 Sobieski-Denkmal 10 Großes Zeughaus 11 Hohes Tor 12 Stockturm und Peinkammer 13 Goldenes Tor 14 Georgshalle 15 Uphagenhaus 16 Rechtstädtisches Rathaus mit Historischem Museum 17 Neptunbrunnen 18 Artushof 19 Goldenes Haus 20 Grünes Tor 21 Speicherinsel 22 Anlegestelle 23 Frauentor und Archäologisches Museum 24 Marienkirche 25 Königliche Kapelle 26 Haus zum Lachs 27 Krantor und Zentrales Meeresmuseum 28 Fischmarkt 29 Denkmal für die gefallenen Werftarbeiter 30 Postmuseum* **Hotels:** *31 Hevelius 32 Holiday Inn 33 Podewils 34 Hanza 35 Novotel 36 Dom Aktora 37 Dom Harcerza 38 Zaułek* **Restaurants:** *39 Tawerna 40 Pod Łososiem 41 Gdańska 42 Towarzystwo Gastronomiczne 43 Palowa 44 U Szkota 45 Kubicki 46 Karczma 47 Sphinx*

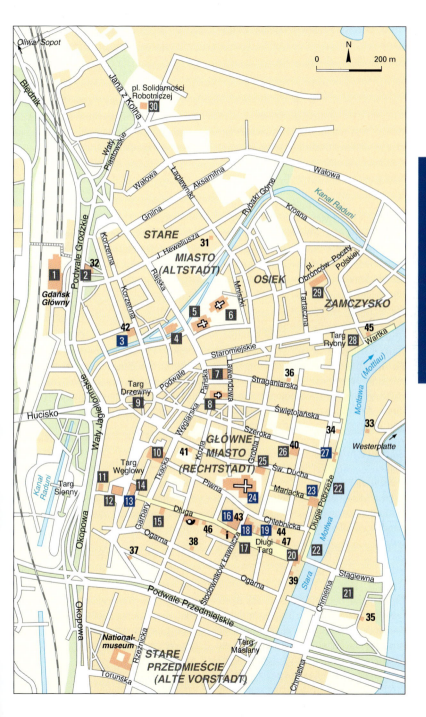

Vom Bahnhof zum Großen Zeughaus

Mit seiner ziegelroten Giebelfassade und dem hohen Uhrenturm erinnert der **Hauptbahnhof** 1 (Gdańsk Główny) an die Pionierzeit der Eisenbahn. Hier herrscht ein aufgeregtes Kommen und Gehen: Aus knallbunten Straßenbahnen werden Menschenströme ausgespuckt, die den Gleisen zustreben, ihr Weg kreuzt sich mit den vielen, die aus dem Umland eintreffen und sogleich in die zugig-düstere Unterführung abtauchen. Dort sitzen alte Mütterchen auf Holzkisten, haben das Kopftuch fest ums Kinn geschnürt und verkaufen alles, was in den Wäldern rund um Danzig wächst: Maiglöckchen, Körbe von Blaubeeren und Steinpilze, fein säuberlich ausgebreitet auf Zeitungspapier.

Die sozialen Gegensätze in Danzig sind krass. Die Unterführung Richtung Altstadt mündet geradewegs ins **City Forum** 2, ein schickes Einkaufszentrum mit einer Nobelpassage und dem Hotel Holiday Inn. Geschäftsleute steuern mit ihren Aktenkoffern den Delikatessen- und Weinladen an, Sicherheitskräfte bewachen den Eingang zum Megastore Empik. Im Atrium ist eine Touristeninformation untergebracht, die auch Privatzimmer vermittelt.

Über die ehemalige Pfeffergasse (ul. Korzenna), benannt nach den hier wohnenden wohlbetuchten »Pfeffersäcken«, gelangt man ins Herz der **Altstadt** (Stare Miasto). Das mittelalterliche **Altstädtische Rathaus** 3 (Ratusz Staromiejski), 1595 in manieristischem Stil umgestaltet, beherbergt heute das Baltische Kulturzentrum. Im Erdgeschoss befinden sich eine Galerie, ein kleines Café und eine Buchhandlung, im Festsaal des Obergeschosses werden Konzerte gegeben. Auch in den Kellergewölben ist Interessantes zu entdecken: Hier lagerte im 17. Jh. der Ratsherr und Brauer Johannes Hevelius sein berühmtes Jopenbier, mit dessen Verkauf er ein kostspieliges Hobby, die Astronomie, finanzierte. Mit dem damals längsten Teleskop der Welt entdeckte er neun Kometen und sieben Sternkonstellationen; auch fertigte er die erste präzise Karte des Mondes an. Heute wird im düsteren Irish Pub das »Hevelius-Bier« ausgeschenkt, im Sommer öffnet nebenan ein großer Garten.

Folgt man dem Radaune-Kanal (Kanał Raduni) ein paar Schritte ostwärts, gelangt man zur **Großen Mühle** 4 (Wielki Młyn), die 1350 von deutschen Ordensrittern errichtet wurde. Mit ihrem sechsstöckigen Satteldach war sie eine der größten Europas, nicht weniger als 18 Räder zermahlten das Getreide. Heute beherbergt das ausgehöhlte Gehäuse ein attraktives Einkaufszentrum mit kleinen Läden und Cafés. Gegenüber der Mühle ragt die **Katharinenkirche** 5 (Kościół Św. Katarzyny), Danzigs ältestes Gotteshaus, auf. Schon 1185 wurde es gegründet, doch stammt der heutige Backsteinbau aus dem 14. Jh. Im Hauptaltar befindet sich ein Kreuzigungsgemälde mit dem Stadtpanorama Danzigs von Anton Möller (1610), im Chorraum ein Epitaph des Astronomen Johannes Hevelius (1779). Vom Turm der Kirche, in der eine Vielzahl von Uhren ausgestellt ist, ertönt zu jeder vollen Stunde ein Glockenspiel mit Beethovens berühmter Ode aus der neunten Sinfonie »Freude, schöner Götterfunken«. Hinter der Katharinenkirche versteckt sich die **Brigittenkirche** 6 (Kościół Św. Brygidy), die in der Dreistadt Kultstatus genießt. Zu ihrer Pfarrei gehört die benachbarte Danziger Werft, die Wiege der Solidarność. In sozialistischer Zeit wurden in der Kirche flammende Reden gehalten und passiver Widerstand gepredigt; noch heute ist

Richtig Reisen
Thema

Günter Grass
und Oskar, der Trommler

Als der Dichter und Dramatiker Günter Grass 1999 den Literaturnobelpreis erhielt, herrschte in Polen fast mehr Jubel als in Deutschland – und ganz besonders in Danzig, seiner Geburtsstadt. In mehreren seiner Bücher hatte Grass sie zum Schauplatz der Handlung gemacht, so in der »Blechtrommel« (1959), in »Katz und Maus« (1961) und in den »Hundejahren« (1963), die später zur so genannten »Danziger Trilogie« zusammengefasst wurden. Sein ironischer Schreibstil gefiel den Polen: Er machte sich einen Spaß daraus, die Mächtigen bloßzustellen, entlarvte autoritäre Muster, war ein Ketzer und Querulant.

Am 16. Oktober 1927 wurde er in der ul. Lelewela (Labesweg) im Vorort Wrzeszcz (Langfuhr) geboren. Das Zimmer im zweistöckigen Miethaus, in dem er zur Welt kam, wird heute von Anna Jurczyk bewohnt. Die ältere Dame staunte nicht schlecht, als an einem grauen Herbsttag Journalisten bei ihr Sturm klingelten, die wissen wollten, ob ihr jener Günter Grass, der gerade zum Nobelpreisträger gekürt worden war, schon einmal begegnet sei. Tatsächlich kannte sie den freundlichen Schnauzbart, denn während er an seiner »Blechtrommel« arbeitete, hatte er sie mehrfach besucht. »Er hat mit meiner Tochter geplaudert und ihr versprochen, er werde ihr, sobald er das Buch fertig habe, ein Exemplar mit Widmung schicken. Nun sind 40 Jahre vergangen, doch das Buch ist immer noch nicht da.« Ein Jahr später, als Grass Danzig besuchte, hatte er es dabei – und setzte sich beim Bürgermeister zugleich dafür ein, dass das Geburtshaus nicht nur mit einem Denkmal, sondern endlich auch mit ordentlichen Toiletten ausgestattet werde...

Prag hat seinen Kafka, Danzig seinen Grass. Die ersten Touristen »auf den Spuren des Nobelpreisträgers« sind bereits unterwegs. Sie suchen nach dem Spielzeugladen im Alten Zeughaus, wo für Oskar die »Blechtrommel« gekauft wurde, nach dem Stockturm, von dessen Spitze er die Fenster des Stadttheaters zersang, nach dem Postamt, in dem sein Onkel arbeitete und nach den Maiwiesen, wo er den Nazi-Märschen Walzerklänge »unterjubelte«. Und natürlich suchen sie auch das Geburtshaus des Autors: Vom Bahnhof Wrzeszcz folgen sie der kopfsteingepflasterten ul. Wajdeloty und der am Rondell links abbiegenden ul. Aldony.

Nur schade, dass all die literarischen Orte über ganz Danzig verstreut sind und man sich die Hacken wund laufen muss, um sie zu finden. Und hat man sie schließlich leibhaftig vor sich, ist man oftmals eher enttäuscht: Die heutige Realität kann mit der überschäumenden Fantasie des Oskar Matzerath, aus dessen kindlicher Perspektive die Geschichte erzählt wird, nicht konkurrieren.

das Denkmal des 1984 von Angehörigen des Geheimdienstes ermordeten Paters Jerzy Popieluszko ein viel besuchter Pilgerort.

Der Altstädtische Graben (Podwale Staromiejskie), heute eine breite und verkehrsreiche Straße, markiert die Grenze zwischen Altstadt und Rechtstadt. Südlich von ihm liegt breit und behäbig die **Markthalle** 7 (Hala Targowa), seit über 100 Jahren eine der wichtigsten Einkaufsadressen Danzigs. Lebhaft geht es auch an den vielen Ständen vor der Halle zu, wo kaschubische Bauern Obst, Gemüse und Blumen anbieten. Gleich nebenan steht die in strenger Backsteingotik ausgeführte **Nikolaikirche** 8 (Kościół Św. Mikołaja). Sie blieb im Krieg unzerstört und hat sich ihre reiche Barockausstattung bewahrt. Jeden Sonntag um 11.30 Uhr tritt auf der Empore ein Kinderchor in Aktion, dessen engelhafter Gesang von einer herrlichen Orgel begleitet wird. Von der Nikolaikirche erreicht man über die Breite Straße (ul. Szeroka) den Holzmarkt (Targ Drzewny), wo das aus Lemberg stammende **Sobieski-Denkmal** 9 (Pomnik Jana III. Sobieskiego) den »Sieger von Wien« in heldenhafter Reiterpose zeigt. Dank seiner klugen Kriegsführung konnten die Türken 1683 entscheidend geschlagen und Europa vor der »moslemischen Flut« bewahrt werden.

Südlich schließt sich der lang gestreckte Kohlenmarkt (Targ Węglowy) an. Architektonisch wenig gelungen ist das 1967 an seiner Nordseite erbaute Stadttheater (Teatr Wybrzeże). Mit größerem Vergnügen schaut man auf das **Große Zeughaus** 10 (Wielka Zbrojownia), ein Meisterwerk des niederländischen Manierismus von 1602 an der Ostseite des Platzes. Athene, Minerva und Mars krönen seine reichverzierte Fassade und geben einen versteckten Hinweis auf die in diesem Palast gelagerten Waffen und Munitionen. Heute befinden sich in seinem Erdgeschoss Einkaufsläden – Oskar Matzerath bekam hier seine »Blechtrommel« (s. Thema S. 117).

Über den Königsweg zum Grünen Tor

Herzstück von Danzig ist die wiederaufgebaute **Rechtstadt** (Główne Miasto), d. h. die rechte, »richtige« Stadt, wo die wohlhabenden, überwiegend deutschen Bürger lebten. Hielt der König hier Einzug, folgte er einem stets wiederkehrenden Ritual. Er betrat die Stadt durch mächtige Tore, schritt die Langgasse und den Langen Markt ab und nahm dann in einem der pompösen Bürgerhäuser Quartier. Bis heute hat sich diese Route den Namen »Königsweg« bewahrt und ist die Prachtmeile Danzigs.

Das **Hohe Tor** 11 (Brama Wyżynna) ist ein Relikt der mächtigen Wallanlagen, die ab 1571 entlang der westlichen Stadtgrenze errichtet und am Ende des 19. Jh. abgerissen wurden. Sein einziger Schmuck ist ein Wappen-Dreigestirn, das Polen, Königlich-Preußen und Danzig huldigt. Unmittelbar hinter dem Hohen Tor steht der mittelalterliche **Stockturm** 12 (Wieża Wiezienna), in dem sich einst das Gericht und Gefängnis befanden. Nicht selten wurde den Häftlingen in der **Peinkammer** (Katownia) mittels Folter ein Geständnis abgepresst, bevor sie an den Pranger gestellt bzw. an der Ostseite des Turms hingerichtet wurden. Heute ist im Stockturm ein Lehrstuhl für Kriminalistik untergebracht; statt Foltermethoden lernen Studenten moderne Fahndungstechniken kennen. Freundlicher präsentiert sich das angrenzende **Goldene Tor** 13 (Brama Złota) aus dem 17. Jh., das seinen Namen den vielen glänzenden Verzierungen verdankt. Eine lateinische Inschrift verkündet verheißungsvoll: »Es möge Frieden sein in deinen Mauern und Glück in deinen Palästen«. An die Tormauer schließt sich links die schlossartige **Georgshalle** 14 (Dwór Bractwa Św. Jerzego) an. Sie war Sitz der gleichnamigen Bruderschaft, eines exklusiven Klubs, in den nur Männer Zutritt hatten.

Jenseits des Goldenen Tors beginnt die **Langgasse** (ul. Długa), in der reiche Kaufleute, Ratsherren und kirchliche Würdenträger wohnten. Sie ist von hohen Renaissance- und Barockhäusern gesäumt, die mit ihren farbenfrohen Fassaden und verspielten Giebeln einem Bilderbuch entnommen scheinen. Von Frühling bis Herbst ist sie die Flaniermeile der Stadt: Straßenmusikanten spielen auf, Porträtmaler bieten ihre Dienste an, und die Terrassencafés sind dicht besetzt. Wer sehen möchte, wie es im 18. Jh. hinter den schmucken Fassaden aussah, kann das **Uphagenhaus** 15 (Dom Uphagena) besuchen: Der Wohnsitz der aus Flandern eingewanderten Kaufmannsfamilie wurde in ein »Museum bürgerlicher Wohnkultur« verwandelt.

Am Ende der Langgasse steht das **Rechtstädtische Rathaus** 16 (Ratusz Głównego Miasta), das sein altstädtisches Pendant weit in den Schatten stellt. Unübersehbar ist der hoch aufschießende Turm, auf dessen Spitze eine Statue König Zygmunt Augusts thront – ihm verdankte Danzig viele Privilegien. Der 1327 errichtete Bau wurde mehrmals umgebaut, die letzte große Veränderung fand 1556 statt, als nach einem Brand die strengen gotischen Formen von manieristischem Schmuckwerk abgelöst wurden. Prunkstück des Rathauses ist der Rote Saal, in dem der Stadtrat zu feierlichen Versammlungen zusammenkam: ein Feuerwerk roter und goldener Farben, dazu dunkle, wärmende Holztöne. An den Wänden hängen Gemälde, die Tugenden und Laster plakativ gegenüberstellen; das »Jüngste Gericht« schließt den Bilderzyklus ab: Gott fällt das letzte Urteil über die Handlungen der Menschen. Überwältigend ist der Blick zur Decke: Nicht weniger als

Deckengemälde im Roten Saal des Rechtstädtischen Rathauses

25 runde und rechteckige, von Goldrahmen eingefasste Gemälde kreisen um ein Oval in der Deckenmitte, das ein Idealbild Danzigs zeigt: Die Stadt thront auf einem Triumphbogen, wächst in den Himmel hinein. Gott umfasst schützend den Rathausturm, während die Weichsel, die Lebensader der Stadt, ihr Fundament umspült. Vor dem Fluss sind deutsche Bürger, polnische Adelige und Flößer postiert – ein Bild der Danziger Stände von 1608, als Isaak van den Blocke dieses Meisterwerk schuf. Loh-

nenswert ist auch ein Blick ins Obergeschoss des Rathauses, wo sich das **Historische Museum** (Muzeum Historii) befindet. Darin sind Fotos von Danzig unmittelbar nach Kriegsende zu sehen – welch ein Kontrast zum Anblick des wiederaufgebauten Danzig, den man von der Turmspitze des Rathauses genießen kann!

Hinter dem Rechtstädtischen Rathaus weitet sich die Gasse zum **Langen Markt** (Długi Targ), der »guten Stube Danzigs«, wo die reichsten Bürger residierten. Die Häuser sind noch größer und prächtiger, verfügen außerdem über die so genannten Beischläge, weite, über Freitreppen erreichbare Terrassen. Blickfang des Platzes ist der **Neptunbrunnen** 17 (Fontanna Neptuna): Der bronzene Meeresgott ist in sprühende Gischt getaucht, tänzelnd steht er auf einer Schale, die von Nymphen und Satyren getragen wird. Hinter Neptun, dem Schutzpatron der Stadt, ist der **Artushof** 18 (Dwór Artusa) platziert, der Versammlungsort der Großkaufleute. Hier trafen sie sich, um Geschäfte abzuwickeln, aber auch um rauschende

Artushof am Langen Markt

das größte, aber mit seiner figurenreichen, vergoldeten Fassade das schönste am Platz. Das **Grüne Tor** 20 (Brama Zielona) schließt den Langen Markt zum Fluss hin ab: Von Grün keine Spur, statt dessen rote Ziegel, die sich zu einer mächtigen Bastion mit vier Einfahrten auftürmen. Einst offizielle Residenz der polnischen Könige, dient es heute als Sitz des Ostseestädtebunds.

Motława und Marienkirche

Durchs Grüne Tor kommt man zur Motława (Mottlau), einem Nebenfluss der Weichsel. Den besten Überblick über die Kaianlagen bietet die Grüne Brücke, die die Rechtstadt mit der Speicherinsel verbindet. Früher ankerten hier Schiffe aus aller Welt und löschten ihre Waren. Meeresfrüchte wurden zum nahen Fischmarkt gekarrt und Weinfässer zum Langen Markt gerollt. Handwerker nahmen die neueste Lieferung von Tuch und Leder in Empfang, ihre Werkstätten befanden sich in den Gassen jenseits der backsteinernen Tore am Kai: dem Brotbänketor (Brama Chlebnicka), Frauentor (Brama Mariacka), Heiliggeisttor (Brama Św. Ducha), Krantor (Żuraw) und Johannistor (Brama Świętojańska). Heute liegt der Umschlaghafen einige Kilometer weiter nördlich, doch die quirlige Atmosphäre hat sich erhalten. Man flaniert und fotografiert, besucht ein Fischlokal oder nimmt in einem der Terrassencafés Platz, träumt von der Fahrt übers Meer oder genießt ganz einfach den Anblick der übers Wasser segelnden Möwen.

Feste zu feiern. Entsprechend prächtig gibt sich der 1617 entworfene Bau: Hinter einer breiten Fensterfront öffnet sich ein 450 m² großer lichter Saal. Auf vier Granitpfeilern ruhen herrliche Sterngewölbe, Schiffsmodelle baumeln von der Decke, Reliefs erinnern an die Schutzheiligen der Zunft. Blickfang des Saals aber ist der 12 m hohe, mit handbemalten Kacheln verkleidete Renaissance-Ofen, der den Kaufleuten im Winter Wärme spendete.

Ein paar Schritte weiter steht das **Goldene Haus** 19 (Złota Kamienica), nicht

Die **Speicherinsel** 21 (Wyspa Spichrzów) war einst die Schatzkammer Danzigs. Hier standen mehrere hundert Fachwerk- und Backsteinhäuser, in denen kostbare Güter wie Getreide und Holz, Bier und Gewürz darauf warteten, verschifft zu werden. Dem gewaltigen Warenumschlag verdankte Danzig seinen Status als zeitweise wichtigster Ostseehafen und eine der reichsten Städte Europas. Im Zweiten Weltkrieg wurden fast alle Speicher zerstört; erst in den 90er Jahren begann man mit dem Wiederaufbau – entlang der Motława und rund ums Milchkannentor stehen bereits wieder Fachwerkhäuser im Stil des alten Danzig.

Doch zurück zur Rechtstadt: Von der **Anlegestelle** 22 (Przystań przy Zielonej Bramie), die am Grünen Tor beginnt und sich bis zum Krantor erstreckt, fahren mehrmals täglich Ausflugsschiffe nach Sopot, Gdynia und zur Halbinsel Hel. Auf halber Strecke nach Sopot liegt die **Westerplatte,** die am 1. September 1939 ins Rampenlicht der Weltgeschichte rückte: Der deutsche Kreuzer Schleswig-Holstein feuerte auf das dort stationierte polnische Militär und gab damit das Startsignal zum Zweiten Weltkrieg. Sechs Tage lang leisteten die polnischen Soldaten Widerstand – ein monumentales Denkmal erinnert an die »Verteidiger der Westerplatte«, eine Ausstellung in einer der erhaltenen Kasernen informiert über die Ereignisse jener Tage.

Durch das an seinem hohen Turm erkennbare **Frauentor** 23 (Brama Mariacka) betritt man die wohl schönste Gasse Danzigs. Hier herrscht eine ganz andere Atmosphäre als am Ufer der Motława: Die Frauengasse (ul. Mariacka) bildet eine Welt für sich, ein dunkles Refugium, in dem man sich in die Vergangenheit zurückversetzt fühlt. Man spaziert durch ein Spalier von Bürgerhäusern, die mit ihren reich geschmückten Beischlägen weit auf die Straße ausgreifen. Viele von ihnen beherbergen Straßencafés und Künstlerateliers, aber auch Bernsteinläden, in denen das »Gold der Ostsee« (s. Thema S. 78) zu Schmuck verarbeitet wird. Wer mehr über den kostbaren Stein erfahren will, besucht das **Archäologische Museum** (Muzeum Archeologiczne). Dort ist Bernstein in allen Farben und Facetten zu sehen, ferner Werkzeuge, mit denen er bearbeitet wird, und medizinische Heilmittel, die aus ihm gewonnen werden.

Am Ende der Frauengasse, so notierte ein bekannter Autor aus Danzig, »brütete rotschwarz, grün kleingetürmt, unter dickem geschwollenem Turm die Backsteinhenne Sankt Marien«. Die hier von Günter Grass so liebevoll porträtierte **Marienkirche** 24 (Kościół Mariacki) zählt zu den größten Gotteshäusern Europas, 25 000 Menschen finden unter ihren Fittichen Platz. Wirkt sie von außen wuchtiggedrungen, so von innen erstaunlich elegant. Weiß getünchte Wände, riesige Fenster und ein auf hohen Pfeilern ruhendes Gewölbe lassen sie weit und licht erscheinen. Von 1343 bis 1502 wurde an der Kirche gebaut, seit 1987 ist sie – nach dem Dom von Oliwa – zweite Kathedrale von Danzig.

Nur ein Teil der Originalausstattung überstand den Krieg, so der golddurchwirkte Hauptaltar von 1517, die Schöne Madonna in der Annenkapelle und das berühmteste Kunstwerk der Marienkirche, Hans Memlings Gemälde »Das Jüngste Gericht«. Der Danziger Pirat Paul Beneke erbeutete es 1473 beim Überfall auf ein burgundisches Schiff und machte es seiner Heimatkirche zum Geschenk. Auf dem Triptychon wird das Leben nach dem Tod drastisch vor Augen geführt. Nackt treten die Menschen vor den Herrn, werden erst geschätzt, dann selektiert: Die Guten dürfen in den Himmel, die Verdammten werden in ewige Finsternis gestoßen.

Bei Touristen besonders beliebt: ein Schiffsausflug auf der Motława (links: das Krantor)

Beeindruckend ist die Detailgenauigkeit des Gemäldes – von der Verzückung bis zur Verzweiflung sind viele menschlichen Regungen eingefangen. Was man in der Kirche sieht, ist allerdings nur eine Kopie; wer das Bild im Original sehen möchte, muss das Nationalmuseum in der Alten Vorstadt besuchen.

Von der Vergänglichkeit des Lebens kündet auch die 12 m hohe Astronomische Uhr im linken Querschiff, die 1470 ein gewisser Hans Düringer schuf. Sie zeigt nicht nur die Stunden und Wochentage an, sondern auch den Stand des Neumonds und die Position der Tierkreiszeichen. Punkt 12 Uhr öffnet sich im oberen Aufsatz ein Türchen, und es erscheinen nacheinander Maria mit dem Jesuskind, die Heiligen Drei Könige und die Evangelisten. So beeindruckt waren die Stadtväter von der Uhr, dass sie ihrem Schöpfer die Augen ausstechen ließen, damit er kein vergleichbares zweites Werk herstelle.

Eine weitere makabre Legende knüpft sich an das ausdrucksstarke Kruzifix in der Kapelle der Elftausend Jungfrauen. Der Bildhauer, heißt es, nagelte einen seiner Schüler ans Kreuz, um nach einem lebensechten Modell arbeiten zu können. Die Gesichtszüge Christi sind von Todesangst gezeichnet, der Körper ist schwach und ausgemergelt. – Schmerzensreich ist auch der Aufstieg auf den 82 m hohen Turm. Nach über 400 Stufen ist ein Plateau erreicht, von dem sich ein grandioser Blick auf die Rechtstadt und die Hafenanlagen bietet.

Im Schatten der Marienkirche steht die **Königliche Kapelle** 25 (Kaplica Królewska), ein Kleinod des Barock, 1681 vom polnischen König Jan III. Sobieski für die katholische Minderheit Danzigs gestiftet. Mit hell-verspielter Fassade und mehreren unterschiedlich großen Kuppeln ist sie ein optischer Leckerbissen, der in provozierendem

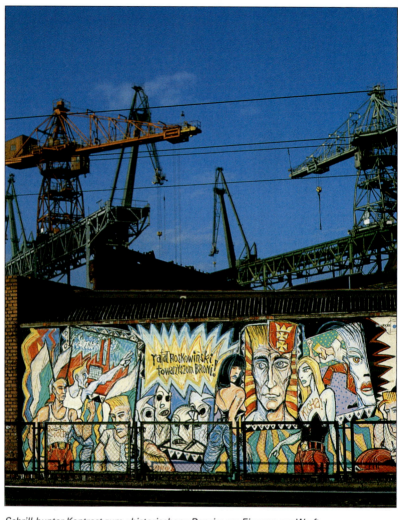

Schrill-bunter Kontrast zum »historischen« Danzig: am Eingang zur Werft

Kontrast zur strengen Backsteingotik der Protestanten steht.

In der angrenzenden Gasse (ul. Św. Ducha) lebte die Schriftstellerin Johanna Schopenhauer, die aufgrund ihrer republikanischen Gesinnung die Stadt noch im gleichen Jahr, da sie an Preußen fiel, verließ. Der Giebel ihres Geburtshauses wird von einer Schildkröte verziert. Sie lag »auf dem Bauch«, erinnerte sich die Autorin, »wackelte mit dem Kopf und schüttelte ihre vergoldeten Pfoten in alle Richtungen der Welt.« Ihr Sohn Arthur, der berühmte Philosoph, wurde im Haus 114 geboren, das leider nicht mehr existiert.

Eine Danziger Institution ist das **Haus zum Lachs** 26 (Pod Łososiem) in der ul. Szeroka. Jahrhundertelang befand sich hier die gleichnamige Destillerie, in der nach Rezepturen des 1598 aus Flandern eingewanderten Ambrosius Vermoellen leckere Liköre hergestellt wurden. An erster Stelle stand das »Goldwasser«, ein mit Macis, Kardamom und Koriander veredelter Anisschnaps, auf dessen Grund 22-karätige Flitter Rauchgold schwimmen – sie sollen eine magische Wirkung auf den Menschen haben (s. auch Thema S. 51). Heute beherbergt der »Lachs« ein Nobelrestaurant, in dem Fischspezialitäten serviert werden, natürlich besiegelt ein Gläschen Goldwasser jedes Mahl.

Wichtigstes Wahrzeichen der Stadt ist das 1444 erbaute und an der Promenade gelegene **Krantor** 26 (Żuraw), zum Zeitpunkt seiner Entstehung größter Hafenkran der Welt. Mit seiner Hilfe konnten Lasten gehoben und selbst größte Schiffsmasten aufgerichtet werden. In 27 m Höhe war ein Kranbalken angebracht, der weit über den Wasserlauf geschwenkt werden konnte. Er wurde durch hölzerne, 6 m weite Treträder im Innern des Krantors bewegt, die Häftlinge durch ihre Laufarbeit auf Trab halten mussten. Heute dient das Industriedenkmal als **Zentrales Meeresmuseum** (Centralne Muzeum Morskie), in dem Boote vieler Völker und Epochen ausgestellt sind. Mit einer kleinen Shuttle-Fähre kann man zur gegenüberliegenden Bleihofinsel übersetzen, wo sich die Ausstellung fortsetzt. In mehreren restaurierten Speichern wird anhand von Schiffsmodellen und aus Wracks geborgenen Schätzen die Geschichte der polnischen Seefahrt veranschaulicht. Vor den Speichern liegt die »Sołdek«, der erste nach dem Krieg in Danzig gebaute Frachter, der gleichfalls besichtigt werden kann.

Geschichtssplitter

Die Promenade an der Motława führt weiter zum ehemaligen **Fischmarkt** 28 (Targ Rybny), der heute nur noch während des Dominikanermarkts zu Leben erwacht. Er grenzte einst an die Deutschordensburg, die samt der zugehörigen Wehranlagen 1454 von erbosten Danziger Bürgern in Schutt und Asche gelegt wurde. Im 16. Jh. entstand ein neuer Befestigungswall, von dem nur der backsteinerne Schwanenturm erhalten geblieben ist.

Vom Fischmarkt ist es nicht weit zur **Polnischen Post** 29 (Poczta Polska), wo sich eine weitere dramatische Episode der Danziger Geschichte abspielte: 1925 gestand der Völkerbund der slawischen Minderheit Danzigs eine eigene Post zu, die zu Beginn des Zweiten Weltkriegs von der deutschen Bürgerwehr angegriffen wurde. 14 Stunden lang verteidigten sich die Angestellten, bevor sie überwältigt und einige Wochen später vor ein Kriegsgericht gestellt wurden. Vermutlich wurden etwa 30 Männer auf dem Friedhof Saspe erschossen und verscharrt. Das Denkmal vor der Post zeigt einen Mann, der zusammengekrümmt über einem Haufen Briefen kauert und der über ihm schwebenden Siegesgöttin ein Maschinengewehr reicht. Außerdem informiert ein Museum über die ersten Kriegstage und den polnischen Widerstand.

Noch eindrucksvoller ist das **Denkmal der gefallenen Werftarbeiter** 30 (Pomnik Poległych Stoczniowców) am Eingang zur Danziger Werft (s. Abb. S. 30). Drei hohe, in Stahl gegossene Kreuze erinnern an die ersten drei Arbeiter, die am 16. Dezember 1970 bei Streikaktionen erschossen wurden. An jedem Kreuz ist ein Schiffsanker befestigt, der Glauben und Hoffnung symbolisieren soll.

Von Oliwa (Oliva) nach Gdynia (Gdingen)

Karte: siehe rechts
Tipps & Adressen: Oliwa S. 291, Sopot S. 303, Gdynia S. 265

Danzig hat mehr zu bieten als nur die historischen Viertel an der Motława: 5 km nördlich des Zentrums liegt der Stadtteil **Oliwa** (Oliva) 1 mit einer Zisterzienserkathedrale inmitten eines Parks. Eine fromme Legende erzählt, wie es zur Entstehung der Kirche kam: Der Pommerellenfürst Subisław lag nach einem Jagdunfall schwer verletzt im Wald, als ihm ein Engel erschien. Dieser hielt einen Olivenzweig in der Hand und schaute ihn mit durchdringenden Augen an. »Ich kann dich gesund machen«, sagte er, »sofern du mir eine Bitte nicht abschlägst: Schwör deinem alten Glauben ab und lasse dich taufen!« Subisław tat wie ihm geheißen und ward nach wenigen Tagen gesund. Aus lauter Dankbarkeit ließ er am Unfallort eine Kirche erbauen und benannte sie nach dem Engel mit dem »Olivenzweig«.

In der Stadtchronik von Oliwa wird die Kirche erstmals 1178 erwähnt, als Subisławs Sohn sie den Zisterziensern zum Geschenk machte. Die emsigen Mönche bauten ein Kloster, legten Gärten und Teiche an und schufen einen Ort, den Reisende wie Alexander von Humboldt als einen der »schönsten Flecken auf Erden« priesen. Mit seinen Parks und den nahen Wäldern gilt Oliwa noch heute als attraktivster Stadtteil von Danzig.

Schon von weitem grüßen die hoch aufschießenden Türme der gotischen, um 1350 erbauten **Kathedrale**. Ihr Schmuckstück ist eine Orgel mit fast 8000 Pfeifen, die der ermländische Meister Johann Wulf geschaffen hat (1763–1788). Von ihrem gewaltigen Klang kann man sich im Sommer mehrmals täglich überzeugen; im Rahmen des Orgelfestivals Musica Sacra finden Konzerte zur Abendzeit statt. Über das südliche Kirchenschiff gelangt man in den Kreuzgang, der einen romantischen Garten umschließt – ein Ort der Stille, durchweht vom Duft frischer Kräuter. Im angrenzenden Kloster können nur die Räume des Diözesanmuseums besichtigt werden; der »Friedenssaal«, in dem 1660 der »Frieden von Oliva« den schwedisch-polnischen Krieg beendete, wird z. Z. renoviert.

Hinter der Klosteranlage liegt der barocke Palast der Äbte, in dessen Gemächern moderne Kunst ausgestellt wird. Wer sich mehr für Volkskunde interessiert, spaziert hinüber zum Abteispeicher mit seinem Ethnografischen Museum: Darin wird der Besucher anhand von Kunsthandwerk und Fischereigerät in die Alltagskultur der Kaschuben eingeführt.

Idyllische Spazierwege führen durch den angrenzenden **Stadtpark** (Park Oliwski). Er ist teils im französischen, teils im englischen Stil angelegt: Streng symmetrische Beete, Hecken und Wasserläufe kontrastieren mit locker eingestreuten Blumenwiesen, Baumgruppen und geschwungenen Teichen. Im englischen Teil des Parks befinden sich die Flüstergrotte und ein Wasserfall, das Palmenhaus mit tropischer Flora und ein »Alpinarium« mit Gebirgspflanzen aus aller Welt. Sehenswert ist auch der Zoologische Garten westlich des Klosters und der dicht bewaldete Landschaftspark rund um das Freudental (Dolina Radości).

Weitere 7 km nördlich liegt der Badeort **Sopot** (Zoppot) 2. Sein Aufstieg zum mondänsten Seebad der Ostseeküste verdankte er Jean George Haffner, dem Leibarzt Napoleons. Er hatte den Ort beim Durchzug der Grande Armée kennen gelernt und kam 1823 zurück, um sich für immer niederzulassen. Haffner propagierte die Heilwirkung der milden Seeluft und des Badens im Meer, ließ ein Kurhaus und eine kleine Mole errichten. Schon bald wurde es schick, an der »Riviera des Nordens« eine Sommerfrische zu besitzen, und es entstanden Villen in typischer Bäderarchitektur mit verspielten Erkern und Türmchen. In der Zwischenkriegszeit logierte die deutsche und polnische Oberschicht standesgemäß im Grand Hotel, nahm in der Kurhalle heilsames Mineralwasser ein und verpraßte ihr Geld beim Pferderennen und im Kasino. Abends flanierte sie auf der Promenade oder lauschte in der Waldoper Arien von Richard Wagner.

In den vergangenen Jahren wurde in Sopot viel restauriert, mit jährlich rund zwei Millionen Besuchern gehört die Stadt zu den beliebtesten touristischen Zielen des Landes. Ihr Mittelpunkt ist die **Promenade Monte Cassino,** die von der Erlöserkirche nahe dem Hauptbahnhof hinabführt zum Meer. Ein Terrassencafé reiht sich ans nächste, abends verwandeln sie sich in lebhafte Pubs. In direkter Verlängerung der ul. Bohaterów Monte Cassino ragt eine ganz aus Holz erbaute, weiß getünchte Mole ins Meer – mit 512 m ist sie die längste Europas. Man spaziert auf ihr wie auf einem italienischen Corso, bewundert die neueste Bademode und den Sturzflug der Möwen. Oder man wartet auf das nächste Ausflugsschiff der Weißen Flotte, genießt die frische Meeresbrise und füttert die Schwäne.

Von der Küste ins Landesinnere

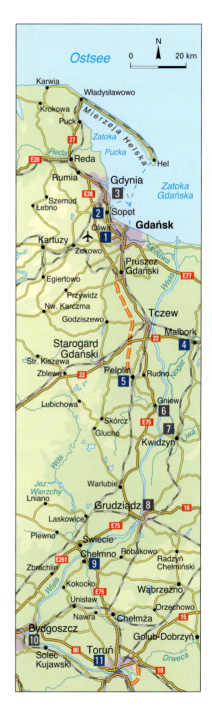

Klaus Kinski, ungeliebter Sohn der Stadt

Nach langen Querelen war es so weit: In einer Sopoter Villa, dem Geburthaus Klaus Kinskis, wurde eine Galerie mit Café-Bar eröffnet – eine Hommage an den »außergewöhnlichsten Schauspieler des 20. Jh.«. In die lange Marmortheke sind Zitate des weltbekannten Akteurs geritzt, ein Wandgemälde zeigt ihn in seinen Starrollen: als Woyzeck, Fitzcarraldo und Nosferatu, das »Phantom der Nacht«. Bis zuletzt hatte die katholische Kirche das Projekt torpediert, den Künstler wegen seines »unmoralischen Lebensstils« angegriffen. Der Bischof erhielt Schützenhilfe von der konservativen Wahlaktion Solidarność: Der Schauspieler, hieß es, sei ein »dekadenter Spinner« und eines polnischen Museums unwürdig. Doch es gab auch andere Stimmen: Wojciech Kass, Direktor des städtischen Kulturbundes, sah in Kinski einen »genialen Künstler«, der wie kein anderer »den Schmerz und das Leid der Menschen« auszudrücken vermöge.

Nikolaus Günther Nakszyński alias Klaus Kinski wurde am 18. Oktober 1926 in Sopot geboren. Als er vier Jahre alt war, verließ seine Familie die polnisch gewordene Stadt und siedelte sich in Deutschland an. Nie ist Kinski an den Ort seiner Kindheit zurückgekehrt, in seiner Autobiografie (»Ich bin so wild nach deinem Erdbeermund«) hat er Sopot schlicht unterschlagen. Wenig sprach er auch von seiner Stippvisite bei der Wehrmacht und seiner Zeit als britischer Kriegsgefangener, wo er zur Schauspielerei kam. Seit er 1949 in Cocteaus Theaterstück »Die menschliche Stimme« den Monolog einer verlassenen Geliebten spielte, galt er als exzentrischer Selbstdarsteller, mit dem es aufgrund seiner Ausfälle und Hasstiraden äußerst schwer war zusammenzuarbeiten. Als man ihn im Theater nicht mehr haben wollte, suchte er sein Glück in den Kneipen von Wien und Berlin, rezitierte barfüßig Gedichte von Arthur Rimbaud und Francois Villon. Mit wild-aufbegehrender, aber auch verzweifelt-gebrochener Stimme kolorierte er das Leben von Vagabunden und Bettlern. Seine bitterböse, diabolische Mimik machte ihn in den 60er Jahren zum begehrten Darsteller von Schurkenrollen, »für ein paar Dollar

---

Von der Mole fällt der Blick auf den fast 4 km langen weißen Sandstrand Sopots, der zu ausgedehnten Spaziergängen einlädt. Und seit viel Geld in den Umweltschutz geflossen ist, kann man sogar wieder ins Wasser steigen. Unübersehbar steht direkt am Strand das schlossartige Grand Hotel, in dem seit seiner Gründung 1926 viele Staatsoberhäupter abgstiegen sind. Einer von ihnen war Adolf Hitler, der hier am 1. September 1939 den Euthanasiebe-

Hommage an einen außergewöhnlichen Schauspieler: Bar-Café Galeria Kiński in Sopot

mehr« agierte er in Italo-Western und Edgar-Wallace-Streifen. Doch fast alles, was er spielen und sagen durfte, fand er »zum Kotzen«, die Regisseure waren für ihn »Stümper« und »Idioten«. Festlich austoben konnte er seine Egomanie erst in den Filmen von Werner Herzog. Unter dessen Regie verkörperte er Helden, die im Kampf mit der Natur schier Unmögliches leisten und dabei Rücksicht weder auf sich noch auf andere nehmen. »Aguirre, der Zorn Gottes« und »Fitzcarraldo«: Beim Anblick dieser Filme ist der Betrachter noch heute verstört, kann sich dem dämonischen Zauber dieses Akteurs (und auch des Regisseurs, der ihn leitet und lenkt) nicht entziehen. Herzog und Kinski – das waren zwei Ausnahmecharaktere, die sich im Grenzland zum Wahnsinn bewegten und einander in Hassliebe verbunden waren. »Kinski, mein liebster Feind«: mit dem 1999 gedrehten Dokumentarstreifen hat sich Herzog von seiner 15 Jahre währenden »Ehe« mit Kinski therapiert. Die Asche des tobenden Schauspielers war zu diesem Zeitpunkt lang schon verstreut: Er starb im November 1991 in Lagunitas bei San Francisco.

°Bar-Café Galeria Kiński, ul. Kościuszki 10, Sopot, tägl. 10–24 Uhr.

fehl unterschrieb: Binnen fünf Jahren fielen ihm ca. 130 000 körperlich und geistig Behinderte zum Opfer fielen; ihre Pflege galt als zu kostspielig und zeitaufwendig, also wurden sie dem »Gnadentod« zugeführt.

Seit das Hotel renoviert ist, gilt es wieder als bestes der Ostseeküste; Komfort paart sich mit Architektur im Stil des Art Nouveau. Über das ehemalige Kurhaus, heute ein Café, gleitet der Blick links hinüber zur gleichfalls renovierten Ba-

Auf der Mole in Sopot

deanstalt. Sie ist mit Bastionen und einer Kuppel geschmückt, vom hoch aufschießenden Turm bietet sich ein Panorama über die Danziger Bucht. An seinem Eingangsportal erstrahlt das Sopoter Wappen, getragen von zwei Meeresgöttern: eine wohlbeleibte Nixe mit wallendem Haar bläst ins Horn, sehnsüchtig schaut ihr Neptun dabei zu. Noch weiter links am Strand erkennt man das aus Holz erbaute Südbad, das mit seinem steilen Knickdach und den Greifenmotiven an eine skandinavische Stabkirche erinnert. Heute ist in ihm ein fernöstlich inspiriertes Komforthotel untergebracht. Im August, wenn Freunde der leichten Muse zum Schlagerfestival anreisen, ist es fest ausgebucht. Das Festival findet hoch über der Stadt, in der Waldoper (Opera Leśna), statt; einst wurde dort die Gruppe Abba entdeckt, zu Gastspielen kamen u. a. Charles Aznavour und Chuck Berry.

Nur wenige Kilometer weiter nördlich liegt der Küstenort **Gdynia** (Gdingen) 3. Noch vor 100 Jahren war der Ort auf kaum einer Landkarte verzeichnet. Zwischen bewaldeten Klippen lebte eine Handvoll Kaschuben mehr schlecht als recht vom täglichen Fischfang. Doch im Versailler Vertrag 1919 wurde der Landstrich der neuen Republik zugesprochen. Er verschaffte Polen den lang ersehnten Zugang zum Meer und schnitt zugleich Danzig vom Deutschen Reich ab – als »Polnischer Korridor« wurde er berüchtigt-berühmt. Im Eiltempo wurde eine Küstenstadt aus dem Boden gestampft: modern, funktional und mit einem immens großen Hafen. Gdynia wurde das Aushängeschild des neuen Polen, sein »Tor zur Welt«, über das fast der gesamte Außenhandel abgewickelt wurde. Doch schon 1939 marschierten die deutschen Truppen ein und vertrieben die einheimische Bevölkerung. »Gotenhafen« lautete nun der Name der Stadt; er sollte unterstreichen, dass dies »urdeutsches« Territorium sei. 1944 wurde die Stadt von alliierten Bombern beschossen und musste nach dem Krieg vollkommen neu aufgebaut werden. Heute ist Gdynia einer der größten Warenumschlagplätze Polens, seit 1999 auch wichtigste NATO-Basis der Ostsee. Sie ist keine Schönheit, aber eine quirlig-geschäftige Stadt mit einer Handvoll maritimer Attraktionen.

Zentrum von Gdynia ist die parallel zur Küste verlaufende ul. Świętojańska. Mit ihren Boutiquen und Geschäften, Cafés und Restaurants ist sie eine wichtige Einkaufsmeile und wird von den Bewohnern Danzigs und Sopots viel besucht. Über den begrünten Skwer Kościuszki spaziert man hinüber zur breiten Südmole (Molo Południowe). Dort liegt die Błyskawica, ein polnischer Torpedozerstörer aus dem Zweiten Weltkrieg, als Museumsschiff fest vertäut. Mehr Seeromantik weckt die Dar Pomorza nebenan, eine elegante weiße Fregatte, die als »Prinz Eitel Friedrich« 1901 in Hamburg vom Stapel lief und im Rahmen der Reparationszahlungen 1918 an Frankreich fiel. Mit Spenden der Bevölkerung (*Dar Pomorza* = Geschenk Pommerns) wurde sie von der polnischen Regierung als Schulschiff gekauft. Mehrmals umsegelte sie die Welt, bevor sie 1983 ihren festen Standort in Gdynia fand.

An der Spitze der Mole steht das Denkmal für den Seemann und Schriftsteller Joseph Conrad, der wie kaum ein anderer die Sehnsucht nach dem Meer zum Ausdruck bringt. Eigentlich hieß er Józef Konrad Korzeniowski und verließ das besetzte Polen als junger Mann. Mit seinen Romanen »Herz der Finsternis« und »Lord Jim«, die er in Englisch verfasste, ging er in die Weltliteratur ein.

Was sich unter der Meeresoberfläche verbirgt, kann man im Ozeanografischen Museum erkunden. Ein künstliches Riff zählt 40 verschiedene Korallenarten, eine in Polen einzigartige Sammlung. In den Aquarien tummeln sich Seetiere aus aller Welt, darunter auch Fliegende Fische und Haie. Deren Nachwuchs tummelt sich im »Aquarium-Kindergarten« – zuletzt waren es 13 junge Bambushaie, die man beim Spiel im kristallklaren Wasser beobachten konnte. Umweltproblemen widmet man sich in der Rotunde. Eine Reliefkarte gibt Aufschluss über die Beschaffenheit des Ostseebodens: er ist keinesfalls nur sandig und flach, sondern zerfurcht von unterseeischen Tälern und Schluchten. Die Besucher erfahren hier, welche Gefahren der Ostseeflora und -fauna drohen und was dagegen zu tun ist.

Vorbei an der Marineakademie kommt man zu Polens größtem Segelhafen, an den sich der weiße Stadtstrand mit Promenade anschließt. Wer noch einen Blick übers Meer auf die Halbinsel Hel werfen will, besteigt den 52 m hohen Kamienna Góra (Steinberg). Noch spektakulärer ist die Aussicht von den Adlerhorst-Klippen (Orłowo) gut 5 km südlich des Stadtzentrums: Wie mit einer Axt abgeschlagen fällt das bewaldete Hochplateau zum Meer hin ab; unten erstreckt sich eine Mole ins Meer, am Strand liegen ein paar Fischkutter aufgebockt.

Marienburg an der Nogat

Marienburg

Karte: S. 127
Tipps & Adressen: S. 282

An der Nogat, dem östlichen Mündungsarm der Weichsel, liegt die Stadt **Malbork** (Marienburg) 4, von 1309–1457 geistlicher und weltlicher Hauptsitz des Deutschen Ordens. Nach dem Vorbild der Ritterburgen im Heiligen Land errichtete er ab ca. 1272 die seinerzeit mächtigste Festungsanlage Europas. 1457 überließen die Ritter die Festung böhmischen Söldnern für ausstehenden Kriegslohn. Diese wiederum verkauften sie dem polnischen König, der sie fortan als Stützpunkt auf seinen Reisen nach Danzig nutzte. Unter preußischer Herrschaft (ab 1772) wurde sie mehrfach umgebaut; sie diente als Kaserne, zeitweise war in ihr eine Manufaktur untergebracht. Die bei Kämpfen gegen Ende des Zweiten Weltkriegs stark beschä-

digte Burg wurde ab 1960 von den Polen aufwendig restauriert und vor einigen Jahren von der UNESCO zum Weltkulturerbe erklärt. Besonders imposant erscheint der Komplex am späten Nachmittag, wenn die rötlichen Backsteinfassaden der über den Fluten thronenden Burg von der untergehendem Sonne angestrahlt werden.

Der Besuch der Marienburg ist eine faszinierende Zeitreise ins dunkle Mittelalter. Die Besichtigung beginnt in der **Vorburg**, die Ende des 14. Jh. als letzter Teil der Festung entstand. Dort wurden einst die Vorräte gelagert, Handwerkszeug und Maschinen aufbewahrt; einige kleine Räume waren für die Bediensteten reserviert. Durch eine mächtige Toranlage gelangt man in die wuchtige **Mittelburg**, die mit ihren drei Flügeln einen weiten Innenhof umschließt. Der westliche, einsturzgefährdete Trakt kann nicht besichtigt werden. Im östlichen Gebäudeflügel, wo einst die Ordensbeamten und die Gäste der Ritter logierten, ist eine großartige Bernsteinaus-

Der Deutsche Ritterorden

Die Geschichte des Deutschen Ritterordens reicht bis ins Jahr 1190 zurück, als sich Kaufleute aus Lübeck und Bremen für die Teilnahme am dritten Kreuzzug in Palästina rüsteten. Ihr Ziel war es, sich ungehinderten Zugang zum lukrativen Orienthandel zu verschaffen. Ein Söldnerheer schlug sich bis Akkon (das heutige Akka) nördlich von Jerusalem durch, angeworbene Mönche errichteten dort ein Spital und kümmerten sich um die Verwundeten. Man mag sich kaum vorstellen, dass genau sie es waren, aus denen die martialische, Furcht und Schrecken auslösende Elitetruppe hervorgehen sollte. Schon 1198 wurden die im Krieg gestählten Klosterbrüder von Papst Innozenz III. zu »geistlichen Rittern« geschlagen. In der päpstlichen Bulle heißt es, sie sollten milder als Lämmer und wilder als Löwen sein, die Sanftmut des Mönchs mit der Tapferkeit des Ritters vereinen. Ihr Auftrag lautete, nicht nur im Heiligen Land, sondern überall in der Welt gegen die Ungläubigen vorzugehen – notfalls auch mit Gewalt. Ein »gerechter Krieg« war stets dann angesagt, wenn sich die Heiden ihrer Missionierung widersetzten.

Im Jahr 1226 bat Konrad I., Herzog von Masowien, die Ordensritter um Hilfe bei der Unterwerfung der heidnischen Pruzzen und stellte ihnen als Gegenleistung den Besitz des Kulmer Landes in Aussicht. Freilich hatte er die Rechnung ohne den Hochmeister des Deutschen Ordens, den machtbewussten Hermann von Salza gemacht. Der dachte gar nicht daran, sich mit einem kleinen Geschenk zufrieden zu geben, sondern war vom Ehrgeiz gepackt, ein eigenes großes Reich zu errichten. Er ließ sich vom Papst das zu erobernde heidnische, also nach christlicher Auffassung herrenlose Pruzzenland übereignen und vergaß auch nicht, sich den künftigen Besitz vom deutschen Kaiser Friedrich II. absegnen zu lassen. Erst dann schickte er seine Ritter in den »wilden Osten«. Von Burgen, die sie längs der Weichsel erbauten, starteten sie zu Feldzügen in Feindesland. Mit Feuer und Schwert missionierten sie

stellung untergebracht. Schon die Pruzzen haben den schillernden Stoff zu schätzen gewusst, schnitzten aus ihm Schmuck und nutzten ihn als Zahlungsmittel. Die Ordensritter setzten den schwungvollen Handel fort und erhoben ihn sogar zu ihrer ureigenen Domäne; außer ihnen hatte niemand das Recht, den Bernstein zu veräußern.

Der **Hochmeisterpalast**, ein westwärts zum Fluss vorspringender Bau (1393–1399), verkörpert mit seinen Zinnen und Türmen höfische Pracht – hier findet sich keine Spur von klösterlicher Askese, der sich die Ritter einst verschrieben hatten. Besonderes Schmuckstück ist der Sommerremter (Sommerrefektorium). »Ein Aufenthalt

die Pruzzen und die weiter nordöstlich lebenden Warmier; nach Vereinigung mit den Schwerttragenden Brüdern der Ritterschaft Christi stießen sie bis Livland vor, erwarben das bisher dänische Estland und das schwedische Gotland. Nachdem 1309 auch Danzig mit Pommerellen an sie überging, verfügten sie über ein beachtliches Staatsgebilde, in dessen Mitte die Hauptstadt Marienburg lag. Ins eroberte Land holten sie deutsche Kaufleute, Handwerker und Bauern, gründeten 93 Städte und über 1000 Dörfer. Ihre Streitkräfte galten als unbezwingbar, die straff-zentralistische Verwaltung war im damaligen Europa einmalig.

Erst mit der Schlacht von Grunwald (sog. Tannenberg-Schlacht), in der die Ordensritter vom polnisch-litauischen Heer 1410 geschlagen wurden, zerbrach der Mythos ihrer Unbesiegbarkeit. Doch letztlich waren es die eigenen Untertanen, die dem Orden den entscheidenden Schlag versetzten: Der hohen Steuer- und Kriegslasten überdrüssig, schlossen sich Städte wie Danzig, Thorn und Elbing zum Preußischen Bund zusammen, sicherten sich die Unterstützung des polnischen Königs und besiegten die Ritter in einem dreizehnjährigen Bürgerkrieg (1454–1466). Daraufhin zog sich der Hochmeister in einen Rumpfstaat rings um Königsberg zurück, trat 1525 zum Protestantismus über und verwandelte sein Herrschaftsgebiet in ein weltliches Herzogtum von Polens Gnaden. Papst und Teile der Ritterschaft werteten dies als Staatsstreich und gründeten eine konkurrierende, noch heute existierende Institution in Bad Mergentheim.

Hochmeister Hermann von Salza

von unbeschreiblich milder Heiterkeit, wo alles Gemeine sein Recht verliert«, so schwärmte Joseph von Eichendorff, als er den Palast besuchte. Die »unbeschreiblich heitere« Wirkung des Raums – ganz ähnlich übrigens der benachbarte Winterremter – beruht auf seiner raffinierten Raumkomposition. Gleich einem Baldachin spannt sich ein Palmengewölbe über die Decke und wird doch nur von einem einzigen schlanken Pfeiler in der Saalmitte getragen – eine Herausforderung an die Schwerkraft, geschaffen von den besten Ingenieuren und Steinmetzen des Mittelalters.

Die geniale Konstruktion hat auch die Feinde des Ordens inspiriert. Ein polni-

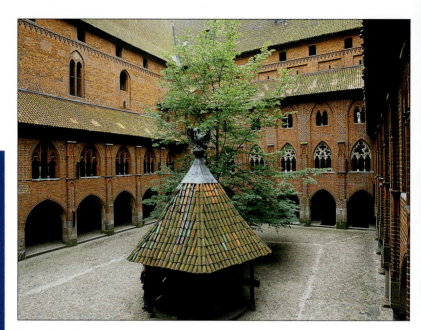

Innenhof der Ordensburg

scher Spion, so heißt es, habe sich in den engsten Kreis um Hochmeister Heinrich von Plauen eingeschlichen und einen Plan ausgeheckt, wie die Ordenselite auf einen Schlag zu beseitigen sei: Sobald die Ritter im Sommerremter versammelt waren, wollte er eine rote Mütze auf die Fensterbank legen. Alsdann sollte ein Scharfschütze durch einen perfekt gezielten Schuss den saaltragenden Pfeiler durchschlagen, auf dass die Ritter unter dem einstürzenden Gewölbe begraben würden. Doch der Schütze, so wird berichtet, verfehlte sein Ziel: Die Kugel traf nur den Kamin, in dem sie angeblich noch heute verborgen ist.

An den Hochmeisterpalast grenzt südwestlich die wuchtige **Hochburg**, der älteste Teil der Anlage (1272–1300). Ihre vier Gebäudeflügel umschließen einen quadratischen Innenhof mit Kreuzgängen und Arkaden. In der Hochburg befand sich die eigentliche Schaltzentrale der Ordensmacht, von hier herrschte der Hochmeister mit seinen zwölf Getreuen (unverkennbar die Anlehnung an die zwölf Apostel) über das gesamte Land. Zugleich vollzog sich in der Hochburg der streng reglementierte Ordensalltag. Durch das Goldene Tor, ein mit kostbaren Skulpturen geschmücktes Portal, schritten die Ritter zu festgelegter Stunde in die Marienkirche zum Gebet; anschließend trafen sie sich im Kapitelsaal zur Besprechung des Tagesgeschäfts. Im Refektorium, dem Saal der Sieben Säulen, wurde gespeist, im Dormitorium, dem Schlafsaal, erwarteten sie bei Fackellicht und bekleidet mit Kettenhemd den kommenden Morgen: »Immer wachsam sein« hieß die Devise der in Kriegen und Kreuzzügen abgehärteten Ritter.

Festungsstädte entlang der Weichsel

Karte: S. 127
Tipps & Adressen: Pelplin S. 294, Gniew S. 269, Chełmno S. 255, Bydgoszcz 255, Toruń S. 313

Das Gebiet an der unteren Weichsel ist eine weite, vorwiegend flache Landschaft mit vielen Äckern und Weiden. Die Böden sind fruchtbarer als in der westlich angrenzenden Kaschubei, die Häuser zumeist größer und massiver. Längs der Weichsel haben die Ordensritter im 13. Jh. ihre ersten Burgen erbaut, von denen sie dann später auszogen, um das östlich angrenzende Pruzzenland zu erobern. Bis heute gibt es mehrere Orte, die ihr mittelalterliches Flair bewahrt haben.

Unbedingt sehenswert ist das 38 km von Danzig entfernte **Pelplin** 5, ab 1824 Hauptstadt der Diözese Kulm. Sie liegt einige Kilometer westlich der Straße E 75 und wird von einer mächtigen Kathedrale überragt. Im Jahr 1274 waren hier Zisterziensermönche angeworben worden, um bei der Christianisierung der heidnischen Pruzzen zu helfen. Der Pommerellenherzog schenkte ihnen die Stadt, worauf sie die Region mit der Losung Ora et labora (Bete und arbeite) »zivilisierten«. In den Jahren 1280–1320 ließen sie eine riesige Klosterkirche erbauen, in der alles hell und wunderbar licht ist: Auf schlanken Säulen ruhen Stern- und Netzgewölbe, die Wände sind mit pastellfarbenen Fresken geschmückt. Die bedeutendsten Kunstwerke stammen aus der Zeit des Barock, so das Orgelprospekt und der 26 m hohe Hauptaltar. Zwei Mönchen, die im 18. Jh. hier wirkten, verdankt man eine der umfangreichsten Musiksammlungen: Fleißig schrieben sie alle Kompositionen auf, die ihnen zu Ohren kamen. Heute ist die »Pelpliner Orgeltabulatur« im benachbarten Diözesanmuseum ausgestellt; auch viele andere Ra-

Die Ordensburg in Gniew

ritäten finden sich dort, so eine gotische Madonna und eine originale Gutenbergbibel.

Einige Kilometer weiter südlich thront hoch über der Weichsel das Städtchen **Gniew** (Mewe) 6, dessen mächtige Ordensburg auf dem Grundriss eines idealen Quadrats angelegt ist: von vier Türmen flankiert und von Wehrmauern umschlossen. Während des Dreizehnjährigen Krieges hielten hier die Ritter den Danziger Bürgermeister Hermann Stargard gefangen, der der Rebellion bezichtigt und zu Tode gefoltert wurde. Doch sein Tod nutzte den Rittern nicht mehr: Nach monatelanger Belagerung mussten sie die Burg dem polnischen Heer überlassen. Beim alljährlich stattfindenden Festival der Ritterkultur wird die Geschichte der Burg zum Leben erweckt: In der Kunstschmiede werden Waffen gegossen, alsdann treten die Ritter in voller Montur zum Turnierkampf an. Dem Sieger winkt das Schwert von Jan III. Sobieski, der in Gniew Landrat war, bevor er zum polnischen König gewählt wurde.

Dem Bischof der angrenzenden Diözese »Pomesanien«, so benannt nach dem pruzzischen Herrschaftsgebiet am rechten Weichselufer, gehörte das Domkapitel von **Kwidzyń** (Marienwerder) 7. Es wurde im frühen 14. Jh. auf Anordnung der Ordensritter erbaut und präsentiert sich als typisches Kastell: rings um einen quadratischen Innenhof angelegt und von mächtigen Ecktürmen flankiert. Die sich östlich der Burg anschließende Kathedrale diente der hohen Geistlichkeit als Ort des Gebets; Mosaiken und gotische Fresken künden noch heute von ihrem Reichtum.

30 km weiter südlich liegt **Grudziądz** (Graudenz) 8, berühmt für eine Vielzahl mittelalterlicher Speicher hoch über dem Fluss. Aus massivem Backstein sechsgeschossig erbaut, bildeten sie einen wirkungsvollen Verteidigungswall und boten zugleich Lagerraum für Holz, Getreide und Tuch. Außer den Speichern und der gleichfalls am Fluss gelegenen Backsteinkirche hat Grudziądz freilich wenig zu bieten – Betonsilos und Industrieanlagen umzingeln die Stadt.

Erst in **Chełmno** (Kulm) 9 hat man wieder eine intakte mittelalterliche Stadt vor Augen. Die Straßen sind schachbrettartig angelegt, eine jede nach Kulmer Maß 4,53 m breit. In der Mitte der fast vollständig von einer Wehrmauer umgebenen Stadt befindet sich der Marktplatz. Das Rathaus von 1572 ist mit seiner geschmückten Fassade und eleganten Attika ein stilvoller Rahmen für das hier untergebrachte historische Mu-

Rathaus in Chełmno

Gepfeffert und gesüßt – Thorner Lebkuchen

Man nehme 500 gr. Honig und die halbe Menge Zucker und erwärme sie so lange, bis sie miteinander verschmelzen. Dazu kommen fein gehackte Mandeln, ein Gläschen Rum sowie 100 gr. ausgelassene Butter. Auf die Süße folgt die Würze: Nelken, Zimt und Zitronat, Kardamom, Ingwer und eine Prise Macis sorgen für »pfeffrigen« Beigeschmack. Zuletzt wird das zähflüssige Gebräu mit 750 gr. Mehl verrührt und zu einem Teig verknetet. Mindestens zwei Tage sollte dieser kühl und trocken stehen, bevor er ausgerollt und ausgestochen wird. Wer Lust hat, kann die Oberfläche mit Milch oder verquirltem Ei bepinseln und mit Mandeln dekorieren. Und wenn die Plätzchen dann noch 20 Minuten bei einer Temperatur von 200° C gebacken werden, sind sie reif für den Verzehr!

Das Rezept ist 700 Jahre alt und stammt von Thorner Bäckermeistern. Weil traditionell am Tag der hl. Katharina mit dem Backen begonnen wurde, erhielten die Lebkuchen den Beinamen »Thorner Kathrinchen« (Katarzynki). Es gibt sie pur, mit Schokolade oder Glasur, geformt in tausend Varianten, am häufigsten natürlich mit dem Konterfei des Astronomen Kopernikus. Das ganze Jahr über stehen Einheimische und Touristen vor den Läden Schlange, um die hübschen Plätzchen zu erstehen. Ältester Hersteller (seit 1763) ist Kopernik im Artushof (Dwór Artusa, Rynek Staromiejski 6), gut schmecken sie aber auch bei Katarzynka (ul. Żeglarska 25) und natürlich auch beim großen Stadtfest, das Anfang Juni am Dominikanerplatz stattfindet!

---

seum. Schräg gegenüber erhebt sich die gotische Pfarrkirche.

Bydgoszcz (Bromberg) 10 hingegen, eine große Industriestadt am linken Weichselufer, hat Besuchern außer guten Unterkünften wenig zu bieten. Der alte Stadtkern mit Markt und Mühleninsel wird von den modernen Wohnsilos fast schon erdrückt. Rasch fährt man weiter nach **Toruń** (Thorn) 11, die im Jahr 1233 gegründete Ordensstadt. Ihr einzigartiges Ensemble ziegelroter Kirchen und Bürgerhäuser, Wehrmauern und kopfsteingepflasterter Gassen wurde 1997 von der UNESCO zum Weltkulturerbe erklärt. Sehenswert ist vor allem der Altstädtische Markt (Rynek Staromiejski) mit dem in seiner Mitte platzierten Alten Rathaus. Seine Größe und Pracht spiegelt das Selbstbewusstsein der Thorner Kaufleute, deren Handelskontakte von Brügge und Gent bis zum russischen Nowgorod reichten. 200 Jahre ließen sie sich Zeit, das Werk zu vollenden, so dass der in gotischem Stil begonnene Bau in der obersten Etage bereits von der Renaissance beeinflusst ist. Die zierlichen Türme und Giebel

Marktplatz von Toruń

gehen auf Anton van Opbergen zurück, den damaligen Stararchitekten Danzigs. Heute ist im Rathaus ein Regionalmuseum untergebracht, das gotische Skulpturen, Gemälde verschiedener Epochen und Porträts berühmter Persönlichkeiten zeigt. Vom Turm bietet sich ein schöner Blick auf die Stadt.

Der Markt wird von schmucken, zumeist dreistöckigen Bürgerhäusern gesäumt. Das attraktivste von ihnen ist das »Haus unterm Stern« (Kamienica Pod Gwiazdą) mit üppigen Frucht- und Blumengirlanden. Die barocken Innenräume beherbergen ein Museum für fernöstliche Kunst, eine hölzerne Wendeltreppe führt von der Diele bis unters Dach.

Nach dem in Thorn gebürtigen Astronomen und Mathematiker Nikolaus Kopernikus (s. Thema S. 156) sind die Universität und auch die älteste Lebkuchenfabrik benannt. Vor dem Rathaus wurde für den berühmten Sohn der Stadt ein

Denkmal errichtet. Auf der lateinischen Inschrift am Sockel steht geschrieben, er habe »die Erde in Bewegung und die Sonne zum Stillstand gebracht«. Sein Geburtshaus (Muzeum Kopernika) liegt südlich des Markts und enthält eine Sammlung von Dokumenten sowie Kopien der von ihm benutzten astronomischen Geräte. Getauft wurde Kopernikus in der benachbarten Johanniskirche (Kościół Św. Jana), die mehreren tausend Menschen Platz bietet. Zur sonntäglichen Messe wird die »Tuba Dei«, die zweitgrößte Glocke Polens, geschlagen: Sie ist 6 t schwer und wird von ebenso vielen Männern in Bewegung gesetzt.

Längs der Wehrmauern gelangt man zur backsteinroten Ordensburg (Zamek Krzyżacki), die 1454 beim Aufstand Thorner Bürger teilweise zerstört wurde. Ihre Ruinen bilden eine romantische Kulisse für Konzerte und Theatervorstellungen. Gleichfalls einen Abstecher wert ist das Freilichtmuseum (Muzeum Etnograficzny), wo Gutshöfe mit Wasser- und Windmühlen aus nordpolnischen Regionen vorgestellt werden.

Frisches Haff und Oberländische Seenplatte

Frisches Haff und Oberländische Seenplatte

Schilf, Wasser und ein technisches Kuriosum

Östlich von Danzig breitet sich die weite, flache Landschaft des Werder aus. Breit bahnt sich die Weichsel ihren Weg in Richtung Küste, wobei sie sich in zahllose Nebenflüsse aufspaltet. Eingewanderte Holländer waren es, die das sumpfige Gebiet im 17. Jh. entwässerten. Noch heute durchziehen die von ihnen angelegten Kanäle die Landschaft, in einzelnen Dörfern sieht man ihre Windmühlen und Laubenhäuser.

An die morastige Landschaft schließt sich im Norden das Frische Haff an, eine lagunenartige Bucht von 840 km² Größe. Sie ist von der Ostsee durch die Frische Nehrung, einen 56 km langen, aber extrem schmalen Landstreifen getrennt. Dieser bietet zum offenen Meer hin herrliche Sandstrände mit Dünen, im Schilf auf der Südseite nisten seltene Wasservögel. An einer Stelle, dem bereits zum russischen Kaliningrad (Königsberg) gehörigen »Seetief von Pillau«, ist die Nehrung unterbrochen und sorgt für den Zufluss von salzigem Meerwasser.

Hauptort der Region ist Elbląg, von dem aus man auf dem Oberländischen Kanal – teils über Wasser, teils über »geneigte Ebenen« – zur Eylauer Seenplatte gelangt. Mit ihren lang gestreckten Gewässern vermittelt diese bereits einen Vorgeschmack auf das östlich angrenzende »Land der tausend Seen«.

◁ *Auf der Frischen Nehrung*

Elbląg (Elbing) – Stadt in Wartestellung

Karte: siehe rechts
Tipps & Adressen: S. 257

■ **Elbląg** (Elbing), am gleichnamigen Fluss gelegen, war im früheren Ostpreußen die zweitgrößte Stadt. Im Zweiten Weltkrieg nahezu vollständig zerstört, wird ihr historisches Zentrum seit Ende der 1980er Jahre sukzessiv erneuert. Viele schöne Giebelhäuser wurden bereits restauriert, so dass man schon wieder etwas vom einstigen Glanz erahnen kann. Mittlerweile beginnen sich auch ausländische Investoren für Elbląg zu interessieren, und so verspricht man sich denn touristisch für die kommenden Jahre hohe Zuwachsraten. Die Stadt bietet in der Tat einen guten Ausgangspunkt zur Erkundung des Umlands: Schiffe fahren zum Badeort Krynica Morska am Frischen Haff, und über den Oberländischen Kanal gelangt man nach Ostróda nahe der Eylauer Seenplatte.

Ein Blick zurück

In seinem Reisebericht von 890 erwähnt der Wikinger Wufstan eine Pruzzensiedlung namens Truso. In ihr, so schreibt er, herrschte ein ungewöhnlich reger Handel, zahlreich vertreten waren Kaufleute aus dem Weichselraum und dem Baltikum. Erst vor wenigen Jahren wurden Reste dieser Siedlung außerhalb von Elbląg am Ufer des Druzno-Sees (Drauen-See) entdeckt. Bei den Ausgrabungen hat man Schiffswracks, Werkzeuge und sogar arabische Münzen geborgen.

Deutsche Ordensritter zerstörten diesen florierenden Ort und gründeten 1237 ein paar Kilometer nordwestlich, wo die Weichsel zu jener Zeit ins Haff mündete, eine eigene Stadt. Sie gaben ihr den Namen Elbing, besiedelten sie mit Lübecker Bürgern und erwählten sie zu ihrem wichtigsten Handelshafen. Über das Haff, das nahe der russischen Stadt Baltijsk (Pillau) den Riegel der Nehrung durchschneidet, war die Stadt mit dem offenen Meer verbunden.

Schon bald war Elbing mächtiger als Danzig, seine Kirchen waren die größten im Ordensland. Doch nach 150 Jahren steiler Karriere machte die Natur der Stadt einen Strich durch die Rechnung: Nach dem Hochwasser von 1371 grub sich die Weichsel ein neues Bett und mündete fortan nahe Danzig in die Ostsee. Zwar versuchten die Elbinger, sich durch Gewährung von Privilegien an ausländische Kaufleute, allen voran die Eastland Company, gegen Danzig zu behaupten – doch der Plan schlug fehl, Elbing wurde eine Stadt zweiten Ranges. Nur die prächtigen Patrizierhäuser rings um die Nikolaikirche erinnerten an die früheren, glorreichen Zeiten.

Nach 1945 gab es auch diese Häuser nicht mehr. Am 23. Januar 1945 stießen sowjetische Panzer unerwartet bis Elbing vor und überraschten die Bevölkerung, die auf der Schichau-Werft und bei Loeser und Wolff, der damals größten Zigarrenfabrik Europas, arbeitete. Bei den Kämpfen wurde die Stadt zu 90% zestört, kaum ein Stein blieb auf dem anderen. Erst 1983 wurde mit dem Wiederaufbau begonnen. Das Ergebnis

Elbląg (Elbing) – Sehenswürdigkeiten: *1 Nikolaikirche   2 Markttor   3 Dominikanerkirche   4 Spitalgebäude des Hl. Geistes   5 Elbinger Museum*

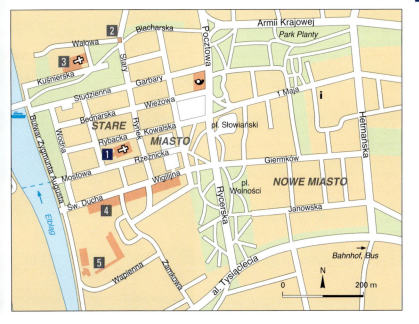

kann sich sehen lassen: Der mittelalterliche Grundriss wurde respektiert, Giebelhäuser mit Fachwerkfassaden, Erkern und Türmchen entstanden entlang der alten Straßenzüge. Sie wirken frisch und bunt, bilden eine gute Kulisse für Flanier- und Einkaufszeilen.

Stadtrundgang

Blickfang von Elbląg ist die spätgotische, wuchtige **Nikolaikirche** 1 (Kościół Św. Mikołaja) mit ihrem 96 m hohen Glockenturm. Sie steht exakt in der Mitte der schachbrettartig angelegten Altstadt, deren Straßen zum Fluss hin ausgerichtet sind. Die Kirche beherbergt viele Kunstwerke, die aus zerstörten Gotteshäusern zusammengetragen wurden. Besonders wertvoll ist ein zusammenklappbarer Schrankaltar von 1510, der Elbinger Flößer auf ihren langen Reisen begleitete. Sehenswert ist auch das bronzene, 1278 von einem gewissen Meister Bernhauser signierte Taufbecken in der mittleren Kapelle der Nordseite sowie eine Kreuzigungsszene aus dem 15. Jh.

Südlich und nördlich der Kirche ist das alte Straßennetz bereits wieder aufgebaut. Schmucke Häuser aus Backstein und Fachwerk wechseln einander ab und bilden ein in sich geschlossenes architektonisches Ensemble. Am Schnittpunkt der Straßen Blacharska und Wałowa hat sich das mittelalterliche **Markttor** 2 (Brama Targowa) als einziges Relikt der städtischen Befestigungsanlagen erhalten. Nicht weit davon entfernt steht die ehemalige **Dominikanerkirche** 3 (Dawny Kościół Dominikański), die sich die Mönche 1246 er-

Nikolaikirche

Tagesausflug nach Königsberg

Seit einigen Jahren bietet sich die Möglichkeit, von Elbląg aus mit einem Tragflügelboot eine Tagestour nach Königsberg – das heute russische Kaliningrad – zu unternehmen (s. S. 272). Noch 1991 war dieser Ausflug in die ehemalige Krönungsstadt des Königreiches Preußen ein unmögliches Unterfangen. Das nur 60 km entfernte, militärisch hochgerüstete Gebiet war für Ausländer Sperrzone, selbst Sowjetbürger durften nur mit Sondergenehmigung einreisen.

Königsberg, beiderseits des Flusses Pregel (russ. Pregolja) gelegen, war seit dem 13. Jh. Domäne des Deutschen Ordens und später Hauptstadt der Provinz Ostpreußen. Was von den britischen Bomben im Zweiten Weltkrieg nicht zerstört worden war, rissen die Sowjets in ihrem in langen Kriegsjahren angestauten Hass nieder; nichts sollte an 700 Jahre deutscher Herrschaft erinnern. Königsberg wurde in Kaliningrad umbenannt – so hieß in jener Zeit das sowjetische Staatsoberhaupt. Im einzigen eisfreien Ostseehafen des Imperiums wurde die Baltische Flotte stationiert, und noch heute ist ein Viertel der 900 000 Einwohner mit ihr verbunden: als Soldat, Zivilbeschäftigter oder Veteran. Doch mit dem Zerfall der Sowjetunion hat sich der Status der Stadt dramatisch geändert. Kaliningrad wurde eine exterritorial-russische, von NATO- und zukünftigen EU-Staaten umschlossene Zone. Ihre exponierte Lage nährt allerlei Visionen: Da ist von einem »Singapur des Ostens« und von einem »russischen EU-Laboratorium« die Rede, von einem »autonomen Gebiet« oder gar einer »vierten baltischen Republik«. Schon heute ist Kaliningrad eine Sonderwirtschaftszone, in der westliche Investoren Zollfreiheit für den riesigen russischen Markt genießen. Mehr als 50 deutsche Unternehmen sind präsent, darunter BMW, das in einem 60 Mio. Euro teuren Montagewerk Mittelklassewagen für Russland herstellen lässt.

Um es vorweg zu sagen: Kaliningrad ist keine Schönheit. Schnurgerade Magistralen mit gesichtslosen Wohnbauten prägen das Bild – nur wenige Relikte des alten Königsberg haben sich erhalten. Alle Wege führen zunächst zur Pregel-Insel mit dem mittelalterlichen **Dom** (Kafedralnyj sobor) – ein eindrucksvolles Bauwerk baltischer Backsteingotik, das mit finanzieller Hilfe aus Deutschland restauriert wird. In seinem gewaltigen Innern finden eine orthodoxe und eine evangelische Kapelle Platz, außerdem ein Kammermusiksaal, eine Bibliothek und das **Immanuel-Kant-Museum,** das das Leben und Werk des in Königsberg geborenen Philosophen vorstellt. Sein Grab an der nördlichen Außenmauer des Doms wurde auch in sowjetischer Zeit gepflegt: Der Meister der Dialektik stand in der marxistischen Philosophie hoch im Kurs, sein Werk »Kritik der reinen Vernunft« erlebte immer wieder Neuauflagen.

Südlich der Pregel-Insel steht die klassizistische **Alte Börse,** heute »Kulturhaus der Seestreitkräfte«; nördlich der Insel erstreckt sich der weite **Zentralplatz** (Zentralnaja ploschtschad), auf dem sich zunächst der Burgsitz der Deutschen Ritter, später das Schloss der preußischen Könige erhob. An seiner Stelle wurde in den 1970er Jahren das gigantische »Haus des Stadtsowjets« errichtet – ein niemals fertig gestellter Bau und heute eine Ruine auf der Suche nach Sponsoren. Vorbei am klotzigen, aber komfortablen Hotel Kaliningrad gelangt man zur 1544 gegründeten **Universität** (Universitet), vor der seit 1992 wieder das Denkmal Immanuel Kants steht: Die Kopie des im Zweiten Weltkrieg verloren gegangenen Originals wurde von Marion Gräfin Dönhoff, ehemalige Herausgeberin der »Zeit« und gebürtige Ostpreußin, gestiftet.

Ein paar Schritte entfernt befindet sich das **Bunkermuseum** (Muzej Blindash). Im ehemaligen unterirdischen Kommandoposten zur Verteidigung Königsbergs ist alles so belassen, wie es am 9. April 1945, dem Tag der Kapitulation, ausgesehen haben mag: Im Schein der Schreibtischlampe sieht man verstreut herumliegende Landkarten; gleich, so könnte man meinen, wird Stadtkommandant Oskar Lasch den Raum betreten... – Ostwärts geht es am Ufer des Schlossteiches entlang zum Dohnaturm, der heute – zusammen mit dem Rossgärtner Tor – Sitz des **Bernsteinmuseums** (Muzej Jantarja) ist. Mit 8000 Exponaten aus allen Epochen und Ländern zählt es zu den größten der Welt.

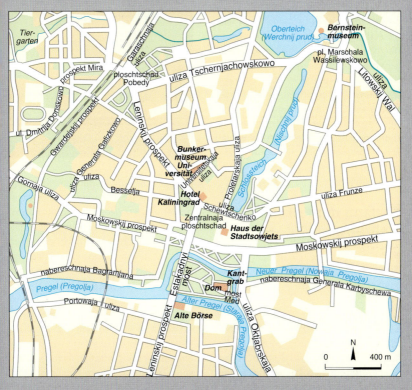

Fischer an der Frischen Nehrung

bauen ließen. Der nackt-backsteinerne, etwas düstere Innenraum beherbergt die Galerie EL, die mit mehreren provozierenden Ausstellungen in ganz Polen Aufsehen erregt hat. An die Kirche grenzt der Südflügel der ehemaligen riesigen Klosteranlage, der mit Grabplatten wohlhabender Elbinger Bürger gepflastert ist.

Ein schönes Bild vom alten Elbing vermitteln die ehemalige Heiliggeistgasse (ul. Św. Ducha/Wigilijna) und die kopfsteingepflasterte Kirchenpassage (Ścieżka Kościelna) südlich der Nikolaikirche. Restauriert wurde auch das im 14. Jh. von den Ordensrittern errichtete **Spitalgebäude des Hl. Geistes** 4 (Szpital Św. Ducha), in dem sich heute die Stadtbibliothek befindet. Noch weiter südlich kommt man zu den Resten der 1454 von Elbinger Bürgern gebrandschatzten Ordensburg. In den zwei erhaltenen Gebäuden ist das **Elbinger Museum** 5 (Muzeum Elbląski) untergebracht, das über den Reichtum der ehemaligen Stadtbewohner Auskunft gibt: Delfter Kacheln, Meißener Porzellan und spanische Fayencen belegen ihre weitreichenden Handelskontakte.

Entlang der Frischen Nehrung

Karte: S. 153
Tipps & Adressen: Sztutowo S. 313, Krynica Morska S. 280

Fährt man von Elbląg nordwärts an die Küste, wird man östlich der Ferienorte Stegna und Jantar mit deutscher Geschichte konfrontiert. In Stutthof – dem heutigen **Sztutowo** 1 – wurde im September 1939 unmittelbar nach Kriegsbeginn das erste Konzentrationslager errichtet. Bis Kriegsende wurden dort ca. 85 000 Menschen, vorwiegend Jüdinnen aus allen Teilen Europas, ermordet. Viele von ihnen wurden Opfer medizinischer Experimente, starben durch Injektion von Fenol. Etwa 20 000 Häftlinge kamen im Januar 1945 irgendwo zwischen Stutthof und Stettin ums Leben, als sie in einem Todesmarsch Richtung Westen getrieben wurden. Heute ist das ehemalige Konzentrationslager als Museum zugänglich; vom einstigen Kom-

plex blieben Wachhäuser und Baracken, Gaskammer und Krematorium erhalten.

Gleich hinter Sztutowo beginnt die **Frische Nehrung** (Mierzaja Wiślana), die sich knapp 60 km nordostwärts zieht und wie ein Riegel zwischen das Haff und die offene See schiebt. Sie ist Teil der so genannten »Bernsteinküste«: Nach schweren Stürmen wird der honiggelbe, von Tang umhüllte Stein an die Küste gespült. Doch die meisten Besucher kommen nicht, um nach dem »Gold der Ostsee« zu fahnden. Vielmehr locken sie auch hier die kilometerlangen, weißen Sandstrände sowie das zur Meerseite hin vergleichsweise saubere Wasser. Zur Haffseite hin sollte man vorerst nicht in die Fluten steigen: Von der russischen Metropole Kaliningrad werden Abwässer teilweise ungeklärt ins Haff gelassen.

Zwischen Dünen und Kiefernwald führt die Straße nach **Kąty Rybackie** (Bodenwinkel) **2**, wo – trotz Abwässer und Algenblüte – am Schilfufer ein Reservat für Kormorane geschaffen wurde. Bizarr ist der Anblick der großen, pechschwarzen Vögel, die auf kahlen, von

Kot weiß getünchten Bäumen hocken. Nach weiteren 15 km kommt man nach **Krynica Morska** (Kahlberg-Diep) 3 mit einem herrlich breiten Sandstrand, Dünenhügeln und einem alten, knallroten Leuchtturm. Dank seiner Solequellen rückte der Ort im frühen 20. Jh. zu einem mondänen Kurbad auf. Heute wirkt er etwas müde und verschlafen, den alten, im Krieg nicht zerstörten Villen täte eine Erfrischungskur gut. Urlauber starten von hier aus zu Schiffsausflügen nach Frombork und Elbląg oder sammeln Grenzerfahrungen: Nach 14 km, kurz hinter Piaski (Neukrug), ist die Welt vorerst zu Ende – ein Schlagbaum markiert den Übergang zum russischen Teil der Nehrung.

Von Kadyny (Cadinen) nach Frombork (Frauenburg)

Karte: siehe rechts
Tipps & Adressen: Kadyny S. 272, Frombork S. 259, Braniewo S. 254

Eine weitere Ausflugtour führt über eine malerische Straße nordostwärts von Elbląg über Frombork bis zur polnisch-russischen Grenze. Hinter den Höhen von Suchacz bietet sich ein besonders prächtiger Blick: Vor einem breitet sich das Haff aus, und am Horizont erkennt man den flimmernden Streifen der Nehrung. Durch hügelige Landschaft erreicht man bald darauf **Kadyny** (Cadinen) 4, ein behäbiges Dorf mit einer riesigen, angeblich tausendjährigen Eiche von 11 m Umfang. Einige Dörfler behaupten, sie sei von der legendären pruzzischen Fürstin Cadin gepflanzt worden, andere meinen, der einstige Besitzer des Dorfes, Johann von Baisen, habe sie 1454 eingesetzt – zum Zeichen des Sieges im Kampf gegen den Ritterorden. Der letzte deutsche Kaiser Wilhelm II. war von Kadyny so bezaubert, dass er 1898 die dortige Barockvilla zu einem prächtigen Palais ausbauen ließ. Hier verbrachte er manchen Sommer und ging in den umliegenden Wäldern auf Jagd. Die Bewohner schätzten ihn als gütigen Patriarchen: In dem von ihm begründeten Gestüt fanden sie Arbeit bei der Aufzucht von Trakehnern, in der kaiserlichen Cadinen-Werkstatt wurden sie in die Kunst der Porzellanherstellung eingeweiht. Heute ist das in den 1990er Jahren aufwendig restaurierte Palais ein Luxushotel, im Gestüt nebenan werden mehr als 200 Pferde gehalten – zwar keine Trakehner mehr, dafür aber die als Jagd- und Sportpferd ebenso beliebte großpolnische Rasse.

Während die Zuglinie direkt am Meer weiterläuft, orientiert sich die Straße ab Tolkmicko für einige Kilometer landeinwärts, bevor sie in großem Bogen gen Norden zurückschwenkt. Schon von weitem erkennbar ist der kleine Ort **Frombork** (Frauenburg) 5 mit seiner mächtigen, auf einem Hügel thronenden Kathedrale. Der Bau ist eng mit dem Namen Nikolaus Kopernikus verknüpft, der hier in der ersten Hälfte des 16. Jh. als Domherr wirkte und mit seinen Thesen zur Astronomie das mittelalterliche Weltbild revolutionierte.

Frombork war von 1288 bis 1945 Sitz der ermländischen Bischöfe und damit das geistliche Zentrum der Region. Man betritt die Domanlage durch das von mächtigen Basteien flankierte Südtor und gelangt in einen fünfeckigen, von hohen Mauern umschlossenen Innenhof. Vor uns befindet sich die Kathedrale, rechts der Bischofspalast und links die Wirtschafts- und Wohngebäude. Dank seiner Türme und filigranen Schmuckgiebel erscheint der Dom nicht so wuchtig wie viele andere Kirchen des Ordensstaats. Blickfang der Vorhalle ist das Granitportal, in das Engels- und Heiligenfiguren, aber auch Dämonen eingemeißelt sind – sie bannen das Böse und halten es vom Heiligtum fern. Wichtigste Attraktion der durch acht Gewölbejoche gegliederten Haupthalle ist der ehemalige Hochaltar; er wurde 1504 von Bischof Lukas Watzenrode, einem Onkel des Kopernikus, gestiftet und zeigt – vor goldenem Hintergrund – eine anmutige, auf einer Mondsichel schwebende Madonna. Aus dem Jahr 1684 stammt die Barockorgel, von deren herrlichem Klang man sich bei Konzerten während der Sommermonate überzeugen kann.

Im Bischofspalast werden Leben und Wirken des Kopernikus vorgestellt. Leider fehlen seine Originalmanuskripte; sie wurden 1626 von den Schweden geraubt und bleiben bis auf weiteres in Uppsala. Außerdem erfährt man Details zur Geschichte der Stadt – allerdings

Die Oberländische Seenplatte

Früherer Sitz der ermländischen Bischöfe: Frombork

etwas trocken aufbereitet, weshalb man vielleicht lieber zum Glockenturm hinübergeht, der sich in der Südwestecke des Domhügels erhebt. Über eine steile Treppe steigt man hinauf und beobachtet ein Pendel, das die Erdumdrehung beweisen soll. Im ersten Stock befindet sich eine Sternwarte, in der allerdings Kopernikus nie geforscht hat – der Bischof hätte derartige »Ketzereien« auf dem Domgelände nicht zugelassen. Von der Aussichtsterrasse unterhalb des Turmhelms genießt man zum Abschluss des Burgbesuchs einen fantastischen

Blick – bei gutem Wetter reicht er übers Haff bis nach Kaliningrad!

Jenseits von Frombork folgt als einziger wichtiger Ort noch **Braniewo** (Braunsberg) 6 An seine Bedeutung als erste Residenz der ermländischen Bischöfe erinnern heute nur die gotische, dreischiffige Katharinenkirche und der Torturm der alten Bischofsburg. Rekonstruiert wurde das Liceum Hosianum, Polens erstes, 1565 gegründetes Jesuitenkolleg; von hier startete der geistliche Kreuzzug gegen den im polnisch-litauischen Königreich erstarkten Protestantismus. Heute ist Braniewo eine Transitstadt, der Grenzübergang zum russischen Distrikt Kaliningrad liegt nur 7 km entfernt.

Nikolaus Kopernikus – Ketzer und Domherr

Abgelegenste Gegend der Welt« nannte Nikolaus Kopernikus den Ort, in dem er ab 1510 als Arzt und Sekretär seines Onkels, des Bischofs Lukas von Watzenrode, tätig war. Später wurde er dort selbst Domherr, schrieb Abhandlungen zu Theologie und Ökonomie. Berühmt machten ihn seine – von der Kirche stets misstrauisch beäugten – Forschungen auf dem Gebiet der Astronomie. Sein Hauptwerk trug den Titel »Über die Umläufe der Himmelskörper« (De revolutionibus orbium coelestium). Darin vertrat Kopernikus die These, nicht die Erde, sondern die Sonne sei Zentrum des Universums, womit er das mittelalterliche Weltbild auf den Kopf stellte. Erst in seinem Todesjahr (1543) durfte die ketzerische Schrift erscheinen, 1616 wurde sie erneut auf den Index gesetzt. Danach mussten noch einmal 212 Jahre vergehen, bis die Kirche die Richtigkeit der Thesen anerkannte.

Geburts- und Todestage dienen regelmäßig als Anlass zu politisch-wissenschaftlichem Streit um die Frage, ob denn nun Deutschland oder Polen das Eigentumsrecht an Kopernikus, dem großen Welterneuerer, beanspruchen darf. Zu gern hätte die NS-Führung zu seinem 400. Todestag den Beweis angetreten, dass es sich beim Hirn von Kopernikus um einen germanischen Kopf handelte. Doch so sehr sich die Archäologen des Königsberger Prussia-Museums auch bemühten: Bei ihren Grabungen im Dom war kein Schädel zu entdecken, der zu Kopernikus hätte passen können. Am Kopernikus-Denkmal

Oberländischer Kanal und Eylauer Seenplatte

Karte: S. 153
Tipps & Adressen: Morąg S. 289, Ostróda S. 294, Iława S. 270, Stare Jabłonki S. 306, Gietrzwałd S. 267

Der Mitte des 19. Jh. gebaute Oberländische Kanal (Kanał Elblaski) gilt als technisches Meisterwerk. Die Fahrt startet in Elbląg und führt durch mehrere Seen über 82 km bis nach Ostróda. Da die Schiffe auf einer 10 km langen Teilstrecke einen Höhenunterschied von 104 m ausgleichen müssen, werden sie fünfmal auf fahrbare Untersätze gehievt und auf »geneigten Ebenen« unter Ausnutzung von Wasserkraft zum nächsten Flussabschnitt gezogen. Das so geniale wie einfache System erfand Georg Jakob Steenke, ein Ingenieur aus Königsberg, den die Idee reizte, Getreide und Holz aus dem armen »Oberland«, wie die Region um Ostróda und Iława einst hieß, schnell an die nahe Küste und damit an internationale Handelswege heranzuführen. In Buczyniec (Buchwald), dem südlichsten »Rollberg«, kann man das technische

in Warschau hatten die Nationalsozialisten bereits eine Tafel für den »großen deutschen Astronomen« aufgestellt und die Absicht bekundet, die neu zu gründende Universität von Krakau nach dem »deutschen Geisteshelden« zu benennen. Mehrere von Kopernikus deutsch verfasste Briefe galten als Beweis für sein Deutschtum.

Aber auch die Polen lassen nichts unversucht, um den Denker für sich zu reklamieren. Noch heute gibt es im Nachbarland viele, die sicher davon ausgehen, dass er allein schon deshalb ein Pole sein müsse, weil er doch Mikołaj Kopernik heiße – und dies sei bekanntlich ein polnischer Name. Außerdem, wird argumentiert, sei er im damals polnischen Toruń zur Welt gekommen, habe in der polnischen Hauptstadt Krakau studiert und als Verwalter der Burg von Olsztyn den polnischen König um Schützenhilfe bei der Abwehr des Deutschen Ordens gebeten.

Beide Seiten unterschlagen, dass in der Zeit, da Kopernikus lebte, die nationale Zugehörigkeit noch eine untergeordnete Rolle spielte: Kopernikus sprach Deutsch ebenso wie Polnisch

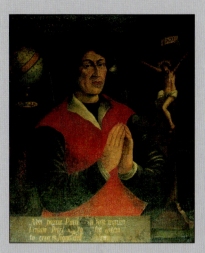

Kopernikus: Astronom und Domherr

und nach mehrjährigem Studienaufenthalt in Padua, Bologna und Ferrara auch italienisch. Er verfasste seine Schriften in der lingua franca Latein und beschäftigte sich ohnehin am liebsten – fern jeder nationaler Zuordnung – mit Phänomenen außerhalb unseres Planeten. Spuren seines Wirkens findet man außer in Frombork auch in Toruń, Olsztyn und Lidzbark Warmiński.

Manöver am besten studieren. Über archaische Zahnräder werden die Zugseile in Bewegung gesetzt, auf dass das auf einer Lore ruhende Schiff zum nächsthöheren Flussabschnitt befördert werde. Seit über dreißig Jahren ist hier der gleiche Maschinist am Werk; bereits in dritter Generation wird die Arbeit von seiner Familie verrichtet. »Seit Inbetriebnahme 1844«, berichtet er, »musste noch kein einziges Ersatzteil ausgetauscht werden«. Heute steht der Kanal unter Denkmalschutz und erlebt nach fast 160 Jahren eine Renaissance: nicht als Vehikel für Warentransport, sondern als touristische Attraktion.

Fährt man nicht per Schiff, sondern mit dem eigenen Auto Richtung Ostróda, lohnt auf halber Strecke ein Abstecher nach **Morąg** (Mohrungen) [7]. In dem kleinen Städtchen wurde Johann Gottfried Herder (1744–1833) geboren, einer der wichtigsten Philosophen der deutschen Romantik. In seinem Hauptwerk, den »Ideen zur Philosophie der Geschichte der Menschheit«, entwickelte er die für die damalige Zeit fortschrittliche These, Sprache und Kultur seien stark von

Bootsfahrt über geneigte Ebenen

Wer den Oberländischen Kanal entlang läuft, traut seinen Augen nicht: An mehreren Stellen bewegt sich ein großes Schiff den saftig grünen Hang hinauf! Unwillkürlich fühlt man sich an den Film »Fitzcarraldo« erinnert, wo ein Schiff durch einen Dschungel aus Schilf und Sumpf über Land gezogen wird. Doch während dort eine Hundertschaft von Helfern im Einsatz ist, ist hier weit und breit niemand zu sehen – das Schiff liegt auf einem Wagen, der mit Seilen eine Rampe hinaufgeschraubt wird!

Wer Lust auf einen Ausflug im »geräderten« Boot hat, findet sich morgens um 8 Uhr an der Anlegestelle von Elbląg ein (s. S. 258). Erste Station ist der Drużno-See (Drausen-See), der einst Teil des Frischen Haffs war und allmählich verlandet. Im verschilften Ufergürtel leben Hunderte von Reihern, Kormoranen und Störchen, die man vom Schiff aus gut beobachten kann. Anschließend wechseln Waldgebiete mit Wiesen und Feldern ab, das Kanalbett ist zeitweise sehr schmal. Bei Całuny Nowe (Kussfeld) ist der erste Rollberg erreicht: 15 Minuten gleitet das Schiff über den Berg, sanft und absolut geräuschlos. Die nächsten vier »geneigten Ebenen« folgen rasch aufeinander, mittags trifft man in Buczyniec (Buchwald) ein. Dort kann man aussteigen und ein kleines Museum sowie das Denkmal für den Erbauer des Kanals anschauen.

Umweltfaktoren geprägt. Bekannt wurde er auch als Herausgeber einer Sammlung von Liedern und Legenden der slawischen und baltischen Völker. Darin plädiert er für eine »multikulturelle Gesellschaft« von Preußen und Polen, Litauern und Russen. Eine Büste des Philosophen steht in der nach ihm benannten Straße gleich neben der Kirche; sehenswert ist die ihm gewidmete Ausstellung im restaurierten Dohna-Schlösschen. Der Palast gehörte früher Graf Heinrich zu Dohna-Schlobitten, der am Attentatsversuch auf Hitler 1944 beteiligt war und dafür hingerichtet wurde.

Durch eine offene Landschaft erreicht man nach 28 km **Ostróda** (Osterode) 8, eine Kleinstadt am Drwęckie-See (Drewenz-See) mit Ordensburg und hübsch restaurierten Kirchen. Sie ist Endpunkt des Oberländischen Kanals, nach Westen schließt sich die Eylauer Seenplatte an. Fast ist man erstaunt, dass deutsche Aktivurlauber diese Region noch nicht stärker entdeckt haben. Unzählige Seen sind durch Kanäle und Flüsse miteinander verbunden und bieten hervorragende Wassersportmöglichkeiten. Eine beliebte Kajakwanderung führt von Ostróda nach **Ławа** (Deutsch Eylau) 9, einem wichtigen Verkehrsknotenpunkt mit wachsender touristischer Infrastruktur. Dank seiner Lage am 25 km langen Jeziorak-Sees entstehen immer mehr Sport- und Erholungsanlagen.

Wer die Schiffsreise hier schon beenden will, fährt im Bus nach Elbląg zurück, alle übrigen Gäste haben noch fünf lange Rinnenseen vor sich, bevor sie gegen 19 Uhr den Hafen von Ostróda erreichen.

Aufwärts geht es auch mit **Stare Jabłonki** (Alt Jablonken) 10, einem Dorf 7 km östlich von Ostróda. Es liegt zwischen dem kleinen und großen Szeląg-See und verfügt über ein größeres Hotel. Im Wassersportzentrum des PTTK leiht man Paddelboote aus, man kann aber auch Fahrräder mieten und reiten.

Geistiger Mittelpunkt der Region ist die Wallfahrtskirche von **Gietrzwałd** (Dietrichswalde) 11, deren spitzer Turm schon von weitem sichtbar ist. Seit 1877 Maria höchst persönlich einem Kind erschien, pilgern alljährlich Tausende frommer Katholiken zum ikonenartigen Marienbildnis und hoffen auf die Erfüllung ihrer Wünsche. Über die Rosenkranzallee (al. Różańcowa) eilen sie zur »Wunderquelle« und füllen sich Fläschchen für den Hausgebrauch ab. Wem derlei religiöse Offenbarung eher fremd ist, besucht statt dessen die benachbarte Karczma Warmińska, eine – wie der Name sagt – »ermländische Dorfschenke«. In diesem gemütlichen, im ganzen Land bekannten Gasthof kann man Schmieden und Holzschnitzern bei der Arbeit zuschauen. Man nimmt Platz an langen Holzbänken und verputzt deftige Bauernkost, Eintopf und Piroggen. Abends lauscht man polnischer Folklore, Warmbier und Honigwein fließen in Strömen.

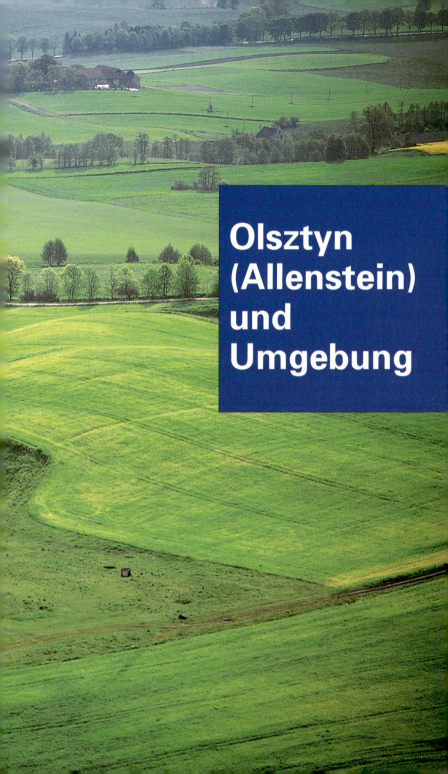

Olsztyn (Allenstein) und Umgebung

Olsztyn (Allenstein) und Umgebung

Vom Ermland ins Masurische

Ermland (Warmia) heißt die ruhige, sanft gewellte Landschaft, die sich vom Frischen Haff südostwärts bis über Lidzbark Warmiński und Olsztyn erstreckt. Sie ist nach dem pruzzischen Stamm der Warmier benannt, den die deutschen Ordensritter in einem blutigen Kreuzzug bekehrten. 1243 segnete der Papst die gelungene Missionierung ab und überschrieb das Land den christlichen Heilsbringern. Dabei erhielt der im Ermland eingesetzte Bischof ungewöhnlich weit reichende Vollmachten: Er war nicht nur geistlicher, sondern zugleich weltlicher Herrscher und regierte das Land in Abstimmung mit dem Vatikan. Daran änderte sich auch nichts, als nach dem Dreizehnjährigen Krieg (1466) Polen formal die Kontrolle über die Region übernahm. Von zehn Burgen aus regierte der Fürstbischof das Land, das eine katholische Bastion inmitten des protestantischen Ostpreußen bildete. Erst 1772 war es mit der Sonderrolle des Ermlands vorbei: Friedrich der Große verleibte sich den Bischofsstaat ein, ethnisch-konfessionelle Grenzen begannen sich mit dem Zuzug deutscher Protestanten zu verwischen.

Von der einstigen Herrschaft der Bischöfe zeugen mächtige Burgen und Kirchen. Am besten erhalten ist die von Lidzbark Warmiński, ein von einem Wassergraben umschlossenes Kastell aus rotem Backstein. Daneben gibt es wehrhafte Kirchen z. B. in Dobre Miasto und Orneta; ein barockes Juwel ist Święta Lipka, eine strahlend helle, verspielte Wallfahrtskirche inmitten einer sumpfigen Landschaft.

Durch die 1999 vollzogene Gebietsreform wurden das Ermland und das im Osten angrenzende Masuren zu einem großen Verwaltungsbezirk zusammengelegt. Hauptstadt der Woiwodschaft Warmia–Mazury ist nun Olsztyn mit einem schönen historischen Kern und einer großen Zahl von Unterkünften. Südlich von ihr lernt man bereits die ersten masurischen Seen kennen, die weit verstreut in einem dichten Waldgürtel liegen. Alle, die mit dem Flugzeug kommen und in Szymany landen, dürfen aus der Vogelperspektive ein erstes Mal staunen: In der grünen Wildnis ist kaum ein Dorf auszumachen – dies ist die Region, in der die meisten Deutschen ihren Urlaub verbringen.

Olsztyn (Allenstein)

Karte: siehe rechts
Tipps & Adressen: S. 291

■ Inmitten weiter Wälder und umgeben von einem Dutzend Seen liegt die Provinzhauptstadt **Olsztyn** (Allenstein). Ihre Altstadt mit der backsteinernen Burg, den restaurierten Kirchen und Bürgerhäusern gehört zu den schönsten Nordpolens. Studenten der neu gegründeten Universität beleben das Stadtbild, und in den letzten Jahren haben zahlreiche Bars und Straßencafés geöffnet. Nach Olsztyn kommt, wer der kulturellen Öde der Provinz entfliehen will, hier gibt es Theater, Kinos und Bibliotheken,

◁ *Im Ermland*

dazu ein offenes intellektuelles Klima, das es erlaubt, tradierte nationale Ressentiments zu überwinden.

Ein Blick zurück

Die Geschichte von Olsztyn reicht weit ins Mittelalter zurück. 1348 ließ der ermländische Fürstbischof am Ufer der Alle (Łyna) eine Burg errichten. In ihrem Schutz entstand eine Stadt, wie sie typisch für das Ordensland war: In der Mitte des fast quadratischen Marktplatzes wurde das Rathaus errichtet, drumherum baute man auf einem schachbrettartigen Straßenmuster rechteckige Häuserzeilen. Ein runder Wehrring umgab die Stadt, vier Tore bildeten den Zugang zur »Außenwelt«. Berühmtester Stadtbewohner war Nikolaus Kopernikus, der von seinem Onkel, dem Fürstbischof von Ermland, 1516 den Posten des Burgverwalters erhielt. Der Universalgelehrte (s. Thema, S. 156) sorgte dafür, dass die Kasse der Bischöfe stimmte; er kümmerte sich um die Verwaltung und Verteidigung von Allenstein. Zu seiner Zeit unterstand die Stadt bereits dem polnischen König, mit dem Kopernikus des öfteren korrespondierte. So bat er ihn um Geld für die Verbesserung der

Olsztyn (Allenstein) – Sehenswürdigkeiten: *1 Hohes Tor   2 Altes Rathaus   3 Mendelsohn-Haus   4 Jüdischer Friedhof   5 Jakobskirche   6 Fachwerkhaus   7 Burg / Museum für das Ermland und Masuren   8 Evangelische Kirche   9 Neues Rathaus   10 Herz-Jesu-Kirche   11 Planetarium   12 Astronomisches Observatorium*
Hotels: *13 Park   14 Polsko-Niemieckie Centrum Młodzieży   15 Villa Pallas   16 Gromada Kormoran   17 Novotel   18 Warmiński   19 Na Skarpie   20 Kopernik   21 Wysoka Brama*
Restaurants: *22 Eridu   23 Staromiejska*

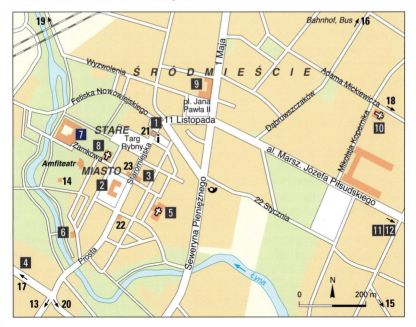

Wehrmauern, auf dass die Ordensritter keine Chance hätten, die Stadt wieder einzunehmen. In einem anderen Brief schlug er vor, die in Umlauf befindlichen Münzen mit dem Konterfei seiner Majestät zu schmücken.

Nachdem das Ermland an Preußen gefallen war, stieg Allenstein zu einer unbedeutenden Garnisonsstadt ab; auch im Deutschen Reich war sie kaum mehr als ein Verkehrsknotenpunkt. Im Zweiten Weltkrieg zur Hälfte zerstört, wurde sie anschließend neu aufgebaut. An die Stelle der geflüchteten bzw. vertriebenen Deutschen rückten Flüchtlinge aus Polens »verlorenem Osten«, dem heutigen Litauen, Weißrussland und der Ukraine. Die neue Bevölkerung, die sich binnen weniger Jahre verdreifachte, wurde in rings um die Altstadt hochgezogenen Plattenbauten einquartiert. Heute ist Olsztyn das politische, wirtschaftliche und wissenschaftliche Zentrum in Polens Nordosten. Alle wichtigen Ämter und Institutionen sind hier vereint; für den wirtschaftlichen Aufschwung steht die von Michelin übernommene Reifenfabrik, daneben gibt es Lebensmittel- und holzverarbeitende Industrie.

Stadtrundgang

Der Weg in die Altstadt führt durch das **Hohe Tor** 1 (Wysoka Brama), einen wuchtigen Backsteinbau mit Treppengiebel. Es ist das letzte Überbleibsel der mittelalterlichen Befestigungsanlagen, die früher die ganze Stadt umspannten. Hinter dem Tor beginnt die Flaniermeile Staromiejska mit Geschäften, Bars und Cafés. Sie mündet in den stimmungsvollen, ringsum von Laubenhäusern gesäumten Marktplatz. Das im Krieg niedergebrannte **Alte Rathaus** 2 (Stary Ratusz) wurde in nahezu gleicher Gestalt wieder aufgebaut. Schräg gegenüber, im **Mendelsohn-Haus** 3 (Dom Mendelsohna), erinnert eine Plakette an den berühmten Architekten, der hier am 21. März 1887 das Licht der Welt erblickte. Erich Mendelsohn, der zu den Großen der klassischen Moderne zählt, verbrachte in Allenstein seine Kindheit und Jugend. In vielen Lehrbüchern ist der von ihm entworfene Potsdamer Einsteinturm abgebildet, der wie ein Fels aus dem Boden zu wachsen scheint. Leider hat der Architekt in seiner Heimatstadt nur wenige Spuren hinterlassen: Für den **jüdischen Friedhof** 4 (Kirkut) südwestlich des Stadtzentrums entwarf er eine kleine Totenkapelle und das Haus des Friedhofswärters in der ul. Zyndrama z Maszkowic.

Östlich des Marktplatzes, nur zwei Querstraßen entfernt, erhebt sich die gotische **Jakobskirche** 5 (Kościół Św. Jakuba). Der quadratische, 60 m hohe Glockenturm verleiht ihrem Äußeren ein trutziges Aussehen, doch im Innern herrscht Eleganz: Die Decken der drei Schiffe sind mit kristallartigen Netz- und Zellgewölben überspannt. Von der ursprünglichen Inneneinrichtung ist nicht viel übrig geblieben: Gestühl und Altar verfeuerten in der Kirche inhaftierte französische Soldaten im Winter 1807. So stammt der heutige Hochaltar von einem Elbinger Schnitzmeister aus dem 19. Jh. Ausdrucksstärker ist das davor postierte, fast 5 m große Kruzifix, das ein gewisser Isaac Riga im 17. Jh. schuf.

Wieder zurück auf dem Marktplatz, geht es auf der altstädtischen Hauptstraße, die hier ul. Prosta heißt, Richtung Fluss hinab. Kurz bevor man ihn

Das Neue Rathaus

erreicht, biegt man rechts ein und passiert ein schmuck restauriertes **Fachwerkhaus** 6 (Dom Sarp). Der polnische Architektenverband hat darin seinen Sitz, abends öffnet ein gemütlicher Pub mit Live-Musik. Am Flussufer läuft man durch Grünanlagen bis zur imposanten **Burg** 7 (Zamek), die das **Museum für das Ermland und Masuren** (Muzeum Warmii i Mazur) beherbergt. In den jahrhundertealten, auf Hochglanz polierten Räumen erfährt man viel über die Geschichte, Kunst und Kultur der Region; eine eigene Ausstellung ist Nikolaus Kopernikus gewidmet. Gleich im Innenhof begegnet man fast lebensgroßen Figuren aus pruzzischer Zeit. »Steinweiber« (Baby) werden sie genannt: Aus einem überproportional großen Kopf starren weit aufgerissene Augen, der Mund ist ein stummer Strich und die Pose starr. Über die Pruzzen, das untergegangene Volk, informiert eine weitere große Ausstellung in der Burg. Freilich kommt auch die Hinterlassenschaft der Sieger nicht zu kurz: Kunstwerke aus Kirchen und Schlössern veranschaulichen den Reichtum der einstigen Landesherren. Kopernikus hat fürwahr fürstlich residiert, als er 1516–1519 und dann noch einmal 1521–1522 Burgverwalter von Allenstein war. Seine Wohnräume im ersten Stock sind von herrlichen Kristallgewölben überspannt. Die »Einrichtung« besteht aus einer Vielzahl astronomischer Instrumente; neben einem Kopernikus-Porträt von Jan Matejko ist eine Sonnenuhr ausgestellt, die der Meister selbst geschaffen

Das Ermland

haben soll. Auch etwas Handschriftliches hat Kopernikus hinterlassen: Auf der Wand des Kreuzgangs entdeckt man ein flott hingeworfenes Diagramm zur Messung der Tagundnachtgleiche. Zuletzt kann man den Burgturm besteigen, der einen weiten Blick auf die Stadt eröffnet. Tief unten, unmittelbar am Fuß der Burg, sieht man das in den Boden versenkte Amphitheater, in dem Konzerte und Theateraufführungen stattfinden.

An der neugotischen evangelischen **Kirche** 8 (Kościół Ewangelicki) vorbei gelangt man zum ehemaligen Fischmarkt (Targ Rybny). Dort befindet sich eine Dependance des Museums, in der historische Fotos die Geschichte der Gazeta Olsztyńska, seit 1886 das Presseorgan der polnischen Minderheit, veranschaulichen.

Tritt man durch das Hohe Tor wieder aus der Altstadt heraus, sieht man linkerhand das **Neue Rathaus** 9 (Nowy Ratusz), einen 1915 vollendeten Bau im Stil der Neorenaissance mit hohen Giebeln, Erker und Turm. Etwas früher entstand die nach dem Vorbild des Freiburger Münsters errichtete neugotische **Herz-Jesu-Kirche** 10 (Kościół Serca Jezusa), die sich in einer Seitenstraße der al. Piłsudskiego befindet.

Folgt man dieser Allee bis zum östlichen Stadtrand von Olsztyn, gelangt man zum **Planetarium** 11, das 1973 zum 500. Geburtstag von Kopernikus errichtet wurde. In einem Kuppelsaal wird die Illusion erzeugt, man betrachte die Erde aus der Perspektive von Astronauten. Den realen Himmel kann man dagegen im benachbarten **Astronomischen Observatorium** 12 (Obserwatorium Astronomiczne), einem umgebauten Wasserturm, betrachten: Tagsüber sieht man die Sonne und nachts die Sterne.

Über Lidzbark Warmiński (Heilsberg) zur »Wolfsschanze«

Karte: siehe links
Tipps & Adressen: Lidzbark Warmiński S. 282, Reszel S. 298, Święta Lipka S. 308, Kętrzyn S. 274, Gierłoż S. 266

Der Weg von Olsztyn gen Norden und Nordosten führt zu geschichtsträchtigen Orten mit einer Vielzahl sehenswerter Burgen und Kirchen. Nach 25 km erreicht man **Dobre Miasto** 1 (Guttstadt). Zur Rechten grüßt ein imposantes Storchennest auf einem mittelalterlichen Wehrturm – ein beliebtes Fotomotiv auf dem Weg in die Innenstadt. Dort wartet eine weitere Attraktion: die Domkapitelkirche, der größte Sakralbau des Ermlands. Zu den Meisterwerken des barocken Innenraums gehört der pompöse Hochaltar, inspiriert vom Vorbild der Krakauer Wawel-Kathedrale. Im benachbarten Kollegiatsgebäude, in dem jahrhundertelang die Fürstbischöfe residierten (1347–1810), entdeckt man im oberen Kreuzgang schöne mittelalterliche Fresken.

Auf dem Weg nach Lidzbark Warmiński lohnt ein Abstecher nach **Orneta** 2 (Wormditt), einer ländlichen, architektonisch weitgehend intakten Kleinstadt. Mitten auf dem Marktplatz steht das gotische Rathaus, ringsum eine Reihe älterer Bürgerhäuser. Die Fassade der 1379 erbauten Johanniskirche schmückt ein Fries, in dem archaische, abwechselnd männliche und weibliche Porträts eingearbeitet sind.

Die ehemalige Hauptstadt des Ermlands, **Lidzbark Warmiński** 3 (Heilsberg), wartet mit dem – neben der Marienburg – besterhaltenen Bauwerk des Ordensstaats auf. Hinter Wehrmauern

Bischofsburg in Lidzbark Warmiński

erhebt sich eine quadratische, von vier Ecktürmen flankierte Festung: streng und abweisend, der steingewordene Wille zur Macht. Ab 1350 residierten hier die ermländischen Bischöfe, einer von ihnen, Lukas von Watzenrode, war der Onkel des Astronomen Nikolaus Kopernikus, der ihm hier sieben Jahre als Leibarzt zur Seite stand. Letzter Bischof war Ignacy Krasicki, der nach seiner Entthronung im Jahr 1772 zum wichtigsten Aufklärer Polens avancierte. Sein Lieblingsthema war die Doppelmoral der Kleriker, die lautstark Bescheidenheit predigten, selber aber in Saus und Braus lebten.

Der Große Remter (Refektorium) ist der schönste Raum des Burgmuseums, mit seinen Sterngewölben bildet er einen stilvollen Rahmen für die hier ausgestellten mittelalterlichen Skulpturen. Der Nebenraum ist mit farbenprächtigen Ikonen aus dem Altgläubigenkloster von Wojnowo (s. S. 190) geschmückt, orthodoxe Musik schafft eine meditative Stimmung. Eine ganz andere Wirkung erzeugt das Obergeschoss, wo Werke zeitgenössischer Maler zu sehen sind, u. a. expressive Bilder von Władysław Hasior und knallbunte Tableaus von Jan Lenica.

In **Reszel** 4 (Rössel), einem östlich von Lidzbark Warmiński gelegenen Städtchen in ländlicher Umgebung, fand 1806 die letzte Hexenverbrennung Europas statt. Auch hier haben die ermländischen Bischöfe im 14. Jh. eine Ordensburg errichtet, die allerdings deutlich kleiner ausgefallen ist als in Lidzbark Warmiński. Seit mehreren Jahren dient sie als Kulturzentrum, in dem Konzerte, Festivals und Ausstellungen stattfinden. Joseph Beuys und Günter Grass haben hier ihre Werke ausgestellt, polnische Jazzmusiker sorgten bereits in sozialistischen Zeiten für ein aufgeschlossen-modernes Ambiente. Sehenswert ist das einer Höhle nachempfundene Schlosscafé, vom Turm hat man einen herrlich weiten Blick über die Stadt und das gewellte Ackerland ringsum. Reszel, so scheint es, beginnt sich zu einem der schönsten Orte des Ermlands zu mausern. Mit Unterstützung der deutsch-polnischen Stiftung für Zusammenar-

beit wurde schon die Pfarrkirche restauriert, ein UNESCO-Diplom stellt der Stadt die Aufnahme in das »Weltkulturerbe« in Aussicht.

Kapellen am Wegesrand kündigen den Wallfahrtsort **Święta Lipka** (Heiligelinde) 5 an. Wie es sich für einen Pilgerort gehört, verdankt auch Święta Lipka ihre Entstehung einem Wunder: Maria erschien einem zum Tode Verurteilten, der ob dieses Anblicks so bezaubert war, dass er das Bild der Madonna in ein weiches Stück Holz schnitzte. Als die Richter am nächsten Morgen das Werk erblickten, wagten sie nicht mehr, die Strafe zu vollstrecken und beschlossen, den Sünder auf freien Fuß zu setzen. Zum Dank befestigte dieser das Bildnis an einer mächtigen Linde, die fortan Anlaufpunkt von Pilgern aus ganz Polen wurde. In den Jahren 1687 bis 1694, als die Gegenreformation auch die entferntesten Winkel des Landes eroberte, bauten sich an besagter Stelle

Jesuiten ein prächtiges Kloster mit Kirche – auf einem Fundament von 10 000 im Sumpfboden verankerten Erlen. Die Besucher, mittlerweile an wehrhafte Backsteingotik gewöhnt, mögen ihren Augen kaum trauen. Da erhebt sich auf einer Waldlichtung eine helle und erstaunlich verspielte Kirche. Hoch ragen ihre Doppeltürme auf, ein ringsum verlaufender Laubengang wird von Kuppelkapellen flankiert. Innen setzt sich die barocke Prachtentfaltung fort: Dem 19 m hohen, schwerelos wirkenden Hochaltar mit dem verehrten »Bildnis der Schmerzensmutter« steht eine gleichfalls übergroße Orgel mit etwa 4000 Pfeifen gegenüber. Nach jedem Konzert setzt sich ein fulminantes Figurenkarussell in Bewegung: Engel greifen in die Saiten von Mandolinen, blasen pausbäckig in Trompeten und lassen gold funkelnde Sterne tanzen. Erzengel Gabriel geht vor Maria in die Knie – huldvoll nickt diese ihm zu.

Jedes Jahr kommen 1,5 Mio. Pilger und Touristen nach Święta Lipka. Wie an anderen polnischen Wallfahrtsorten herrscht auch vor der hiesigen Kirche ein kunterbuntes Treiben, fast fühlt man

*Ein viel besuchtes Pilgerziel:
die barocke Kirche in Święta Lipka*

in Privatbesitz über, so dass man sich mit der Außenansicht begnügen muss. Immerhin ist es möglich, durch den 75 ha großen, verwilderten Park zu streifen. Trotz der Namensgleichheit hat Marion Gräfin Dönhoff, die Herausgeberin der »Zeit«, nie an diesem Ort gelebt; ihr »Stammhaus« befand sich weiter nördlich in Friedrichstein im heute russischen Verwaltungsgebiet Kaliningrad.

Die Kleinstadt **Kętrzyn** (Rastenburg) 7 verdankt ihren deutschen Namen dem pruzzischen Wort »Rast«, was so viel wie »in den Sumpf getriebener Pfahl« bedeutet. Der polnische Name ehrt einen Deutschen: Adalbert von Winkler (1838–1918) entdeckte seine polnische Identität und publizierte unter dem Pseudonym Wojciech Kętrzyński mehrere Bücher, in denen er den »deutschen Drang nach Osten« geißelte. Eine Ausstellung in der kleinen, über der Stadt thronenden Ordensburg erinnert an sein Schaffen, dokumentiert wird außerdem die Geschichte der Stadt. Wichtigstes Gotteshaus ist die gotische, von Wehrmauern umschlossene Georgskirche. Sie liegt am entgegengesetzten Ende der Stadt, in ihrem Schatten duckt sich die kleine, von der evangelisch-augsburgischen Gemeinde genutzte Johanniskapelle.

sich an eine Kirmes erinnert. Souvenirverkäufer verhökern Madonna- und Papstbildchen, Bäuerinnen bieten Räucherkäse feil, an Imbissbuden gibt es Bigos und Pommes.

Für Architekturliebhaber empfiehlt sich von hier aus ein 30 km langer Abstecher nach **Drogosze** (Dönhoffstadt) 6 im Grenzgebiet zur russischen Exklave Kaliningrad. Der größte Adelssitz Ostpreußens prunkt mit einer 100 m langen klassizistischen Schaufassade, effektvoll spiegelt sie sich im Wasser eines Sees. Nach der Wende ging das Schloss

Für die meisten Besucher ist Kętrzyn nur Durchgangsstation zum 8 km östlich gelegenen **Gierłoż** (Görlitz) 8, bekannter als **»Wolfsschanze«** (Wilczy Szaniec). Der von Wäldern und Seen umschlossene Ort war über drei Jahre lang Adolf Hitlers Hauptquartier Ost. Ab dem 24. Juni 1941, also unmittelbar nach dem Überfall auf die Sowjetunion, lebte hier der »Führer« mit seinem Berater-

Die »Wolfsschanze«: heute eine von der Natur fast zurückeroberte Ruinenlandschaft

stab, alle wichtigen Entscheidungen – vom Angriff auf Stalingrad über die Zerstörung Warschaus bis zur Bildung des Deutschen Volkssturms – wurden an diesem Ort getroffen. Zur Zeit der größten Machtausdehnung reichte das von hier regierte Territorium 3000 km ostwärts bis zur Wolga und dem Kaukasus. Hitler fühlte sich in der geheim gehaltenen Festungsstadt sicher, bis ihm Widerstand aus den eigenen Reihen erwuchs. Am 20. Juni 1944, als der Krieg nicht mehr zu gewinnen war, suchte sich eine Gruppe von Offizieren unter Leitung des Generals Claus Graf Schenk von Stauffenberg ihres Führers zu entledigen. Das Attentat schlug fehl, worauf die aufständischen Militärs in Berlin-Plötzensee hingerichtet wurden. Am 20. November des gleichen Jahres verließ Hitler die Wolfsschanze, um der vorrückenden Roten Armee nicht in die Hände zu fallen. Auf seinen ausdrücklichen Befehl wurde die gesamte Festungsstadt gesprengt; mit acht bis zehn Tonnen Dynamit pro Bunker war die Erderschütterung so stark, dass das Eis noch in kilometerweit entfernten Seen zersprungen sein soll.

Die Wolfsschanze ist heute eine »Touristenattraktion ersten Ranges«. Besucher erwartet eine 2 km² große Ruinenlandschaft mit gesprengten Bunkern, rostigen Stahlkorsetten und Betongebirgen. Am ehemaligen Offiziershotel vorbei kommt man zu einem schlichten Monument in Form eines aufgeklappten Buches. Es trägt die Inschrift: »Hier stand die Baracke, in der am 20. Juli 1944 Claus Schenk Graf von Stauffenberg ein Attentat auf Adolf Hitler unternahm. Er und viele andere, die sich gegen die nationalsozialistische Diktatur erhoben hatten, bezahlten mit ihrem Leben.« Der auf Wunsch von Ex-Kanzler Kohl eingravierte Satz, der dem Wehrmachtsgeneral als Widerstandskämpfer huldigt, löste in Polen Empörung aus, wurde aber nicht entfernt. Im weiteren Verlauf des Rundgangs geht es an sieben zerschlissenen Betonfestungen vorbei. Am mächtigsten ist der Führerbunker (Nr. 13), dessen 10 m dicke Wände an ineinander verkeilte Kontinentalplatten erinnern. Drinnen herrscht ein Chaos aus künstlichem Gestein, das mittlerweile von Pilz und Moos überwuchert ist. Nahebei befinden sich die Bunker von Martin Bormann (Nr. 11) und Hermann Göring (Nr. 16). Südlich der das Gelände teilenden Bahngleise folgen die Bunker weiterer Nazigrößen – die meisten von ihnen wurden 1946 in Nürnberg hingerichtet.

Von Olsztynek (Hohenstein) nach Szczytno (Ortelsburg)

Karte: S. 166
Tipps & Adressen: Olsztynek S. 293, Grunwald S. 270, Szczytno S. 312

Südlich von Olsztyn erstreckt sich ein riesiges Waldgebiet, das von kleinen und größeren, schilfgesäumten Seen unterbrochen ist. Mittendrin liegt **Olsztynek** (Hohenstein) 9, eine Kleinstadt mit spärlichen Resten einer Ordensburg. Lohnend ist ein Besuch des Freilichtmuseums (Skansen), in dem die untergegangene bäuerliche Welt zum Leben erweckt wird. Auf einer 39 ha großen Fläche sieht man Gutshöfe, Kirchen, Wind- und Wassermühlen, dazu originale und rekonstruierte Holzhäuser aus Ermland und Masuren, dem Weichselland und Litauen.

In den Wäldern südwestlich der Stadt, etwa zwischen **Stębark** (Tannenberg) und 10 **Grunwald** (Grünfeld) 11 besiegten 1410 die vereinten polnisch-litauischen Truppen das »unschlagbare« Heer der Kreuzritter und leiteten damit den Niedergang des Ordensstaates ein. Polnische Nationalisten pilgern alljährlich am 15. Juli, dem Tag des Sieges, zu dem hier aufgestellten Monument, einem riesigen Steinblock, in den kantige Kriegergesichter geschnitten sind. Im zugehörigen Museum wird der Ablauf der Schlacht rekonstruiert, zu sehen sind auch Fahnen und Waffen der beteiligten Kriegsparteien.

Gut 500 Jahre später, zwischen dem 24. und 30. August 1914, wurde der »deutsche Soldat rehabilitiert«: Fast an gleicher Stelle gelang es den Truppen des Generalfeldmarschalls Paul von Hindenburg, über 90 000 russische Soldaten der Narew-Armee gefangenzunehmen. Hindenburg wurde zum »Helden von Tannenberg« erklärt, das ihm zu Ehren errichtete Mausoleum wurde von den Deutschen 1944 vor der anrückenden Roten Armee gesprengt.

Noch weiter südöstlich, 30 km von Olsztyn an der Hauptstraße nach Warschau, stößt man auf die Deutschordensburg von **Nidzica** (Neidenburg) 12. Gebieterisch erhebt sie sich auf einem Hügel, ein »Klein Marienburg« mit wuchtigen Türmen und leuchtend roten Ziegelmauern. Jahrhundertelang markierte sie die Grenze zum polnischen Masowien, das sich flach wie ein Brett südlich der Burg ausbreitet. Heute wird die Festung als Kulturzentrum genutzt, beherbergt ein Künstleratelier und Café.

Die Landschaft zwischen Nidzica und **Szczytno** (Ortelsburg) 13 hat Marion Gräfin Dönhoff bei ihrem »Ritt durch Masuren« beschrieben: »Der Boden wird immer leichter, Heidekraut und Sand, dann und wann eine krüppelige Kiefer und endlose flache Hügel mit grauem Steppengras. Es hat fast etwas Asiatisches, dieses Land...« Szczytno selbst liegt eingebettet zwischen zwei

Das Freilichtmuseum in Olsztynek

Seen, die die alten Pruzzen »Sciten« (Kriegerschilde) nannten. Ihre Burg wurde 1350 von den Ordensrittern übernommen und nach deren ersten Leiter »Ortulfsburg« getauft. Einmal im Jahr, meist Anfang Juli, geben die verbliebenen Ruinen für das hier stattfindende Ritterturnier die Kulisse ab. Hinter den Mauern erhebt sich der kantige Turm des städtischen Rathauses. 1938 wurde es von Adolf Hitler persönlich eingeweiht, heute beherbergt es ein Masurisches Museum mit alten Bauernmöbeln und Kachelöfen, Korb- und Keramikwaren. Die wenigen »echten« Masuren, die es im Ort gibt, treffen sich im Verein »Heimat« in der evangelischen Kirche. Diese steht abseits der Hauptstraße in einem kleinen Park und lohnt einen Besuch aufgrund ihres barock-verspielten, ganz in lichtem Grün gehaltenen Innenraums.

An die Existenz der einstigen jüdischen Gemeinde erinnert einer ihrer wenigen Friedhöfe, die es im Nordosten Polens noch gibt. Unter knorrigen Bäumen ducken sich schiefe Grabsteine mit hebräischen Inschriften, die letzte stammt von 1937. Der Friedhof ist in einem erstaunlich guten Zustand: Ein von der Stadt bezahlter Gärtner jätet das Unkraut, und die Grabplatten werden sorgfältig restauriert. Eine weitere jüdische Hinterlassenschaft entdeckt man an ganz unerwarteter Stelle, im Dachgeschoss der Grundschule. Dieser entpuppt sich als Tempel, dessen Fassgewölbe rundum mit himmelblauen Paneelen verkleidet ist. Mit goldener, etwas verblichener Farbe sind darauf

Richtig Reisen
Thema

Jeder vierte Storch der Welt ist ein Pole

Meister Adebar ist ein Ästhet. Er stolziert majestätisch auf dem First einer Scheune, setzt langsam und bedächtig ein Bein vors andere. Verspürt er Hunger, gleitet er zum benachbarten Schilfufer und beginnt mit seinem langen Schnabel ins Wasser zu stechen. Frösche hat er am liebsten, doch auch Fische und Würmer haben es ihm angetan. Gut ein Kilogramm verputzt er jeden Tag, und ein Vielfaches benötigt er für seine mehrköpfige Familie. Sein Nest baut er gern in menschlicher Nähe, auf Schornsteinen, Dächern und Elektromästen. Ca. 41 000 Brutpaare nisten alljährlich in Polen, dies entspricht einem Viertel aller Störche weltweit. Noch finden sie hier nahrungsreiche Naturwiesen, Sümpfe und Auen.

In Westeuropa ist die Lage für die Störche bedeutend schlechter. Der moderne Kreiselmäher, in dessen Messer sich die Frösche verfangen, der massive Einsatz von Kunstdünger und die Austrocknung von Feuchtgebieten haben die Nahrungsquellen der Störche erheblich eingeschränkt. Darum ziehen sie, wenn sie Mitte April aus südlichen Gefilden kommen, über Westeuropa hinweg, legen bestenfalls einen Zwischenstopp im kastilischen Laguna de la Nava oder am Bodensee ein, bevor sie ihr angestammtes Quartier in Polen beziehen. Am liebsten suchen sie den Nistplatz vom Vorjahr auf, wo sich Männchen und Weibchen nach monatelanger Trennung wiedersehen und mit lautem Schnabelklappern begrüßen. Aufs alte Nest legen sie einen frischen Ring von Ästen, so dass im Laufe der Jahre eine tonnenschwere Burg entsteht – schon manch ein Dach ist unter der Last eingestürzt. Die im Mai geschlüpften Jungen werden im Sommer hochgepäppelt, auf dass sie um den 25. August fit sind für den anstehenden Fernflug. 10 000 km legen die Störche zu ihrem Winterquartier zurück, wobei sie unterschiedliche Routen wählen: Die einen ziehen über die Türkei und Israel nach Ost- und Südafrika, die anderen bevorzugen die Reise über Frankreich und Spanien nach Westafrika. In Polen erinnern dann nur die verwaisten Nester an Meister Adebar, der, so hoffen die Bauern, im folgenden Jahr an seinen angestammten Platz zurückkehrt.

Hunderte kleiner Motive gepinselt, die ein kurioses Panoptikum der Weltschätze darstellen. Da gibt es Pflanzen und exotische Tiere, germanische Gottheiten und »Wunderwerke« der Architektur von der Pyramide bis zum Brandenburger Tor. Den Raum hat der jüdische Bauunternehmer Adam Macht für die Treffen der Ortelsburger Freimaurerloge gestiftet, ausgeführt wurden die Skizzen zwischen den beiden Weltkriegen von seiner Tochter Vera.

Natur-paradies Masuren

Naturparadies Masuren

Land der tausend Wälder und Seen

»Ostpreußen ade«: Ralph Giordano schreibt in seinem Buch, er habe schon viele Länder mit Seen und Wäldern gesehen, doch keines habe ihn so angerührt wie Masuren, dieses weltverlorene Gebiet im Nordosten Polens, wo die Zeit vor hundert Jahren stehen geblieben zu sein scheint. Es passt zu dieser Landschaft, dass sie über keine festgelegten Grenzen verfügt. Masuren, so sagen die meisten Polen, beginne irgendwo zwischen Szczytno und Mrągowo, dort, wo die Hügel buckliger und die Straßen brüchiger werden, wo man sich auf Alleen unter einem Baldachin dichter Baumkronen bewegt – und es dehne sich aus bis Ełk oder Gołdap, vielleicht sogar bis Suwałki.

Weit verstreut liegen Weiler mit backsteinernen Gehöften, auf fast jedem prangt ein Storchennest, das alljährlich im Frühling neu bezogen wird. Fuhrwerke rattern über Kopfsteinpflaster, Hühner und Gänse schnattern am Wegesrand. Hinter morschen Lattenzäunen erblüht ein Wildwuchs aus Astern und Dahlien, auf der Türschwelle sitzt ein altes Mütterchen. Dann wieder verlässt man das Dorf und taucht ein in dunklen Wald, der in Masuren oft »Heide« (Puszcza) genannt wird. Es gibt die Johannisburger, die Borkener und die Rominter Heide, Mischwälder voller Pilze und Beeren, durchzogen von sandigen, zu einsamen Förstereien führenden Wegen.

Bis zum Mittelalter lebten hier die pruzzischen Stämme der Sudauer und Galinder, doch viele Bewohner sind im Kampf gegen die Deutschen Ritter gefallen. Der Orden wollte die »Große Wildnis« als natürlichen Grenzwall gen Süden erhalten und stellte die Schaffung von Dörfern unter Todesstrafe. Erst nach der Auflösung des Ordens trafen Siedler aus dem südlich gelegenen Masowien (poln.: Mazowsze) ein. Sie gaben der Landschaft den Namen »Mazury«, wohnten in Holzhäusern und lebten vom Fischfang und der spärlichen Landwirtschaft. Viel war aus dem Boden nicht herauszuholen; über weite Strecken war er versumpft, Rohstoffe waren Mangelware. Auch unter preußischer Herrschaft war an wirtschaftliche Erschließung nicht zu denken: Masuren lag fern der großen Straßen und Bahnlinien, wurde abgehängt und »vergessen«. Doch das hatte auch sein Gutes: Die Melancholie »unberührter Natur« durfte es sich bewahren.

Bei der Fahrt übers Land leuchten zwischen den lichten Kiefern- und Fichtenwäldern immer wieder kleine und größere Seen auf. Mehr als dreitausend mögen es sein: tief oder flach, mit weißem Sandstrand oder schilfigem Ufer, kilometerlange Schmalspurgewässer oder kugelrunde »Himmelsaugen«. Einige von ihnen, etwa der Śniardwy- oder der Mamry-See, sind so groß, dass sie als »masurische Meere« bezeichnet werden. Bei starkem Wind bilden sie hohe Wellen, die irgendwo am Horizont ans Ufer schwappen. Die meisten Gewässer sind sauber und fischreich; Aal, Zander und Hecht kann man frisch zubereitet oder geräuchert in den Gasthäusern probieren.

◁ *Boote auf der Krutynia*

Das Herz Masurens bildet die Große Seenplatte mit den Ferienzentren Giżycko im Norden und Mikołajki im Süden. Hier sind die Seen perlenförmig aneinander gereiht und durch Kanäle miteinander verbunden – ein Eldorado für Wassersportler aller Art. Ausflugsschiffe der Weißen Flotte schippern von einem See zum nächsten; wer will, kann die ganze Region vom Wasser aus erkunden. Um Unterkünfte braucht man sich keine Sorgen zu machen. 15% der Bewohner leben vom Tourismus, darum ist es selbst im Hochsommer ein Leichtes, ein freies Bett zu finden. Zur Wahl stehen restaurierte Schlösser und Gutshöfe, Hotels und Pensionen, Zeltplätze und »Ferien auf dem Bauernhof«. Allerorten sieht man das Schild »Pokoje wolne« (freie Zimmer), mit deren Vermietung sich die Masuren ein Zubrot verdienen.

Rund um Mrągowo (Sensburg)

Karte: siehe unten
Tipps & Adressen: Sorkwity S. 306, Jędrychowo S. 271, Mrągowo S. 289, Kosewo S. 277, Sądry S. 301, Ryn S. 301

Auf einer Landenge zwischen zwei größeren Seen liegt das Gutsensemble

Die Masurische Seenplatte

Das Wiechert-Museum
Huldigung eines »aufrechten« Autors

Seit mehreren Jahren hat die Förstersfrau von Kleinort (Leśnictwo Piersławek) viel zu tun. Alle paar Minuten hält ein Bus mit zumeist älteren Besuchern aus Deutschland, die zielstrebig auf ihr Haus zusteuern und dabei unentwegt die Kamera zücken. In dem Haus wurde am 18. Mai 1887 der Schriftsteller Ernst Wiechert geboren. »Es war aus roten Ziegeln gebaut«, schrieb er in seiner Autobiografie, »mit einem roten Pfannendach. Auch Waschhaus und Stall, die in einigem Abstand den Hofraum abgrenzten, hatten dasselbe solide Aussehen, und nur die Scheune in ihrem braunen Holzwerk hätte ebenso auf einem Bauernhof stehen können.« Über hundert Jahre sind verstrichen, und man möchte glauben, es habe sich, seit Wiechert hier lebte, kaum etwas geändert: Das Anwesen ist auch heute noch rot geziegelt, es gibt die braune Holzscheune und selbst noch die von Wiechert erwähnte Pumpe, in die irgendwann im Laufe der Geschichte die Worte »Ortelsburg, W. Gallmeister jr.« eingeritzt wurden. Schon die sozialistische Regierung Polens ehrte den Autor mit einer rechts vom Eingang postierten Inschrift. Er sei ein »aufrechter Mensch« gewesen, heißt es, »Gegner des Faschismus und ehemaliger Häftling von Buchenwald«.

Das Haus wurde inzwischen zu einem Museum ausgebaut und macht mit dem

Sorkwity (Sorquitten) **1**, das in pruzzischer Sprache so viel wie »Wächter des Ortes« bedeutet. Die Adelsfamilie von Mirbach erwarb es 1804 und verwandelte es in einen modernen landschaftlichen Betrieb mit Brauerei, Ziegelei und Molkerei. Herzstück des Anwesens war ein Schloss, das Julius Ulrich von Mirbach um 1855 in anglisierender Gotik umbauen ließ. Mit seinen vielen Erkern, Zinnen und Türmen war es eines der originellsten Masurens und wurde Schauplatz festlicher Empfänge und Bälle. Der engagierte Gutsherr avancierte zu einem der engsten Mitarbeiter Bismarcks, für seine kaiserliche Majestät, die ihm 1888 die Grafenwürde verlieh, veranstaltete er Rotwildjagden. Nach 1945 war es mit der feudalen Prachtentfaltung vorbei. Das im Krieg unbeschädigt gebliebene Schloss wurde in ein Ferienheim für Arbeiter der Warschauer Ursus-Werke verwandelt. Heute ist es wieder in private Hand übergegangen, wird schrittweise restauriert und als Hotel genutzt. Von einigen Zimmern schaut man auf den romantischen, von dichtem Schilf umstandenen Lampasz-See (Lampasch-See). Kanuten können von hier zu einer Wochentour nach Mikołajki aufbrechen. Dabei durchqueren sie 18 Seen, passieren das malerische Krutyń und den Masurischen Landschaftspark (s. Tipp S. 188).

Werk des Autors vertraut. Er verbrachte seine Kindheit in Masuren, studierte Germanistik, Anglistik und Naturwissenschaften in Königsberg und arbeitete anschließend als Lehrer. Am Ersten Weltkrieg nahm er als Freiwilliger teil, widmete sich anschließend zunehmend der Schriftstellerei. Begonnen hat er als umstrittener »Heimatdichter«, pries die masurische Scholle als Heilmittel gegen Sittenverfall und großstädtische Dekadenz. In seinem 1920 veröffentlichten Roman »Der Wald« paaren sich schwülstig aufgeladene Naturbilder mit einem Loblied auf die patriarchalischen Werte. Doch mit der Machtergreifung der Nationalsozialisten und der Hexenjagd auf alles vermeintlich Nicht-Deutsche schwenkte Wiechert auf liberalere Positionen ein. Er distanzierte sich von der Blut-und-Boden-Ideologie und gehörte bald zu jenen Schriftstellern, die gegen menschenverachtende Praktiken öffentlich Stellung bezogen. In seiner »Münchener Rede« 1935 propagierte er die innere Emigration als einzig noch mögliche Lebensform – was ihm prompt vier Monate Haft im Konzentrationslager Buchenwald einbrachte.

Seine im nationalsozialistischen Sinn »politisch korrekten« frühen Werke durften freilich weiter erscheinen und füllten gar die Bibliotheksregale jenes Lagers, in dem er einsaß. Seine Gefängniserfahrungen hat er im 1945 publizierten Bericht »Der Totenwald« literarisch verarbeitet. Sein letzter Roman, »Die Jerominkinder« (1947), ist den Bewohnern Masurens gewidmet: ein Loblied auf den Johannisburger Urwald und ein verzweifeltes Ringen um Gott. Am 24. August 1950 starb Wiechert in seinem Schweizer Haus am Zürichsee, in der Zeit des bundesrepublikanischen Wirtschaftswunders geriet er zunehmend in Vergessenheit.

Wiechert-Museum (Izba Pamięci Ernesta Wiecherta), Leśnictwo Piersławek, Mo–Sa 9–17 Uhr (Juni–September), 10–14 Uhr (Oktober–Mai). **Anfahrt:** Von der Straße Mrągowo – Szczytno nach gut 10 km, kurz vor Piecki, links abbiegen, das Forsthaus liegt 2 km weiter zur Rechten.

Auch am nördlich gelegenen Giełąd-See (Gehland-See) gibt es Interessantes zu entdecken. Im Schatten majestätischer Bäume duckt sich eine kleine evangelische Kirche, die als schönstes Beispiel ostpreußischen Dorfbarocks gilt. Der Hochaltar, geschnitzt von einem Königsberger namens Isaac Riga, zeigt Bauern und Fischer in expressiver Gestik und masurischer Tracht; hinter dem Kreuzigungsberg Golgatha kann man mit etwas Fantasie das Sorquitter Schloss ausmachen. Über dem Altar schwebt ein anmutiger Engel, der eine silberne Schale in den Armen hält und meist nur bei Taufen herabgelassen wird. Ist die Kirche verschlossen, so erhält man den Schlüssel im Pfarrhaus gegenüber.

3 km südöstlich liegt das Gut **Jędrychowo** (Heinrichshöfen) 2, das einst zum Besitz des Grafen von Sorkwity gehörte. Das Jagdschlösschen aus dem 18. Jh. ist heute ein »Hotel im Park«. Geleitet wird es von Albrecht von Klitzing, der sich mit der Rückkehr nach Ostpreußen einen lang gehegten Traum erfüllte. Nicht nur die Sehnsucht nach der Landschaft seiner Jugend trieb ihn zurück, sondern auch der Wunsch, die Menschen in Polen besser kennen zu lernen. »Damals lebten wir in Nachbarschaft zu Polen, doch waren wir uns dessen nicht bewusst; nie wurde der Kon-

Mrągowo

takt gefördert.« Gut 1 km weiter, im Camp Rodowo, wird gleichfalls an Völkerverständigung gearbeitet. »Alte Vorurteile abbauen und überholte Vorstellungen revidieren«, heißt es in der Internationalen Jugend- und Bildungsstätte programmatisch. In einem vorbildlich restaurierten masurischen Gehöft treffen sich junge Deutsche und Polen zu Workshops und Seminaren; das mehrwöchige Zusammenleben soll den Gemeinschaftsgeist stärken.

Mit 23 000 Einwohnern größte Stadt weit und breit ist **Mrągowo** (Sensburg) 3. Sie liegt zwischen den beiden Seen Czos und Juno und ist dank mehrerer Hotels und Pensionen ein beliebter Ausgangspunkt zur Erkundung Masurens. Der deutsche Ortsname stammt vermutlich von einer hölzernen »Seeburg«, die hier 1348 von Ordensrittern errichtet und bis Anfang des 16. Jh. gehalten wurde. Die in kriegerischen Auseinandersetzungen immer wieder gebeutelte, 1822 durch einen Brand zerstörte Stadt blieb nach dem Ersten Weltkrieg aufgrund einer Volksabstimmung bei Deutschland und fiel nach 1945 an Polen. Nun erhielt sie auch den heute gültigen Namen Mrągowo. Die Bezeichnung huldigt dem Patrioten Krzysztof Celestyn Mrongowiusz (1764–1855), der sich zeitlebens für das »Masurische« stark gemacht hat.

Heute präsentiert sich Mrągowo als geschäftiges Städtchen mit zwei Kirchen und stattlichen Bürgerhäusern, in der Roosevelt-Straße sieht man einen Kornspeicher aus dem 18. Jh. Das Rathaus beherbergt ein Museum mit Kunsthandwerk, Ikonen und Fotos, im angrenzenden Fachwerkhaus ist dem Schriftsteller Ernst Wiechert (s. Thema S. 180) eine

Ausstellung gewidmet. Vom Rathaus hat man einen schönen Blick über die Parkanlagen hin zum Czos-See, gegenüber, am bewaldeten Ostufer, liegen alle wichtigen Unterkünfte der Stadt. Während der Festivals im Sommer sind sie meist ausgebucht. Tausende von Besuchern kommen zum Country Picknick im Juli und beschwören den American Way of Life; schrill und laut ziehen Paraden berittener Cowboys durch die Stadt, an allen Ecken hört man Country-Musik im Stil von Johnny Cash. Einige Wochen später, beim Kresy-Festival, erklingen andere Töne. Die Festteilnehmer sind in Trachten geschmückt und spielen Folklore aus Polens »verlorenen Ostgebieten«; dazu gibt es ungewohnte Leckereien wie *Kibiny, Czinaki* und *Kindziuki*.

Wer sich für Hirsche interessiert, kann einen Abstecher nach **Kosewo** (Kossewen) 4 einige Kilometer weiter südöstlich machen, von wo aus eine Nebenstraße zur Hirschfarm der Polnischen Akademie der Wissenschaften führt. Seit 1984 werden auf dem 200 ha großen Gehege alle in Polen vertretenen Hirscharten erforscht, darunter Rot- und Damhirsch, Elch und Sikahirsch sowie der »exotische« Milu mit abgestumpftem Geweih. Auch gibt es Hunderte von Rehen sowie das Mufflon, das gut an seinen Rundhörnern zu erkennen ist. Im Museum kann man eine imposante Sammlung von Hirschgeweihen sehen, dazu erstklassige Tierfotos und eine mit Naturklängen untermalte Dia-Show.

Auf halbem Weg von Mągrowo nach nach Ryn lohnt ein Halt in **Sądry** (Zondern) 5, wo Krystyna Dickti und ihr Mann ein masurisches Museum eröffnet haben. Mit Unterstützung der Dorfbewohner, die viele Stücke gestiftet haben, richteten sie eine Bauernkate ein, »wie sie die Großeltern besaßen«. Da gibt es eine Wiege und ein stattliches Ehebett, naive Heiligenbilder, Kaffeemühlen und schönste Bunzlauer Keramik. Die Führung übernimmt Frau Dickti, die sich einer bilderreichen Spra-

Ein Paradies nicht nur für Segelfreunde: die Seen rund um Mikołajki

che bedient und zu jedem Gegenstand eine interessante Geschichte zu erzählen weiß. In der Scheune setzt sich der Rundgang fort. Dort sind Bauernkutschen und -schlitten ausgestellt, dazu Geräte wie »Schweinedämpfer«, »Kleereiber« und »Hungerharke«. Am Stall vorbei, in dem kolossale Mastschweine stehen, geht's ins Café, wo Frau Dickti frischen Streuselkuchen und selbst gebrannten Bärenfang serviert.

Seit **Ryn** (Rhein) 6 ein Kurort ist, wird emsig gebaut. Die Ordensburg, 1377 von Hochmeister Winrich von Kniprode errichtet, wird derzeit von einem Privatmann in ein Nobelhotel verwandelt. In ihrem Schatten entstand ein neues Rathaus, manch ein Bürgerhaus erhielt eine backsteinerne Fassade in historisierendgotischen Stil. Die schöne Lage über dem Ryńskie-See, der über das Talter Gewässer (Jezioro Tałty) bis zum »masurischen Meer« bei Mikołajki reicht, lockt immer mehr Paddler an, die hier noch viel Einsamkeit finden.

Mikołajki (Nikolaiken) und die Johannisburger Heide

Karte: S. 179
Tipps & Adressen: Mikołajki S. 287, Iznota S. 270, Kadzidłowo S. 272, Krutyń S. 279, Wojnowo S. 323, Ruciane Nida S. 299, Pisz S. 295, Miłki S. 288, Rydzewo S. 300

Unter der Stadtbrücke von **Mikołajki** (Nikolaiken) 7 schwimmt der »Stinthengst«, ein 3 m langer Plastikfisch mit bemooster Krone und aufgerissenem Maul. Wohl jedes masurische Schulkind kennt die Geschichte von diesem gewaltigen Tier, das so viel Leid über die Vorfahren gebracht hat. Immer wieder zerschnitt es mit seinen scharfen Flossen die ausgeworfenen Netze, brachte Boote zum Kentern und machte die Fischer zu Hungerleidern. Erst nach vielen verlustreichen Jahren gelang es diesen, den »Hengst« einzufangen und an Land zu ziehen. Der schnappte verzweifelt nach Luft und versprach, den Fischern alle Wünsche zu erfüllen, wenn sie ihn nur wieder in den See schlüpfen ließen. Und täten sie es nicht, so fügte er als Drohung hinzu, so müssten sie verhungern, denn alle Fische würden sterben. Da berieten sich die Fischer lange Zeit und fällten ein salomonisches Urteil. Sie töteten ihn nicht und ließen ihn nicht frei. Der Stinthengst ward ins Wasser geworfen und als schwimmendes Mahnmal fest an den Brückenpfeiler gekettet. Und dort liegt er noch heute, kann nun keinen Schaden mehr anrichten. Derweil fahren die Fischer alltäglich hinaus und machen ungestört Beute. Nur einmal im Jahr, beim großen Stadtfest Ende Juni, erinnern sie sich seiner, schlüpfen in historische Kostüme und feiern den Triumph über den einstigen Gegner.

Mikołajki verdankt seinen wohl klingenden Namen dem heiligen Nikolaus, dem Beschützer aller Fischer und Segler. Der Ort liegt am Zusammenfluss der beiden Seen Tałty und Bełdany, und südöstlich öffnet sich der riesige Śniardwy-See (Spirding-See). Mehrere Brücken, vorgelagerte kleine Inseln und eine Uferpromenade haben ihm den Beinamen »masurisches Venedig« eingebracht. Nach Sonnenuntergang schaukeln die Boote im romantischen Licht der Stegbeleuchtung, Fremde und Einheimische treffen sich auf der Terrasse der Segler-Kneipe zu einem Glas Bier.

Vorerst ist hier noch alles ruhig und überschaubar, doch das könnte sich in den kommenden Jahren ändern, denn der Ort sucht seine Zukunft in der Vermarktung all dessen, was schön ist. Es werden Pläne geschmiedet, ihn an allen Fronten zu modernisieren und zu einer touristischen Hochburg auszubauen. Bisher gab es nur den Betonklotz Gołębiewski, ein Tausend-Betten-Haus an der Straße nach Mrągowo sowie ein kleineres Hotel nebst Gästehäusern und Pensionen im Zentrum des Orts. Nun geht es darum, zahlungskräftige Gäste aus dem In- und Ausland anzulocken, die nicht nur im Sommer, sondern das ganze Jahr über kommen.

In der Altstadt sind bereits die ersten Veränderungen sichtbar. Zwischen Fußgängerbrücke, Hafen und Markt entstanden Häuser aus Backstein und Fachwerk, die mit ihren herabgezogenen Satteldächern, Erkern und Balkonen einer mittelalterlichen Stadt nachempfunden sind. Im Erdgeschoss der Fußgängerzone findet man in Boutiquen importierte Lifestyle-Produkte der westlichen Welt, derweil am Busbahnhof einige Schritte entfernt alte Mütterchen – wie lange noch? – ihre im Wald gesammelten Pilze anbieten.

Zu den wenigen Sehenswürdigkeiten der Stadt gehört die am See gelegene Evangelische Kirche (Parafia Ewangelicko Augsburgski), die 1842 nach einem Entwurf von Karl Friedrich Schinkel errichtet und 1880 mit einem hohen Kirchturm geschmückt wurde. Dank großzügiger Zuschüsse der Stiftung für deutsch-polnische Zusammenarbeit wurde sie renoviert, präsentiert sich nun auch innen hell und elegant. Blickfang ist das weiße Gestühl mit gold abgesetzten Lehnen, über das sich eine hölzerne Kassettendecke spannt.

Das Gymnasium der Stadt trägt den Namen der deutschen Publizistin Marion Gräfin Dönhoff und wurde nach der Wende von 1989 von einer Elterninitia-

Riesenhafte Figuren aus Holz ›bewohnen‹ den »Masurischen Garten Eden« in Iznota

tive als Privatschule gegründet. Um überregional bekannt zu werden, wählte man die Gräfin als Symbol, da sie sich stets für eine Verständigung zwischen Polen und Deutschen engagiert hat. Seit die Schule in einen Neubau umgezogen ist, dient das alte Gymnasium als Masurisches Zentrum mit einer Ausstellung zu Geschichte der Region. Ein deutschsprachiger Dokumentarfilm schlägt eine Brücke vom Ostpreußen der Vorkriegszeit bis zur Gegenwart.

Die meisten Besucher freilich treibt es in die »freie« Natur. Sie starten zu einer Segeltour über die masurischen Seen und Kanäle oder machen es sich auf den Ausflugsschiffen gemütlich, fahren nach Giżycko oder Ruciane Nida. Radfahrer schätzen die Nähe zum **Masurischen Landschaftspark** (Masurski Park Krajobrazowy). Dieser beginnt im Westen mit dem Mokre-See (Mukker-See) und schließt im Osten den Śniardwy-See ein. Innerhalb des Parks wurden mehrere Reservate eingerichtet, in denen sich Flora und Fauna geschützt entfalten können. Am kreisrunden, von der UNESCO zum Biosphärenreservat erklärten Łuknajno-See (Lucknainer See) nisten Hunderte von Stummschwänen, und wer aufmerksam ist, entdeckt Biber, Reiher und Kraniche. Auf der nahe gelegenen Halbinsel Popielno betreibt die Polnische Akademie der Wissenschaften eine Forschungsstation für Tarpane. Als man dort Ende der 1960er Jahre mit der Arbeit begann, galten die kleinen Pferde fast als ausgestorben. Mittlerweile konnten bereits einige der neu gezüchteten Tiere das Gehege wieder verlassen, um sich auf freier Wildbahn zu behaupten.

An der Mündung der Krutynia (Krutinna) in den Bełdany-See, erreichbar über eine ab Nowy Most ausgeschilderte Piste, lohnt der Abstecher zu einer der besten Ferienanlagen der Region, dem »Masurischen Garten Eden« (Mazurski Eden). **Iznota** (Isnothen) **8** heißt der Weiler, in dem die Welt auf den ersten Blick ein wenig »verkehrt« scheint: Baumwurzeln tanzen in der Luft, die Kronen stecken tief im sumpfigen Boden. Schöpfer der ungewöhnlichen »Alleen« ist die Familie Kubacki, die auch das Hotel betreibt. Riesige, aus Baumstämmen geschnitzte Krieger bewachen das einer Holzfestung nachempfundene Anwesen. Sie erinnern an die Galinder, einen pruzzischen Stamm, der im späten 14. Jh. von den deutschen Ordensrittern zum Christentum gezwungen wurde. Und auch im Innern des Hauses wirkt vieles archaisch: Man läuft über von Kerzen beleuchtete Gänge, das Restaurant wurde als Drachengrotte gestaltet. Der Hotelbesitzer, ein Arzt, der sich gern als Nachkomme galindischer Fürsten vorstellt und als Izegus II. ansprechen lässt, trägt zu festlichem Anlass gern die Tracht der Ureinwohner und führt seine Besucher zu einem pruzzischen Gräberfeld in der Nähe des Sees.

An der Straße nach Ukta, noch mitten im Wald, weist ein Schild nach **Kadzidłowo** (Einsiedeln) **9**. Wo einst orthodoxe Bauern ein Einsiedler-Dasein fristeten, hat sich der Biologe Andrzej Krzywiński einen Kindheitstraum erfüllt: Er hat ein großes Gehege eingerichtet, in dem fast alle Säugetiere Masurens in trauter Eintracht leben. Da gibt es zahme Hirsche, die sich streicheln lassen, grunzende Wildschweine und ein paar graue Wölfe. Mit etwas Glück begegnet man auch dem scheuen Elch, der auf zarten langen Beinen seinen mächtigen Körper trägt, und macht Bekanntschaft mit Bibern und Fischottern. Nach der Besichtigungstour stärkt man sich in einem Gasthaus. Frei übersetzt lautet sein

Auf der Krutynia
Polens schönste Paddeltour

Für Besucher der Masuren ein unbedingtes Muss: eine Bootstour auf der Krutynia

Fast alle Urlauber besteigen das Boot in Krutyń oder Zgon und geben sich mit einem Halbtagesausflug in den Masurischen Landschaftspark zufrieden – doch man könnte das Vergnügen auch auf eine volle Woche ausdehnen. Denn so lange braucht man für die 100 km lange Strecke von Sorkwity nach Mikołajki. Dabei passiert man mehr als ein Dutzend Seen, der Fluss schlängelt sich durch die naturbelassene Landschaft. Ein guter Wegbegleiter ist die Karte »Große Masurische Seen« (Maßstab 1:100 000), in der sowohl die Paddelroute als auch alle Herbergen und Zeltplätze eingetragen sind.

Die meisten Herbergen befinden sich in so genannten »Wasserquartieren« (Stanica Wodna), in denen man auch verpflegt wird. Eine dieser insgesamt zehn Stationen ist das auf einer Landenge zwischen zwei Seen gelegene Zgon. Sein masurischer Name (Sgonn = Hirsche treiben) rührt aus preußischer Zeit, als man hier das Wild zusammentrieb, auf dass sich der jagdlüsterne König das schönste Tier zum Abschuss aussuchte. Von Zgon fährt man über den Mokre-See (Mucker-See), vorbei an schwimmenden Inseln und an einem Reservat mächtiger, hundertjähriger Kiefern. Über den Krutyńskie-See (Krutinnen-See) erreicht man den gleichnamigen Ort, wo im Sommer jeden Tag Hunderte von Kanuten »zusteigen«. Krutyń ist die heimliche »Hauptstadt« des Masurischen Landschaftsparks: mit mehreren Bootsstationen, Lokalen und schönen Pensionen. Unmittelbar südlich des Dorfs beginnt die attraktivste Paddel-Etappe. Der Fluss gleitet durch ein grünes Verlies dichter Baumkronen, meterlanges Seegras wird von der Strömung durchkämmt. Das Wasser ist so klar, dass man die auf dem Grund kriechenden Flusskrebse erkennt. Mit jeder Biegung bietet sich ein neuer, noch schönerer Blick: sumpfige Wiesen, auf grünen Koppeln weidende Pferde. In Wojnowo könnte man eine Pause einlegen und das Kloster der Altgläubigen (s. S. 190) besuchen; danach geht's durch eine offene, anmutige Landschaft weiter. Für viele endet die Tour in Ukta – das Boot wird von den Verleihern zum Ausgangspunkt in Krutyń oder Zgon zurückgebracht.

Auf der Krutynia

Name: »dort, wo der Hund begraben ist« *(Oberża pod Psem).*

Über das Dorf Ukta, das der hier geborene Fernsehjournalist Klaus Bednarz in seiner Reportage »Fernes nahes Land« verewigt hat, gelangt man nach **Krutyń** (Krutinnen) [10], dem Zentrum des Naturtourismus. Der sich durch ein Dickicht schlängelnde Fluss, die Krutynia (Krutinna), präsentiert sich auf der Folgestrecke von seiner schönsten Seite. Im Sommer sind fast 300 Paddelboote im Einsatz, um die begeisterten Besucher nach Ukta zu schaukeln – eine herrliche Eintagestour, wobei der Rücktransport von den Veranstaltern bestens organisiert ist. Die Dörfler freuen sich über den Besucherandrang. Sie betreiben Unterkünfte, Restaurants und Bootsverleihstellen, einige von ihnen betätigen sich gar als Gondolieri: Kraftvoll stechen sie eine Stange in den Flussgrund und stoßen das Boot von ihr ab.

Wer es einrichten kann, sollte nach Krutyń in der Nebensaison kommen, denn dann findet man in den Pensionen problemlos ein Zimmer und muss nicht Schlange stehen, um ein Boot zu ergattern. Die Marktleute lassen ihre Ware unbewacht auf dem Dorfplatz stehen und kommen erst aus dem Haus, wenn Schornsteinrauch der Lokale das Nahen einer Busgruppe ankündigt. Im Herbst kann man Störche beobachten, die den Abflug gen Süden verpasst haben und nun traurig durch die Straßen staksen. Immerhin brauchen sie in Krutyń den Winter nicht zu fürchten, denn die Mitarbeiter des Masurischen Landschaftsparks kümmern sich um ihre Verpflegung und richten für sie Schlafstellen z. B. in Hühnerställen ein. Im Büro des Parks erhalten Besucher Materialien zum Naturschutzgebiet und zu den klug ausgearbeiteten Lehrpfaden; diese führen zu morastigen Seen und schwimmenden Inseln sowie zu Tierbeobachtungsstationen. Im angeschlossenen Naturkundemuseum werden Flora und Fauna sowie archäologische Exponate vorgestellt.

Einen Ausflug wert ist **Wojnowo** (Eckertsdorf) [11], wo man noch etwas von der versunkenen Welt altrussischer Gläubiger erspüren kann. Es handelt sich hier um eines von elf Dörfern, die um 1830 von den »Philipponen« in Masuren gegründet wurden. Aus Russland hatten sie fliehen müssen, weil sie nicht bereit waren, den Zaren als obersten Kirchenherrn zu akzeptieren. Preußenkönig Friedrich Wilhelm III. gewährte ihnen Religionsfreiheit, machte ihnen aber zur Auflage, den »unbebauten, unkultivierten Boden im Krutinner und Nikolaiker Forst« urbar zu machen. Die Einsiedlerorte im Wald entsprachen dem Bedürfnis der Altgläubigen nach Einsamkeit, in Klostergemeinschaften wappneten sie sich gegen die feindliche Natur. Das bis heute erhaltene altgläubige Kloster steht westlich der Straße am Ufer des Duś-Sees und wird von einem Küster sowie der letzten von ehemals 25 Nonnen bewohnt. Gegen ein geringes Entgelt wird der Altarraum der Kapelle geöffnet, wo man silberne Weihrauchschwenker und abgewetzte Orientteppiche sowie eine Vielzahl vergoldeter Heiligenbilder sehen kann. Der Gläubige, hungrig nach mystischer Offenbarung, soll sich in den Anblick der Ikonen versenken, seine Seele für die aus den Bildern zu ihm sprechende Schönheit öffnen. Prosaischer geht es auf der gegenüberliegenden Seite der Kapelle zu. Mehrere »Klausen« wurden in schlichte Gästezimmer verwandelt, in denen der müde Wanderer sein Haupt betten kann. Hinter dem Gotteshaus liegt der Friedhof, an jedem Grab ist ein Kreuz mit den drei Querbalken der Or-

Die russisch-orthodoxe Kirche in Wojnowo

thodoxen in die Erde gerammt. Darauf stehen in kyrillischer Schrift die Namen all jener Nonnen, die hier seit 1836 gewirkt haben.

Östlich der Straße und schon von weitem sichtbar befindet sich die so genannte »Weiße Kirche« (Biały Kościół): eine blau-weiße Kapelle auf saftig-grüner Wiese mit Zwiebelkuppel und Glockenstuhl. Sie wurde 1922 erbaut, nachdem mehrere Familien der Altgläubigen zum griechisch-orthodoxen Ritus konvertierten. Zwar wurden die kostbarsten Ikonen nach Lidzbark Warmiński überführt, gleichwohl lohnt ein Blick in dieses mystische Gotteshaus. Sollte es verschlossen sein, bekommt man den Schlüssel bei der Kirchendienerin im Haus schräg über die Straße.

Wichtige Auto- und Wasserstraßen führen nach **Ruciane Nida** (Rudczanny-Niedersee) 12. Die kleine Touristenstadt, die aus zwei weit auseinander liegenden Ortsteilen besteht, erstreckt sich zwischen den Seen Nidzkie (Nieder-See) und Guzianka (Guschiener See). Attraktiver ist Ruciane, wo sich längs der Bahnhofsstraße eine Einkaufs- und Flaniermeile etabliert hat. Hier befinden sich auch die Anlegestellen der Weißen Flotte und der große Jachthafen. Über die 1,5 km lange, von Unterkünften gesäumte »Ferienallee« (al. Wczasów) gelangt man nach Nida. Seit dort in den 1990er Jahren eine Papierfabrik schließen musste, sind viele Menschen arbeitslos; sie leben in rings ums Zentrum aufgezogenen Plattenbauten.

Unmittelbar vor den Toren der Stadt beginnt die **Johannisburger Heide** (Puszcza Piska), ein 1000 km² großes Waldgebiet mit Mooren und Sümpfen, reich an Fichten und Kiefern, doch gibt es auch alte Eichen, Linden, Eiben und Weißbuchen. Im dichten Unterholz wuchern Heidel- und Preiselbeeren, im Herbst sprießen allerorts Steinpilze und Pfifferlinge. In weitem Bogen zieht sich

Am Orzysz-See

der Nidzkie-See durch die Landschaft, zwei Dörfer und eine Handvoll Förstereien sind weit und breit die einzigen Zeichen von Zivilisation.

Nach einer Fahrt durch einsame Natur wirkt die Ankunft in **Pisz** (Johannisburg) 13 eher ernüchternd. Die Stadt, die dem herrlichen Wald seinen Namen gab, wurde im Zweiten Weltkrieg stark zerstört, nur der Marktplatz hat die Kämpfe halbwegs unversehrt überstanden: Inmitten grauen Betons behaupten sich einige Bürgerhäuser sowie das Rathaus mit einem Naturkundemuseum. Dort erfährt man u. a., dass »Pissa« in der pruzzischen Sprache »Sumpf« bedeutete, eine Anspielung auf den morastigen Boden rund um die Stadt. Westlich des Marktplatzes steht die Johanniskirche, das größte, im Fachwerkstil erbaute Gotteshaus Masurens mit schöner barocker Kanzel. Sein Turm stammt von 1739 und ist von einer hölzernen, achteckigen Laterne geschmückt.

Über **Orzysz** (Arys), eine verkehrsreiche Stadt ohne architektonischen Reiz, gelangt man in den Gemeindeort **Miłki** (Milken) 14, vor allem beliebt aufgrund seiner Lage nahe dem Buwełno-See (Martinshagener See), einem masurischen Juwel, das sich auf 8 km Länge durch die sanft gewellte Landschaft zieht. Der See besitzt weit und breit das sauberste Wasser und folglich auch Fische von bestem Geschmack. Probieren kann man sie in der »Alten Schmiede«, einem urigen, vom offenen Feuer rußgeschwärzten Gasthaus oder ein Stück weiter südlich bei »Teresa« am Ortseingang von Marcinowa Wola. Das zugehörige Hotel ist das beste weit und breit, direkt am Wasser und mit eigenen Booten.

Gleichfalls noch ruhig ist das Leben in **Rydzewo** (Rydzewen) 15, einem idyllischen Dorf am Ufer des Niegocin-Sees (Löwentin-See). Im Schatten der aus Feldstein erbauten Pfarrkirche steht das

Gasthaus »Zum Schwarzen Schwan« (Pod Czarnym Łabędziem), davor ein Campingplatz und ein kleiner Jachthafen. Mit dem Boot kann man verschwiegene Buchten erkunden oder aufbrechen zur Tagestour nach Giżycko. Für alle, die länger im Ort bleiben wollen, empfiehlt sich der »Masurische Hof« (Zagroda Mazurska), eine der besten agrotouristischen Adressen der Region.

Giżycko (Lötzen) und der Mamry-See

Karte: S. 179
Tipps & Adressen: Giżycko S. 267, Trygort S. 315, Węgorzewo S. 321, Gołdap S. 269

Giżycko (Lötzen) 16, die nordmasurische »Sommerhauptstadt«, liegt auf einem Landstreifen zwischen den beiden großen, durch einen Kanal verbundenen Seen Kisajno (Kissain) und Niegocin (Löwentin). Das Stadtbild ist von Handel und Tourismus geprägt, es gibt viele Unterkünfte und Lokale, Reisebüros und Sportbetriebe. Besonders im Sommer herrscht reges Treiben. Am Kai reihen sich Fischgrillstände aneinander, Bands spielen auf der Promenade und auf alten Windjammern.

Als wichtigste Einkaufsstraße präsentiert sich die ul. Warszawska. Besonders schön ist sie nicht, aber immerhin bieten die Läden ein im Vergleich zu anderen masurischen Orten umfangreiches Sortiment. Der angrenzende Grunwald-Platz rahmt einen Grünstreifen ein und ist von behäbigen Bürgerhäusern gesäumt. Früher stand hier das Abstimmungsdenkmal: 99,97% der Bevölkerung hatte 1920 für die Zugehörigkeit des Kreises zu Deutschland gestimmt. Daran erinnert bis heute die in V-Form verlaufende Baumgruppe (V = Victory), deren Spitze auf die evangelische Pfarrkirche an der Ostseite des Platzes weist. Sie wurde von Karl Friedrich Schinkel entworfen, ist schlicht und von einem Turm dominiert. Im strahlend hellen Innenraum trifft sich am Sonntagmorgen die evangelische Gemeinde zum deutschsprachigen Gottesdienst, abends werden in den Sommermonaten Orgelkonzerte gegeben.

Die Geschichte der Stadt reicht bis ins frühe 14. Jh. zurück, als der Deutsche Orden auf der strategischen Landzunge zwischen den beiden Seen das alte Kastell der Pruzzen zerstörte und eine neue Burg errichtete. Sie wurde später mehrfach umgebaut, heute ist von ihr nur ein Flügel erhalten, der aber nicht zur Besichtigung freigegeben ist: Von der Fassade blättert der Putz, die eleganten Renaissance-Giebel zerbröckeln. Gleich neben der Ruine befindet sich eine der inzwischen seltenen, noch von Hand betriebenen Schwenkbrücken; sie spannt sich über den Kanal zwischen dem Kisajno- und dem Niegocin-See.

Noch gut in Schuss ist die 500 m westlich gelegene Festung Boyen, die ab 1844 als Bollwerk gegen Russland entstand und nach dem preußischen Kriegsminister General Hermann von Boyen benannt ist. Ihre Feuerprobe bestand sie im Jahr 1914, als sie wochenlang den Angriffen russischer Truppen trotzte. Auf einem sternförmigen Grundriss erheben sich über 2 km lange Wälle, deren Ecken von Basteien und turmartigen Toren geschützt sind. Man kann hinaufsteigen und einen Spaziergang auf den Wällen unternehmen. Im Hauptgebäude sind heute die Jugendherberge und eine Freilichtbühne sowie Ausstellungsräume und Klubs untergebracht.

Giżycko bietet gute Bedingungen für Segler, Surfer und Kanuten. Seit die

Die Masuren

Wer Krystyna Dickti in ihrem Museum in Sądry (s. S. 184) besucht, begegnet einer echten Masurin. Zeitlebens hat sie in der Gegend gelebt, erst unter den Deutschen, dann unter den Polen. Polnisch spricht sie in einem eigentümlichen Dialekt, und auch ihr Deutsch klingt ein wenig skurril. Fast glaubt man sich in eine von Siegfried Lenz' Geschichten aus »So zärtlich war Suleyken« versetzt. Da werden Artikel vertauscht und die Worte im Satz verstellt, männliche Gäste unumwunden mit »Herrchen« und weibliche mit »Damchen« angesprochen. Vom »Schweinchen« im Stall ist die Rede, einem zwei Zentner schweren Geschöpf, aus dem »leckere Leberwürstchen« entstehen und vom »Herrgottchen«, der schützend seine Hand über den Hof legt. Frau Dickti ist eine von ca. 10 000 alteingesessenen Masuren – bis in die mittelalterliche Ordenszeit muss man zurückgehen, um ihre Geschichte darzustellen.

Das eroberte Pruzzenland, so ein Chronist Ende des 13. Jh., sei »wüst und leer«. Die Galinder und Sudauer, zwei der insgesamt elf pruzzischen Stämme, die in der Großen Wildnis gelebt hatten, waren im Namen des Kreuzes getötet bzw. vertrieben worden. Nur eine Handvoll Namen erinnert noch an sie, so die durch die Johannisburger Heide fließende Galinde, die Orte Gołdap, Szczytno und Sorkwity. Lange Zeit blieb die Gegend unbesiedelt; mit ihrem schwer zugänglichen Wald- und Sumpfdickicht bildete sie an der Südflanke des Ordensstaats einen natürlichen Wall gegen Polen. Nur an strategisch wichtigen Punkten entstanden befestigte Orte, darunter Ortels- und Angerburg, Sens- und Johannisburg, bewohnt von ergebenen, deutschen Untertanen.

Erst im 15. Jh., als der Ordensstaat militärisch besiegt und in seiner Ausdehnung geschrumpft war, machte man sich daran, auch die Ressourcen der »Großen Wildnis« zu nutzen. Tausende polnischer Bauern aus dem südlich angrenzenden Masowien wurden angeworben, um das Land zu erschließen. Diese brachten einen altpolnischen Dialekt mit, den sie allmählich mit deutschen Lehnwörtern durchsetzten. Als Bauern und Fischer fristeten sie eine karge Existenz und traten 1525 – wie alle übrigen Bewohner des zum

---

Kläranlage fertig gestellt ist, ist auch am Niegocin-See das Baden wieder möglich. Schiffsausflüge führen zum Kisajno-See mit seinen vielen kleinen, unter Naturschutz stehenden Inseln, über Sztynort nach Węgorzewo oder durch Kanäle nach Mikołajki und Ruciane Nida. Im Winter finden auf den zugefrorenen Seen und Kanälen Eissegelwettbewerbe statt.

Nördlich von Giżycko greift der Mamry-See (Mauer-See) mit mehreren

preußischen Herzogtum säkularisierten Ordensstaats – zum Protestantismus über. Später gesellten sich zu ihnen religiös Verfolgte aus ganz Europa. Es kamen holländische Mennoniten und Calvinisten, französische Hugenotten und Salzburger Protestanten, polnische und litauische Arianer, schließlich auch russische Altgläubige.

Mit der Gründung des Deutschen Reichs 1870 wurde das gleichberechtigte Neben- und Miteinander der Ethnien und Konfessionen aufgehoben. Das Deutschtum wurde gestärkt, in Schule, Kirche und Amt war es nicht länger opportun, eine andere als die deutsche Sprache zu benutzen. Wie erfolgreich die Germanisierungspolitik war, enthüllt die Statistik: Gaben 1890 noch 80% der Masuren an, vorwiegend polnisch zu sprechen, so stellten sich 35 Jahre später die Verhältnisse andersherum dar: Nun waren es 80%, die Deutsch als Muttersprache angaben. Und wie sehr sich diese als Deutsche definierten, erkannte man daran, dass bei dem vom Völkerbund nach dem Ersten Weltkrieg durchgeführten Plebiszit 97,5% für den Verbleib beim Deutschen Reich stimmten – für viele Polen ein »unverzeihlicher Verrat«, der mit der »falschen« Religionszugehörigkeit erklärt wurde. Unter den Nationalsozialisten wurde die Germanisierungspolitik forciert, alles »Masurische« war ihnen ein Dorn im Auge. Nun war es verboten, öffentlich polnisch zu sprechen, alle slawisch klingenden Ortsnamen wurden eingedeutscht. So wurde aus Sgonn Hirschen, aus Rydzewen Rotwalde, und Schimonken wurde gar in Schmidtsdorf verwandelt.

Nach dem Zweiten Weltkrieg hatten die Masuren abermals Gelegenheit, sich zum Polentum zu bekennen. Wer einen slawischen Namen besaß bzw. ein wenig polnisch sprach, durfte in dem Land, das nun zu Polen gehörte, bleiben und Haus und Hof behalten. Immerhin waren es rund 120 000 Masuren, die die »Verifizierungsprobe« bestanden. Schon wenige Jahre später verzichteten allerdings viele von ihnen auf das »Privileg« der polnischen Staatszugehörigkeit: Als in Westdeutschland das Wirtschaftswunder einsetzte, stellten sie einen Ausreiseantrag und siedelten im Rahmen der Familienzusammenführung in die Bundesrepublik über.

Diejenigen, die im Land blieben, dürfen sich seit 1990 offiziell als Mitglieder der deutschen Minderheit definieren. Viele von ihnen sind in Gesellschaften organisiert, die Namen tragen wie »Elch« und »Bärentatze«, »Heimat« und »Herder«. Und so lebt es wieder fort, das Völkergemisch dieser Region: mit einer Mischkultur aus polnischen Nach- und deutschen Vornamen, polnischer Sprache und deutscher Schrift, polnischen Sprichwörtern und deutschen Liedern, slawischer Religiosität und evangelischem Glaubensbekenntnis. »Ich bin kein Pole«, sagen die Masuren, »ich bin kein Deutscher! Ich bin Masure!«

Armen weit in die Landschaft. Seine Ufer sind dicht bewaldet, doch hier und da eröffnen Wiesen den Blick auf die riesige Wasserfläche. »Tausende von Enten«, schreibt Marion Gräfin Dönhoff in ihrem Buch »Kindheit in Ostpreußen«, bevölkerten den See, dazu »Blesshühner, Rohrdommeln, Kormorane, Wildgänse, Schwäne, gelegentlich auch Seeadler«. Und sie weiß Geschichten zu erzählen, die dem Mamry-See eine »unheimliche, fast magische Note«

verleihen. Heute ist es vor allem ein Ort, der »geisterhaft« wirkt: das in herrlicher Lage hoch auf einer Landzunge thronende **Schloss Sztynort** (Steinort) 17. Einst »der schönste Besitz in Ostpreußen«, präsentiert es sich heute als Ruine von morbider Pracht: Die wuchtigen Türme drohen einzustürzen, Türen und Fenster sind vernagelt, und vom geschnitzten Hauptportal blättern die Späne. Fast ein halbes Jahrtausend gehörte das Schloss der Familie Lehndorff, die manch einen Reichsgrafen, Fürstbischof und königlichen Befehlshaber gestellt hat. Im frühen 16. Jh. kam sie von Königsberg hierher und erhielt »die große Wildnis am See« als Geschenk vom Deutschen Orden. Das vom Grafen Lehndorff errichtete Schloss wurde von den Tataren 1656 eingeäschert, 40 Jahre danach war es im Stil des Barock wiedererrichtet. Die Familie residierte hier bis zum Einmarsch der Roten Armee 1945. Letzter Schlossherr war Heinrich Graf von Lehndorff, der für seine Beteiligung am Hitler-Attentat 1944 in Berlin-Plötzensee hingerichtet wurde. Sein Erbe war Hans Graf von

Am Mamry-See

Lehndorff, der sich in seinem Buch »Menschen, Pferde, weites Land« an den verlorenen Ort der Vorfahren erinnert: »Die Jahrhunderte verschmolzen an dieser Stelle zu einem Stück Ewigkeit, jener Ewigkeit, darin sie geborgen und aufgehoben sind und in die sie zurückkehren.« Aus der Rückkehr ist bislang nichts geworden: Das Schloss verfällt, kein Investor, nicht einmal ein Lehndorff, findet sich bereit, die für die Restaurierung nötigen Gelder locker zu machen. Auch der Park ist verwildert, bis heute erhalten blieben ein klassizistischer Gartenpavillon (18./19. Jh.), eine neugotische Kapelle (19. Jh.), ein Jagdhaus und Wirtschaftsgebäude. Herrscht im Geisterschloss eine Stimmung trägen Verfalls, so geht es derweil am Fuße des Hügels quicklebendig zu: Segler treffen sich in der Taverne Zeza auf ein kühles Bier und verschmausen Riesenportionen deftiger Piroggen.

Am sumpfigen Nordwestufer des Mamry-Sees hat die nationalsozialistische Führung in den Jahren 1942 bis 1944 kleine Bunker errichtet, die sie bei ihrem Rückzug zu sprengen vergaß. Die mittlerweile bemoosten Ungetüme stehen mitten im Wald, der Zugang ist nicht ausgeschildert. Wer sie in Augenschein nehmen möchte, fährt am Westufer des Sees entlang und biegt an einem Gehöft kurz vor dem Weiler Przystań rechts ein. 200 m später kommt er zu einer Bootsanlegestelle, von der ein Weg rechts zu den Bunkern führt.

Vorbei an **Trygort** (Tiergarten) [18] erreicht man das von deutschen Ordensrittern gegründete Städtchen **Węgorzewo** (Angerburg) [19]. Die Burg mit ihrer schlichten, verputzten Fassade hat sich über alle Zeiten gerettet und beherbergt heute das Rathaus. An Vergangenes erinnert auch das masurische Museum mit einer umfangreichen Sammlung, die von pruzzischen Götzen bis zu Bauernmöbeln des 19. Jh. reicht. Von seiner schönsten Seite zeigt sich der Ort am Kanal: Bunte Boote liegen vor Anker oder nehmen Kurs aufs »masurische Meer«.

Weiter nordöstlich, an der Grenze zu Kaliningrad gibt es fast nur noch unberührte Natur. Der einzige größere Ort ist mit 14 000 Einwohnern **Gołdap** (Goldap) [20]. Wie der pruzzische Name verrät (Gelde-Ape = Flusssenke), liegt er in einem weiten, flachen Tal. Der grenzüberschreitende Warenverkehr hat ihm einen bescheidenen Wohlstand eingebracht. Die meisten Besucher nutzen das graue Städtchen nur als Startpunkt für Ausflüge in die südwestlich gelegene **Borkener Heide** (Puszcza Borecka) und die östliche **Rominter**

Scheinbar stehen geblieben ist die Zeit ...

Heide (Puszcza Romincka): große, urwüchsige Waldgebiete, in denen Elche und Wisente auf freier Wildbahn leben.

Suche nach Suleyken

Karte: S. 179
Tipps & Adressen: Ełk S. 259, Straduny S. 307, Stary Juchy S. 306

Wer Siegfried Lenz gelesen hat, bewegt sich im Osten Masurens auf vertrautem Terrain: Die deutschen Ortsnamen Lyck, Suleyken und Oletzko geistern durch seine Romane und Erzählungen, sind Schauplatz skurriler, manchmal auch bitterer Geschichten. Landschaftlich kaum weniger reizvoll als die Großen Masurischen Seen, ist die Region bislang wenig besucht. Die touristische Infrastruktur ist nur dürftig ausgebaut, dafür hat man aber selbst in der Saison Flüsse und Seen fast für sich allein.

Als Einstieg empfiehlt sich **Ełk** (Lyck) 21, jene Stadt, in der Siegfried Lenz 1926 das Licht der Welt erblickte. Damals markierte Lyck die Reichsgrenze, und so verwundert es nicht, dass sich der Autor vor allem an »sandige Exerzierplätze«, »trübselige Kasernen« und »gedrungene Kriegerdenkmäler« erinnerte. Heute wirkt die Stadt geschäftig, aber auch etwas grau – gut könnten die längs der Hauptstraße aufgereihten ostpreußischen Bürgerhäuser einen neuen Anstrich vertragen. Attraktiv präsentiert sich Ełk dagegen am Ełckie-See, wo eine Flaniermeile angelegt und Häuser im Fachwerk- und Backsteinstil errichtet wurden. Auch die vorgelagerte, über eine Brücke erreichbare Insel mag von der Kritik ausgenommen werden. Dort befand sich seit 1398 eine Burg der Ordensritter, von der heute allerdings nur noch die Grundmauern existieren. An vergangene Zeiten erinnert auch ein hoch über dem Ufer thronender Wasserturm von 1895, in dem sich die deutsche Minderheit zu Kaffee und Kuchen trifft. Gern wird hier auch Lenz' Geschichte »Eine Kleinbahn namens Popp« rezitiert, in der sich der Autor über die weltferne Verschrobenheit der Masuren lustig macht. Jene Bahn gibt es übrigens noch immer: In der Saison macht sich die nostalgische Dampflok schnaubend und ächzend auf den Weg nach Zawady Tworki südöstlich Ełks und benötigt für die 20 km eine geschlagene Stunde! Ein weiterer Zielpunkt ist das ehemalige deutsch-polnische Grenzdorf Turowo im Nordosten. Auf Wunsch werden unterwegs ausgiebige Pausen für Fotos und Picknicks eingelegt!

Rund um Ełk liegen verschlafene Dörfer mit holprigen Erdwegen, wo sich in den vergangenen Jahren wenig verändert hat. Nur einzelne Bauten künden vom Geist der neuen Zeit, so das strahlend helle, zum Hotel ausgebaute Herrenhaus in **Straduny** (Stradaunen) 22, 6 km nördlich von Ełk am östlichen Ausläufer des Łaśmiady-Sees (Laschmieden-Sees). Von der Terrasse schaut man in den Park hinab, sieht Reiter auf dem Übungsparcours und im Hintergrund die vorbeigleitenden Kanuten. Folgt man der Straße am See entlang westwärts, kommt man nach **Stary Juchy** (Fließdorf) 23, einem beliebten Anlaufpunkt für Radler. Der Bauernhof »Unterm Storchennest« bietet ländliche Unterkunft, ein junges deutschstämmiges Paar hat in mehrjähriger Arbeit die zugehörigen Fachwerkhäuser restauriert. Der Ulufki-See liegt nur 500 m entfernt – wer nicht baden will, setzt sich ins Boot und erkundet die schilfgesäumten Buchten.

Nur über wenig befahrene Seitenstraßen ist **Sulejki** (Suleyken) 24 erreichbar. Das Dorf, dem der Erzählzyklus von Siegfried Lenz seinen Titel verdankt, präsentiert sich nicht gerade als Idylle. Die landwirtschaftliche Genossenschaft ist geschlossen und rottet vor sich hin, die Bewohner sind größtenteils arbeitslos und ohne Perspektive. In eben jenem Sulejki lässt der Autor seine »Reise nach Oletzko« beginnen, eine skurrile Fahrt, an der das gesamte Dorf teilnimmt, weil ein Bauer »Mangel an einem Kilochen Nägel« hat. 15 km ist die Strecke lang, doch die Bewohner dünkt es eine Reise in weite, weite Ferne. Da werden »Speck, Fladen, Salzgurken« eingepackt, dazu »ein Topf Kohl, getrocknete Birnen, ein Korb Eier, gebratene Fische, Zwiebeln, ein Rundbrot und ein geschmortes Kaninchen«, denn man weiß schließlich nie, was unterwegs alles geschehen mag.

Olecko (Treuburg) 25 war früher das einzige Einkaufszentrum der Region, auf dem großen Platz im Zentrum der Stadt

... am Schauplatz der Lenz-Erzählung

fanden die berühmten Vieh- und Pferdemärkte statt. Heute ist der Marktplatz in einen Park umgewandelt, die angrenzenden Häuser sind von Verfall bedroht. Seinen deutschen Namen erwarb der Ort, nachdem bei dem Plebiszit von 1920 alle Einwohner für den Anschluss an Deutschland gestimmt hatten. Aus der gleichen Zeit hat sich ein wuchtiges, aus Feldstein errichtetes Denkmal für die Gefallenen des Ersten Weltkrieges erhalten. Nahebei entstand eine imposante Kraft-durch-Freude-Sportanlage, auf der die Körper für den Zweiten Weltkrieg gestählt wurden.

Die Natur-parks im Nordosten

Die Naturparks im Nordosten

Flussauen, Sümpfe und Urwälder

Der äußerste Nordosten Polens ist die »grüne Lunge« des Landes. Auf einem Gebiet, das größer ist als die Schweiz, liegen Urwälder und Auwiesen, Sümpfe und Überschwemmungsgebiete. Gleich vier Nationalparks sind im Grenzland zu erkunden: Wigry mit seinen Seen und einem barocken Einsiedlerkloster, die riesige Wasserlandschaft von Biebrza und Narew sowie die Wälder von Białowieża.

Bis auf die Jahre 1795 bis 1807 war die Region nie preußisch bzw. deutsch, weshalb es hier weder vertraut klingende Ortsnamen noch »Heimwehtouristen« gibt. Mit der Gebietsreform von 1999 wurde die historische Trennlinie zwischen Ostpreußen und Polen »wiederbelebt«. Podlachien, was so viel wie »unter den Wäldern« bedeutet, ist eine eigenständige Woiwodschaft, ihre Hauptstadt ist Białystok. Jahrhundertelang war die Region durch ein Miteinander verschiedener Kulturen geprägt, außer Polen und Russen lebten hier vor allem Litauer und Weißrussen. Neben evangelischen und katholischen Gotteshäusern sieht man orthodoxe Kirchen mit ihren typischen Zwiebeltürmen, dazu einige von Tataren erbaute, gut erhaltene Holzmoscheen. Ein paar verstreute Synagogen sind die einzige Hinterlassenschaft der Juden, die vor 1939 in vielen Orten mehr als die Hälfte der Bevölkerung stellten.

Suwałki und der Wigry-Nationalpark

Karte: siehe rechts
Tipps & Adressen: Suwałki S. 307, Wigry-Nationalpark S. 322

Bis 1999 war **Suwałki** 1 Hauptstadt einer eigenen Woiwodschaft. Mit der Gebietsreform wurde sie zur Kreisstadt herabgestuft, die einzig noch vom litauisch-polnischen Grenzverkehr profitiert. Außer einer Handvoll klassizistischer Bauten aus zaristischer Zeit hat sie nicht viel zu bieten, ist bestenfalls ein Sprungbrett zur Erkundung der landschaftlich schönen Umgebung. An der Hauptstraße liegt das Regionalmuseum, in dem man einiges erfährt über die untergegangene Kultur der Jadzwinger, eines im 13. Jh. vom Deutschen Orden vernichteten Stammes. Daneben sieht man Gemälde einheimischer Maler, Hinweise auf den hier geborenen Filmregisseur Andrzej Wajda und auch auf den Literaturnobelpreisträger Czesław Miłosz, der viele Jahre hier lebte, bevor er in die USA emigrierte. Weiter südlich, von der Straße versetzt, entdeckt man zwei Kirchen mit pompösem, klassizistischem Säulenportikus – die größere ist katholisch, die kleinere orthodox. Ein Zeuge der multikulturellen Vergangenheit der Stadt ist der Friedhof 500 m westlich. Katholiken und Protestanten, Orthodoxe und Altgläubige, selbst moslemische Tataren wurden auf einem je eigenen Areal beigesetzt. Dass die Juden einst einen beträchtlichen Teil der Bevölke-

◁ *Kamaldulenserkloster in Wigry*

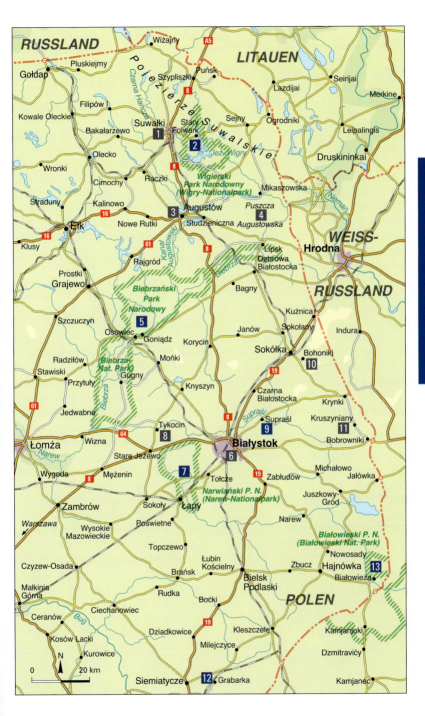

Richtig Reisen Tipp

Ausflug ins litauische Grenzland

Oh Litauen, mein Vaterland!« Mit diesen Worten beginnt Polens National-Epos »Pan Tadeusz« von Adam Mickiewicz. Viele Intellektuelle des Landes stammen aus Litauen, so der Literaturnobelpreisträger Czesław Miłosz. Von 1381 bis 1795 wurden beide Länder vom gleichen König regiert und bildeten einen gemeinsamen Staat. Doch was sich den Polen im Rückblick als Goldene Zeit darstellt, ist für die Litauer ein eher dunkles Kapitel ihrer Geschichte. Ihr Land, meinen viele, war nie wirklich gleichberechtigt, sondern hatte einen kolonialähnlichen Status. Besonders übel nehmen die Litauer den Polen die Annexion ihrer Hauptstadt Vilnius 1920, nachdem ihr Land kurz zuvor als souveräner Staat wieder auferstanden war. Damals »nahm« sich Polen auch das Gebiet Suwalszczyzna (litauisch Suvalkija), das historisch nie zu Polen gehört hatte. Die dort lebenden Litauer durften zwar ihre Sprache und Kultur behalten, mussten aber ihre Staatsangehörigkeit wechseln. Erst 1994 wurde ein Freundschafts- und Kooperationsvertrag unterzeichnet, der die Rechte der insgesamt 40 000 polnischen Litauer sichert.

Bei einer Fahrt durch den äußersten Nordosten hat man das Gefühl, in einem anderen Land zu sein. Niedrige, oft bunt bemalte Holzbauten säumen die Straßen. In den Dörfern hört man die litauische Sprache, die ganz anders als das Polnische klingt, an Kiosken sieht man fast ausschließlich Zeitungen des Nachbarlands. Nahe der Grenze liegt die Stadt **Sejny** (s. S. 313). Ihr Schmuckstück ist eine Dominikanerkirche von 1619, die mit ihrer strahlend weißen Fassade und den zwiebelähnlichen Doppeltürmen ebenso gut in Vilnius stehen könnte. Drinnen präsentiert sie sich in schönstem Rokoko, von 1540 stammt ein wundertätiges Marienbildnis im rechten Seitenschiff. An die einst starke jüdische Präsenz erinnert die Weiße Synagoge (Biała Synagoga) in der ul. Piłsudskiego, die restauriert wurde und ein kleines Museum beherbergt. Geführt wird es von der Stiftung Grenzland (Fundacja Pogranicze), einer Gruppe engagierter junger Leute, die zeigen wollen, wie reich die Kultur der Region einmal war. Die Palette ihrer Veranstaltungen reicht von Klezmer und orthodoxer Chormusik über litauische Gegenwartskunst bis zu ukrainischer Folklore.

23 km weiter nordöstlich liegt der Ort **Puńsk** (s. S. 298) mit einem litauischen Bevölkerungsanteil von 80%. Neben dem einzigen litauischen Gymnasium Polens befindet sich ein Ethno-Museum für litauische Volkskunst, dessen Exponate Juozas Vaina in 30 Jahren liebevoll zusammengetragen hat. Angeschlossen ist ein kleines Freilichtmuseum, in dem zum Sommeranfang ein großes Fest gefeiert wird. Das ganze Dorf präsentiert sich dann in litauischer Tracht: mit bestickten Tüllblusen, blauem Wams und Hütchen mit kesser Schleppe.

Die Dominikanerkirche in Sejny

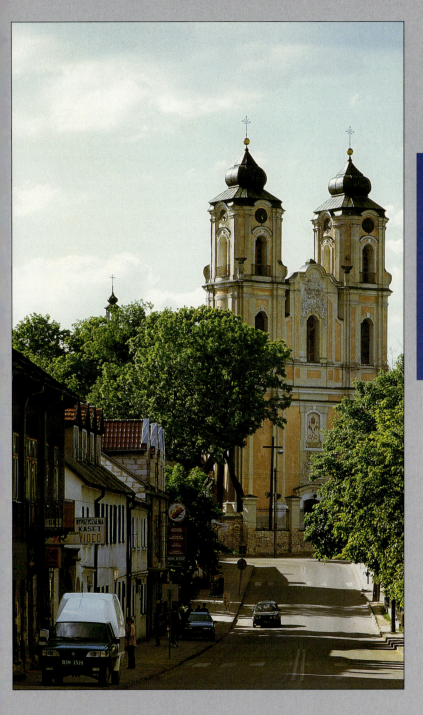

Im litau. Grenzland

rung ausmachten, lässt sich an ihrer großen Friedhofsfläche erkennen, auf der allerdings kein einziges Grab mehr existiert: Die Grabsteine wurden von den Nationalsozialisten zerstört, aus den zertrümmerten Steinflächen schuf man nach 1945 ein Monument.

Vor den Toren der Stadt liegt der **Wigry-Nationalpark** (Wigierski Park Narodowy) **2**, der eine attraktive Seenplatte umfasst. In ihrer Mitte liegt der namensgebende, 22 km² große Wigry-See, der mit 73 m zu den tiefsten Nordpolens zählt. Mit seinen verschlungenen Armen greift er weit in die Landschaft aus, bildet mit vielen Buchten und Inseln eine romantische Kulisse. Auf einer weit vorgeschobenen Landzunge auf der Ostseite des Sees thront ein barockes, 1694 erbautes Kloster mit hohen, hellen Türmen. Es handelt sich um eines von insgesamt zwölf Einsiedlerklöstern, die der Kamaldulenser-Orden in Polen gründete, als er sich im Zug der Gegenreformation von Italien nach Osteuropa ausdehnte. Die Mönche unterwarfen sich einem extrem harten, lebenslangen Ritual: Nur für die Dauer des gemeinsamen Gebets hatten sie Kontakt miteinander, danach zogen sie sich in ihre Klausen zurück, wo sie auch die Mahlzeiten einnahmen. Der Zweck der Übung bestand darin, sich von nichts Irdischem ablenken zu lassen, um auf diese Weise unmittelbaren Kontakt zu Gott zu gewinnen. Die Mönche wurden von den Preußen 1800 aus Wigry vertrieben, vier Jahre zuvor hatten diese bereits ihr Vermögen konfisziert. Heute wird die Klosteranlage als Hotel genutzt, das vor allem bei Künstlern und Schriftstellern sehr beliebt ist. Man nächtigt in Klausen oder im Königstrakt, speist im barocken Speisesaal und startet vom hauseigenen Bootssteg zu Erkundungen auf dem See.

Von Augustów zu den Biebrza-Sümpfen

Karte: S. 203
Tipps & Adressen: Augustów S. 251, Biebrza-Nationalpark S. 254

Hotels, Erholungsheime und Jachtanlegestellen findet man in **Augustów** **3**, dem beliebtesten Ferienzentrum der Region. Der Ort ist von sechs Seen eingefasst und dank der guten touristischen Infrastruktur ein hervorragender Ausgangspunkt für Segeltörns und Kanutouren. Benannt ist er nach König Zygmunt August II., dessen Mutter Bona Sforza den Ort 1546 gründete. Dank dem Bau des Augostower Kanals Mitte des 19. Jh. erlebte er einen wirtschaftlichen Aufschwung, denn russisches Holz gelangte nun rasch zur Ostsee und von dort in alle Welt. 102 km erstreckte sich der Kanal von der Memel (russ. Neman, lit. Nemunas) über Biebrza und Narew bis zur Weichsel. Als er 1839 fertig gestellt wurde, pries man ihn als technisches Meisterwerk: Der Höhenunterschied wurde mit Hilfe von 14 Steinschleusen bewältigt, erbaut war er aus einer neuartigen Mischung von Beton und wasserresistentem Kalk. Heute ist der Kanal als Verkehrsader längst nicht mehr in Betrieb, und keiner der Anrainerstaaten hat ein Interesse an seiner Wiederbelebung. Dafür verkehren im Sommer zahlreiche Ausflugsschiffe zu den angrenzenden Seen, südwärts in die Nationalparks Biebrza und Narew und nordwärts über die Czarna Hańcza bis an die litauische Grenze. Über die Geschichte des Kanals informiert ein Museum in einem Holzhaus unweit der Schiffsanlegestelle. Daneben gibt es im Ort noch ein Museum für Stadtgeschichte, das alte Webstühle, Trachten und Keramikarbeiten zeigt.

Östlich der Stadt dehnt sich die **Augustower Heide** (Puszcza Augustowska) 4 aus, ein bis zur Grenze Weißrusslands reichendes Eldorado für Radfahrer und Wanderer. Folgt man der Straße 5 km in Richtung Sejny, lohnt ein Abstecher zu der von zwei Seen flankierten Franziskanerkirche von Studzieniczna. Sie wurde zu Beginn des 19. Jh. aus Lärchenholz erbaut, den Schlüssel bekommt man im Nachbarhaus. Das mit der Kirche über eine Birkenallee verbun-

Im Wigry-Nationalpark

Tanz der Vampire

An lauen Maiabenden steigen Myriaden von Mücken aus den Sümpfen, um sich auf alle warmblütigen Lebewesen zu stürzen. Bei den Angreifern handelt es sich ausschließlich um Weibchen, die mindestens einmal Blut lecken müssen, bevor sie sich fortpflanzen können. Von Frühsommer bis Herbst sind auch Zecken aktiv. Sie lauern in Büschen und Bäumen, um sich bei erstbester Gelegenheit auf ihren Wirt fallen zu lassen, den sie schon durch minimale Wärmeschwankungen und Erschütterungen verorten. Sie saugen sich mit Blut voll und können dabei bis zur Größe einer Bohne anschwellen. Da die Zecken schmerzstillende Substanzen in die Wunde sprühen, bemerken die Opfer den Stich erst viele Stunden später, wenn der Juckreiz einsetzt. Die meisten Zecken sind harmlos, doch gibt es Arten, die zwei bedrohliche Krankheiten übertragen: Gegen Gerhinhautentzündung (FSME) kann man sich impfen lassen, nicht aber gegen die Borreliose, die das Lymphgefäßsystem attackiert. Beim Menschen äußert sich die Krankheit zunächst in einer rötlichen Färbung der Haut rund um die Bissstelle, dann mit grippeähnlichen Symptomen wie Fieber, Müdigkeit, Kopf- und Gliederschmerzen. Nach Wochen oder Monaten können sich diese zu Rheuma- und Organschmerzen steigern.

Sobald man den Biss bemerkt, sollte man mit einer Pinzette, notfalls auch mit dem Fingernagel die Zecke nah an der Haut packen und ohne Einsatz von Kleber bzw. Öl gerade herausziehen. Alsdann bitte möglichst schnell einen Arzt aufsuchen, damit dank Antibiotika die Krankheit im Keim erstickt werden kann!

---

dene Mariensanktuarium ist ein beliebter Wallfahrtsort – dem Wasser aus dem hölzernen Brunnen wird heilende Wirkung nachgesagt.

Wer besonders wilde und urwüchsige Landschaften liebt, fährt von Augustów in Richtung Südwesten. Längs der Biebrza, des »europäischen Amazonas«, breitet sich Europas größtes Sumpf- und Moorgebiet aus, ein Paradies vor allem für Ornithologen. Der **Biebrza-Nationalpark** (Biebrzański Park Narodowy) 5 umfasst den über 150 km langen Flusslauf von der Quelle nahe der weißrussischen Grenze bis zu seiner Mündung in den Narew. Im Frühjahr, wenn die Biebrza über die Ufer tritt, nutzen unzählige Vögel das Schwemmgebiet als Wohn- und Brutstätte. 262 verschiedene Arten leben in den Sümpfen, darunter Exoten wie der Kampfläufer und der Wachtelkönig, der Schreiadler und der Schwarzstorch. Selbst passionierte Biologen kommen ins Staunen, wenn sie den Seggenrohrsänger auf freier Wildbahn erleben, laut Lexikon der »seltenste Kleinvogel der westlichen Paläarktis«. Allerdings sollten Vogelbeobachter nicht im Hochsommer kommen, wenn die Sümpfe unter dem Einfluss der sengenden Sonne ausdörren. Statt Seen sieht man dann eine Steppe aus trockenem, aufgesprungenem Schlamm und blassgrünem Gras – kaum ein Vogel ist anzutreffen.

Mit dem Auto kann man über Rajgród und Kuligi bis zum Forsthaus Grzedy vorfahren, spätestens dann beginnt das Abenteuer zu Fuß: ein Wegenetz von 250 km Länge durchzieht sumpfige Wiesen, Schilfgürtel und Buschland; von Aussichtstürmen kann man Hirsche und Elche, Biber und Wölfe beobachten. Viele Besucher ziehen es vor, den Park im Boot zu durchqueren; für die Kanustrecke von Rajgród nach Łomża braucht man fünf bis sieben Tage, unterwegs gibt es romantische Biwakplätze.

Rund um Białystok

Karte: S. 203
Tipps & Adressen: Białystok S. 253, Narew-Nationalpark S. 290, Tykocin S. 315, Białowieski-Nationalpark S. 252

Białystok 6, Hauptstadt der Woiwodschaft Podlachien, liegt in einer weiten Ebene nahe der weißrussischen Grenze. Im ausgehenden Mittelalter gegründet, gelangte sie 1649 in die Hände der allmächtigen Branicki-Familie. Doch ihren entscheidenden Aufschwung nahm die Stadt erst im frühen 19. Jh., als sie ans Zarenreich fiel. Neben Łódź wurde sie wichtigster Textillieferant für den riesigen russischen Markt. Im Umkreis der über 200 Fabriken wurden Wohnviertel aus dem Boden gestampft, in die arbeitsuchende Polen, Russen und vor allem Juden einzogen. Diese machten zeitweise fast 70% der Bevölkerung aus. Von deutschen Besatzern wurden sie ab 1941 in ein Ghetto gepfercht und in Konzentrationslager deportiert, nach dem Aufstand vom 16. September 1943 bis auf den letzten Mann ermordet.

Białystok ist auch heute noch ein Zentrum für Textil- und holzverarbeitende Industrie. Wichtigstes Baudenkmal ist der im 17. Jh. errichtete Branicki-Palast. Mit seinem weitläufigen Ehrenhof, dem turmgesäumten Hauptbau und dem im französischen Stil angelegten Garten erinnert er ans Schloss des Sonnenkönigs und wird deshalb das »Versailles von Podlachien« genannt. Besuchen darf man den Palast nicht, in den feudalen Sälen büffeln Studenten der Medizinischen Akademie. Das Rathaus am dreieckigen, im 18. Jh. angelegten Marktplatz beherbergt ein Regionalmuseum, in dem anhand von Bildern und kunsthandwerklichen Exponaten die ethnische Vielfalt der Region veranschaulicht wird. Außer den Kirchen verschiedener Glaubensrichtungen gibt es 3 km nordwestlich der Stadt die phantastische neue Kathedrale der Orthodoxen. Sie entstand zur Jahrtausendwende und sucht an Größe und Pracht alles zu übertreffen, was im katholischen Polen je erbaut worden ist. Die zwiebelförmige Kuppel ist von einem 1500 kg schweren Kreuz Christi gekrönt, das von zwölf kleineren, die Apostel symbolisierenden Kruzifixen umrahmt wird.

Verlässt man Białystok in Richtung Warschau, durchfährt man den **Narew-Nationalpark** (Narwiański Park Narodowy) 7. Er umfasst den Mittellauf des Flusses Narew, der sich seinen Weg durch eiszeitliche Moränen bahnt und sich dabei in zahllose Nebenarme aufsplittert – eine riesige Deltalandschaft in einem weiten, offenen Gelände. Biegt man bei Stare Jeżewo rechts ab, erreicht man **Tykocin** 8, eine Kleinstadt mit einem der wenigen jüdischen Got-

»Das Versailles von Podlachien« – *der Branicki-Palast in Białystok*

teshäuser, die nach dem Zweiten Weltkrieg in Polen rekonstruiert worden sind. Die frühbarocke Synagoge wurde 1642 erbaut, in der Bethalle sind pastellfarbene Fresken und hebräische Inschriften freigelegt. Ausgestellt werden sakrales Kunsthandwerk, Thorarollen und Talmudbücher, im Hintergrund erklingt Klagegesang. Dokumentiert wird das jüdische Leben in dieser Region bis zum Einmarsch der Nazis am 25. Juni 1941. An jenem Tag ging die Synagoge in Flammen auf, 2300 Juden wurden im Wald von Lupochowo ermordet.

16 km nordöstlich von Białystok liegt die multikulturelle Kleinstadt **Supraśl** 9. Die ehemalige Klosteranlage der Basilianer, ein griechisch-orthodoxes Prestigeobjekt, wurde mitsamt ihrer Wehrkirche grandios restauriert, nicht weit entfernt stehen außerdem ein katholisches und ein protestantisches Gotteshaus. Auf dem evangelischen Friedhof entdeckt man Grabsteine mit deutschen Namen wie Reich und Buchholz, Auert und Zachert: Ein deutscher Tuchfabrikant hatte sich hier 1833 niedergelassen und vornehmlich deutsche Arbeiter an-

geworben. Das einzige, was in diesem Ensemble kultureller Vielfalt noch fehlt, ist die 1942 zerstörte und bis heute nicht wieder aufgebaute Synagoge.

In Sokółka an der Straße nach Hrodna beginnt die »Tatarenroute«, die südwärts bis Kruszyniany führt. Der tatarische Oberst Murza-Krezczowski hatte 1683 an der Seite des polnischen Königs gegen die Türken gekämpft und ihm in einer Schlacht gar das Leben gerettet. Dafür wurde er von Jan III. Sobieski mit Ländereien nahe der heutigen weißrussischen Grenze belohnt – in den Folgejahren wurden hier Dörfer gegründet und islamische Gotteshäuser gebaut. Hölzerne Moscheen gibt es noch heute in **Bohoniki** 10 und in **Kruszyniany** 11 selbst, wo sich die Tataren als Minderheit in einer vorwiegend von Weißrussen und Polen bewohnten Region erfolgreich behaupten und ihren moslemischen Glauben bewahren. In Bohoniki erhält man den Schlüssel zur Holzmoschee im Haus Nr. 26, in Kruszyniany im Haus Nr. 57. Jeweils fünf Minuten entfernt befindet sich der moslemische Friedhof.

Letzte »multikulturelle« Station ist das Kloster von **Grabarka** 12, 10 km östlich von Siemiatycze. Wenn am 19. August, dem Tag der Verklärung Christi, orthodoxe Gläubige zum »Heiligen Berg« strömen, haben sie alle ein Kreuz mit eingeritzten Fürbitten dabei, das sie mit

Richtig Reisen
Thema

Esperanto –
Sprache der Hoffnung?

Berühmtester Sohn der Stadt ist Ludwik Zamenhof (1857–1917), ein Augenarzt jüdischer Abstammung, der sich als Erfinder des Esperanto einen Namen gemacht hat. Białystok war ein vortrefflicher Nährboden für die Entwicklung einer Kunstsprache, die die Verständigung zwischen allen Menschen anstrebte: Politisch gehörte die Stadt zu Russland, lag aber am Schnittpunkt verschiedener Kulturen und Religionen. Es herrschte ein babylonisches Sprachgewirr, die Minderheiten, darunter Polen, Juden, Deutsche, Litauer und Tataren, lebten fremd und nicht immer freundschaftlich nebeneinander. Als die Zamenhofs 1873 nach Warschau zogen, sprach der damals 14-jährige Ludwik bereits sechs Sprachen. Und er war vom Ehrgeiz gepackt, eine siebte zu erfinden. Denn was er in seiner Geburtsstadt en miniature erlebt hatte, sah er schon bald in größerem Maßstab bestätigt: Wohin man in der Welt schaute, wurde das Nationale und Regionale gehätschelt, und es wurden Völker unter Verweis auf ihre vermeintliche Überlegenheit in Kriege gehetzt.

Schon mit 28 Jahren legte Zamenhof das erste Handbuch seiner »Sprache der Hoffnung« vor. Esperanto setzt sich aus einem Lautbestand von 28 Buchstaben zusammen, wobei die meisten Worte Anleihen aus dem angelsächsischen und romanischen Sprachraum

aller Kraft in den Boden rammen. Seit dem frühen 18. Jh., als man dem Ort Wunderwirkung zuzusprechen begann, hat sich hier ein dichter Wald von Kruzifixen gebildet. Doch mit dem Pflanzen von Kreuzen ist es nicht getan: Um der Fürbitte Wirkung zu verschaffen, müssen die Pilger die Klosterkirche dreimal kniend umrunden. Es folgen rituelle Waschungen im Fluss, wodurch sich der Gläubige von allen Krankheiten zu befreien hofft. Kraftvoller Chorgesang erklingt bis tief in die Nacht, wenn zwischen den Kreuzen die Schlafsäcke ausgerollt werden.

73 km südöstlich von Białystok liegt die Stadt Hajnówka, das Eingangstor zum **Białowieski-Nationalpark** (Białowieski Park Narodowy) **13**. Dieser erstreckt sich zu beiden Seiten der polnisch-weißrussischen Grenze und ist einer der letzten Urwälder Europas. Jahrhundertelang war er ein exklusives Jagdrevier für Fürsten, Könige und Zaren. Heute ist er für jedermann zugänglich, die UNESCO hat ihn zum Weltnaturerbe und zum Biosphären-Reservat erklärt. Bei der mehrstündigen, stets von einem Führer begleiteten Tour kommt man auch ins »strikte Naturreservat«. Majestätische Bäume, von denen einige älter als 500 Jahre sind, haben hier so dichte Kronen ausgebildet, dass kein Lichtstrahl nach unten

sind. Die Grammatik ist bestechend einfach: Es gibt 16 Grundregeln, daneben 10 Vorsilben und 25 Nachsilben zum Bilden neuer Wörter. In den Folgejahren hat Zamenhof die Sprache weiter entwickelt – er übersetzte zahlreiche Werke der klassischen Literatur sowie das gesamte Alte Testament.

Vielen Machthabern war das Esperanto suspekt, da es nationale Bindungen und Identitäten untergräbt. Mehrfach wurde es verboten, so von den Nationalsozialisten, denen es als »unvölkisch« galt. Doch die Zahl seiner Anhänger ist langsam aber stetig gestiegen. Heute sind es weltweit eine Million Menschen, die die künstliche Sprache beherrschen. Die in Rotterdam ansässige »Universala Esperanto Asocio« organisiert jedes Jahr einen Weltkongress, auf dem die »Linguo internacia« modernisiert wird. In Białystok gibt es gegenüber vom Rathaus ein Denkmal, das an »Doktoro Esperanto« erinnert. Wer Lust hat, Kontakt mit der Esperanto-Gemeinde der Stadt aufzunehmen, wendet sich an die Touristeninformation.

Ludwik Zamendorf

dringt. Umgestürzte Stämme versinken im Morast, sind von Moos und Flechten überwuchert. Symbol des Waldes ist der bucklige Wisent, Europas größtes Säugetier. Nachdem 1919 das letzte frei lebende Exemplar erlegt worden war, gelang es polnischen Wissenschaftlern mit Hilfe von Tieren, die in Zoos überlebt hatten, in Białowieża eine Population zu züchten und auf die freie Wildbahn zu entlassen. Heute leben rund 500 Tiere zu beiden Seiten der Grenze; die Nachkommenschaft ist so zahlreich, dass Wisente in andere Reservate »exportiert« werden, so in den Nationalpark Wollin und in die Borkener Heide (Puszcza Borecka).

Die Besucher können das Naturreservat zu Fuß oder per Pferdekutsche, im Winter auch per Schlitten erkunden. Startpunkt jeder Tour ist das lang gestreckte 2500-Seelendorf Białowieża mit einer weißrussischen Bevölkerungsmehrheit. Um während seiner Jagdausflüge standesgemäß logieren zu können, ließ sich hier 1894 der russische Zar einen prachtvollen Palast erbauen. Zwar wurde er im Zweiten Weltkrieg von deutschen Soldaten gesprengt, doch immerhin wurde die zugehörige orthodoxe Kuppelkirche verschont. Im Schlosspark lohnt das Naturkundemuseum einen Besuch, in dem Flora und Fauna der Region vorgestellt werden.

Warschau und Posen

Warschau und Posen

Boom & Business

Kommt man aus Masuren oder den stillen Waldgebieten im Nordosten Polens, so wirkt die Ankunft in Warschau wie ein Schock. Nun hat sie uns wieder, die Normalität – mit all ihrer Hast und Hektik, dem Überangebot an Waren und der ständigen Geräuschberieselung. Die Menschen schieben und werden geschoben, und wer nicht schnell genug ist, bleibt auf der Strecke.

Warschau zählt 1,7 Mio., Posen über 600 000 Einwohner. Gemeinsam bilden sie die »dynamische Achse« des Landes, in der das Geschäft floriert, das Einkommen und die Preise über dem nationalen Durchschnitt liegen. Beide Städte liegen an der internationalen Zuglinie Paris – Berlin – Moskau und sind eine wichtige Drehscheibe zwischen Ost und West. Bei der Posener Industriemesse machen sich die Polen mit neuen westlichen Trends vertraut und prüfen, ob diese für den heimischen Markt tauglich sind. In Warschau ist alles auf internationale Kontakte ausgerichtet. Die Stadt ist für westliche Unternehmen ein wichtiges Sprungbrett in Richtung Osten, Geschäftsleute aus der Europäischen Union, den USA und Südostasien schaffen sich ihre Warschauer Wall Street.

Von den Bewohnern beider Städte heißt es, sie seien diszipliniert und entscheidungsfreudig. Gleichwohl wehren sich die Hauptstädter, mit den »polnischen Preußen« gleichgesetzt zu werden. »Geizig« und »humorlos« seien sie: Krämerseelen, die zwar Wohlstand, aber keinen echten Lebensgenuss zustande brächten. Die Posener halten dagegen: Nach Warschau gingen doch nur jene, die das schnelle Geld machen wollten – kosmopolische Hochflieger, die bei aller Weltgewandtheit schnell aus dem Auge verlören, was die Bevölkerung im Lande so denkt.

◁ *Warschau: Altstädtischer Ring*

Metropole Warschau

Karte: S. 220
Tipps & Adressen: S. 317

■ Die polnische Hauptstadt **Warszawa** (Warschau) ist auf dem besten Weg, eine normale europäische Metropole zu werden mit allem, was dazu gehört: schicken City-Passagen und Vergnügungsmeilen, gläsernen Büropalästen und Verkehrsstaus. Um den einst nach Stalin benannten 234 m hohen Kulturpalast wölbt sich ein Ring hochmoderner Wolkenkratzer, und wo früher die regierende Arbeiterpartei ihre geheimen Sitzungen abhielt, schlägt heute das Herz des polnischen Kapitalismus. Internationale Anleger sichern sich hier ihre Filetstücke und rühmen die »polnische Wirtschaft«. Seit den frühen 90er Jahren sind auch die großen Hotelketten an Investitionen interessiert; mit Luxusbauten vertreten sind bereits Sheraton und Le Royal Meridien, Holiday Inn, Intercontinental, Marriott und Mercure.

Im Laufe ihrer Geschichte haben die Warschauer schon manch einen wirtschaftlichen Aufschwung, aber auch viele Katastrophen erlebt. Beim Gang durch die Stadt stoßen Besucher immer wieder auf Denkmäler, die an die Zeit unter deutscher Besatzung erinnern, als

Von der UNESCO zum Weltkulturerbe erhoben: das Königsschloss in Warschau

ein Großteil der Bevölkerung deportiert, in Konzentrationslager verschleppt und ermordet wurde. Nach Niederschlagung des Aufstands von 1944 legten deutsche Truppen Warschau in Schutt und Asche, nichts sollte an den ehemaligen Glanz dieser Hauptstadt erinnern. Und wohl keiner, der das Ausmaß der damaligen Verwüstungen erlebte, hätte es für möglich gehalten, dass die historische Altstadt eines Tages wieder so ausschauen könnte wie vor dem Krieg. Doch genau dies, den originalgetreuen Wiederaufbau des alten Warschau, machte sich die sozialistische Regierung nach 1945 zum Programm. Nach zeitgenössischen Skizzen, Fotos und Stichen entstand innerhalb weniger Jahre die »großartigste Fälschung der Welt« (Enzensberger), die Bewahrung historischer Kontinuität auf dem Scherbenhaufen der Geschichte.

Teile der Altstadt, der Marktplatz und das Königsschloss wurden 1980 von der UNESCO zum Weltkulturerbe erklärt. Gleichfalls sehenswert ist der »Königsweg«, die klassische Besichtigungsroute vom Königsschloss durch die Krakauer Vorstadt zum Łazienki-Park – eine Straße, die von Kirchen, Denkmälern und prachtvollen Palästen gesäumt ist. In den Monaten Mai bis Oktober werden im Park jeden Sonntag Klavierkonzerte vor dem Chopin-Denkmal gegeben, weitere Aufführungen finden am Schloss von Wilanów, der Residenz des Königs Jan III. Sobieski, statt. Insgesamt elf Festivals stehen in den Sommermonaten zur Wahl, dazu Konzerte in der Oper und der Nationalphilharmonie sowie unter freiem Himmel auf dem Marktplatz der Altstadt. Die Stadt besitzt knapp 60 Museen und über 30 Theater, an den insgesamt 53 Hochschulen studieren sage und schreibe 240 000 Studenten.

Sigismundsäule mit Jesuitenkirche ▷

Daten und Taten

Spätmittelalter
13./14. Jh.: Das Fischerdorf Warschau entwickelt sich zu einer Handelssiedlung, 1307 entsteht an der Stelle des heutigen Königsschlosses eine hölzerne Burg.
15. Jh.: Die Hauptstadt des Herzogtums Masowien wird 1413 von Czersk nach Warschau verlegt.

Aufstieg Warschaus zur Hauptstadt
16. Jh.: Mit dem Aussterben der Dynastie der masowischen Herzöge fällt Masowien 1526 ans Königreich Polen. Nach der polnisch-litauischen Vereinigung 1569 wird Warschau Sitz des Adelsparlaments und löst Krakau 1596 als Hauptstadt des vereinten Königreichs ab.

Zerstörung und Neubeginn
17./18. Jh.: Beim Einfall der schwedischen Truppen 1657 wird Warschau verwüstet, unter König Jan III. Sobieski erfolgt der Wiederaufbau. Schloss Wilanów entsteht ab 1677, in der Folge verschönt sich die Stadt durch prachtvolle Kirchen und Klöster. Unter dem letzten polnischen König Stanisław II. Poniatowski werden Kunst und Kultur großzügig gefördert. 1791 wird im Königsschloss die erste Verfassung Europas verabschiedet, doch die endgültige Teilung des Landes ist damit nicht mehr aufzuhalten. Polen verschwindet 1795 von der Landkarte, Warschau fällt an Preußen.

Von preußischer unter russische Herrschaft
19. Jh.: Mit dem Sieg Napoleons über die Preußen 1807 wird Warschau Hauptstadt des gleichnamigen Großherzogtums, doch schon sechs Jahre später marschieren russische Truppen ein. 1815 etabliert der Wiener Kongress das Königreich Polen (Kongresspolen), das in Personalunion mit Russland regiert wird. Der antizaristische Novemberaufstand 1830 führt zur Liquidierung von Kongresspolen, Warschau und Masowien werden direkter russischer Herrschaft unterstellt. Nach einem neuerlichen Aufstand 1863 setzt eine Russifizierungskampagne ein. Eisenbahnen verbinden Warschau mit Berlin, Wien und St. Petersburg, die Industrialisierung führt zu raschem Bevölkerungsanstieg und zur Herausbildung einer starken Arbeiterbewegung.

Von Fremdherrschaft zu Unabhängigkeit
20. Jh.: Nach dem Ersten Weltkrieg wird Warschau Hauptstadt eines unabhängigen polnischen Staates. Die Zahl der Einwohner steigt bis 1939 auf 1,3 Mio., davon sind fast 30% Juden. Im September 1939 wird die Stadt von deutschen Truppen besetzt und erlebt zwei verlustreiche Aufstände: den »jüdischen« Ghetto-Aufstand 1943 und den »polnischen« Aufstand 1944. Deutsche Truppen legen die Stadt in Schutt und Asche, erst im Januar 1945 wird sie von der Roten Armee befreit.
Warschau wird Hauptstadt der Volksrepublik Polen, 1952 beginnt man mit dem Wiederaufbau der Altstadt. 1980 wird diese in die Liste des UNESCO-Weltkulturerbes aufgenommen. Nach dem Scheitern des sozialistischen Experiments wird Warschau kapitalistische Boomtown, östlicher Vorposten der EU.

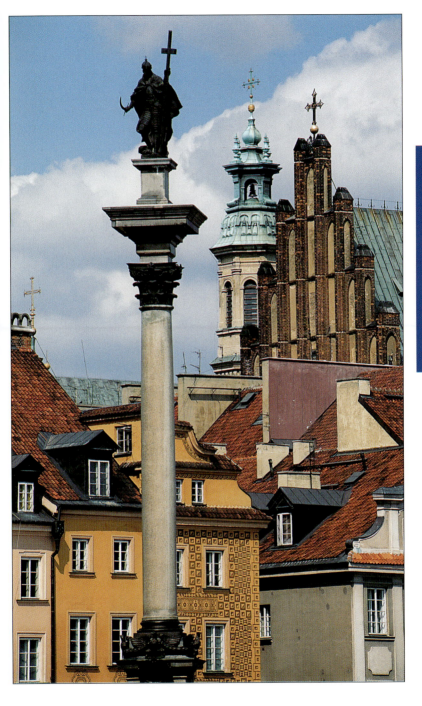

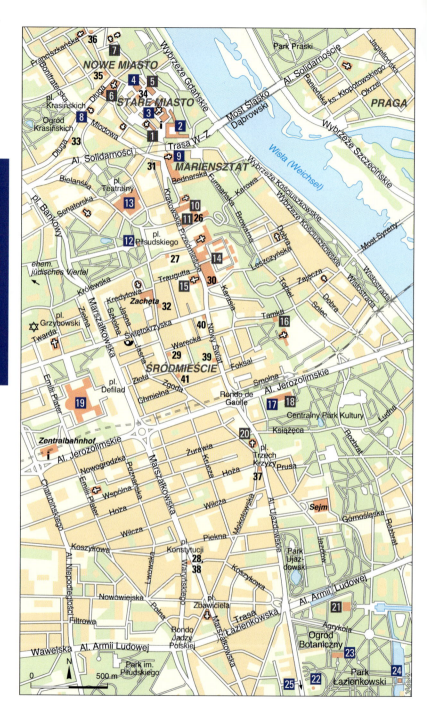

Stadtrundgang

Rings um das Königsschloss
Ein beliebter Treffpunkt der Warschauer ist der kopfsteingepflasterte Schlossplatz (pl. Zamkowy). Nordwärts führen Wege in die romantische Altstadt, westwärts kommt man zum Theaterplatz und südwärts auf dem Königstrakt zum Łazienki-Park. Zum Rendezvous verabredet man sich gern an der **Sigismundsäule** 1 (Kolumna Zygmunta), errichtet zu Ehren des Königs Zygmunt III. Wasa, der Warschau 1596 zur Hauptstadt erwählte. Mit Säbel und Kreuz blickt er von der 22 m hohen Säule herab, an der Einheit von Kirche und Staat soll nicht gezweifelt werden.

An der Ostseite des Platzes ließ sich der Herrscher um 1600 das kupferrote **Königsschloss** 2 (Zamek Królewski) errichten, einen zweistöckigen Bau von fünfeckigem Grundriss mit mehreren Türmen. Besucher gelangen durch das Eingangstor in den weitläufigen Großen Hof, dessen Fassaden die lange Geschichte des Gebäudes widerspiegeln. Die repräsentativen Räume befinden sich allesamt in der ersten Etage, darunter auch der prunkvolle »Canaletto-Saal«. In ihm kann man anhand von über 20 Wandbildern studieren, ob und wie sich Warschau in den letzten 230 Jahren verändert hat. Die Bilder stammen vom Venezianer Bernardo Bellotto alias Canaletto, der von 1768 bis zu seinem Tod 1780 als Hofmaler im Dienste des polnischen Königs stand. So genau spiegelten die von ihm verfertigten Ansichten Gebäude und Straßen der Stadt wider, dass sie den mit dem Wiederaufbau der Stadt beauftragten Architekten als unmittelbare Vorlage dienten.

Das Schloss gibt einen profunden Einblick in den feudalen Hofstaat: Alle Räume sind mit Stuckarbeiten und Wandmalereien wahrhaft königlich gestaltet. Besonders imposant ist der barocke »Ballsaal«, in dem sich der Hof zu rauschenden Festen traf. Die Wände treten hinter einer Vielzahl golden schimmernder Säulen zurück, auf denen ein sich illusionistisch zum Himmel öffnendes Deckengewölbe ruht. Mit diesem Werk sang Marcello Bacciarelli ein Loblied auf die Tugenden des letzten polnischen Königs – unübersehbar prangt das Porträt Poniatowskis über dem Eingang. Die seitlich postierten Statuen stellen antike Gottheiten dar, deren Gesichtszüge denen des Monarchen und seiner Gönnerin, der Zarin Katherina der Großen, auffallend ähneln.

Gemälde Jan Matejkos, des berühmtesten polnischen Historienmalers, findet man in den »Prinzenzimmern«. Das Rejtan-Bild illustriert eine dramatische Episode aus der Zeit der Teilungen. »Tötet mich, doch lasset Polen leben!« – dies soll der Adelige Rejtan ausgerufen

---

Warszawa (Warschau) – Sehenswürdigkeiten: *1 Sigismundsäule   2 Königsschloss   3 Johanniskathedrale   4 Historisches Museum   5 Literaturmuseum   6 Barbakane   7 Kirche der Sakramentinerinnen   8 Denkmal des Warschauer Aufstands   9 Annakirche   10 Präsidentenpalast   11 Bristol   12 Grabmal des Unbekannten Soldaten   13 Großes Theater   14 Universität   15 Heiligkreuzkirche   16 Chopin-Museum   17 Nationalmuseum   18 Militärmuseum   19 Kulturpalast   20 Alexanderkirche   21 Schloss Ujazdów   22 Chopin-Denkmal   23 Alte Orangerie   24 Palais auf der Insel   25 Schloss Wilanów*
Hotels: *26 Bristol   27 Victoria Warsaw   28 MDM   29 Gromada Dom Chłopa   30 Harenda   31 Dom Literaty   32 Mazowiecki   33 Federacja Metalowcy*
Restaurants: *34 Fukier   35 Pod Samsonem   36 Nowe Miasto   37 Ejlat   38 U Szwejka   39 Café Blikle   40 Café Nowy Świat   41 Wedel*

haben, als im Sejm die Teilungsurkunde zur Unterschrift ausgelegt wurde. Rejtan ist auf dem Bild als patriotischer Held dargestellt: Mit freiem Oberkörper will er seinen Amtskollegen, die bereit sind, der Teilung Polens zuzustimmen, den Weg in den Abgeordnetensaal versperren. Und es gibt noch ein zweites Bild, das auf ein Ereignis im Schloss anspielt: Am 3. Mai 1791 wurde im hiesigen Senatorensaal die erste schriftlich fixierte Verfassung Europas verabschiedet. Der Untergang Polens ließ sich mit dieser tiefgreifenden staatlichen Reform freilich nur verzögern, nicht aber verhindern. Und auch Tadeusz Kościuszko, der drei Jahre später zur nationalen Erhebung aufrief, vermochte mit seinen Gefolgsleuten nichts gegen die preußisch-russische Übermacht auszurichten. Das Herz des Patrioten ruht in der an den Canaletto-Saal grenzenden »Kleinen Kapelle«.

Alt- und Neustadt
Die Altstadt (Stare Miasto) ist das stimmungsvollste Viertel Warschaus. Kopfsteingepflasterte Gassen sind von pastellfarbenen, meist nur dreistöckigen Häusern gesäumt, Brunnen und Laternen sorgen für nostalgisches Flair. Vom Schlossplatz gelangt man über die ul. Świętojańska zur gotischen **Johanniskathedrale** 3 (Katedra Św. Jana). Sie ist das wichtigste Gotteshaus der Stadt, dem schlichten Äußeren entspricht ein strenger, fast düsterer Innenraum. In der Krypta sind die letzten masowischen Herzöge und mehrere Warschauer Erzbischöfe beigesetzt, dazu bekannte polnische Schriftsteller und Nationalhelden.

Folgt man dem Menschenstrom, kommt man zum **Altstädtischen Ring** (Rynek Staromiejski), dem schönsten Platz Warschaus. Er wird von bunten Patrizierhäusern gesäumt, deren Fassaden mit Reliefs und Skulpturen verziert sind. In der Mitte des Platzes posiert die Sirene, eine in Bronze gegossene Frauengestalt. Sie ist das Wahrzeichen Warschaus und gleicht mit ihrem erhobenen Schwert der antiken Kriegsgöttin, die sich zur Verteidigung ihrer Stadt aufschwingt. Um sie herum herrscht das ganze Jahr über Hochbetrieb: dicht besetzte Cafés, Porträtmaler und Straßenmusikanten – und im Hintergrund eine Pferdekutsche, die auf Kundschaft wartet. Die Geschäfte und Restaurants haben oft traditionsreiche Namen. So ist das Fukier-Haus (Nr. 27) nach einem Nachkommen der Augsburger Kaufmannsfamilie Fugger benannt, der es im Jahr 1810 übernahm. Noch heute erkennt man am Hauptportal das Fugger-Emblem, ein geschwungenes »F« vor gekreuzten Lilien – wer das Haus betritt, den erwarten prachtvolle Speiseräume und ein romantischer Arkadenhof.

An der Nordseite des Platzes befindet sich der Eingang zum **Historischen Museum** 4 (Muzeum Historyczne). Darin werden 700 Jahre Stadtgeschichte anschaulich zu Leben erweckt; von der mittelalterlichen Fischersiedlung spannt sich ein weiter Bogen über die Glanzzeit im frühen 17. Jh. bis zur Zerstörung im Zweiten Weltkrieg und dem erst vor gar nicht langer Zeit abgeschlossenen Wiederaufbau. Vorbildlich inszenierte Ausstellungen bietet das **Literaturmuseum** 5 (Muzeum Literatury), das dem polnischen Nationalschriftsteller Adam Mickiewicz gewidmet ist.

Vom Altstädtischen Ring geht es ostwärts über Treppenwege zum Weichselufer hinab, wir aber folgen der ul. Nowomiejska gen Norden und erreichen

Im historischen Zentrum

nach wenigen Minuten die mittelalterliche **Barbakane** 6 (Barbakan). Die kreisrunde Backsteinbastion, die mit ihren vier Ecktürmen an eine Festung erinnert, gehört zu einem rings um die Altstadt aufgezogenen, nach 1945 teilweise rekonstruierten Befestigungssystem.

Jenseits der Barbakane beginnt die so genannte **Neustadt** (Nowe Miasto), die freilich nicht so jung ist, wie der Name vermuten lässt. »Neu« ist die im 15. Jh. entstandene, damals autonome Stadt nur im Vergleich zur 100 Jahre früher gegründeten Altstadt. Der Besichtigungsweg führt die ul. Freta entlang, die vor dem Krieg als wichtige Einkaufsstraße galt. Im Samson-Palais, erkennbar an der reich dekorierten Fassade (Nr. 5), lebte zu Beginn des 19. Jh. der preußische Verwaltungsbeamte E.T.A. Hoffmann. Als »erstaunlich lebhaft« empfand er das hiesige Treiben, »vorzüglich in der Freta-Gasse, da hier der Mehl-, Grütz-, Brot- und Grünzeug-Handel ganz ausnehmend blüht«. Im Haus schräg gegenüber (Nr. 16) wurde 1867 Maria Skłodowska geboren, besser bekannt unter dem Namen »Madame Curie«. Gleich zweimal wurde sie mit dem Nobelpreis ausgezeichnet, bekannt ist sie vor allem als Entdeckerin der natürlichen Radioaktivität.

Wohltuend ruhig ist das Leben am Neustädtischen Ring (Rynek Nowego Miasta), dessen Häuser im Stil des 18. und 19. Jh. wiederaufgebaut wurden. Mit schattigen Bäumen und einem Brunnen wirkt er gar nicht großstädtisch, sondern wie eine stille, ländliche Oase. An seiner Nordostseite erhebt sich die kuppelgekrönte **Kirche der Sakramentinerinnen** 7 (Kościół Sakramentek); gestiftet hat sie Königin Marysieńka Sobieska als Dank für den Sieg ihres Gatten über die Türken bei Wien im Jahr 1683. Prunkstück der kargen Inneneinrichtung ist das 1746 für Fürstin Karolina, den letzten Spross der Dynastie, errichtete Marmorgrab.

Über die ul. Długa lohnt ein Abstecher zum **Denkmal des Warschauer Aufstands** 8 (Pomnik Powstania Warszawskiego) neben dem neuen Justizpalast. Gigantische, in Bronze gegossene Figuren entsteigen düstern Kanälen, die Waffe in der Hand. Den meisten Kämpfern ist die Flucht misslungen: Sie ertranken in den Stollen oder starben im Feuer der in die Gänge hinabgeworfenen Granaten. Eingebunden ist das Denkmal in zwei Meisterwerke des Barock: Schräg hinter ihm steht das vom Hofarchitekten entworfene Krasiński-Palais (Pałac Krasińskich), heute Sitz der Nationalbibliothek, vor ihm erhebt sich die pastellfarbene, doppeltürmige Piaristenkirche (Kościół Popijarski).

Krakauer Vorstadt und Neue Welt

Eine kilometerlange, südwärts verlaufende Straße verbindet das altstädtische Königsschloss mit dem Landschaftspark von Łazienki und der barocken Sommerresidenz in Wilanów.

Erster Abschnitt des so genannten »Königswegs« (Trakt Królewski) ist die nach der früheren Hauptstadt benannte **Krakauer Vorstadt** (Krakowskie Przedmieście). Entlang der Straße siedelten sich Polens reichste Adelsgeschlechter an. Sie ließen sich repräsentative Paläste erbauen, die heute in ihrer Mehrzahl der Regierung und der Universität unterstehen. Den Auftakt zur Linken bildet die akademische **Annakirche** 9 (Kościół Św. Anny), von deren Turm sich eine weite Aussicht auf die Altstadt bietet. Das Gotteshaus wurde 1454 von Anna, der Herzogin Masowiens, gegründet und 1820 im Stil der Neorenaissance erneuert. Imposant ist seine spätba-

Nach seiner jüngsten Renovierung ist das Hotel Bristol zu neuem Glanz erwacht

rocke, von den vier Evangelisten geschmückte Fassade. Die Gewölbe sind mit illusionistischen Fresken bemalt, Hauptaltar und Orgel von vergoldetem Rokoko-Schnitzwerk eingerahmt. Lüster mit Hunderten von Glasperlen hängen von der Decke herab und tauchen die Kirche in ein schummriges Licht.

Vorbei an einem Denkmal, das den Schriftsteller Adam Mickiewicz zeigt, kommt man zum **Präsidentenpalast** 10 (Rezydencja Prezydenta), der von vier Steinlöwen bewacht wird. 1955 wurde hier der Warschauer Pakt, das östliche Gegenstück zur NATO, geschlossen, 1970 unterzeichneten Willy Brandt und der polnische Präsident Edward Gierek den Vertrag über die Normalisierung der Beziehungen zwischen Polen und der Bundesrepublik Deutschland. 1989 fanden im gleichen Haus die Gespräche am Runden Tisch statt, die den Fall des sozialistischen Systems in Polen einleiteten. Bis 1994 war der Palast Sitz des Ministerrats, heute residiert hier der polnische Präsident.

Gleich nebenan steht das **Bristol** 11, Warschaus schönstes und teuerstes Hotel. Zur 100-Jahr-Feier 2001 wurde es aufpoliert und präsentiert sich wieder in strahlendem Art Nouveau. Von hier erreicht man in nur wenigen Schritten den weitläufigen Piłsudski-Platz mit dem **Grabmal des Unbekannten Soldaten** 12 (Grób Nieznanego Żołnierza). Es ist all jenen Polen gewidmet, die für das Vaterland fielen. Der Bogen reicht vom Sieg über den Deutschen Orden 1410 bis zur Befreiung vom Nationalsozialismus 1945. Eine ewige Flamme brennt für die Toten, täglich um 12 Uhr findet in einem feierlichen Zeremoniell die Wachablösung statt. Hinter dem Grabmal beginnt der von König August II. angelegte Sächsische Garten (Ogród Saski), zur Rechten sieht man das **Große Theater** 13 (Teatr Wielki), einen gigantischen Kulturtempel, in dem auch Konzerte stattfinden.

Jüdisches Warschau

„Eigentlich hatten diese Parasiten unersättlicher Raffgier, wie überall im ehemaligen Polen, schon die ganze Stadt infiziert und Warschau geradezu zur Judenmetropole gemacht." (Bruno Hans Hirsche, Erlebtes Generalgouvernement 1941) Zu Beginn des Zweiten Weltkriegs lebten in der polnischen Hauptstadt über 360 000 Juden, in keiner Stadt Europas gab es mehr. Allein sieben Tageszeitungen erschienen in jiddischer Sprache, es gab ein jüdisches Theater, mehr als zwei Dutzend Synagogen und unzählige Bethäuser. Heute erinnert nur noch wenig an die damalige Zeit. Da gibt es ein »Denkmal der Ghettohelden« und den makabren »Umschlagplatz«, einige Straßenbahnschienen, die ins Nichts führen, altes Kopfsteinpflaster, das unter aufgeplatztem Asphalt hervorlugt, hier und da eine Plakette. Vom ehemaligen jüdischen Viertel wurde nach 1945 nichts rekonstruiert, gesichtslose Bettenburgen säumen die Straßen.

Die Suche nach Spuren jüdischer Kultur konzentriert sich auf das Gebiet zwischen Jüdischem Friedhof und Sächsischem Garten, das Hauptwohngebiet der Warschauer Juden. Deutsche Soldaten riegelten es im Herbst 1940 von der Außenwelt ab und pferchten die jüdischen Bürger in einem Ghetto zusammen. Da auch aus anderen Orten Juden hierher verfrachtet wurden, drängten sich bald auf nur 5 km² 500 000 Menschen. Die Lebensmittelversorgung war katastrophal; 44 000 Menschen starben an Hunger und Erschöpfung, noch bevor die Deportationen einsetzten. An 15 Zugängen standen bewaffnete deutsche Soldaten und hielten die Bewohner in Schach. Ab Ende 1941 wurde der Versuch, das Ghetto zu verlassen, mit dem Tode bestraft. Doch es kam noch schlimmer. Am 20. Januar 1942 wurde auf der Wannseekonferenz die »Endlösung der Judenfrage« beschlossen und im darauffolgenden Sommer mit deutscher Gründlichkeit umgesetzt. In einem Schreiben, das der Staatssekretär im Reichsverkehrsministerium, Dr. Ganzenmüller, am 28. Juli 1942 an SS-Obergruppenführer Wolff richtete, heißt es: »Seit dem 22.7. fährt täglich ein Zug mit 5000 Juden von Warschau über Malkinia nach Treblinka, außerdem zweimal wöchentlich ein Zug mit 5000 Juden von Przemyśl nach Bełżec.«

Das Ghetto erwies sich als »Warteraum des Todes« (Jean Améry), nur wenigen Menschen gelang die Flucht auf die »arische« Seite. Angesichts der bevorstehenden Liquidierung gründeten am 2. Dezember 1942 sozialistische und zionistische Ghettobewohner die Kampforganisation ZOB. Sie bestand ausschließlich aus jungen Leuten, denn die Kinder und arbeitsunfähigen Alten hatte man zu diesem Zeitpunkt bereits deportiert. Als die SS am 19. April 1943 die Deportation der letzten noch verbliebenen 60 000 Ghettobewohner startete, stieß sie auf unerwarteten Widerstand. 1500 jüdische Kämpfer stellten sich mit einigen hundert Gewehren der doppelten Zahl von Wehrmachtssoldaten entgegen, die über Panzer und Flakgeschütze verfügten. »Es ging darum, sich nicht abschlachten zu lassen, wenn die Reihe an uns kam. Es ging nur darum, die Art des Sterbens zu wählen.« So notierte Marek Edelman, der zu den nitblöcke mit Schriftzügen in hebräischer, jiddischer und polnischer Sprache erinnern an bekannte gefallene Juden, z. B. an Janusz Goldschmidt alias Korczak, den Schriftsteller und Arzt, der mit den Kindern des von ihm geleiteten Waisenhauses in der Gaskammer starb. Der Martyriumsweg

1985 zur Erinnerung an die jüdischen Opfer errichtet: das Denkmal am »Umschlagplatz«

wenigen gehörte, denen die Flucht durchs Kanalsystem der Hauptstadt gelang. Nach dem Scheitern des Aufstands befahl Himmler, das Ghetto dem Erdboden gleichzumachen. Kommandeur Stroop verfasste die Siegesmeldung: »Es gibt keinen jüdischen Wohnbezirk in Warschau mehr.«

Am **Denkmal der Ghettohelden,** das 1948 an der ul. Zamenhofa enthüllt wurde, beginnt ein 15-minütiger »Weg des jüdischen Martyriums und Kampfes«. In Anknüpfung an christliche Kreuzwegstationen wird hier der Opfer des Aufstands gedacht. 16 graue Gra-

endet am »Umschlagplatz« in der ul. Stawki – neben den gewaltigen Wohnblocks kaum zu erkennen. Der 80 m lange und 30 m breite Platz war 1941–1943 von einer hohen Mauer umschlossen, die an zwei Stellen durchbrochen war: Ein Tor führte ins Ghetto, das andere zu einer großen Rampe, an der Güterwagen vorfuhren. Innerhalb eines Jahres wurden dort 300 000 Menschen »umgeschlagen«, d. h. aus dem Warschauer Ghetto ins Vernichtungslager Treblinka deportiert. 1985 wurde an dieser Stelle ein Denkmal errichtet. Die weißen, durch schwarze Streifen gegliederten Wände wecken Assoziationen an Gebetstücher, die jüdische Männer beim Klagegebet tragen. Das halbrunde Relief über dem Eingang deutet geknickte Bäume an: in der jüdischen Ikonografie Symbol für den Tod eines Menschen. Durchschreitet man das Eingangstor, betritt man einen Raum, der

Der jüdische Friedhof in der ul. Okopowa

die Enge des historischen Umschlagplatzes andeutet. Wie eine endlose Litanei sind Hunderte jüdischer Namen in den Marmor geritzt; auf weißen Tafeln wird in mehreren Sprachen der Ghettobewohner gedacht.

Über die ul. Okopowa gelangt man zum **Jüdischen Friedhof** von 1806. Mit seinen über 100 000 Gräbern zählt er zu den größten Europas. Im Schatten alter Bäume stehen eingefallene Steine mit hebräischen Schriftzügen, Gras überwuchert Felsplatten und Wege. Obelisken und Sarkophage sind mit Bildern aus der Natur, dem Baum des Lebens und Tiermotiven geschmückt. Oft sind auf den Grabreliefs Hände abgebildet: Sind sie zum Segen erhoben, ruht hier ein Priester, halten sie ein Buch, liegt hier ein Gelehrter begraben; und ist in den Händen eine Münze versteckt, handelt es sich um einen Wohltäter.

Die jüdische Gemeinde Warschaus zählt heute etwa 1000 aktive Mitglieder. Am pl. Grzybowski steht das **Jüdische Theater**, die einzige Bühne Europas, auf der Stücke in jiddischer Sprache aufgeführt werden. Ganz in der Nähe, in der ul. Twarda, befindet sich die **Nożyk-Synagoge,** in der sich noch heute Warschauer Juden zum Gebet beim Rabbi versammeln. Das **Jüdische Historische Institut** hat an der Ostseite des pl. Bankowy seinen Sitz. Es beherbergt ein judaistisches Museum, eine Bibliothek mit 60 000 Büchern in verschiedenen Sprachen sowie Manuskripte, die bis ins 10. Jh. zurückreichen. Von den neoklassizistischen, eleganten Räumen konnte man früher auf Warschaus schönste und größte Synagoge blicken. Am 16. Mai 1943 wurde sie in die Luft gesprengt – ein symbolischer Akt, der die Niederschlagung des Aufstands unterstreichen sollte. Anstatt die Synagoge wieder aufzubauen, hat man hier in den 90er Jahren ein glitzerndes, 24-stöckiges Hochhaus mit piekfeinen Büroräumen errichtet.

Nach diesem Abstecher geht es zurück zur »Krakauer Vorstadt«. Vorbei am Denkmal für Kardinal Wyszyński und der hinter ihm aufragenden Kirche der Visitantinnen (Kościół Wizytek) gelangt man zur **Universität** 14 (Uniwersytet), die in mehreren schlossartigen Bauten untergebracht ist. 1818 wurde sie gegründet, doch bereits 14 Jahre später auf Geheiß des Zaren geschlossen. Die

Mehrheit der Studenten, monierte die Obrigkeit, habe den Umsturzversuch von 1830/31 aktiv unterstützt. 1915 wurde die Universität abermals geöffnet, doch schon 1939, unter deutscher Herrschaft, ein weiteres Mal in den Untergrund abgedrängt.

In der gegenüberliegenden Akademie der Bildenden Künste, dem ehemaligen Czapskich-Palais, wurde jüngst ein Chopin-Salon rekonstruiert. Der Künstler lebte dort mit seinen Eltern von 1827 bis 1830, jenem Jahr, in dem er Polen verließ. Nebenan, in der klassizistischen **Heiligkreuzkirche** 15 (Kościół Świętego Krzyża), ist das Herz des 1849 gestorbenen Komponisten beigesetzt. Auf dem Epitaph unterhalb seiner Büste findet sich eine Zeile aus dem Matthäus-Evangelium:»Wo dein Schatz ist, dort ist auch dein Herz«. 31 Jahre nach seiner Beerdigung auf dem Friedhof Père Lachaise in Paris wurde der Leichnam exhumiert und sein Herz – oder besser das, was davon übriggeblieben war – nach Polen überführt. Für wahre Fans des Komponisten gibt es nur fünf Minuten entfernt, im barocken Ostrogski-Palais, einen weiteren Anlaufpunkt. Im **Chopin-Museum** 16 (Muzeum Fryderyka Chopina) werden Porträts, Briefe und Notenblätter, u. a. die berühmte Mazurka F-Moll opus 68 Nr. 4, ausgestellt. Auch der Konzertflügel der Firma Pleyel, auf der Chopin in seinen letzten Lebensjahren spielte, darf besichtigt werden.

Blickfang am Ende der Krakauer Vorstadt ist das Kopernikus-Denkmal vor dem Sitz der Polnischen Akademie der Wissenschaften. In der Folge verengt sich der Königsweg und trägt den Namen **Neue Welt** (Nowy Świat). Statt von einzelstehenden Palästen ist die Straße nun von einheitlich gestalteten, klassizistischen Häusern gesäumt, die Eleganz verdankt sie ihrem schwungvollen Schnitt. Einige der besten Warschauer Cafés befinden sich hier: so das Café Nowy Świat an der Ecke Świętokrzyska und das in einem ehemaligen erzbischöflichen Palais untergebrachte Café Blikle. Schon vor 100 Jahren war dies ein beliebter Treff von Schauspielern, Literaten und Künstlern, in der angeschlossenen Konditorei wurden leckere Kuchen und Torten gebacken. Das heutige Publikum stellt ein Panoptikum von Polens neuer Mittel- und Oberschicht dar: Gestylte Geschäftsleute hantieren mit Handy, dezent geschminkte Frauen stellen Haute Couture zur Schau; dazwischen sieht man ältere Damen, die gern zur Créme de la Créme dazugehören wollen, sich aber mehr als eine Tasse Kaffee nicht leisten können.

Jerusalem-Allee

Am Rondo de Gaulle kreuzt sich die Nowy Świat mit der verkehrsreichen al. Jerozolimskie, der »Jerusalem-Allee«. Im 18. Jh. war sie eine von mehreren Baumreihen flankierte Prunkstraße und hatte, wie der Name andeutet, einen hohen jüdischen Bevölkerungsanteil. Heute wird die Straße von Häusern der vorletzten Jahrhundertwende gesäumt, dazwischen schieben sich Glas- und Granitpaläste des sozialistischen Realismus.

Gleich neben der Börse steht das **Nationalmuseum** 17 (Muzeum Narodowe), eine Top-Adresse für Kunstliebhaber aus aller Welt. In dem im Stil der Neuen Sachlichkeit errichteten Bau werden Werke von der Antike bis zur Gegenwart ausgestellt. Zu den Höhepunkten der Sammlung zählen frühchristliche Fresken aus Pharos (Sudan), die in ihrer archaischen Ausdruckskraft an Ikonen erinnern. Aus ostpreußischen und schlesischen Kirchen stammen meisterhaft geschnitzte, gotische Skulpturen, darunter die »Schöne Madonna aus Breslau«. Auch große europäische Maler sind vertreten, darunter Leonardo da Vinci, Lukas Cranach und Rembrandt. Im Ostflügel des Gebäudes befindet sich das **Militärmuseum** 18 (Muzeum Wojska Polskiego), das die tausendjährige Geschichte der nationalen Streitkräfte dokumentiert. Als Alfred Döblin 1924 in Warschau war, notierte er: »Die Polen haben noch nicht lange Militär, sind lecker danach.« Er könnte diesen Satz auch heute noch schreiben: Täglich versammeln sich Schulklassen im Museumspark und begeistern sich an Waffen und Panzern – Kriegsgerät zum Anfassen, sie wären gern dabei in vorderster Front…

Das umstrittenste Gebäude der Stadt befindet sich am Westende der Jerusalem-Allee (Richtung Hauptbahnhof) und ist nicht zu übersehen. Der 234 m hohe **Kulturpalast** 19 (Pałac Kultury y Nauki) ist für die einen ein Symbol von Gigantomanie, für die anderen eine kühne Fortschrittsvision. Der kostspielige Palast, entworfen nach dem Vorbild der Moskauer Lomonossow-Universität, war ein Geschenk Stalins an das polnische Volk, ein unübersehbares Zeichen sozialistischer Staatsmacht. Gut 20 Minuten braucht man, um die pompöse Anlage mit ihren vorspringenden Gebäudeflügeln zu umrunden. Große Skulpturen zeigen Nikolaus Kopernikus, die Idealfigur polnischer Wissenschaft, und Adam Mickiewicz, den sprachgewaltigen Heros der nationalen Literatur. 28 Plastiken sind in Nischen eingelassen und singen das Hohelied von Fortschritt und Gerechtigkeit. Ein athletischer Arbeiter studiert das »Kapital« von Marx, eine mit Tunika umhüllte Frau schreitet aus, die Welt zu begreifen.

Im Innern des Palastes hat man sich von Marx vorerst verabschiedet. In bunten Lettern verspricht die Werbung Zufriedenheit und Glück – westliche Markenartikel anstatt utopischer Sprüche. Nutzer der prunkvoll ausgestatteten Räume sind zahlungskräftige Unternehmen, Börsenmakler und Versicherungsagenten. Wuchtige Eichentüren führen in Säle mit Marmorböden und Stuckdecken, allerorts hängen schwere Kristallkronleuchter. In Sekundenschnelle fahren elegante Aufzüge die Stockwerke hinauf, samtrote Teppichböden schlucken jeden Laut. Big Business beherrscht viele der 3288 Räume, doch »zum Glück noch nicht alle«, sagen Künstler und Intellektuelle. Im Erdgeschoss gibt es drei große Theater und ein Kino, ein wunderbares Schwimmbad aus Marmor, ein »Technikmuseum« und ein »Museum der Evolution«. Im kreisförmig angeordneten Ausstellungspavillon findet jeden Mai die Buchmesse statt, im Kongresssaal, der 3000 Besuchern Platz bietet, jeden Oktober das Jazz Jamboree. Berühmte Musiker sind hier schon aufgetreten, darunter Louis Armstrong, Ray Charles und Miles Davies. Im zehnten Stockwerk ist das Goethe-Institut untergebracht, sieben Geschosse höher hat das Deutsche Historische Institut seinen Sitz. Ganz oben haben sich Polnisches Fernsehen, Rundfunk und Telekommunikation einquartiert.

Von der Aussichtsplattform im 30. Stock genießt man einen überwältigenden Blick in alle Himmelsrichtungen. Man schaut bis zur Altstadt und erkennt auf der anderen Weichsel-Seite das Stadion, das im Volksmund als »Russenmarkt« bekannt ist. Im Uhrzeigersinn schweift der Blick weiter zum Łazienki-Park und zum Schloss Wilanów. Im Nordwesten liegen die Neubauviertel Muranów und Mirów, wo sich einst das jüdische Ghetto befand. Dieser Teil Warschaus wurde nicht restauriert, gesichtslose Wohnanlagen sind an seine Stelle getreten. Grau wirkt auch die so genannte Ostwand, ein dichter Komplex von Wohn- und Warenhäusern entlang der Marszałkowska. Eingestreut sind eine Reihe gläserner Paläste, mit denen das internationale Kapital seine neu erworbene Macht unterstreicht. Doch das größte aller Gebäude soll eine polnische Schöpfung sein: Zum zukünftigen Wahrzeichen der Stadt wollen Warschauer Architekten einen 340 m hohen Hochglanzbau in direkter Nachbarschaft zum Kulturpalast machen: In dem geplanten »Museum des Kommunismus« soll gezeigt werden, »warum all die schönen, idealistischen Ideen des Sozialismus nicht verwirklicht werden können« – so Jacek Federowicz, stolzer Mitbegründer des Museums.

Auf dem Weg zurück zum Königstrakt quert man die Marszałkowska, die vorerst wichtigste Verkehrsachse der Stadt. Sie erstreckt sich über 4 km Länge vom Bankplatz (pl. Bankowy) bis zum Platz der Lubliner Union (pl. Unii Lubelskiej) und wurde um die Mitte des 20. Jh. als Prachtstraße des sozialistischen Warschau konzipiert.

Łazienki-Park und Wilanów

Am Rondo de Gaulle schwenken wir wieder in den Königsweg ein, der fortan Aleja Ujazdowskie heißt, von den Polen auch »Champs Elysèes« genannt. Zum Auftakt sieht man die klassizistische, 1818 errichtete **Alexanderkirche** [20] (Kościół Św. Aleksandra) auf einer vom Verkehr umtosten Insel. Im folgenden, mehrere Kilometer langen Abschnitt passiert man viele ausländische Botschaften, von der Straße abgesetzt liegen Sejm und Senat, das polnische Zweikammerparlament. Ihren Namen verdankt die Allee dem **Schloss Ujazdów** [21] (Zamek Ujazdowski), einer

Das Chopin-Denkmal im Łazienki-Park

königlichen Sommerresidenz an der Weichselböschung. Diese beherbergt heute ein Zentrum für zeitgenössische Kunst (Centrum Sztuki Współczesnej). Von der Terrasse an der Rückseite des Hauses bietet sich ein schöner Blick über schnurgerade, in Richtung Weichsel verlaufende Kanäle.

Polens schönste Grünanlage ist der **Łazienki-Park,** ein königlicher Entwurf Arkadiens fernab städtischer Zivilisation und heute frei für jedermann – eine Oase der Stille und doch gar nicht weit vom Zentrum Warschaus entfernt. Der Haupteingang befindet sich links der Hauptstraße neben dem weiß getünchten Palais Belvedere. Mit der Gestaltung des Parks beauftragte König Poniatowski einen der besten Gartenbaumeister seiner Zeit, den Dresdener Johann Christian Schuch (1766–1784). Die Nachahmung der Natur galt ihm, der zuvor Anregungen aus Reisen durch England, Frankreich und den Niederlanden gewonnen hatte, als höchstes künstlerisches Ideal. Binnen weniger Jahre schuf er einen Landschaftspark mit malerisch eingestreuten Seen, Kanälen und Fontänen, dazu weiten Rasenflächen mit zwanglos gruppierten Bäumen – und obgleich sich doch all dies menschlicher Planung verdankte, wirkte es in seiner reizvollen Anmut wie ein Werk der Natur.

Ein barockes Meisterwerk: Schloss Wilanów

Hinter dem Eingang führt links ein Weg zum **Chopin-Denkmal** 22 (Pomnik Chopina). Es zeigt den Komponisten unter einer masowischen, windgepeitschten Weide. Ihm zu Füßen wird an Sommersonntagen ein Flügel postiert, auf dem bekannte Interpreten einige seiner Sonaten spielen. Auf der Hauptallee gelangt man zur **Alten Orangerie** 23 (Stara Pomarańczarnia). Zwischen exotischen Pflanzen stehen antike Skulpturen, im original erhaltenen Hoftheater aus dem 18. Jh. gibt es an ausgewählten Abenden Konzerte mit Kammermusik.

Schönster Bau des Parks ist das **Palais auf der Insel** 24 (Pałac na Wyspie), eine Sommerresidenz von König Stanisław August Poniatowski. Es ist aus einem barocken Badehaus hervorgegangen und präsentiert sich als Lustschloss par excellence: elegant und zugleich intim, ausgestattet mit kostbaren Kunstwerken. Ausschweifender Barock beherrscht die Terrasse: Der Muskelprotz Satyr ist dabei, eine Nymphe zu rauben, Hermaphrodit umarmt die junge Salmakis. Zu den Skulpturen gesellen sich einige Pfauen – stolz schlagen sie ihr schillerndes Rad. Und wie es sich für ein Lustschloss gehört, dürfen auch Gondeln nicht fehlen: Majestätisch gleiten sie über das Wasser, das Ambiente kann in Venedig nicht prächtiger sein.

Der Königsweg verlängert sich über die pappelbestandene Belwederska weitere 6 km und führt an Neubausiedlungen vorbei zum **Schloss Wilanów** 25 (Pałac Wilanów). König Jan III. Sobieski, der 1683 die Türken vor den Toren Wiens besiegte und so das christliche Abendland vor dem Islam rettete, schuf sich hier seine »Villa Nuova« (poln. Wilanów), eine abgeschiedene Sommerresidenz. Sie präsentiert sich außen und innen als Meisterwerk des Barock mit zahlreichen Skulpturen, illusionistischen Malereien, Porträts und Gemälden. Der Park wurde nach dem Vorbild englischer, französischer und italienischer Villengärten geschaffen, ist angereichert um mythologische Figuren, Springbrunnen und künstlich aufgeschüttete Hügel. Viele Polen kommen am Wochenende hierher – oft mit großer Familie und für den ganzen Tag. Sie besuchen den chinesischen Pavillon und die barocke Annakirche, lauschen Konzerten in der Orangerie oder besichtigen Ausstellungen im weltweit ersten **Plakatmuseum** (Muzeum Plakatu).

Ausflugsziele

Karte: siehe unten
Tipps & Adressen: Żelazowa Wola S. 324, Łowicz S. 282, Arkadia S. 251, Nieborów S. 290

Rings um Warschau breitet sich die Tiefebene Masowiens aus, eine Landschaft von großem nostalgischem Reiz. Sie ist mit riesigen Kornfeldern bedeckt, die Ufer der Flüsse sind von Trauerweiden gesäumt. Auch wenn man nur wenig Zeit hat, sollte man wenigstens einen Ausflug in die Umgebung machen, z. B. in den **Kampinos-Nationalpark** (Kampinoski Park Narodowy) **1**, der fast an die Hauptstadt heranreicht. Mit seinen kiefernbewachsenen Sanddünen, dichten Laubwäldern und Sümpfen vermittelt er einen Eindruck davon, wie weite Teile Masowiens aussahen, bevor sie landwirtschaftlich erschlossen wurden. Guter Ausgangspunkt für Wanderungen ist das Dorf Dziekanów Leśny am Ostrand des Waldgebiets, wo mehrere markierte Wege starten. Unterwegs sichtet man Elche, Wildschweine und Biber, oft auch Schwarzstörche und Kraniche, die auf der Suche nach Essbarem im Morast herumstaksen.

Am Westrand des Nationaparks liegt das kleine Dorf **Żelazowa Wola** **2**, der Geburtsort Frédéric Chopins, des größten Musikers, den das Land hervorgebracht hat. Seine Mutter war eine polnische Adelige, sein Vater ein junger Franzose, der auf dem Gut des Grafen Skarbek als Lehrer arbeitete. Zwar musste die Familie schon wenige Monate nach Frédérics Geburt das Landhaus verlassen, doch kehrte der Sohn später noch oft nach Żelazowa Wola zurück. Er liebte die melancholische Stimmung Masowiens und ließ sich vom Klang der Volksmusik zu Mazurkas und Polonaisen inspirieren. Das romantische, efeuumrankte Geburtshaus wurde 1929 in ein Museum verwandelt, das die Atmosphäre des frühen 19. Jh. heraufbeschwört. Im Musikzimmer finden im Sommer jeden Sonntag Klavierkonzerte statt.

Rund um Warschau

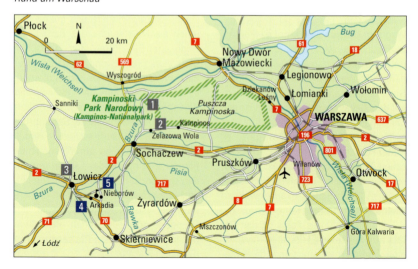

Das Regionalmuseum in Łowicz

An der Bzura, 31 km südwestlich von Warschau, liegt die für ihre Volkskunst berühmte Stadt **Łowicz** 3. Nirgendwo in Polen gibt es eine farbenprächtigere Fronleichnamsprozession: Die Frauen sind in bunte Trachten gekleidet und mit Bernsteinketten behängt, weiß gekleidete, Blumen streuende Mädchen schreiten ihnen voran. Der Umzug startet an der Stiftskirche am Westrand des Marktplatzes, die im 15. Jh. erbaut und später barock umgestaltet wurde. Sehenswert ist auch das gegenüber liegende Regionalmuseum im früheren Priesterseminar. Die im Erdgeschoss befindliche Kapelle gilt mit ihrem freskenbemalten Tonnengewölbe und den ausdrucksstarken Pietá-Skulpturen als eine »Perle des Barock«. Das erste Stockwerk widmet sich der Geschichte von Łowicz, das zweite präsentiert Folklore in all ihren Facetten: Trachten und naive Schnitzereien, kunstvoll bemalte Kacheln, Scherenschnitte und Keramik. Ein Freilichtmuseum im Hof zeigt zwei Bauernhäuser mit originaler Inneneinrichtung.

6 km östlich von Łowicz schuf sich Fürstin Helena Radziwiłł um 1778 den Park von **Arkadia** 4: ein idyllisches Refugium mit kunstvoll platzierten Teichen, Bächen und Sträuchern. Wie Relikte einer längst versunkenen Welt erscheinen die in die Landschaft eingestreuten Architekturdenkmäler: eine aus Findlingsblöcken geschaffene Grotte, eine mittelalterliche Burgruine und ein antiker Dianentempel. Auf ihm findet sich ein bekanntes Zitat von Petrarca: »Dove pace trovai d'ogni mia guerra« (Hier

fand ich Frieden nach jedem meiner Kämpfe). Eine von Sphinx und Löwe flankierte Treppe führt vom Säulenportikus zum See hinab. Hier bestieg einst die feine Gesellschaft das Boot, um zur »Insel der Gefühle« überzusetzen...

Schon einige Jahre zuvor hatte die Familie des Fürsten Radziwiłł 4 km östlich in **Nieborów** 5 ein Barockschloss erworben. Den ursprünglich von Tylman van Gameren für einen Kardinal erbauten Prachtbau ließen die Radziwiłłs im klassizistischen Stil erneuern. Besucher gelangen über einen »römischen Korridor« zur Eingangshalle mit einer Kopie des Niobe-Hauptes (4. Jh.). Aus Verzweiflung über den Verlust ihrer sieben Töchter und Söhne war die Mutter zu Stein erstarrt, der Bildhauer hatte ihren Schmerz in weißen Marmor gebannt. Ein mit holländischen Kacheln ausgelegtes Treppenhaus führt ins erste Stockwerk hinauf, wo sich ein prunkvoller Raum an den nächsten reiht. Sehenswert sind vor allem das Gelbe Kabinett, der Rote Salon und die Bibliothek. Der Reiz des Schlosses wird erhöht durch den ausgedehnten englischen Park: ein symmetrisch angelegter Garten mit Steinskulpturen aus dem 10. und 11. Jh.

Messestadt Posen

Karte: S. 238/239
Tipps & Adressen: S. 295

■ Die Provinzhauptstadt **Poznań** (Posen) ist vor allem als Handelsmetropole bekannt. 50% aller polnischen Messen finden hier statt, darunter die bedeutende Internationale Industriemesse im Juni. Bunt übers Jahr verteilt sind die Verkaufsausstellungen für Modeartikel und Konsumgüter, Polagra-Food, Domexpo und Tour Salon. Kaum sind die Reiseexperten abgezogen, trifft sich die Finanzwelt bei Trust & Invest; bei Poleko dürfen ökobewusste Unternehmer ihre teuren Nischenprodukte vorstellen. Äußerlich hat sich auf der Messe in jüngster Zeit viel getan: Das Ausstellungsgelände hat im Jahr 2002 sein altmodisch-graues Outfit abgestreift und präsentiert sich nun hypermodern, ein »strahlender« Trendsetter für neue Produkte.

Wer als Tourist nach Posen kommt, sucht freilich noch etwas anderes, sein Interesse richtet sich auf die Welt jenseits von Geschäft und Kommerz. In der Stadt gibt es Architekturdenkmäler aus einer über tausendjährigen Geschichte, ein herrliches Renaissance-Rathaus, den ältesten Dom Polens und interessante Museen. Dazu wartet Posen mit einer lebendigen Kunst- und Kulturszene auf; hervorzuheben sind das Opernensemble und das Tanztheater, die Jazz-Szene, das avantgardistische Schauspielhaus und der Knabenchor der Philharmonie. Östlich der Stadt befindet sich das Sport- und Erholungszentrum Malta mit einer internationalen Regattastrecke und einer ganzjährig betriebenen Skipiste.

Ein Blick zurück

Archäologische Funde lassen den Schluss zu, dass die Niederungen der Warta (Warthe) im Posener Raum bereits im 7. Jh. von slawischen Stämmen besiedelt waren. Erste Festungen entstanden bei Gniezno und Kruszwica, später auch bei Kalisz. Die historische Region Wielkopolska (Großpolen) gilt als die »Wiege des polnischen Staates«; ihr Name verweist auf den Stamm der Polanen, die neben den Wislanen hier siedelten. Piastenfürst Mieszko I. gelang es ab 960, die slawischsprachigen Stämme zu einen. Keimzelle Posens war eine von der Warthe und ihren Seitenarmen umflossene Insel, auf der 968 das erste polnische Missionsbistum entstand.

Unter der Herrschaft seines Sohns Bolesław I. expandierte der neue Staat in alle Himmelsrichtungen und erreichte für kurze Zeit fast die Größe des heutigen Polen. Das Machtzentrum verlagerte sich freilich schon früh nach Südosten: Nach dem Vormarsch der Böhmen (1038) wurde »Großpolen« auf den Status einer Grenzprovinz herabgestuft und das »kleinpolnische« Krakau als ein Ort, der mehr Sicherheit versprach, zur Hauptstadt erklärt. Posen wahrte gleichwohl seine Rolle als regionales Handelszentrum und dehnte sich aus. 1253 wurde am linken Wartheufer eine neue Siedlung mit Marktplatz und schachbrettartigem Straßennetz angelegt – der klerikalen Dominsel wurde damit ein weltliches Pendant zur Seite gestellt. Seine Blütezeit erlebte Posen im 15. und 16. Jh., als die Stadt ein wichtiges Wirtschaftszentrum war: Hier kreuzten sich die größten Handelsstraßen Europas. Doch mit den Nordischen Kriegen im 17. Jh. setzte der Niedergang ein, 1793 wurde die Stadt im Rahmen der Zweiten Polnischen Teilung Preußen zugeschlagen. Waren die polnischen Bürger anfangs noch mit Sonderrechten ausgestattet, so gingen sie dieser nach dem gescheiterten Aufstand von 1848 und vor allem im Rahmen der von Bismarck verordneten Germanisierungspolitik zunehmend verlustig. Die polnische Sprache wurde von den Schulen und aus Amtsstuben verbannt, die freie Religionsausübung eingeschränkt. Mit der Repression wuchs freilich der Widerstand. So wurde Posen zu einem Sammelbecken polnischer Nationalisten; nach dem Ersten Weltkrieg brachte ein Aufstand die

Eine der modernen Seiten von Posen: das Messegelände

Stadt in ihre Hand und ermöglichte den Anschluss an den neu geschaffenen polnischen Staat. Im Zweiten Weltkrieg drehte sich das Rad der Geschichte noch einmal für wenige Jahre zurück: Posen wurde von deutschen Truppen eingenommen und Hauptstadt des neu geschaffenen Warthegaus. Die Polen hatten die Stadt zu verlassen, an ihrer Stelle rückten Deutsche ein. Nach dem Zweiten Weltkrieg war es genau umgekehrt: In die zerschossene, von Deutschen »gesäuberte« Stadt kamen Polen, versprengte Existenzen aus allen Teilen des Landes.

Stadtrundgang

Mittelpunkt der Stadt ist der **Alte Markt** (Stary Rynek), ein rechteckiger, von Cafés und bunten Bürgerhäusern gesäumter Platz. Dieser hat zwar nicht die Weite des Krakauer oder Breslauer Rings, ist aber gleichwohl beeindruckend. Man mag beklagen, dass er mit einer Vielzahl von Buden und Bauten »vollgestellt« ist, doch viele Besucher sehen gerade in der »Unübersichtlichkeit« seinen Reiz: Der Platz erscheint ihnen als gemütlicher Bazar, unter den Arkaden verkaufen Kunstmaler ihre Gemälde.

In der Mitte des Platzes steht das herrschaftliche **Rathaus** 1 (Ratusz), das sich das reiche Patriziat 1536 vom italienischen Baumeister Giovanni Battista Quadro errichten ließ. Zurecht gilt es als eines der schönsten Renaissance-Bauwerke Polens. Die Schaufassade gefällt mit dreistöckigen Loggias, Arkaden und schlanken Türmen; gemalte Details enthüllen das politische Programm der einstigen Ratsherren. Jeden Mittag um 12 Uhr öffnen sich die Metalltüren über der Uhr am 61 m hohen Hauptturm und die legendären »Posener Böcke« (Koziołki) springen heraus, um zwölfmal mit den Köpfen zusammenzustoßen. Einst, erzählt man, haben sie auf den Stufen des Rathauses ein wildes Spektakel vollführt, um die Bürger auf das im Innern ausgebrochene Feuer aufmerksam zu machen. Aus Dank dafür, dass sie die Stadt vor einer Feuersbrunst bewahrten, wurden sie als »Zeitmesser« verewigt. Heute birgt das Innere des Rathauses das **Historische Museum** (Muzeum Historii Miasta Poznania), eine Abfolge prächtiger Säle mit Exponaten zur Stadt-

geschichte. Am schönsten ist der Rokokosaal im ersten Stock mit kunstvoll geschnitzter Kassettendecke. Bedeutend sachlicher geht es im angrenzenden Renaissancebau, der ehemaligen Stadtwaage zu, wo sich die Brautleute ihr Ja-Wort geben. Die Brunnenfigur der **Bamberka** vor dem Eingang des Hauses erinnert an die zu Beginn des 18. Jh. eingewanderten Bürger aus Bamberg.

Poznań (Posen) – Sehenswürdigkeiten: 1 *Rathaus* 2 *Museum für Musikinstrumente* 3 *Großpolnisches Militärmu-seum* 4 *Hauptwache* 5 *Górka-Palast* 6 *Pfarrkirche Maria Magdalena* 7 *Jesuitenkolleg* 8 *Franziskanerkirche* 9 *Fürstenschloss* 10 *Nationalmuseum* 11 *Raczyński-Bibliothek* 12 *Kathedrale* 13 *Marienkirche* 14 *Lubrański-Akademie*
Hotels: 15 *Park* 16 *Mercure Poznan* 17 *Meridian* 18 *Rzymski* 19 *Dom Turysty*
Restaurants: 20 *Orfeusz* 21 *Stara Ratuszowa* 22 *Africana* 23 *U Garniewiczów* 24 *Estella*

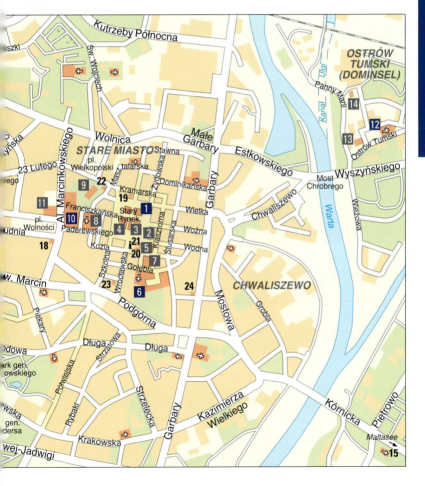

Museumsfreunde haben es in Posen leicht, denn fast alle Sammlungen liegen auf engem Raum zusammen. Allein auf dem Alten Markt könnte man einen ganzen Tag mit dem Besuch von Ausstellungen verbringen. Das **Museum für Musikinstrumente** 2 (Muzeum Instrumentów Muzycznych) wurde im Haus der Adelsfamilie Grodzki eingerichtet und birgt mehr als 2000 Stücke aus aller Welt und allen Epochen. Ein Raum ist dem Komponisten Frédéric Chopin gewidmet, der auf dem ausgestellten Klavier für die Adelsfamilie Radziwiłł mehrfach Konzerte gab.

Vor die Krämerhäuschen, in denen einst Kaufleute ihre Waren verkauften, wurde ein wenig attraktiver Betonpavillon gesetzt. Das darin untergebrachte **Großpolnische Militärmuseum** 3 (Wielkopolskie Muzeum Wojskowe) beleuchtet in wechselnden Ausstellungen die vermeintlich ruhmreiche Geschichte der nationalen Streitkräfte. In der neoklassizistischen **Hauptwache** 4 (Odwach) wird die Geschichte Posens thematisiert, der **Górka-Palast** 5 (Pałac Górków) zeigt archäologische Fundstücke von der Steinzeit bis zum Mittelalter.

Der Alte Markt, Mittelpunkt der Stadt

schlossartigen Anbau konfisziert und darin die Stadtverwaltung untergebracht; auch fanden hier erlauchte Gäste Kost und Logis. Einer von ihnen war Frédéric Chopin; alljährlich werden ihm zu Ehren an seinem Geburts- und Todestag (1. März und 17. Oktober) zwei Konzerte gegeben.

Westlich des Alten Markts liegt die **Franziskanerkirche** 8 (Kościół Franciszkanów). Die Mönche mit den braunen Kutten mochten den Jesuiten nicht nachstehen und ließen sich etwa zur gleichen Zeit ein repräsentatives Gotteshaus errichten. Auch hier wurde an üppigem Stuck, Wandmalerei und Schnitzwerk nicht gespart, besonders sehenswert ist die Galerie altpolnischer Porträts. Das angrenzende, ursprünglich gotische **Fürstenschloss** 9 (Zamek Przemysława) wurde 1280 als Herzstück der Posener Verteidigungsanlage gebaut. Nach den Zerstörungen von 1945 wurde es zwar teilweise restauriert, hat aber viel von seiner einstigen Pracht eingebüßt. Es beherbergt eine kunsthandwerkliche Sammlung aus Europa und dem Fernen Osten, ein buntes Gemisch aus Glas- und Silberwaren, Waffen, Uhren und Porzellan. Eindrucksvoller ist das gleich um die Ecke gelegene **Nationalmuseum** 10 (Muzeum Narodowe), das mit polnischer Kunst der letzten Jahrhunderte vertraut macht. Eine »Spezialität« des polnischen Barock ist das realistisch ausgeführte Sargporträt, das den Eindruck erwecken sollte, der Verstorbene weile leibhaftig unter den Trauergästen. Größtes Interesse wecken die Werke des Historienmalers Jan Matejko (1838–1893), der die glorreichen Momente der polnischen Geschichte illustrierte und so seinen Landsleuten Trost in Zeiten der Teilung zu-

Vom Alten Markt verzweigen sich zahlreiche kleine Gassen, die von schönen alten Häusern gesäumt sind. An der Südostecke wird der Blick von einem rot leuchtenden Bau gefangen genommen: Die **Pfarrkirche Maria Magdalena** 6 (Kościół Farny Św. Marii Magdaleny), ein Meisterwerk des Barock, sollte in der Zeit der Gegenreformation Glanz und Gloria des Katholizismus zum Ausdruck bringen. Auftraggeber waren die »grauen Mönche«, die im **Jesuitenkolleg** 7 (Szkoła Jezuicka) nebenan residierten und abtrünnige Seelen auf Kurs brachten. Die Preußen haben den

sprach. Dass die Polen nur auf dem Feld der Kultur nationale Größe beschwören durften, verdeutlicht auch die 1828 eröffnete **Raczyński-Bibliothek** 11 (Biblioteka Raczyńskich). Sie präsentiert sich als »Tempel des Wissens«, in dem die Polen ihre Klassiker lesen durften und zeitgenössische Dichter zu Lesungen anreisten. Mit ihrer klassizistischen Fassade wirkt sie wie eine Miniaturausgabe des Pariser Louvre, durch korinthische Säulen streng-elegant gegliedert.

Alle wichtigen Kulturstätten befinden sich im Westteil der Stadt: das Polnische und das Große Theater, die Philharmonie und der Kulturpalast. Auf dem Mickiewicz-Platz erinnern zwei Kreuze und eine Säule mit Adlerkopf an den Posener Aufstand im Juni 1956, bei dem die Arbeiter »Brot, Wahrheit und Freiheit« forderten – 73 von ihnen bezahlten dafür mit dem Leben. Das Standbild des Dichters Adam Mickiewicz hat man genau an der Stelle postiert, wo bis 1919 Reichskanzler Otto von Bismarck thronte.

Wer nur einen Tag in Posen bleibt, sollte nicht versäumen, auch dem »heili-

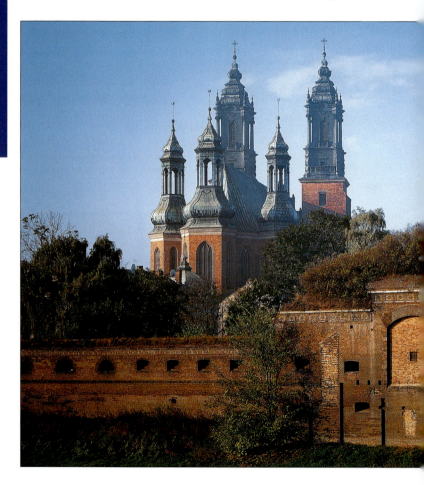

gen«, östlich des Alten Markts gelegenen Stadtkern einen Besuch abzustatten. Die nach König Bolesław I. benannte »Brücke des Tapferen« (Most Chrobrego) führt hinüber zur **Dominsel** (Ostrów Tumski), wo die Geschichte der Stadt ihren Ausgang nahm. Seit Fürst Mieszko I. die erste Kathedrale erbauen ließ, blieb die Warthe-Insel der Geistlichkeit vorbehalten, die ihre Domäne mit vier weiteren Kirchen absicherte. Noch heute huschen Nonnen und Mönche in dunklen Kutten durch die Straßen – kaum zu glauben, dass die trubelige Innenstadt nur ein paar Gehminuten entfernt liegt. Blickfang der Insel sind die hohen Türme der **Kathedrale** 12 (Katedra), die als Nachfolgebau einer ersten, um 968 errichteten Kirche entstand. Im Lauf der Jahrhunderte wurde die strenge Backsteingotik durch barocke und klassizistische Formen aufgelockert, so dass das Gesamtbild etwas disparat erscheint. Der Stilmix setzt sich im Innern fort: Die schlichten Sarkophage der beiden ersten polnischen Regenten lagern in düsteren Grüften, neobyzantinische Ornamentik schmückt ihr symbolisches Mausoleum in der Goldenen Kapelle. Sehr viel einheitlicher präsentiert sich die benachbarte, 1438 erbaute **Marienkirche** 13 (Kościół Mariacki), in der das Sterngewölbe wunderbar mit gotischen Schnitzereien harmoniert. Noch mehr Kunst entdeckt man in der nördlich gelegenen **Lubrański-Akademie** 14 (Akademia Lubrańskiego), einstmals die erste Hochschule der Stadt, heute Sitz des **Diözesanmuseums** (Muzeum Archidiecezjalne). Neben mittelalterlichen Skulpturen zeigt es Meisterwerke der Malerei, das kostbarste Stück der Sammlung ist ein Gemälde von Anton van Dyck.

Ausflugsziele

Karte: S. 244
Tipps & Adressen: Pobiedziska S. 295, Gniezno S. 269, Biskupin S. 254, Rogalin S. 299, Kórnik S. 277

Die Gegend um Posen ist reich an architektonischen, teilweise über tausend Jahre alten Denkmälern. Die ostwärts führende »Piastenroute« verknüpft die

Blickfang auf der Dominsel: die Kathedrale

Rund um Posen

ersten Siedlungen des polnischen Reichs. Erste Station ist **Pobiedziska** 1, über das man den 7 km langen See Lednica erreicht. An seinem Ostufer befindet sich ein Ethnografischer Park, in dem originale Holzhäuser aus dem 19. Jh. zusammengetragen sind. Knapp 2 km weiter nördlich zeigt das Museum der ersten Piasten (Muzeum Pierwszych Piastów) Waffen und Werkzeuge aus der Festung Fürst Mieszkos I., die sich auf einer der vier Inseln im See befand. Mit einem Boot kann man zu ihr übersetzen und ihre Ruinen besichtigen.

Die »Wiege des polnischen Staates« ist **Gniezno** (Gnesen) 2, 49 km östlich von Posen. Ins Schlaglicht der Weltgeschichte rückte der Ort im Jahre 1000, als er vom Papst nach Fürsprache des deutschen Kaisers Otto III. zum ersten Erzbistum Polens erwählt wurde. Der Kaiser kam persönlich zur Feier nach Gniezno und stellte dem polnischen Vasallen Souveränität in Aussicht. Gleichzeitig besuchte er das Grab des hl. Adalbert, der in seinem Auftrag drei Jahre zuvor aufgebrochen war, die heidnischen Pruzzen zu missionieren und dabei den Tod fand. Erzbischöflicher Sitz ist Gniezno noch heute, die wuchtige, doppeltürmige Kathedrale dominiert die Silhouette der Stadt. Mitte des 14. Jh. im gotischen Stil entstanden, ist sie bereits der dritte Nachfolgebau der ursprünglich 970 errichteten Kirche. Sehenswert ist vor allem die romanische Bronzetür von 1170, die in 18 dramatischen Szenen das Leben und Sterben des hl. Adalbert zeigt. Seine Reliquien befinden sich in einem prächtigen, aus Silber geschaffenen Grabmal am Hochaltar.

Das 30 km nördlich gelegene **Biskupin** 3 beweist, dass schon lange vor der Existenz des Staates Polen die Gegend besiedelt war. 1933 wurden in sumpfigem Gelände erste Holzhäuser, später ein ganzes Dorf entdeckt. Nachdem es um 400 v. Chr. durch das Ansteigen des Seespiegels überflutet worden war, blieb es bis in die jüngste Vergangenheit versunken im Schlamm – das älteste erhaltene Baudenkmal auf polnischem Boden! Mitglieder der so genannten »Lausitzer Kultur« hatten das Dorf im 7. Jh. v. Chr. gegründet. Sie errichteten ihre Siedlung auf einer kleinen flachen Insel und umgaben sie mit einem 6 m hohen Holzwall. Zusätzlichen Schutz boten 35 000 in den Seegrund gerammte Eichenpfähle. Der Zugang zum Dorf war über ein einziges Turmtor möglich, von dem sich eine 120 m lange Holzbrücke zum Festland spannte. Im Innern der Siedlung, die gut 1000 Menschen Platz bot, wurden schnurgerade, mit Bohlen gepflasterte Straßen angelegt. Ein jedes der 108 fast identischen Häuser verfügte über Wohnraum und Vorratskammer. Die Handelskontakte der »Lausitzer«, das belegen die darin gefundenen Waffen, Werkzeuge und Schmuckstücke, reichten von der Ostsee bis zum Schwarzen Meer. In einem Museum sind die Fundstücke ausgestellt, ein Spaziergang durch das teilweise rekonstruierte Dorf versetzt Besucher zurück in die Eisenzeit.

Wer der Historie überdrüssig ist, gönnt sich einen Tag im Grünen. Unmittelbar südlich von Posen beginnt der waldreiche **Großpolnische Nationalpark** 4 (Wielkopolski Park Narodowy), den man auf mehreren ausgeschilderten Wegen erwandern kann. Besonders empfehlenswert ist der rot markierte, 14 km lange Weg von Osowa Góra nach Puszczykowo, der am schönsten See des Parks, dem Góreckie-See, vorbeiführt. Ganz in der Nähe liegen prächtige Magnatenschlösser, so die Adelsresidenz der Familie Raczyński in **Rogalin** 5, 15 km südlich von Posen. Neben Empire- und Biedermeier-Salons gibt es Ball- und Festsäle, allesamt ausgestattet mit wertvollem Mobiliar, Skulpturen und Gobelins. Porträts der Familie schmücken das Treppenhaus, die Gemäldesammlung mit Bildern von Böcklin, Monet und Matejko ist in einem Pavillon ausgestellt. Hinter dem Palast erstreckt sich ein französischer Garten, der sich westlich anschließende englische Park verfügt über den größten Bestand alter Eichen in Europa. Die drei schönsten werden in Erinnerung an die legendären Gründer der slawischen »Bruderstaaten« Lech (Polen), Czech (Tschechien) und Rus (Russland) genannt und haben einen Stammumfang von je 10 m.

20 km südöstlich von Posen steht in **Kórnik** 6 ein weiteres verwunschenes Schloss mit Zugbrücke und Graben. Das von der mächtigen Górka-Familie gegründete Palais wurde im 19. Jh. nach einem Entwurf von Karl Friedrich Schinkel im neugotischen Stil umgebaut. Die original erhaltenen Innenräume bergen eine berühmte Bibliothek, herrliche alte Möbel und ein Museum mit einer Fülle von Kunstschätzen. Auch hier lohnt ein Spaziergang durch den riesigen Park, in dem man über 2000 verschiedene Baumarten aus aller Welt entdecken kann.

Ełk-See ▷

	Information
	Unterkunft
	Restaurant
	Sehenswert
	Museen
	Einkauf
	Nachtleben
	Unterhaltung
	Feste
	Aktivitäten
	Verkehr

Tipps & Adressen

Richtig Reisen
Service

Inhalt

Tipps & Adressen von Ort zu Ort

Alffinken s. Stare Jabłonki 306
Allenstein s. Olsztyn 291
Angerburg s. Węgorzewo 321
Arkadia 251
Augustów 251
Bad Polzin s. Połczyn Zdrój 295
Berent s. Kościerzyna 277
Białowieski Park Narodowy
(Białowieski-Nationalpark) 252
Białystok........................253
Biebrzański Park Narodowy
(Biebrza-Nationalpark) 254
Biskupin 254
Braniewo (Braunsberg) 254
Braunsberg s. Braniewo 254
Bromberg s. Bydgoszcz 255
Bütow s. Bytów 255
Bydgoszcz (Bromberg) 255
Bytów (Bütow) 255
Cadinen s. Kadyny 272
Cammin s. Kamień Pomorski 273
Chełmno (Kulm) 255
Chmielno (Ludwigsdorf) 256
Czaplinek (Tempelburg) 256
Danzig s. Gdańsk 260
Darłowo (Rügenwalde) 256
Deutsch Eylau s. Iława 270
Dietrichswalde s. Gietrzwałd 267
Dziwnów (Dievenow) 257
Eckertsdorf s. Wojnowo 323
Einsiedeln s. Kadzidłowo 272
Elbląg (Elbing) 257
Ełk (Lyck) 259
Fließdorf s. Stare Juchy 306
Frombork (Frauenburg) 259
Gdańsk (Danzig) 260
Gdynia (Gdingen) 265
Gierłoż (Görlitz) 266
Gietrzwałd (Dietrichswalde) 267
Giżycko (Lötzen) 267
Gniew (Mewe) 269
Gniezno (Gnesen) 269

Gołdap (Goldap) 269
Goleniów (Gollnow) 270
Görlitz s. Gierłoż 266
Großendorf s. Władysławowo 323
Groß Möllen s. Mielno 285
Grunwald (Grünfeld) 270
Habichtsberg s. Jastrzębia Góra 271
Heiligelinde s. Święta Lipka 308
Heilsberg s. Lidzbark Warmiński 282
Heinrichshöfen s. Jędrychowo 271
Hel (Halbinsel) s. Mierzeja Helska ...286
Henkenhagen s. Ustronie Morskie ...317
Hohenstein s. Olsztynek 293
Iława (Deutsch Eylau) 270
Iznota (Isnothen)..................270
Jastrzębia Góra (Habichtsberg) 271
Jędrychowo (Heinrichshöfen) 271
Johannisburg s. Pisz 295
Kadyny (Cadinen) 272
Kadzidłowo (Einsiedeln) 272
Kahlberg-Diep s. Krynica Morska ..280
Kaliningrad (Königsberg) 272
Kamień Pomorski (Cammin) 273
Kartuzy (Karthaus) 274
Kętrzyn (Rastenburg) 274
Kluki (Klucken) 275
Kołobrzeg (Kolberg) 275
Königsberg s. Kaliningrad 272
Kórnik 277
Kościerzyna (Berent) 277
Kosewo (Kutzen) 277
Koszalin (Köslin) 278
Krokowa (Krockow) 278
Krutyń (Krutinnen) 279
Krynica Morska (Kahlberg-Diep) ...280
Kulm s. Chełmno 255
Kutzen s. Kosewo 277
Lauenburg s. Lębork 281
Łeba (Leba) 281
Lębork (Lauenburg) 281
Lidzbark Warmiński (Heilsberg) 282
Lötzen s. Giżycko 267
Łowicz 282
Ludwigsdorf s. Chmielno 256

Lyck s. Ełk .259
Malbork (Marienburg) .282
Mewe s. Gniew .269
Międzyzdroje (Misdroy) .283
Mielno (Groß Möllen) .285
Mierzeja Helska (Halbinsel Hel) .286
Mikołajki (Nikolaiken) .287
Miłki (Milken) .288
Misdroy s. Międzyzdroje .283
Morąg (Mohrungen) .289
Mrągowo (Sensburg) .289
Narwiański Park Narodowy
(Narew-Nationalpark) .290
Neustadt s. Wejherowo .322
Neustettin s. Szczecinek .312
Nieborów .290
Nikolaiken s. Mikołajki .287
Oliwa (Oliva) .291
Olsztyn (Allenstein) .291
Olsztynek (Hohenstein) .293
Ortelsburg s. Szczytno .312
Ostróda (Osterode) .294
Pelplin .294
Pisz (Johannisburg) .295
Pobiedziska .295
Połczyn Zdrój (Bad Polzin) .295
Poznań (Posen) .295
Puck (Putzig) .297
Puńsk .298
Rastenburg s. Kętrzyn .274
Reszel (Rössel) .298
Rewal (Reval) .299
Rhein s. Ryn .301
Rogalin .299
Rössel s. Reszel .298
Rowy (Rowe) .299
Ruciane Nida (Rudczanny-Niedersee) .299
Rügenwalde s. Darłowo .256
Rydzewo (Rydzewen) .300
Ryn (Rhein) .301
Sądry (Zondern) .301
Sanddorf s. Wdzydze .321
Schmolsin s. Smołdzino .303
Sejny .301

Sensburg s. Mrągowo .289
Słowiński Park Narodowy
(Slowinzischer Nationalpark) .302
Słupsk (Stolp) .302
Smołdzino (Schmolsin) .303
Sopot (Zoppot) .303
Sorkwity (Sorquitten) .306
Stare Jabłonki (Alffinken) .306
Stare Juchy (Fließdorf) .306
Stargard Szczeciński (Stargard) .307
Stettin s. Szczecin .309
Stolp s. Słupsk .302
Stolpmünde s. Ustka .316
Straduny (Stradaunen) .307
Stutthof s. Sztutowo .313
Suwałki .307
Święta Lipka (Heiligelinde) .308
Świnoujście (Swinemünde) .308
Szczecin (Stettin) .309
Szczecinek (Neustettin) .312
Szczytno (Ortelsburg) .312
Sztutowo (Stutthof) .313
Toruń (Thorn) .313
Tempelburg s. Czaplinek .256
Thorn s. Toruń .313
Trygort (Thiergarten) .315
Trzebiatów (Treptow) .315
Tykocin .315
Ustka (Stolpmünde) .316
Ustronie Morskie (Henkenhagen) .317
Warszawa (Warschau) .317
Wdzydze (Sanddorf) .321
Węgorzewo (Angerburg) .321
Wejherowo (Neustadt) .322
Wigierski Park Narodowy
(Wigry-Nationalpark) .322
Wilkasy (Wilkassen) .323
Władysławowo (Großendorf) .323
Wojnowo (Eckertsdorf) .323
Wolin (Wollin) .324
Żarnowiec (Zarnowitz) .324
Żelazowa Wola .324
Zondern s. Sądry .301
Zoppot s. Sopot .303

Reiseinformationen von A bis Z

Anreise 325
... Mit dem Auto 325
... Mit dem Bus 325
... Mit der Bahn 325
... Mit dem Fahrrad 326
... Mit dem Schiff 326
... Mit dem Flugzeug 326
Aktivurlaub 326
... Angeln 326
... Baden 326
... Birdwatching 327
... Golf 327
... Jagd 327
... Kajak & Kanu 327
... Radfahren 327
... Reiten 327
... Segeln 328
... Sportfliegen 328
... Tauchen 328
... Wandern 328
... Windsurfen 328
Auskunft 328
Behinderte 329
Diplomatische Vertretungen 329
Einreisebestimmungen 329
Elektrizität 329
Essen & Trinken 329
Feiertage 330
Geld und Banken 330
Gesundheit 330
Internet 330
Karten 331

Kinder 331
Kur & Wellness 331
Lesetipps 331
Nationalparks 333
Notruf 333
Öffnungszeiten 333
Post 333
Preisniveau 333
Reisezeit 333
Sicherheit 334
Souvenirs 334
Sprachkurse 334
Telefonieren 334
Tiere 334
Toiletten 334
Trinkgeld 335
Unterkunft 335
... Hotels und Pensionen 335
... Privatzimmer 335
... Urlaub auf dem Bauernhof 335
... Herbergen &
  Studentenwohnheime 335
... Camping 335
Verkehrsmittel 335
Zeit 337
Zeitungen & Zeitschriften 337
Zollbestimmungen 337

Sprachführer 338

Abbildungs- und Quellennachweis ...342

Register 343

Tipps & Adressen von Ort zu Ort

Preiskategorien Unterkünfte:
Die Preiskategorien gelten für eine Übernachtung im Doppelzimmer mit Frühstück.
sehr teuer: über 200 €
teuer: 100–200 €
moderat: 50–100 €
günstig: 25–50 €
sehr preiswert: bis 25 €

Preiskategorien Restaurants:
Die angegebenen Preiskategorien beziehen sich auf ein dreigängiges Menü mit Getränk.
teuer: über 25 €
moderat: 15–25 €
günstig: bis 15 €

Arkadia

*Lage: Hintere Umschlagkarte L1
(in der Nähe von Łowicz)
Vorwahl: 0 46
Einwohner: 100*

 Landschaftspark (Park Krajobrazowy), Di–So 10–18 Uhr.
Romantischer Park aus dem 18. Jh. mit Seen und künstlichen Ruinen.

 Bus: Umständliche Verbindungen von Warszawa via Łowicz, dort umsteigen in den Bus Richtung Arkadia – Nieborów – Skierniewice (6 x tägl.).
Zug: Fast stündlich Bummelzüge ab Warszawa – Śródmieście, kurz vor Łowicz an der Station Mysłaków aussteigen und zu Fuß in knapp 10 Min. zum Park.

Augustów

*Lage: Hintere Umschlagkarte Q6
Vorwahl: 0 87
Einwohner: 31 000*

 Im Internet:
www.um.augustow.pl.

 Warszawa, ul. Zdrojowa 1, Tel./Fax 6 43 28 05, 64 Zimmer, moderat.
Renoviertes Hotel am Necko-See, eingerahmt von Kiefern und Fichten. Komfortable Zimmer mit Sat-TV und Minibar; Garten und eigene Bootsanlegestelle, Fahrrad- und Bootsverleih. Direkt am See befindet sich ein Café.
Hetman, ul. Sportowa 1, Tel./Fax 6 44 53 45, 24 Zimmer, günstig.
Hotel am Nordostufer des Necko-Sees mit attraktivem Park. Architekt des Hauses ist Maciej Nowicki (1939), der mit Entwürfen für das New Yorker UNO-Gebäude von sich reden machte. Nahebei befinden sich ein einfacher Zeltplatz und eine Bootsstation.
Budowlani, ul. Zdrojowa 3, Tel. 6 43 28 71, 70 Zimmer, günstig.
Dreistöckiges Ferienheim aus den 1970er Jahren in einem Kiefernhain über dem Necko-See. Alle Zimmer mit Bad und Balkon, die Bootsverleihstelle liegt nur wenige Minuten entfernt.
MB, ul. Spacerowa 4, Tel. 6 44 67 34, Fax 6 43 08 80, 18 Zimmer u. Apartments, günstig.
Familiär geführte Pension, 400 m vom Südufer des Necko-Sees. Alle Zimmer mit Bad und Sat-TV, Apartments auch mit Balkon. »MB« steht für Bożenna Mitrović, ihr Mann Piotr kommt aus Zagreb. Speiseraum mit Kamin, polnisch-kroatische Küche.
Dom Nauczyciela, ul. 29 Listopada 9, Tel./Fax 6 43 20 21, ca. 60 Zimmer, günstig/sehr preiswert.

Schöner als das Hauptgebäude ist der neue Anbau direkt am Kanal; dort verfügen auch bereits alle Zimmer über Sat-TV.
PTTK-Herberge, ul. Nadrzeczna 70-A, Tel. 6 43 34 45, Fax 6 43 38 50, 23 Zimmer, sehr preiswert.
Einfache Zwei-, Vier- und Vielbettzimmer in einem Gebäude mit tief herabgezogenen Dächern. Nahe der Mündung des Necko in den gleichnamigen See mit Café und umfangreichem Wassersportangebot.

 Hetman, ul. Sportowa 1, Tel. 6 44 53 45, moderat.
Polnische und internationale Gerichte, Betonung auf Fisch.

 Museum des Augustów-Kanals (Muzeum Historii Kanału Augustowskiego), ul. 29 Listopada 5-A, Di–So 9–16 Uhr.
In einem hübschen Holzhaus nahe der Schiffsanlegestelle wird die Geschichte des Kanals und der Wasserwege vorgestellt.
Museum für Stadtgeschichte (Muzeum Ziemi Augustowskiej), ul. Hoża 7, Di–So 9–16 Uhr.
Ethnografische Sammlung im Haus der Stadtbibliothek mit Keramik, Web- und Flechtarbeiten.

 Schiffsausflüge: Żegluga Augustowska, ul. 29 Listopada 7, Tel. 6 43 28 81. Tägl. mehrere Touren auf dem Augustów-Kanal und den angrenzenden Seen.
Wassersport: Ośrodek Żeglarski PTTK, ul. Nadrzeczna 70a, Tel./Fax 6 43 38 50. Bester Ort, um Jachten zu chartern und Boote zu mieten. Preisgünstig sind die geführten 12-tägigen Kanutouren auf der Czarna Hańcza und dem Augustów-Kanal.

Bus: Von der Südseite des Marktplatzes starten häufig Busse nach Ełk, Suwałki und Białystok, einige auch nach Sejny und Grajewo.
Zug: Von der kleineren Station Augustów-Port, wo nur Nahverkehrszüge halten, kommt man in nur 10 Min. zu den Unterkünften am Necko-See. Der Hauptbahnhof Augustów liegt über 1 km weiter südöstlich, 2-4 Eilzüge tägl. fahren nach Suwałki oder via Białystok nach Warszawa.

Białowieski Park Narodowy (Białowieski-Nationalpark)

Lage: Hintere Umschlagkarte R3
Vorwahl: 0 85
Einwohner: 1500

PTTK-Büro, Park Pałacowy, Białowieża, Tel. 6 81 22 95.
Reisebüro des Verbands für Naturfreunde am Eingang zum Schlosspark. Hier oder in einer der konkurrierenden Agenturen bucht man den für den Besuch des Nationalparks obligatorischen Führer.

In Białowieża:
Żubrówka, ul. Olgi Gabiec 6, Tel. 6 81 23 03, Fax 6 81 25 70, 60 Zimmer, günstig/moderat.
Modernisiertes und erweitertes Hotel mit Hallenbad und Fitness Center.
Iwa, Park Pałacowy, Tel. 6 81 23 85, Tel./Fax 6 81 22 60, 58 Zimmer, günstig.
Etwas älteres Hotel im Park neben dem Museum, einige Zimmer noch ohne eigenes Bad.

Richtung Hajnówka:
Sioło Budy, Budy 41, Tel. 0 22/8 23 70 70, Fax 0 22/8 23 71 44, www.kampio.com.pl, 10 Zimmer, moderat.
Die von Peter Kamiński geführte Pension liegt direkt am Waldrand und erinnert mit ihren Scheunen, dem Schweinestall und dem Ziehbrunnen an ein Freilichtmuseum. Originell ausgestattetes Inneres mit Kamin- und Jagdraum sowie russischer Sauna. Auf dem Weg von Hajnówka nach Białowieża links in die Straße Richtung Teremiski/Pogorzelec einbiegen.

Jugendherberge, ul. Gen. Waszkiewicza 4, Tel./Fax 6 81 25 60, 48 Betten, ganzjährig geöffnet.
Die billigste Option: Haus mit Vier-, Sechs- und Zwölfbettzimmern.

Iwa, Park Pałacowy, Tel. 6 81 23 85, moderat.
Hotelrestaurant mit guten Wildgerichten, schon zur Frühstückszeit geöffnet.

 Naturkundemuseum (Muzeum Przyrodniczo-Leśne BPN), Park Pałacowy, Di–So 9–15.30 Uhr, im Sommer bis 17 Uhr.
Archäologische und ethnografische Exponate im Erdgeschoss, Flora und Fauna im Obergeschoss.

 Festival Orthodoxer Kirchenmusik (Mai): In der Kirche von Hajnówka stellen internationale Chöre eine Woche lang ihr Können unter Beweis.

 Kutschentour: Im Sommer startet mehrmals tägl. eine mehrstündige Fahrt am Parkeingang in Białowieża und führt ins Wisentreservat und in geschützte Zonen, in denen Elche, Hirsche und Wildschweine zu sehen sind. Weitere Infos gibt das PTTK-Büro (s. o.).

 Bus/Zug: Die Station Białowieża-Pałac grenzt unmittelbar an den Schlosspark. Da die historische Bahnlinie nicht mehr in Betrieb ist, ist man auf den Buszubringer nach Hajnówka angewiesen: teils via Budy, teils über die Hauptstraße. Nach Białystok gibt es von Białowieża tägl. 1-2 Direktverbindungen mit dem Bus, ansonsten viele Linien ab Hajnówka mit Bus oder Zug.

Białystok

Lage: Hintere Umschlagkarte Q4
Vorwahl: 0 85
Einwohner: 285 000

 Touristeninformation, ul. Sienkiewicza 3, Tel./Fax 6 53 79 50, www.city.bialystok.pl, Mo–Fr 9–17 Uhr, im Sommer auch Sa 10–14 Uhr.

Gołębiewski, ul. Pałacowa 7, Tel. 7 43 54 35, Fax 6 53 73 99, www.golebiewski.pl, 223 Zimmer, teuer.
Komforthotel im Zentrum der Stadt mit Erlebnisbad und Sauna, alle Zimmer mit Sat-TV.
Gromada Leśny, ul. Jana Pawła II 77, Tel. 6 51 16 41, Fax 6 51 17 01, 53 Zimmer, moderat.
Etwas älteres Hotel 5 km westlich der Stadt an der internationalen Straße Warszawa – Białystok – Grodno. Alle Zimmer mit Bad und Sat-TV.

Jugendherberge, ul. Piłsudskiego 7-B, Tel./Fax 6 63 13 11, 50 Betten, ganzjährig geöffnet.
Haus mit Massenschlafsälen unweit des Zentrums.

Camping Nr. 212, ul. Jana Pawła II 77, Tel. 6 51 16 41, Fax 6 51 17 01, geöffnet Juni–Sept.
Anlage neben dem Hotel Leśny am Rande eines Kiefernwalds. 50 Stellplätze und 80 Betten in Campinghäuschen.

 Pożegnanie z Afryką, ul. Częstochowska 6, günstig.
Filiale der bekannten Ladenkette mit Kaffeesorten aus aller Welt, 700 m nordwestlich des Rynek Kościuszki.
Ananda, ul. Warszawska 30, Tel. 7 41 33 36, sehr preiswert.
Vegetarisches Restaurant nahe dem Hotel Gołębiewski, nett eingerichtet und dank seiner hervorragenden Suppen sehr beliebt.

 Branicki-Palast (Pałac Branicki), ul. Lipowa/ul. Mickiewicza.
Eine der größten Schlossanlagen der Region, das »Versailles von Podlachien«.
Katedra Prawosławna, ul. Antoniuk Fabryczny 13.
Größtes orthodoxes Gotteshaus Polens, im Jahr 2000 eingeweiht und nur zur Sonntagsmesse geöffnet.

 Regionalmuseum (Muzeum Państwowe), Rynek Kościuszki-Ratusz, Di–So 10–16 Uhr.
Kunsthandwerk aus der Gegend um Białystok und Werke polnischer Maler der letzten 200 Jahre.

Bird Watching und Wildbeobachtung: Ausflüge in die Nationalparks von Biebrza, Narew und Białowieża organisieren Bird Service Tours, ul. Popiełuszki 105, Tel./Fax 6 61 67 68, und Nature Travel, ul. Wyszyńskiego 2/1, Tel. 7 44 45 62, Fax 7 44 45 33.

 Bus/Zug: Beide Bahnhöfe liegen 1 km westlich des Stadtzentrums und bieten mehrere Verbindungen tägl. nach Sukółka, Olsztyn, Gdańsk und Warszawa. Nach Suwałki und Augustów ist der Bus vorzuziehen, nach Białowieża kommt man nur frühmorgens direkt, ansonsten via Hajnówka.

Biebrzański Park Narodowy (Biebrza-Nationalpark)

Lage: Hintere Umschlagkarte P/Q 4/5
Vorwahl: 0 86

 Direktion des Nationalparks, Osowiec Twierdza, Tel. 2 72 06 20, Fax 2 72 06 21; ul. Wojska Polskiego 72; Goniądz (8 km östlich), Tel. 2 72 30 01, biebrza@polbox.com.
Die Parkangestellten sprechen englisch, geben Tipps zu Unterkunft und Verpflegung und informieren über die Aussichtspunkte für die Beobachtung von Tieren. Sie vermieten Ruderboote, auf Wunsch kann man einen Führer anheuern. Im Sommer Organisation von Gruppenfahrten.
Im Internet: www.biebrza.com.pl.

 Exkursionen: Eco-Travel, ul. Wojska Polskiego 1, Goniądz, Tel. 2 72 07 85, www.biebrza.com/eco-travel. Veranstalter einwöchiger Birdwatching- und Safaritouren ab Warszawa, Führungen in englischer oder deutscher Sprache.

 Bus/Zug: Tägl. mehrere Verbindungen von Ełk/Grajewo via Osowiec nach Białystok.
Auto: Über Rajgród und Kuligi bis zum Forsthaus Grzedy oder via Grajewo nach Osowiec.

Biskupin

Lage: Vordere Umschlagkarte G3

 Archäologischer Park (Park Archeologiczny), Biskupin, tägl. 9–17 Uhr (Mai–Sept.), in der übrigen Zeit des Jahres 9–15 Uhr.
Gut erhaltene und teilweise rekonstruierte Siedlung der »Lausitzer Kultur« aus dem 7. Jh. v. Chr.

 Historisches Volksfest (Sept.): Meist zu Monatsbeginn erwacht das alte Biskupin wieder zu Leben, in Werkstätten wird gezimmert, getöpfert und gewebt.

 Bus: Die Haltestelle befindet sich vor dem Parkeingang; stündliche Verbindungen ins 7 km entfernte Żnin, von wo Busse nach Gniezno verkehren.

Braniewo (Braunsberg)

Lage: Hintere Umschlagkarte L7
Vorwahl: 0 55
Einwohner: 19 000

 Im Internet:
www.braniewo.pl.

 Warmia, ul. Gdańska 44-46, Tel./Fax 2 43 93 53, 51 Zimmer, günstig.
Alle Zimmer des neuen Hotels haben Sat-TV und Minibar. Im Restaurant Jakubowa gibt es gute polnische Hausmannskost, darunter vorzügliche *Pierogi* (gefüllte Teigtaschen).

Bus/Zug: Die Bahnhöfe liegen in der Nähe des Zentrums. 1 x tägl. erreicht ein von Gdańsk kommender Zug den Ort mit unmittelbarem Anschluss nach Kaliningrad (Fahrtdauer: 2.30 Stunden). Mit dem Bus kommt man mehrmals tägl. nach Elbląg und Gdańsk.
Auto: Den 7 km nordöstlich gelegenen polnisch-russischen Grenzübergang Gronowo/Mamonowo erreicht man über die

Landstraße 504; von dort sind es bis Kaliningrad (Königsberg) 64 km.

Bydgoszcz (Bromberg)

Lage: Vordere Umschlagkarte H4
Vorwahl: 0 52
Einwohner: 390 000

Touristeninformation, ul. Grodzka 12, Tel. 3 22 44 62, www.bydgoszcz-infotour.pl.

Pod Orłem, ul. Gdańska 14, Tel. 3 22 18 61, Fax 3 22 89 88, 75 Zimmer, teuer.
Das Hotel »Zum Adler«, ein Gründerzeitpalais von 1898, liegt zentral und wurde aufwändig restauriert. Es verfügt über Sauna, Fitnessbereich und Solarium. Das zugehörige Restaurant (s. u.) gilt als das beste der Stadt.

Jugendherberge, ul. Sowińskiego 5, Tel. 3 22 75 70, Fax 3 28 77 69, 100 Betten, ganzjährig geöffnet.
Jugendherberge auch mit einigen kleineren Zimmern, vom Bahnhof 5 Min. zu Fuß.

Pod Orłem, ul. Gdańska 14, Tel. 3 22 18 61, teuer.
Polnische und internationale Küche in stilvollem Ambiente.

Bus/Zug: Vom Busterminal (1 km östlich) und vom Zugbahnhof (1,5 km nordwestlich der Altstadt) gute Verbindungen nach Toruń und Warszawa.

Bytów (Bütow)

Lage: Vordere Umschlagkarte G6
Vorwahl: 0 59
Einwohner: 16 500

Im Internet:
www.bytow.pl.

Zamek, ul. Zamkowa 2, Tel./Fax 8 22 20 94, 30 Zimmer, günstig.

Preiswerte Übernachtungsmöglichkeit in einer ehemaligen Ordensburg. Funktionale Zimmer mit Sat-TV, im zugehörigen Restaurant werden kaschubische Spezialitäten serviert.

Westkaschubisches Museum (Muzeum Kaszubski), ul. Zamkowa 2, Di–Fr 10–18, Sa/So 10–15 Uhr.
Mächtige Ordensburg mit ethnografischem Museum.

Bus/Zug: Mehrere Züge tägl. nach Kościerzyna und Słupsk, weitere Orte erreichbar mit dem Bus: Bytów liegt am Schnittpunkt der Straßen Gdańsk – Poznań und Słupsk – Warszawa.

Chełmno (Kulm)

Lage: Vordere Umschlagkarte H/J 4
Vorwahl: 0 56
Einwohner: 23 000

Im Internet:
www.chelmno.pl.

Centralny, ul. Dworcowa 23, Tel. 6 86 02 12, Fax 6 86 44 21, 19 Zimmer, günstig.
Mittelklassehotel nahe dem Hauptbahnhof mit akzeptablem Restaurant.

Rathaus (Ratusz), Stary Rynek, Di–Fr 10–16, Sa 10–15, So 10–13 Uhr.
Ein Meisterwerk der Renaissance mit einem Museum zur Stadtgeschichte und einer Galerie.

Bus: Der Terminal befindet sich 1 km westlich der Altstadt und bietet gute Verbindungen zu allen Weichsel-Orten.

Chmielno (Ludwigsdorf)

Lage: Vordere Umschlagkarte H7
Vorwahl: 0 58
Einwohner: 2000

U Czorlińściego, ul. Gryfa Pomorskiego 63, Tel. 6 84 22 78, 15 Zimmer, sehr preiswert.
Familiär geführter Gasthof mit einem vor allem am Wochenende gut besuchten Restaurant.

Jugendherberge, ul. Gryfa Pomorskiego 33, Tel. 6 84 23 22, 50 Betten, ganzjährig geöffnet.
Jugendherberge, die meist von Schülergruppen belegt wird.

Museum der kaschubischen Keramik (Muzeum Ceramiki Kaszbuskiej Neclów), ul. Gryfa Pomorskiego 63, tägl. 9–18 Uhr.
Privatmuseum der Familie Necel, die hier einige ihrer schönsten Erzeugnisse ausstellt.

Paddeln: Kanuten starten zu Ausflügen auf der Radunia, die durch wilde Schluchten führt und mehrere Seen durchfließt.
Wandern: Markierte Wege führen am Radunia- und am Klodno-See entlang.

Bus: Mehrmals tägl. Anschluss nach Kartuzy.

Czaplinek (Tempelburg)

Lage: Vordere Umschlagkarte E5
Vorwahl: 0 94
Einwohner: 10 000

Touristeninformation, Rynek 1, Tel. 3 75 52 37, www.czaplinek.pl.
Hier bekommt man auch das Verzeichnis aller agrotouristischen Unterkünfte im Bereich der Pommerschen Seenplatte.

Elektor, Rynek 4, Tel. 3 75 50 86, Fax 3 75 50 87, 17 Zimmer, teuer.

Neues Komforthotel im Zentrum der Stadt mit einem hervorragenden Restaurant.
Pomorski, ul. Jagiellońska 11, Tel. 3 75 54 44, 7 Zimmer, günstig.
Etwas schlichteres Hotel, aber alle Zimmer mit eigenem Bad.

Camping Czaplinek, ul. Drahimska 79, Tel. 3 75 51 68, geöffnet Mai–Sept.
Schöner, 1 km nördlich der Stadt gelegener Zeltplatz am See mit Strand und Bootsanlegestelle. 220 Stellplätze, auch Gästezimmer stehen zur Verfügung.

Bus/Zug: Gute Busverbindung nach Kołobrzeg und Koszalin, Szczecinek, Drawsko Pomorskie und Piła, mehrere Züge tägl. nach Szczecin, Słupsk und Gdynia.

Darłowo (Rügenwalde)

Lage: Vordere Umschlagkarte E7
Vorwahl: 0 94
Einwohner: 16 000

Im Internet:
www.darlowo.com.pl.

Darłowo ist der schönere Ort, aber im knapp 3 km entfernten Küstenort Darłowko, wo sich die hier ausgewählten Unterkünfte befinden, schläft man leiser.
Monika, ul. Tynieckiego 43, Tel. 3 14 27 86, 6 Apartments, günstig.
Apartmenthaus knapp außerhalb der Stadt an der Straße nach Ustka; alle Wohneinheiten mit 2 Schlafzimmern, Kaminraum, Küche und Bad, ideal für 4 Personen; dazu eine Sauna, ein großer Garten und ein gutes Restaurant (s. u.).
Róża Wiatrów, ul. M. Juchy 2, Tel. 3 14 21 27, Fax 3 14 31 03, 84 Zimmer u. 4 Apartments, günstig.
Die Ferienanlage hat schöne Zimmer im Haupthaus, man kann aber auch in Campinghäuschen auf dem angeschlossenen Zeltplatz wohnen. Alle Zimmer mit Sat-TV und Kühlschrank, zur Anlage gehört ein Wellness-Center mit Schwimmbad, Whirlpool und Sauna.

Paradise, ul. Marynarska 36, Tel.
3 14 50 52, Fax 3 14 21 92, 10 Zimmer,
günstig.
Das schon in den 1970er Jahren beliebte
Gästehaus Mielniczuk wurde schön renoviert und hat seinen Namen gewechselt.
Den Strand erreicht man in nur wenigen
Minuten.

Camping Nr. 243, ul. Konrada 20, Darłówko, Tel. 3 14 28 72, geöffnet Juni–Aug.
Der Zeltplatz befindet sich 500 m vom
Strand entfernt.

Monika, ul. Tynieckiego 43,
Tel. 3 14 27 86, moderat.
Von Darłówko 1 km in Richtung Ustka:
Traditionelle polnische Küche mit viel
Fisch, aber auch deftige Fleischgerichte
wie Schweinshaxe »auf bayerische Art«
(Golonka po bawarsku).

Leuchtturm (Latarnia Morska),
tägl. 10–18 Uhr (Mai–Sept.).
Ein 20 m hoher Turm mit ziegelrotem
Anbau.

Regionalmuseum (Zamek Książąt
Pomorskich Muzeum Darłowie), ul.
Zamkowa 4, Di–So 10–15.30 Uhr.
Ehemalige Residenz der Fürsten von Pommern mit Porträts, Danziger Stilmöbeln
und einer orientalischen Kollektion.

Bus/Zug: Die beiden Bahnhöfe liegen nahe beieinander im Südwesten der Stadt, zu Fuß etwa 10 Min. vom
Marktplatz entfernt. Gute Busverbindungen nach Koszalin, Ustka und Słupsk, die
Zuglinie nach Sławno wird vielleicht stillgelegt.

Dziwnów (Dievenow)

Lage: Vordere Umschlagkarte C6
Vorwahl: 0 91
Einwohner: 3000

Im Internet:
www.dziwnow.pl.

 Biały Dom, ul. Kamieńska 11,
Dziwnówek, Tel. 3 81 11 71, Fax
3 81 14 46, 6 Zimmer, günstig.
4 km östlich von Dziwnów: eine Pension
mit komfortablen Zimmern nur wenige
Schritte vom Meer. Direkt daneben ein
Campingplatz unter deutscher Leitung mit
guten sanitären Einrichtungen.

Camping Nr. 93, ul. Słowackiego 8,
Dziwnów, Tel. 3 81 32 05, geöffnet Juni–
Aug.
3,5 ha große Anlage zwischen dem Nordufer des Flusses und der Küstenstraße.

Camping Wiking Nr. 194, ul. Wolności
3, Dziwnówek, Tel. 3 81 34 93, geöffnet
Mai–Anfang Sept.
2 ha große Anlage im Kiefernwald am
Westrand des Ortes, direkt am Strand. Mit
Campinghäuschen, Radverleih, Laden und
Restaurant. 340 Stellplätze.

Biały Dom, ul. Kamieńska 11, Dziwnówek, Tel. 3 81 11 71, moderat.
Das mit barocken Stilmöbeln eingerichtete
Restaurant bietet ausgezeichnete Fischküche, lecker schmeckt z. B. Lachs in
Safransoße.

 Golf: Golf & Relax, ul. Dziwna 12/1,
Tel./Fax 3 81 26 22. Die Anlage in
Łukęcin liegt 10 km östlich von Dziwnów
und wird vor allen von skandinavischen
Urlaubern genutzt.

Schiffsausflüge: Von der Uferpromenade in Dziwnów starten in der Saison
Ausflüge aufs Haff.

Auto: Über eine Drehbrücke gelangt man auf die Insel Wolin.

Elbląg (Elbing)

Lage: Hintere Umschlagkarte K6
Stadtplan: S. 145
Vorwahl: 0 55
Einwohner: 130 000

Touristeninformation, ul. Czerwonego Krzyża 2, Tel. 2 33 32 22,
www.elblag.pl, Mo–Fr 8–16 Uhr.

Elzam, pl. Słowiański 2, Tel.
2 34 81 11, Fax 2 32 40 83, 128
Zimmer, teuer.
Attraktives Komforthotel am Rand der Altstadt. Am schönsten sind die Räume mit Ausblick gen Westen auf die wiederaufgebauten Straßen und Kirchen von Elbląg.
Im ersten Stockwerk des Hauses gibt es eine kleine Einkaufspassage.
Boss, ul. Św. Ducha 30, Tel. 2 39 37 29, Fax 2 39 37 28, 13 Zimmer, moderat.
Kleines Komforthotel in einem schmucken Giebelhaus der Altstadt. Freundlich-persönlicher Service.
Vivaldi, Stary Rynek 16, Tel. 2 36 25 42, Fax 2 36 25 41, 35 Zimmer, moderat.
Mittelklassehotel in einem historisierenden Neubau am Marktplatz.
Żuławy, ul. Królewiecka 126, Tel. 2 32 32 51, Fax 2 32 95 00, www.hotel-zulawy.com.pl, 27 Zimmer, moderat.
Hotel in einem restaurierten Haus nordöstlich der Altstadt, erreichbar ab dem Bahnhof mit Straßenbahn Nr. 2.

Camping Nr. 61, ul. Paniećska 14, Tel. 2 32 43 07, geöffnet Mai–Sept.
200 m westlich des Zentrums gelegene, teilweise schattige Anlage am Kanal mit bescheidenen sanitären Verhältnissen.
70 Stellplätze und 9 Campinghütten.

 Słowiańska, ul. 1 Maja 3, Tel.
2 32 42 78, moderat.
Rustikales Lokal am Ostrand der Altstadt mit Hirschgeweihen, ausgestopften Vögeln und anderem Getier. Serviert wird herzhafte altpolnische Küche, zu den Spezialitäten zählt die mit Apfel gefüllte, knusprig gebratene Ente. Natürlich kann man hier auch das in der Stadt hergestellte »Elbinger Bier« (EB) probieren.

 Dominikanerkirche (Dawny Kościół Dominikański), ul. Kuśnierska 6, Mo–Sa 10–18, So 10–17 Uhr.
Die zweischiffige Kirche beherbergt eine Galerie moderner Kunst.
Markttor (Brama Targowa), ul. Blacharska s/n.
Letztes Überbleibsel der mittelalterlichen Wehranlagen.

Nikolaikirche (Kościół Św. Mikołaja), ul. Mostowa 18, Mo–Sa 10–18, So 10–17 Uhr.
Spätgotische Hallenkirche mit 96 m hohem Glockenturm.

 Elbinger Museum (Muzeum Elbląskie), Bulwar Zygmunta Augusta 11, Tel. 2 32 72 73, Di–So 10–16 Uhr.
Geschichte der Stadt von der Pruzzenzeit bis zur Gegenwart. Archäologische Fundstücke aus der einst nahgelegenen Stadt Truso, historische Fotos aus deutscher Zeit und kunsthandwerkliche Exponate.
Galerie EL: siehe Dominikanerkirche.

Theater: Teatr Dramatyczny, pl. Jagiellończyka 1, Tel. 2 34 45 31.
Kino: Świątowit, pl. Jagiellończyka 1. Filme im Original mit polnischen Untertiteln.

Festival der Film- und Unterhaltungsmusik (April): Mit Konzerten, Workshops und Ausstellungen.
Volksfest (Mai): An der Uferpromenade findet ein historischer Markt statt, dazu gibt es viel Folklore und Tanz.
Festival der Orgelmusik (Juli/Aug.): Sakralmusik in der Nikolaikirche.

Oberländischer Kanal: Von der Anlegestelle am Bulwar Zygmunta Augusta in der nördlichen Altstadt startet Mai–Sept. tägl. 8 Uhr ein Schiff nach Ostróda, Ankunft 19 Uhr. Die Fahrt kostet ca. 25 €, Radtransport wird extra berechnet. Vorverkauf im Büro der Weißen Flotte auf dem Campingplatz: Żegluga Ostródzko-Elbląska, ul. Paniećska 14, Tel./Fax 2 32 43 07, www.zegluga.com.pl.
Weitere Schiffsausflüge: Von der Uferpromenade fahren im Sommer Schiffe nach Krynica Morska und Frombork, Tragflächenboote nach Kaliningrad; Tickets im Reisebüro des Hotels Elzam, Tel. 2 32 51 58, Fax 2 34 40 83.

 Bus/Zug: Beide Bahnhöfe liegen nebeneinander 1 km südöstlich der Altstadt. Nach Krynica Morska fährt man mit dem Bus, alle übrigen Orte (Malbork, Gdańsk, Frombork, Olsztyn) sind sowohl mit Bus als auch mit Zug gut erreichbar.

Ełk (Lyck)

Lage: Hintere Umschlagkarte P6
Vorwahl: 0 87
Einwohner: 57 000

Im Internet:
www.elk.pl.

Horeka, ul. Wojska Polskiego 63, Tel./Fax 6 21 37 67, 29 Zimmer, moderat.
Das attraktiv an der Uferpromenade gelegene Fachwerkhaus ist das beste Hotel der Stadt. Mit Pub und Gartenterrasse.
Lega Inn, Chełchy, Tel./Fax 6 10 44 43, legainn@elknet.pl, 50 Zimmer, 10 Apartments, moderat.
Gemütliches und absolut ruhiges Mittelklassehotel 12 km nordöstlich von Ełk. Mit kleinem Hallenbad, Sauna und Reitmöglichkeit.
Gryfia Mazur, Szeligi, Tel./Fax 6 10 37 09, 60 Zimmer, günstig.
Renoviertes Erholungsheim am Selment-Wielki-See. Kleine und funktionale, aber picobello saubere Zimmer mit Sat-TV, im 3. Stock teilweise mit Seeblick. Mit Kamin- und Billardraum, Sauna und Bootsverleih.

Horeka, ul. Wojska Polskiego 63, Tel. 6 21 37 67, moderat.
Am Rande der Altstadt gelegen, mit Sommerterrasse am See.

Wasserturm, 11 Listopada s/n, tägl. 10–16 Uhr (Mai–Aug.), Di u. Fr 10–12 Uhr (Sept.–April).
Industriedenkmal von 1895 mit Museum, Sitz der deutschen Minderheit.

Fahrt mit nostalgischem Zug:
Vom Bahnhof Ełk Wąskotorowy, der Schmalspurstation am Hauptbahnhof, starten in der Saison Züge ins 20 km südöstlich gelegene Zawady Tworki sowie ins 30 km nordöstlich gelegene Turowo. Nach mehrstündigem Aufenthalt kann man nach Ełk zurückfahren.

Bus/Zug: Beide Bahnhöfe liegen dicht beieinander in der Nähe des Zentrums und bieten gute Verbindungen nach Suwałki, Mikołajki und Olsztyn.

Frombork (Frauenburg)

Lage: Hintere Umschlagkarte K/L 7
Vorwahl: 0 55
Einwohner: 2700

Im Internet:
www.frombork.pl.

Kopernik, ul. Kościelna 2, Tel. 2 43 72 85, Fax 2 43 73 00, www.polhotels.com/Elblag/Kopernik, 32 Zimmer, günstig.
Freundliches und doch einfaches Hotel nahe dem Domhügel, alle Zimmer mit Bad und Sat-TV. Mit gutem Restaurant.
PTTK-Herberge, ul. Krasickiego 3, Tel. 2 43 72 52, sehr preiswert.
Bescheidene Unterkunft ein paar Schritte westlich des Domhügels mit Einzel-, Doppel- und Vielbettzimmern.

Jugendherberge, ul. Elbląska 11, Tel./Fax 2 43 74 53, 120 Betten, ganzjährig geöffnet.
500 m westlich des Domhügels an der Straße nach Elbląg gelegen. Hinter dem Haus kann man sein mitgebrachtes Zelt aufschlagen.

Camping Nr. 12, ul. Braniewska 14, Tel./Fax 2 43 73 68, geöffnet Juni–Mitte Sept.
Anlage auf großer Wiese 1 km östlich der Stadt an der Straße nach Braniewo; schlechte sanitäre Anlagen. 120 Stellplätze und einige Campinghäuschen.

Akcent, ul. Rybacka 4, Tel. 2 43 72 75, günstig.
Preiswertes Restaurant am Fuße des Domhügels, polnische Küche, auch Fischgerichte.

Kathedrale u. Kopernikusmuseum (Muzeum Kopernika), ul. Katedralna 8, Mo–Sa 9.30–17 Uhr.
Prächtige Kirche der Ordensritter mit vielen Kunstwerken und einer großen Orgel.

Im Bischofspalast wird mit einer Ausstellung des einstigen Domherren Kopernikus gedacht. Deutschsprachige Führungen.

 Internationales Festival der Orgelmusik (Juli/Aug.): Hochkarätige Konzerte in der Kathedrale.

 Schiffsausflüge: Die Weiße Flotte fährt im Sommer nach Elbląg und Krynica Morska.

 Bus/Zug: Die Bahnhöfe liegen dicht beieinander nahe dem Haff. Mehrmals tägl. Verbindungen nach Elbląg und Gdańsk; direkt nach Olsztyn geht es nur mit dem Bus.

Gdańsk (Danzig)

Lage: Vordere Umschlagkarte J7
Stadtplan: S. 115
Vorwahl: 0 58
Einwohner: 460 000

 Touristeninformation, ul. Długa 45, Tel. 3 01 91 51, www.gdansk.gda.pl., tägl. 8–20 Uhr.
Freundliches Büro in einem schönen Patrizierhaus der Langgasse. Tipps zu Veranstaltungen und Ausflügen, außerdem Vermittlung von Stadtführungen.

Im Zentrum:
Hevelius, ul. Heweliusza 22, Tel. 3 21 00 00, Fax 3 21 00 21, www.orbis.pl, hevelius@orbis.pl, 281 Zimmer, 6 Suiten, teuer.
Zwischen Bahnhof und Rechtstadt: ein 18-stöckiges Dreisternehotel der Kette Mercure mit höchst komfortablem Innenleben. Die Zimmer sind behaglich eingerichtet, bieten einen tollen Ausblick auf die Rechtstadt bzw. das Gewirr von Kränen im Danziger Hafen. Vorzüglich ist das Frühstücksbüfett, das in einem elegant gestylten Restaurant mit viel Edelholz und Glaslüstern eingenommen wird. Der Service ist freundlich-zuvorkommend. Mit professionell ausgestatteten Konferenzräumen und Businesszentrum.

Holiday Inn, ul. Podwale Grodzkie 9, Tel. 3 00 60 01, Fax 3 00 60 03, www.holidayinn.pl/gdansk, 143 Zimmer u. 19 Suiten, teuer.
Viersternehotel in bester Lage gegenüber dem Hauptbahnhof und am Eingang zur Altstadt, exzellenter, unaufdringlicher Service. Sämtliche Zimmer sind ruhig und behaglich, im Fitnessbereich entspannt man sich in der Sauna und im türkischen Dampfbad. Das Parkhaus befindet sich gleich neben dem Hotel.

Podewils, ul. Szafarnia 2-3, Tel. 3 00 95 60, Fax 3 00 95 70, www.podewils-hotel.pl, 10 Zimmer, teuer.
Luxushotel am rechten Ufer der Motława und direkt gegenüber dem Krantor. Im Rokokostil eingerichtet mit antiken Möbeln, alle Zimmer mit Internetanschluss und modernen Marmorbädern. Mit türkischer Sauna.

Hanza, ul. Tokarska 6, Tel. 3 05 34 27, Fax 3 05 33 86, www.hanza-hotel.com.pl, 53 Zimmer, 7 Suiten, teuer.
Das an der Uferpromenade gelegene Viersternehotel fügt sich mit seinen schmalen Fassaden und Schaugiebeln harmonisch in die mittelalterliche Stadtsilhouette ein. Halb postmodern, halb traditionell gestylt, luxuriös und bequem. Alle Zimmer mit Klimaanlage und Internetanschluss, einige mit Ausblick auf die Motława und die vorbeifahrenden Ausflugsschiffe. Abends trifft man sich im Kasino.

Novotel, ul. Pszenna 1, Tel. 3 01 56 11, Fax 3 00 29 50, 150 Zimmer, moderat.
Auf der Speicherinsel gelegenes Hotel, nur wenige Schritte von den wichtigsten Sehenswürdigkeiten der Stadt entfernt. Freie Übernachtung für Kinder unter 16 Jahren.

Dom Aktora, ul. Straganiarska 55, Tel./Fax 3 01 59 01, 2 Zimmer, 8 Apartments, moderat.
Ideal gelegen am Rande der Rechtstadt, absolut ruhig und freundlich geführt. Die Zimmer des Hotels sind einfach und sauber, aber recht klein, Platz für maximal 4 Personen bieten die Apartments. Frühstück und Snacks werden im hauseigenen Café ein paar Straßen weiter eingenommen.

Dom Harcerza, ul. Za Murami 2/10, Tel. 3 01 36 21, Fax 3 01 24 72, 20 Zimmer, günstig.
Dank seiner günstigen Lage am Rand der Rechtstadt ist das »Pfadfinderhaus« sehr beliebt. Zwar sind die Räume über dem Autorenkino etwas verwohnt, doch die Preise sind vergleichsweise niedrig. Man kann zwischen Vielbettzimmern mit Dusche und Toilette auf dem Flur sowie Doppelzimmern mit eigenem Bad wählen, in einem angrenzenden Gebäude gibt es 4 Apartments. Auf Wunsch wird Vollpension angeboten.

Zaułek, ul. Ogarna 107/108, Tel. 3 01 41 69, Fax 3 01 63 82, 30 Zimmer, sehr preiswert.
In einem Hinterhof der Langgasse, nur einen Steinwurf von den wichtigsten Sehenswürdigkeiten der Rechtstadt entfernt: spartanisch eingerichtete, aber saubere und vor allem sichere Zimmer. Mit Etagenbad und ohne Frühstück.

Privatunterkünfte, Gdańsk Tourist, ul. Podwale Grodzkie 8, Tel. 3 01 17 27, Fax 3 01 63 01, www.gt.com.pl, tourist@gt.com.pl, tägl. 9–18 Uhr, Juli/Aug. 8–20 Uhr.
Privatzimmer sind die beste Option für Reisende mit schmalem Geldbeutel, nur für die meist außerhalb des Zentrums gelegenen Apartments zahlt man etwas mehr. Das moderne Vermittlungsbüro liegt auf der Tiefebene des Einkaufszentrums City Forum gegenüber vom Hauptbahnhof.

Etwas außerhalb:

Villa Eva, ul. Batorego 28, Gdańsk-Wrzeszcz, Tel. 3 41 67 85, Fax 3 41 49 49, 8 Zimmer, 2 Apartments, moderat.
Kleines, familiär geführtes Hotel im wohlhabenden Wohnviertel Wrzeszcz, 4 km nordwestlich der Altstadt. Die Zimmer sind geräumig und mit Sat-TV komfortabel eingerichtet, zur Gartenseite hin absolut ruhig; Kinder bis 14 Jahre übernachten kostenlos. Mit kleinem Frühstücksbüfett. Von Gdańsk mit Straßenbahn Nr. 6 oder Nr. 12 bis zur 9. Haltestelle.

Bartan, ul. Turystyczna 9-A, Sobieszewo, Tel. 3 08 07 79, Fax 3 08 09 43, www.bartan.com.pl, 10 Zimmer, 2 Apartments, moderat.
Familiär geführte Pension in Sobieszewo, 15 km östlich von Gdańsk. Alle Zimmer mit Dusche und Sat-TV, gute altpolnische Hausmannskost.

Jugendherberge, ul. Wałowa 21, Tel./Fax 3 01 23 13, 20 Zimmer, ganzjährig geöffnet.
Massenschlafsäle, aber auch Zimmer für 1-4 Personen nahe der Danziger Werft, nur 10 Min. vom Hauptbahnhof.

Camping Nr. 10, al. Gen. Hallera 234, Brzeźno, Tel. 3 43 55 31, geöffnet Mai–Sept.
Anlage nahe am Meer in Brzeźno, 7 km nördlich von Gdańsk. Mit 120 Stellplätzen und Campinghäuschen für 5-7 Personen. Erreichbar ab Gdańsk mit der Straßenbahn Nr. 13.

Tawerna, ul. Powróżnicza 19/20, Tel. 3 01 41 14, www.tawerna.pl, teuer.
Eines der besten Restaurants der Stadt, nur wenige Schritte vom Langen Markt. Im dunkel-gemütlichen Ambiente einer Taverne wird leicht abgewandelte Küche der Region serviert, z. B. kaschubischer Dorsch *(Dorsz po kaszubsku)*, Zander auf Alt-Danziger Art *(Sandacz po starogdańsku)* oder Aal in Dillsoße *(Węgorz w sosie koperkowym)*. Ein Augen- und Gaumenschmaus ist *Żur staropolski,* eine pikante Roggenmehlsuppe, die zusammen mit winzigen Wachteleiern in einem ausgehöhlten Brotlaib serviert wird.

Pod Łososiem, ul. Szeroka 54, Tel. 3 01 76 52, Fax 3 01 56 48, www.podlososiem.com.pl, teuer.
Danzigs berühmtestes Restaurant befindet sich in der ehemaligen Destillerie »Zum Lachs«, ein paar Gehminuten nördlich der Langgasse. In ihr wurde nicht nur das »Goldwasser« erfunden, sondern auch über viele Jahrzehnte der Likör Krambambuli hergestellt. Vergoldete Rokokomöbel, Orientteppiche und befrackte Kellner schaffen ein vornehm-distinguiertes Ambiente. Dazu passt die erlesene Küche mit Schwerpunkt Fisch: Lachs in unterschiedlichsten Varianten, aber auch Steinbutt und Seezunge, Aal, Zander und Hecht – immer frisch und delikat angerichtet. Als Vorspeise empfiehlt sich die in einem war-

men Brotlaib servierte Steinpilzsuppe, als Dessert Eis mit flambierten Kirschen. Als Verdauungstrunk folgt das obligatorische »Goldwasser«: ein Kräuterlikör, auf dessen Grund viele Goldplättchen schwimmen. Weibliche Besucher des Restaurants werden mit einer roten Rose verabschiedet.
Hanza, ul. Tokarska 6, Tel. 3 05 34 27, teuer.
Direkt an der Promenade gelegenes Hotelrestaurant mit polnischen und ausländischen Gerichten, dazu ein gemütliches Café.
Gdańska, ul.Św. Ducha 16, Tel. 3 05 76 72, teuer.
Opulentes Interieur mit von der Decke baumelnden Galeonen, eingedunkelten Ölgemälden, Kandelabern und Kellnern in Fantasiekostümen. Dazu deftige altpolnische Küche mit vielen Wildgerichten. Gern führen Polen hier ihre Geschäftspartner zum Essen aus.
Towarzystwo Gastronomiczne, ul. Korzenna 33/35, Tel. 3 05 29 64, moderat.
Im mittelalterlichen Kellergewölbe des altstädtischen Rathauses präsentiert sich die »Gastronomische Gesellschaft Danzigs« erfrischend modern. Die Küche variiert ständig, da der Koch mit Rezepten aus aller Welt experimentiert; frischer Fisch und ein paar polnische Klassiker sind aber fast immer dabei. Gemischtes Publikum und freundliche Bedienung.
Palowa, ul. Długa 47, Tel. 3 01 55 32, moderat.
Café-Restaurant im Erdgeschoss des Rechtstädtischen Rathauses: mit massiven Holzmöbeln und Rüschengardinen etwas altertümlich eingerichtet, dennoch ein guter Ort, um dem Trubel der Langgasse zu entfliehen.
U Szkota, ul. Chlebnicka 9/12, Tel. 3 05 49 47, moderat.
Der Name des mit kleinen Separées gemütlich eingerichteten Lokals erinnert an die einst engen Beziehungen Danzigs zu Schottland. Man lässt sich Fisch in Dillsoße oder schottischen Gulasch *(Szkocki gulasz)* schmecken, danach vielleicht ein Whisky, serviert von einem Kellner im Kilt.
Kubicki, ul. Wartka 5, Tel. 3 01 00 50, moderat.
Kleines, traditionsreiches Restaurant an der Motława, seit über 80 Jahren in Familienbesitz. Plüschig, gemütlich und mit leckerer Regionalküche. Wer Sülze mag, greift zur kaschubischen Variante mit Eisbein, dann vielleicht eine frische Forelle und als Nachtisch Käsekuchen von Oma Kubicki.
Karczma, ul. Długa 18, Tel. 3 46 37 29, günstig.
Ein »Landgasthof« *(Karczma)* mitten auf der Langgasse mit kompromissloser polnischer Bauernküche. Für hungrige Gemüter empfiehlt sich die riesige Fleischplatte mit Salat und gebackenen Kartoffeln für zwei Personen *(Kociołek mięso preczonych na 2 osób).* Sehr beliebt aufgrund des lockeren, gemütlichen Ambientes und der niedrigen Preise.
Sphinx, Długi Targ 31/33, Tel. 3 46 37 11, günstig.
Tolle Lage auf dem Langen Markt, üppige Portionen und niedrige Preise: Da erstaunt es nicht, dass das Sphinx meist brechend voll ist. Serviert wird schmackhafte arabische Fast-Food-Küche, z. B. Shoarma und Kebab mit Pita-Brot und viel Salat. Im Sommer mit Terrasse.
Pellowski I & II, Podwale Staromiejskie 82 u. ul. Rajska 5, tägl. ab 8 Uhr, günstig.
An Danzigs älteste und berühmteste Bäckerei ist ein kleines Café angeschlossen, in dem außer Kuchen und Kanapees auch Cremespeisen, Fruchtsalate und Eis serviert werden – alles hausgemacht. Die neue Dependance neben der Großen Mühle ist dem gotischen Danziger Backsteinstil nachempfunden; dort ist das Angebot noch reicher: mit Salaten und kleinen Gerichten.

 Altstädtisches Rathaus (Ratusz Staromiejski), ul. Korzenna 33/35, Di–So 10–18 Uhr.
Mittelalterlicher Backsteinbau mit Galerie, Buchladen und Konzertsaal, Café, Bar und Restaurant.
Artushof (Dwór Artusa), Długi Targ 46, Di–Sa 10–17, So 10–16 Uhr, in der Nebensaison kürzer.
Eleganter Festsaal der Danziger Kaufmannschaft.

Brigittenkirche (Kościół Św. Brygidy), ul. Profesorska 17.
»Wiege der Solidarność«, einstiger Pilgerort der Opposition.
Denkmal der gefallenen Werftarbeiter (Pomnik Poległych Stoczniowców), pl. Solidarności Robotniczej.
Drei hohe Kreuze vor der Danziger Werft erinnern an die 1970 bei einer Demonstration erschossenen Arbeiter.
Goldenes Haus (Złota Kamienica), Długi Targ 41.
Reiche Fassade mit vergoldeten antiken und allegorischen Figuren.
Goldenes Tor (Brama Złota), Targ Węglowy/ul. Długa.
Anfang des 17. Jh. entworfenes Tor mit reicher Bauplastik.
Große Mühle (Wielki Młyn), ul. Wielkie Młyny 16, Mo–Fr 10–20, Sa 10–13 Uhr.
Das Industriedenkmal wurde in ein schmuckes Einkaufszentrum verwandelt.
Hohes Tor (Brama Wyżynna), Wały Jagiellońskie.
Repräsentativer Eingang zur Rechtstadt, Beginn des »Königswegs«.
Katharinenkirche (Kościół Św. Katarzyny), ul. Wielkie Młyny.
Danzigs älteste Kirche (1185) beherbergt ein kleines **Uhrenmuseum**, das im Sommer Mi–So von 10–16 Uhr besichtigt werden kann.
Marienkirche (Kościół Mariacki), Podkramarska 5, Mo–Sa 8–17, So 13–17 Uhr.
Eine der größten Kirchen der Welt, 1343–1502 im spätgotischen Stil erbaut. Zu den herausragenden Kunstwerken zählen die »Schöne Madonna«, die Barockorgel und eine Astronomische Uhr.
Neptunbrunnen (Fontanna Neptuna), Długi Targ.
Wahrzeichen Danzigs vor dem Artushof.
Nikolaikirche (Kościół Św. Mikołaja), ul. Swiętojańska 72.
Gotische Backsteinkirche mit barockem, goldverziertem Hochaltar.
Rechtstädtisches Rathaus (Ratusz Głównego Miasta), ul. Długa 47, Di–Sa 10–17, So 11–16 Uhr, in der Nebensaison kürzer.
Zum Zeitpunkt der Entstehung galt es als schönstes im Baltikum. Die reiche Innenausstattung blieb weitgehend erhalten; im **Museum für Stadtgeschichte** wird u. a. die Zerstörung der Stadt während des Krieges dokumentiert.
Uphagenhaus (Dom Uphagena), ul. Długa 12, Di–Sa 10–16, So 11–16 Uhr.
Haus eines flämischen Kaufmanns, mit Barock- und Rokokomöbeln prächtig eingerichtet.

 Archäologisches Museum (Muzeum Archeologiczne), ul. Mariacka 26, Di 9–16, Mi 10–17, Do/Fr 9–16, Sa/So 10–16 Uhr.
Exponate zur Frühzeit der Stadt, außerdem eine interessante Bernsteinausstellung.
Historisches Museum: siehe Rechtstädtisches Rathaus
Nationalmuseum (Muzeum Narodowe), ul. Toruńska 1, Di–Fr 9–16, Sa/So 10–16 Uhr.
Im Franziskanerkloster werden Kunst und Kunsthandwerk aus Danzig und Pommern, Flandern und Holland ausgestellt; Schmuckstück der Sammlung ist Hans Memlings Gemälde »Das Jüngste Gericht«.
Polnische Post (Poczta Polska), ul. Obrońców Poczty Polskiej 1/2, Mi–Fr 10–16, Sa/So 10.30–14 Uhr.
Eine kleine Ausstellung informiert über den Angriff der Deutschen auf das Gebäude am 1. September 1939.
Stockturm (Wieża Wiezienna) und **Peinkammer** (Katownia), Targ Węglowy/Długa-Przedbramie, Besuch der Peinkammer nur nach Voranmeldung, Tel. 3 01 49 45 u. 3 01 47 33, tägl. 9–14 Uhr.
Mittelalterliche Turmanlage, in der sich das städtische Gefängnis befand; in der Peinkammer sind Folterinstrumente ausgestellt.
Uhrenmuseum: siehe Katharinenkirche
Zentrales Meeresmuseum (Centralne Muzeum Morskie), ul. Długie Pobrzeże/ul. Szeroka 68, Di–So 10–18 Uhr.
Der größte mittelalterliche Hafenkran dient heute mit den Speichern auf der gegenüber liegenden Bleihofinsel als Meeresmuseum, in dem Boote, Schiffsmodelle und Kanonen zu sehen sind. Die Eintrittsgebühr schließt die Überfahrt mit ein.

Bernstein: Galerie Teresa Wydra, ul. Mariacka 49. Altertümliches Kaufmannshaus mit schwerem Mobiliar, hölzerner Wendeltreppe und mächtigen Vitrinen. Angeboten wird Bernstein in allen Farben und Formen, u. a. Messer mit Bernsteingriff, Haarspangen und Manschettenknöpfe. Dazu Bernsteinlampen à la Tiffany. Eine gute Adresse ist auch die »Silber & Bernstein Galerie« im Haus Nr. 36, weitere Läden befinden sich an der Motława-Promenade und am Langen Markt.
Bücher: Empik Megastore, ul. Podwale Grodzkie 8. Reiches Buch- und Zeitschriftensortiment, viele deutsche Bücher und eine große Musikabteilung.
Kunsthandwerk: Cepelia, ul. Długa 47/49. Hauptgeschäft der bekannten Kette mit schönen handgefertigten Leinentischdecken, geschnitzten Figuren und Wolljacken.
Lederartikel: Zakład Kaletniczy, ul. Piwna 19/21, So geschl. Ohne modischen Schnickschnack, dafür von Hand bestens gearbeitet, u. a. Taschen, Rucksäcke und Gürtel.
Maritimes: Danziger Bowke (Gdański Bówka), ul. Długie Pobrzeże 11. Eine Fundgrube mit vielen Überraschungen: Buddelschiffe und Bullaugen, hölzerne Steuerräder und Gallionsfiguren, Muscheln und ausgestopftes Meeresgetier; dazu Schnupftabak in Silberdöschen und kristallene Trinkbecher, historische Stiche, Literatur und Fotobücher. Auch So geöffnet.
Markt: Hala Targowa, pl. Dominikański 1, So geschl. In den dunklen backsteinernen Gemächern der Markthalle werden Obst und Gemüse, Fisch und Fleisch angeboten, außerdem Haushaltswaren, Kleidungsstücke und allerlei Krimskrams. Lebhafter geht es vor der Halle zu, wo alte Mütterchen all das verkaufen, was sie am Morgen im Wald oder Schrebergarten gepflückt haben: Steinpilze und Pfifferlinge, Blaubeeren und Blumen.

Latający Holender, ul. Wały Jagiellońskie 2/4, tägl. bis 24 Uhr, Fr/Sa länger.
Fantasievoll eingerichteter Pub nahe dem Eingang zur Rechtstadt. Im »fliegenden Holländer« ist alles schief und schräg, die Bar ein Schiffsrumpf und die Decke ein Himmelsdach mit herabschwebenden Gestalten. Gemischtes Publikum, breites Angebot an Cocktails.
jazz club, Długi Targ 39/40, tägl. bis 24 Uhr, Fr/Sa länger.
Beliebte Musikkneipe am Langen Markt, zum Wochenende Live-Musik.
Tropikalna Wyspa, ul. Kołodziejska 4, tägl. bis 24 Uhr.
Eine »tropische Insel« mit exotischen Cocktails, knalligen Südseefarben, Salsa, Reggae und jugendlichem Publikum.
Black Bull, ul. Kołodziejska 4, tägl. bis 24 Uhr.
Im Souterrain eines Bürgerhauses: ein überteuerter, vor allem von Geschäftsleuten besuchter irischer Pub mit Guinness und herzhaften Mahlzeiten.
Irish Pub, ul. Korzenna 33/35, tägl. bis 1 Uhr, Fr/Sa länger.
Guter Ort zum Kennenlernen von Leuten: Künstlerkneipe im Keller des Altstädtischen Rathauses, am Wochenende wird das Tanzbein geschwungen.

 Kommende Filme und Theateraufführungen, Ausstellungen und Konzerte sind in der Zeitschrift »Gdańsk in your pocket« (auch deutschsprachig) aufgelistet; wer polnisch spricht, besorgt sich die Freitagausgabe der Tageszeitung »Gazeta Wyborcza« mit der Beilage »Co jest grane« (Was steht an?) oder prüft die Angebote im Internet unter www.trojmiasto.pl.
Oper und Philharmonie: Opera i Filharmonia Bałtycka, al. Zwycięstwa 15, Tel. 3 41 01 34. Im Sommer gibt es zusätzliche Konzerte im Kleinen Saal auf der Bleihofinsel (Ołowianka).
Theater: Wybrzeże, ul. Św. Ducha 2, Targ Węglowy, Tel. 3 01 13 28. Das Stadttheater liegt am Eingang zur Rechtstadt und zeigt meist polnische Klassiker. Gleich um die Ecke befindet sich die Mała Scena (Kleine Bühne). Karten gibt es an der Abendkasse eine Stunde vor Beginn der Vorführung.

Puppen- und Marionettentheater: Miniatura, ul. Grunwaldzka 16, Tel. 3 41 01 23. Nicht nur bei Kindern beliebt.
Kino: Neptun, ul. Długa 57/58. Eine gute Option für verregnete Tage: bequemes Kino in der Langgasse, fast alle Filme werden in der Originalsprache (mit polnischen Untertiteln) gezeigt.

Tage des Meeres (Juni): Kulturveranstaltungen rund um die Motława.
Goldwasser-Festival (Juli): Straßenmusiker aus aller Welt beleben die Plätze der Recht- und Altstadt.
Nordische Klänge (Juli): Russen und Skandinavier, Inuits und Latten präsentieren traditionelle und zeitgenössische Musik, oft kombiniert mit Tanz.
Musica Sacra (Juli/Aug.): Chor- und Kammermusik in den schönsten Kirchen der Dreistadt.
Regatta in der Danziger Bucht (Juli/Aug.): Vom Jachthafen nahe der Grünen Brücke starten Schiffe zu Wettfahrten in der Danziger Bucht.
Dominikanermarkt (1. Aug.-Hälfte): Größtes Fest der Stadt, mit Trödelmarkt, Tanz- und Musikveranstaltungen. Meist findet zur gleichen Zeit das **Internationale Shakespeare-Festival** statt.

 Schiffsausflüge: Schiffe der Weißen Flotte starten in den Sommermonaten von der Anlegestelle am Grünen Tor (Przystań przy Zielonej Bramie) und fahren zur Westerplatte, nach Sopot und Gdynia sowie zur Halbinsel Hel. Tickets kauft man an der Anlegestelle.

 Flugzeug: Der Flughafen befindet sich 8 km westlich der Stadt in Rębiechowo, Bus B fährt von hier zum Danziger Hauptbahnhof. Direktflüge von und nach Warszawa und Hamburg.
Zug: Mit dem Nahverkehrszug (Kolejka) kommt man vom Hauptbahnhof (Gdańsk Główny PKP) alle 10-15 Minuten nach Sopot, Gdynia und Wejherowo. Der Bahnhof befindet sich an der ul. Podwale Grodzkie am Nordwestrand der historischen Altstadt, EuroCity-Züge verbinden Gdańsk mit Warszawa (via Malbork) und Kraków.

Bus: Gut ausgebauter Nahverkehr, regionale und nationale Linien starten am Busbahnhof (Dworzec PKS) gleich hinter dem Hauptbahnhof.
Fähre: Regelmäßige Fährverbindungen gibt es ab dem Neuen Hafen (Nowy Port) nach Nynäshamn bei Stockholm (Schweden).
Auto: Die touristische Rechtstadt ist verkehrsberuhigt, einen großen zentral bewachten Parkplatz gibt es z. B. am Targ Węglowy (Kohlenmarkt).
Stadtverkehr: Fahrkarten für Bus und Straßenbahn erhält man beim Fahrer oder an Zeitungskiosken; beim Einsteigen sind die Karten zu entwerten. Es gibt preiswerte Tagestickets *(Bilet jednodniowy)*, Kinder unter 14 Jahren fahren zu ermäßigtem Preis.

Gdynia(Gdingen)

Lage: Vordere Umschlagkarte J7
Vorwahl: 0 58
Einwohner: 260 000

 Im Internet:
www.www.gdynia.pl.

 Marina, ul. Jelitkowska 20, Tel. 5 53 20 79, Fax 5 53 04 60, 174 Zimmer, teuer.
Kastenförmiges, renoviertes Orbishotel direkt am Meer, auf halber Strecke zwischen Gdańsk und Sopot. Mit Schwimmbad und Sauna, Minigolf und Kegelbahn; dazu Nachtklub und Kasino sowie ein Businesszentrum.
Gdynia, ul. Armii Krajowej 22, Tel./Fax 6 66 30 40, 299 Zimmer, moderat.
Hotelklotz mit komfortablen, nach oben zu teureren Zimmern, alle ausgestattet mit Sat-TV und Klimaanlage. Dazu Hallenbad, Sauna und Solarium, Nachtklub und bewachter Parkplatz.
Antracyt, ul. Korzeniowskiego 19, Tel./Fax 6 20 65 71, 48 Zimmer, moderat.
Angerautes Mittelklassehotel im Zentrum von Gdynia, nahe dem Meer. Je höher man wohnt, desto besser der Küstenblick.

Dom Marynarza, al. Piłsudskiego 1, Tel. 6 22 00 25, Fax 6 22 00 27, 60 Zimmer, günstig.
In sozialistischer Zeit diente das »Haus des Seemanns« den Matrosen als Unterkunft. Es befindet sich südlich vom Zentrum am Meer und bietet einfache Zimmer, die Eingangshalle erinnert an ein Fischereimuseum.

Jugendherberge, ul. Morska 108-C, Tel. 6 27 00 05, 100 Betten, ganzjährig geöffnet.
Herberge nahe der Bahnstation Gdynia Grabówek, 2 km nordwestlich vom Zentrum.

La Gondola, ul. Portowa 8, Tel. 6 20 59 23, moderat.
Edler Italiener am Nordende der ul. Świętojańska.
Bistro Prima, ul. 3 Maja 31, Tel. 6 31 09 23, günstig.
Zur Mittagszeit sehr beliebt, u. a. Schinkenomelette, Lasagne und Roggenmehlsuppe *(Żurek).*

Błyskawica, al. Zjednoczenia (Südmole), Di–So 10–13, 14–17 Uhr.
Vorzeigeschiff der polnischen Marine aus dem Zweiten Weltkrieg.
Dar Pomorza, al Zjednoczenia (Südmole), Di–So 10–16 Uhr.
Strahlend weißer Windjammer von 1901, genannt die »Weiße Fregatte«.
Kamienna Góra (Steinberg), pl. Grunwaldzki 1.
Aussichtspunkt nahe dem Musiktheater mit Blick aufs Meer bis hinüber zur Halbinsel Hel.

Ozeanografisches Museum und Meeresaquarium (Muzeum Oceanograficzne i Akwarium Morskie), al. Zjednoczenia 1, Di–So 10–17 Uhr, im Sommer länger.
Polens größtes Aquarium mit Meerestieren und -pflanzen aus aller Welt.

Markthalle: Hala Targowa, ul. Wójta Radtkiego/ul. 3 Maja, So geschl. Verkauft werden Lebensmittel und frischer Fisch, Obst und Gemüse.
Souvenirartikel: Cepelia, ul. Świętojańska 2/4. Laden am Anfang der 1 km langen »Einkaufsstraße«: handgefertigte Leinentischdecken, geschnitzte Figuren, Porzellan und Puppen.

Musiktheater: Teatr Muzyczny, pl. Grunwaldzki 1. Musical-Bestseller vom New Yorker Broadway und Londoner Westend.

Tage des Meeres (Juni/Juli): Jazz und Klassik auf der Südmole, Rock am Strand und auf dem Skwer Kościuszki.
Polnische Segelmeisterschaften (Sept.): Schnittige Jachten starten zur Regatta in der Danziger Bucht.

Bus/Zug: Alle 10-15 Minuten fahren Bus und Nahverkehrszug (Kolejka) via Sopot und Oliwa nach Gdańsk.
Schiff: Vom Hafen fahren Schiffe der Weißen Flotte nach Sopot (30 Min.) und Gdańsk (1.30 Std.) sowie auf die Halbinsel Hel (1.10 Std.). Regelmäßige Fährverbindungen nach Karlskrona in Schweden.

Gierłoż (Görlitz)

Lage: Hintere Umschlagkarte N6
Vorwahl: 0 89
Einwohner: 500

Dom Wycieczkowy, Gierłoż, Tel. 7 52 44 29, 29 Zimmer, günstig.
Einfaches Hotel in der ehemaligen Offiziersunterkunft des Reichssicherheitsdienstes am Eingang zur Wolfsschanze. Alle Zimmer mit Bad, gegenüber dem Haus ein Zeltplatz.

Wolfsschanze (Wilczy Szaniec), tägl. ab 9 Uhr (bis zur Dämmerung).
Ehemaliges Führerhauptquartier 8 km östlich in Kętrzyn, heute eine Landschaft zersprengter Bunker; der Rundgang dauert ca. 2 Std.

Bus: Mehrere Verbindungen tägl. nach Giżycko sowie via Kętrzyn (Wolfsschanze) nach Olsztyn.

Gietrzwałd (Dietrichswalde)

Lage: Hintere Umschlagkarte L5
Vorwahl: 0 89
Einwohner: 500

Osada Warmińska Anders, Guzowy Piec, Tel./Fax 5 13 12 18, traveland@traveland.com.pl., günstig.
Einem ermländischen Gutshof nachempfundene Anlage am See, 5 km südlich von Gietrzwałd. Die Holzhütten bestehen je aus zwei Schlafzimmern, Kaminraum mit Terrasse, Küche und Bad. Im Haupthaus befinden sich das Restaurant und mehrere Pensionszimmer. Mit Sauna, Rad- und Bootsverleih, Tennisplatz und Reitpferden.

Karczma Warmiński, Gietrzwałd 32, Tel. 5 12 34 57, nur im Sommer geöffnet, moderat.
Ermländische Dorfschenke mit langen Holzbänken und -tischen, deftigen Eintöpfen und Piroggen sowie Wildgerichten. Mehrmals wöchentlich gibt es abends Folkloremusik und -tanz, sonntags auch einen »jüdischen Abend« mit Klezmer-Weisen.

Marienkirche (Kościół Mariacki), al. Różańcowa, tägl. ab 9 Uhr.
Beliebte Wallfahrtskirche mit »Wunderquelle«.

 Bus: Gute Verbindungen nach Ostróda und Olsztyn.

Giżycko (Lötzen)

Lage: Hintere Umschlagkarte O6
Vorwahl: 0 87
Einwohner: 32 000

 Touristeninformation, ul. Warszawska 7, Tel. 4 28 52 65, Fax 4 28 57 60, www.mazury.ceti.com.pl, aggiz@promail.pl, Mo–Fr 8–15.30 Uhr, im Sommer bis 18 Uhr.
Krzysztof Nowosielski leitet das Büro mit viel Engagement und informiert in deutscher Sprache über alle Aktivitäten in dieser Region.

 Europa, al. Wojska Polskiego 37, Tel. 4 29 30 01, Fax 4 29 25 54, hoteleuropa@poczta.onet.pl, 62 Zimmer, moderat.
Bestes Hotel von Giżycko am Nordwestrand der Stadt: direkt am Ufer des Kisajno-Sees und am Rand eines herrlichen Waldes. Die Zimmer im neuen Trakt sind komfortabel ausgestattet, verfügen über Balkon und Seeblick, die Räume im älteren Trakt sind etwas einfacher, dafür größer, alle mit Sat-TV. In den Restaurants wird schmackhafte polnische Küche serviert, es gibt eine eigene Anlegestelle mit Paddel-, Ruder- und Tretbooten und ein hauseigenes Ausflugsschiff, dazu eine Flotte von 70 bestens gewarteten Mountainbikes. An der Rezeption spricht man deutsch.
Mazury, al. Wojska Polskiego 56, Tel. 4 28 46 99, Fax 4 28 59 56, moderat.
Hotel in zweiter Strandlinie ohne Seeblick gegenüber vom Hotel »Europa«: 47 ruhige Zimmer, teilweise mit Balkon, Fahrradverleih.
Helena, al. Wojska Polskiego 58, Tel. 4 29 22 09, moderat.
Gleich neben dem Mazury: ein neues, im Villenstil erbautes Hotel mit blumengeschmückten Balkonen und komfortablen Zimmern.
Wodnik, ul. 3 Maja 2, Tel. 4 28 38 72, Fax 4 28 39 58, www.cmazur.elknet.pl, 65 Zimmer, moderat.
Plattenbau aus den 70er Jahren im Zentrum der Stadt. Durchweg saubere, funktionale Zimmer mit Sat-TV, Büfettfrühstück und Bar. Viel besucht von deutschen Reisegruppen, die hier großen Rabatt erhalten. Mit Friseur, Wäscherei und Radverleih.
Jantar, ul. Warszawska 10, Tel./Fax 4 28 54 15, 12 Zimmer, günstig.
Hotel an Giżyckos Hauptstraße. Die Zimmer, alle mit Sat-TV, liegen über dem gleichnamigen Restaurant und sind mit Kiefernmöbeln hell und gemütlich einge-

richtet; die zur Straße gelegenen Räume sind größer, können aber etwas laut sein.
Zamek, ul. Moniuszki 1, Tel. 4 28 24 19, Fax 4 28 39 58, 12 Zimmer, günstig.
Motel am Giżycko-Kanal, nahe einer Drehbrücke und der Ruine der Ordensburg, 400 m westlich des Zentrums. Die Zimmer sind einfach, haben direkten Zugang zur Garage.
COS-Sporthotel, Ośrodek Wczasowy Centralnego Ośrodka Sportu, ul. Moniuszki 22, Tel. 4 28 23 35, Fax 4 28 23 36, 154 Zimmer, geöffnet Mai–Sept., günstig.
Hotel etwas außerhalb der Stadt am Kisajno-See, Teil eines großen Sportzentrums mit eigener Anlegestelle, Ruder- und Segelbootverleih. Zur Wahl stehen Zimmer im Haupthaus und in Bungalows.

Weitere gute Unterkünfte befinden sich 4 km südlich in Wilkasy (s. S.323) am Niegocin-See.

Jugendherberge, Tel. 4 28 29 59, Fax 4 29 32 62, geöffnet Mai–Sept.
In der Festung Boyen am Westrand der Stadt: eine spartanische Unterkunft in zwei Massenschlafsälen.

Camping, ul. Moniuszki 1, Tel. 4 28 24 19, Fax 4 28 39 58, geöffnet Juni–Sept.
Ans Motel »Zamek« angeschlossener Zeltplatz mit 23 Plätzen in Campinghäuschen, Paddel- und Tretboote sind ausleihbar.

Jantar, ul. Warszawska 10, Tel. 4 28 54 15, moderat.
Für eine urige Note sorgt der »echte«, mitten im Raum stehende moos- und pilzbewachsene Baum. Dazu passend masurische Küche mit viel Fisch, Sahne- und Pilzsoßen.
Pod Kominkiem, ul. Olsztyńska 1, moderat.
Attraktives Restaurant in der Verlängerung des Grunwald-Platzes. In zwei eleganten Sälen und einem Kaminzimmer wird leichte, feine Küche serviert.

Evangelische Kirche (Kościół Ewangelicki), pl. Grunwaldzki. Schinkel-Kirche aus dem 19. Jh. mit Gottesdienst in deutscher Sprache (meist So 9.30 Uhr).

Festung Boyen (Twierdza Boyen), ul. Turystyczna, tägl. 9–18 Uhr (April–Sept.). Preußische Bastion aus dem 19. Jh. mit kleinem Museum.

 Markt: Die auf dem Grunwald-Platz angebotene Warenpalette reicht von Pilzen und Preiselbeeren über gackerndes Federvieh bis zu Kosmetikartikeln.

Jazz Klub Galeria, ul. Warszawska 17, Live-Musik.

 Orgelkonzerte: In der evangelischen Kirche finden im Sommer Konzerte statt.

 Lötzener Tage (Mai): Großes Stadtfest mit Umzügen, Tanz und Folklore.
Shanty-Festival (Juli): Im Amphitheater der Festung Boyen werden Seemannslieder vorgetragen.
Segelregatten und Surfmeisterschaften (Juli/Aug.)

Ballonflug: Mazurskie Centrum Lotów Balonowych, buchbar beim Piloten über Mobiltel. 06 01/ 39 47 94 oder über das Hotel Mazury, Tel. 4 28 59 56. Einstündiger Flug über das Seengebiet, für Gruppen von mehr als 8 Personen gibt es Rabatt.
Schiffsausflüge: Żegluga Mazurska, al. Wojska Polskiego 8, Tel. 4 28 53 32, Fax 4 28 30 50, www.gizycko.com.pl/zeglugamazurska. Mit der Weißen Flotte erkundet man die Seen und Kanäle rund um die Stadt.
Tauchen: Centrum Nurkowe Diver, ul. Mickiewicza 9, Tel./Fax 4 28 43 62. Hier kann man Tauchkurse belegen und Zubehör kaufen.
Wassersport: Das größte Angebot an kleinen Jachten, Ruder- und Paddelbooten sowie Surfbrettern bietet das COS-Sporthotel (s. o.).

 Bus/Zug: Die beiden Bahnhöfe befinden sich südlich des Stadtzentrums am Hafen des Niegocin-Sees. Es gibt gute Busverbindungen in alle Richtungen, mit dem Zug kommt man leicht nach Olsztyn und Suwałki.

Gniew (Mewe)

Lage: Vordere Umschlagkarte J6
Vorwahl: 0 58
Einwohner: 7000

 Im Internet:
www.gniew.pl.

 Zamek, pl. Zamkowy 2, Tel./Fax 5 35 21 62, www.zamek-gniew.pl, moderat.
Kleines Komforthotel im Barockpalast der Ordensburg (Pałac Marysieńki), in dem einst die Gattin von König Jan III. Sobieski residierte.

 Ordensburg (Zamek), pl. Zamkowy 2, Tel. 5 35 35 29, Mai–Nov. Di–So 9–17 Uhr, sonst nur nach tel. Voranmeldung.
Mittelalterliche Burg mit archäologischem Museum, Ausstellung zur Stadtgeschichte sowie einer Waffenschmiede.

Ritterturnier (Juli): Ritter kämpfen hoch zu Ross um das königliche Schwert, es folgen Gesang und höfischer Tanz in historischen Trachten.

 Bus: Der Terminal befindet sich in der ul. Kopernika am westlichen Stadtrand. Verbindungen nach Gdańsk, Tczew und Grudziądz.

Gniezno (Gnesen)

Lage: Vordere Umschlagkarte G2
Vorwahl: 0 61
Einwohner: 72 000

 Im Internet:
www.gniezno.home.pl.

Lech, ul. Bł. Jolenty 5, Tel. 4 26 23 85, Fax 4 26 12 94, günstig.
Ruhiges, außerhalb der Stadt gelegenes Hotel mit 33 Zimmern, Sauna und Schwimmbad.

 Cechowa, ul. Tumska 15, moderat.
Ein kleines Lokal zwischen Kathedrale und Marktplatz mit akzeptabler polnischer Kost.

 Kathedrale (Katedra), Mo–Sa 10–17, So 13.30–17.30 Uhr.
Polens älteste Kirche mit einer Bronzetür aus der Zeit der Romanik.

 Museum über die Ursprünge des polnischen Staats (Muzeum Początków Państwa Polskiego), ul. Prof. Jerzego Kostrzewskiego 1, Di–So 10–17 Uhr.
Themenbezogene archäologische Funde und Kunstwerke.

 Bus/Zug: Beide Bahnhöfe liegen 1 km südöstlich der Kathedrale, nach Poznań fahren Busse nahezu stündlich via Pobiedziska.

Gołdap (Goldap)

Lage: Hintere Umschlagkarte P7
Vorwahl: 0 87
Einwohner: 14 000

 Im Internet:
www.goldap.pl.

 Camping Osir, ul. Stadionowa 5a, Tel. 6 15 06 29, geöffnet Juni–Sept.
3 km nördlich am Gołdap-See gelegene Wiesenanlage mit vielen Bäumen und einem breiten Sandstrand. Mit 100 Stellplätzen und 15 Campinghäuschen.

 Bus: Mehrere Verbindungen tägl. nach Węgorzewo, Olecko und Suwałki.

Goleniów (Gollnow)

Lage: Vordere Umschlagkarte C5
Vorwahl: 0 91
Einwohner: 23 000

 Im Internet:
www.goleniow.pl.

 Pałac, Maciejewo, Tel. 4 18 12 85, 35 Zimmer, 14 Apartments, moderat.
Hübsches Komforthotel in der ehemaligen Residenz des Grafen von Flemming, 15 km östlich von Goleniów. Im Haus, das auch unter dem Namen »Relax« bekannt ist, gibt es Hallenbad, Sauna, Whirlpool, einen Fitnessbereich und Radverleih. Draußen kann man Tennis spielen, auf dem See wird gebadet und geangelt. Anfahrt nur mit dem Auto möglich: von Goleniów auf der Straße 140 in Richtung Maszewo, nach 11 km links abzweigen nach Maciejewo. Der Parkplatz ist bewacht.

 Bus/Zug: Gute Verbindungen nach Szczecin, Świnoujście, Międzyzdroje und Kamien Pomorski.

Grunwald (Grünfelde)

Lage: Hintere Umschlagklappe L5
Vorwahl: 089

 Museum (Muzeum), Grunwald, tägl. 8–18 Uhr (Mai–Sept.).
Waffen, Fahnen und historische Karten illustrieren eine der größten Schlachten des Mittelalters; im angeschlossenen Kino werden Filmausschnitte zu Grunwald gezeigt.

 Bus: Mehrmals tägl. Verbindungen nach Olsztyn, Olsztynek und Ostróda.

Iława (Deutsch Eylau)

Lage: Hintere Umschlagkarte K5
Vorwahl: 0 55
Einwohner: 33 000

 Im Internet:
www.ilawa.pl.

 Kormoran, ul. Chodokiewicza 3, Tel. 6 48 26 77, Fax 6 48 59 63, 30 Zimmer, moderat.
Hotel am Jeziorak-See, ruhig und komfortabel. Mit Sauna und kleinem hauseigenen Badestrand.

Jugendherberge, ul. Mirosławskiego 10-A, Tel. 6 48 64 64, 80 Betten, ganzjährig geöffnet.
Einfache Herberge.

Camping, ul. Sienkiewicza 9, Tel. 6 48 77 30, geöffnet Mai–Sept.
Zeltplatz mit Campinghäuschen.

 Schiffsausflüge: Im Hafen erhält man Infos und Tickets zu Fahrten auf dem See und dem Oberländischen Kanal.
Wassersport: Paddelboote werden auf dem Campingplatz ausgeliehen. Beliebte Touren führen nach Stare Jabłonki und Ostróda.

 Bus/Zug: Verkehrsknotenpunkt mit guten Verbindungen nach Olsztyn, Malbork, Gdańsk und Warszawa.

Iznota (Isnothen)

Lage: Hintere Umschlagkarte N5
(in der Nähe von Ukta)
Vorwahl: 0 87
Einwohner: 500

 Galindia Mazurski Eden, Iznota, Tel. 0 90- 50 82 35, Tel/Fax 4 23 14 16, www.galindia.com.pl, 21 Zimmer u. Zeltplatz, moderat.
Einer galindischen Festung nachempfundenes Waldhotel am See. Alle Räume sind

komfortabel, mit ökologisch einwandfreien Holz-, Leder- und Korbmöbeln eingerichtet, die Apartments verfügen über Kamin und Aussichtsterrasse. Man kann Paddel-, Ruder-, Segelboote und Surfbretter ausleihen, im Winter stehen Hunde- und Pferdeschlitten, Eissegelboote, Schlittschuhe und Skier bereit. Der zugehörige preiswerte **Campingplatz Refugia** verfügt über Strom und Warmwasser sowie eine originale »Dorfschenke«. Camper können die Einrichtungen des Hotels mitbenutzen.

Auto: Von der Straße Mikołajki – Ukta bei Nowy Most abzweigen (beschildert), die letzten Kilometer auf einer Piste.

Jastrzębia Góra (Habichtsberg)

Lage: Vordere Umschlagkarte H8
Vorwahl: 0 58
Einwohner: 2000

Astor, ul. Rozewska 38, Tel. 7 71 55 55, Fax 7 71 51 00, www.astor.home.pl, 111 Zimmer, teuer.
1999 eröffnetes, 200 m vom Strandufer entferntes Sporthotel mit komfortablen Zimmern, einige behindertenfreundlich. Mit Hallenbad und zwei Tennisplätzen, Sauna und Fitnessbereich, Konferenzsaal und Nachtklub. Das Auto kann in der Tiefgarage abgestellt werden.
Victor, ul. Bałtycka 33, Tel./Fax 6 74 95 74, 9 Zimmer, günstig/moderat.
Pension in bester Lage am Rand des bewaldeten Steilufers in einer strahlend weißen, klassizistisch angehauchten Villa aus den 1920er Jahren. Die Zimmer sind freundlich eingerichtet und verfügen über Meerblick. Im Erdgeschoss befindet sich ein gutes Restaurant.
Jasna, ul. Bałtycka 24, Tel. 6 74 96 98, 8 Zimmer, günstig.
Aus Holz erbaute Pension am Kliffufer mit Meerblick, Sauna und Wassermassagen.

Camping Nr. 60, ul. Rożewska 9, Tel. 6 74 90 95, geöffnet Juni–Aug.
1,5 km vom Ortszentrum: gut ausgestattete Anlage nahe der Steilküste mit 92 Stellplätzen.

Leuchtturmmuseum (Muzeum Latarnictwa Polskiego), ul. Leona Wzorka, Rozewie, Juni–Aug. tägl. 9.30–13 u. 15–19 Uhr, sonst 9.30–13 u. 14–17 Uhr.

Bus: Der Terminal befindet sich in der ul. Westerplatte, mehrere Busse fahren tägl. nach Władysławowo.

Jędrychowo (Heinrichshöfen)

Lage: Hintere Umschlagkarte N6
(in der Nähe von Sorkwity)
Vorwahl: 0 89
Einwohner: 100

Hotel im Park, Jędrychowo 15, Tel./Fax 7 42 81 87, www.masurenhotel.de, vonklitzing@hotelimpark.com.pl, günstig.
Herrlicher Ort für einen längeren Aufenthalt: Restauriertes Gutshaus aus dem 18. Jh. über dem Ufer des Lampasz-Sees, eingebettet in einen 5 ha großen Park. Engagiert geführt von Albrecht von Klitzing, der keine anonyme Hotelatmosphäre wünscht, sondern Wert legt auf »die Verbindung der Tradition früheren Landlebens mit dem Komfort von heute«. Zur Wahl stehen 35 Wohneinheiten, darunter Zimmer im Gutshaus und im ehemaligen Pferdestall, Apartments und Suiten, Bungalows und – direkt am Wasser – einige »Dachhäuser«. Zum Frühstück gibt es ein opulentes Büfett, später Kaffee und Kuchen sowie kleine Mahlzeiten in der Terrassenbar mit Seeblick. Mit Kaminzimmer und Konferenzsaal, Sauna und Fitnessbereich, Kinderspielplatz, Badestrand und Anlegestelle, Boots- und Fahrradverleih; für Reitfreunde werden Pferde organisiert, im Winter Fahrten mit dem Pferdeschlitten. Das Mitbringen von Hunden ist erlaubt.
Camp Rodowo, Jędrychowo-Rodowo, Tel./Fax 7 42 84 00, http://republika.pl/rodowo, rodowo@friko5.onet.pl., 15 Zimmer u. Zeltplatz, sehr preiswert.

Deutsch-polnische Bildungs- und Jugendbegegnungsstätte in einem gemütlichen masurischen Bauernhof am Lampasz-See, geöffnet für Gruppen und auch Individualreisende. Das Seminarangebot reicht vom Theaterworkshop bis zum polnischen Sprachkurs. Mit Speiseraum, Gartenterrasse, kleiner Bibliothek und Galerie in der Scheune; Obst- und Gemüsegarten, Milchkühe und Ziegen. Das Ambiente ist locker und studentisch, 32-gängige Tourenfahrräder, Paddel- und Ruderboote sind ausleihbar.

 Magnolia, Jędrychowo 15, Tel. 7 42 81 87, moderat.
Vor einem majestätischen Magnolienbaum: gehobene Küche in stilvollem Rahmen, geführt von einer Dame, die ihr Handwerk in der Lausanner Kochschule erlernt hat.

 Auto: Von der Straße nach Mrągowo rechts abzweigen, nach 3 km zur Rechten das Gutshaus, 1 km weiter zur Linken Camp Redowo.

Kadyny (Cadinen)

Lage: Hintere Umschlagkarte K7
Vorwahl: 0 55
Einwohner: 300

 Kadyny Palace, Tel. 2 31 61 20, 2 31 62 00, www.polhotels.com/Elblag/Kadyny, 40 Zimmer, teuer.
Luxushotel in einem ehemaligen Palast von Kaiser Wilhelm II., malerisch zwischen Haff und Elbinger Höhe gelegen. »Noblesse oblige« lautet der Slogan des Hauses, das über Hallenbad, Sauna und türkisches Bad verfügt, dazu Fitnessbereich, Tennis und Mountainbikeverleih. Angeschlossen ist ein großes Gestüt, in dem man reiten bzw. an Kutschfahrten teilnehmen kann.

 Stara Gorzelnia, Tel. 2 31 62 00, moderat.
Ausgezeichnetes Restaurant in der »alten Destille« des kaiserlichen Schlosses mit original erhaltenen gusseisernen Treppen und großen Fenstern. Serviert wird polnische Küche, doch stehen auf der Karte auch deutsche und englische Gerichte; im Sommer mit Terrasse.

 Reiten: Das Hotel »Kadyny Palace« (s. o.) bietet »Ferien im Sattel« für Anfänger und Fortgeschrittene; außerdem Kutschfahrten und Mountainbikeverleih.

 Bus/Zug: Verbindungen nach Elbląg und Frombork.

Kadzidłowo (Einsiedeln)

Lage: Hintere Umschlagkarte N5
(in der Nähe von Ukta)
Vorwahl: 0 89
Einwohner: 100

 Oberża pod Psem, Kadzidłowo 1, Mobiltel. 06 01- 09 46 41, moderat.
Kleines, stilvoll eingerichtetes Gasthaus neben der Kasse des Tierparks mit deftiger Hausmannskost.

 Tierpark (Park Dzikich Zwierząt), tägl. 10–18 Uhr.
In artgerechten Gehegen leben Hirsche, Rehe, Elche, Wildschweine und Wölfe, Fichotter und Biber. Der Park ist nur im Rahmen einer geführten, 90-minütigen Tour zu besichtigen.

 Bus: Die Haltestelle befindet sich 2 km östlich an der tägl. von mehreren Bussen befahrenen Straße Mikołajki – Ukta – Ruciane Nida.

Kaliningrad (Königsberg)

Lage: Hintere Umschlagkarte M8
Stadtplan: S. 149
Einwohnerzahl: 420 000

Die russische Stadt Kaliningrad kann man per Tagestour von Elbląg aus besuchen. Tickets gibt es im Reisebüro oder direkt an der Anlegestelle in

Elbląg. Für die Beschaffung des Visums sind beim Reisebüro im Hotel Elzam (s. Elbląg) 3 bis 4 Tage einzuplanen; benötigt werden drei Passbilder und eine Kopie der Seite mit dem Passfoto! Das Tragflächenboot startet in Elbląg tägl. um 8 Uhr (Mai–Sept.) und erreicht Kaliningrad (via Krynica Morska und Frombork) gegen 12 Uhr. Die Rückfahrt ist für 18 Uhr angesetzt, so dass man sechs Stunden für die Stadtbesichtigung hat.

Bernsteinmuseum (Muzej Jantarja), pl. Vasilevskovo 1, tägl. außer Mo 10–17 Uhr.
Im ehemaligen Dohnaturm und dem Rossgärtner Tor befindet sich das weltweit größte Bernsteinmuseum mit mehr als 6000 Ausstellungsstücken, darunter Schmuck, Spiele und Originalteile aus dem verschollenen »Bernsteinzimmer« der Zarin Katharina I.
Bunkermuseum (Muzej Blindash), Universitetskaya 2, tägl. 10–18 Uhr.
Nazi-Machtzentrale im umkämpften Königsberg, verwandelt in ein Museum. Historische Fotos und Skizzen illustrieren die Einnahme durch die Rote Armee.
Dom (Kafedralnyj sobor), Ostrov Kanta, tägl. 9–16.30 Uhr.
Ehemalige Krönungskirche preußischer Monarchen, an ihrer Rückseite befindet sich das Grab des Philosophen Immanuel Kant.

Kamień Pomorski (Cammin)

Lage: Vordere Umschlagkarte C6
Vorwahl: 0 91
Einwohnerzahl: 10 000

Touristeninformation, pl. Katedralny 1, Tel. 3 82 18 58, Mo–Fr 9–17, Sa 9–14 Uhr.

Pod Muzami, ul. Gryfitów s/n, Tel. 3 82 22 41, Fax 3 82 22 40, 12 Zimmer, günstig.
Behagliches Hotel in einem schönen Fachwerkhaus am Marktplatz, alle Zimmer mit Sat-TV, einige mit Blick auf den Bodden.

Staromiejski, ul. Rybacka 3, Tel. 3 82 26 44, Fax 3 82 26 43, 36 Zimmer, günstig.
Neben dem »Pod Muzami« gelegen: größer und moderner, aber auch eine Spur anonymer. Die Zimmer sind komfortabel mit Sat-TV, einige bieten Seeblick.

Camping Fregata, ul. Lipowa 1, Tel. 3 82 00 76, geöffnet Mitte Juni–Ende Sept.
Einfache, unterhalb der Kathedrale gelegene Uferanlage mit mehreren Campinghäuschen.

Pod Muzami, ul. Gryfitów 1, Tel. 3 82 22 41, günstig.
»Zu den Musen«: ein bäuerlich-rustikales Lokal in einem Fachwerkhaus aus dem 18. Jh. am Markt (nur für Nichtraucher!), engagiert geführt von Anastasia Lenkowska. Lecker schmecken die hausgemachte Geflügelpastete *(Wątróbka z drobiu)*, Borschtsch mit Kutteln und russische Piroggen. Im Sommer mit Terrasse.

 Johanniskathedrale (Katedra Św. Jana), pl. Katedralny, Schatzkammer Mo–Fr 9–17, Sa 9–14 Uhr, im Sommer auch So 13–18 Uhr.
Imposante Kirche aus dem 14. Jh. mit einer gewaltigen Orgel von 1669. Kostproben ihres Klanges gibt es im Sommer meist um 11 Uhr.
Wolliner Tor (Baszta Piastowksa), tägl. 10–19 Uhr.
Relikt der mittelalterlichen Wehrmauern.

 Internationales Festival der Orgel- und Kammermusik
(Juli/Aug.): Traditionsreiche Konzerte im stimmungsvollen Rahmen der Kathedrale, meist Fr 19 Uhr.

 Schiffsausflüge: Von der Anlegestelle fahren Schiffe nach Dziwnów.

 Bus/Zug: Die beiden Bahnhöfe befinden sich 600 m südlich der Altstadt, gute Verbindungen vor allem per Bus. Fast stündlich geht es nach Szczecin, Świnoujście, Międzyzdroje und Dziwnów, mehrmals tägl. auch nach Kołobrzeg und Gdynia.

Kartuzy (Karthaus)

Lage: Vordere Umschlagkarte H7
Vorwahl: 0 58
Einwohner: 16 000

Touristeninformation, Rynek 2, Tel./Fax 6 81 23 51.
Hier können auch Privatzimmer *(Kwatery prywatne)* in und um Kartuzy gebucht werden; besonders schön wohnt man in den südlich gelegenen Ortschaften Ręboszewo, Brodnica Dolna und Ostrzyce.

Korman, ul. 3 Maja 36, Tel. 6 85 34 01, 24 Zimmer, günstig.
Einfaches Hotel in zentraler Lage, renovierte Zimmer mit Bad.
Burczybas, ul. Kaszubska 9, Dzierżążno, Tel./Fax 6 81 26 56, 30 Zimmer, günstig.
Gasthof an der Straße nach Żukowo, 5 km östlich von Kartuzy und in unmittelbarer Nähe des Mesowski-Sees.

Camping Burczybas Nr. 170, ul. Kaszubska 9, Dzierżążno, Tel./Fax 6 81 26 56, ganzjährig geöffnet.
Anlage mit bescheidenen sanitären Anlagen neben dem gleichnamigen Gasthof und oberhalb eines Sees. Mit 150 Stellplätzen und mehreren Campinghütten.
Camping Nr. 59, ul. Gdańska 43, Borowo, Tel./Fax 6 81 26 63, geöffnet Mai–Sept.
6 km südöstlich von Kartuzy: eine gepflegte Anlage am See mit Campinghäuschen und einem rustikalen Lokal, der Biała Karczma.

Burczybas, ul. Kaszubska 9, Dzierżążno, Tel. 6 81 26 56, günstig.
In dem nach der »Teufelsgeige« benannten Gasthof, 5 km östlich von Kartuzy, werden deftige Lokalspezialitäten aufgetischt, abends treten oft Folklore-Gruppen auf.

Marienkirche (Kościół Mariacki), ul. Klasztorna 12.
Ehemalige Klosterkirche mit prächtigem Marmoraltar und barockem Gestühl.

Kaschubisches Museum (Muzeum Kaszubski), ul. Kościerska 1, Di–Fr 9–16, Sa 9–15, So 10–14 Uhr.
Wohnkultur der Kaschuben, Töpferwaren und Stickereien, Skulpturen und populäre Musikinstrumente.

Jahrmarkt (Juli): Wie in Wdzydze kommen auch hier Tausende von Kaschuben zusammen, um zu singen, zu tanzen und zu schmausen.

Radfahren: Der 22 km lange »Kaschubische Weg« verbindet Kartuzy mit Kościerzyna, windet sich an sechs Seen entlang und bietet herrliche Ausblicke.
Wandern: Am schönsten ist die rot markierte Tour südwärts via Gołubie und Olpuch nach Wdzydze (95 km); westwärts kommt man auf ihr nach Kamienica Królewska (29 km), der blaue Weg führt ostwärts nach Żukowo (10 km).

Bus/Zug: Vom zentral gelegenen Bahnhof kommt man mit den Bus in alle wichtigen Orte der Umgebung, mit dem Zug nach Lębork und Somonino.

Kętrzyn (Rastenburg)

Lage: Hintere Umschlagkarte N6
Vorwahl: 0 89
Einwohner: 31 000

Koch, ul. Traugutta 3, Tel. 7 52 25 58, Fax 7 52 23 00, koch@post.pl, 50 Zimmer, günstig.
Mittelklassehotel im Zentrum der Stadt, alle Zimmer gemütlich und mit Sat-TV, dazu Sauna, Fahrradverleih und Garage.
Zajazd pod Zamkiem, ul. Struga 3, Tel. 7 52 31 17, 4 Zimmer, sehr preiswert.
Hübsches Haus aus dem 19. Jh. direkt an der Burg, alle Zimmer mit Sat-TV. Im Lokal solide polnische Hausmannskost.

Ordensburg (Zamek Krzyżacki), pl. Zamkowy, Di–So 10–16 Uhr.
Gemälde und Skulpturen vom 15.–19. Jh. sowie Reminiszenzen an den deutschen

Polenfreund Adalbert von Winkler; Zufahrt über die ul. Pocztowa.

 Klassik: an Sommerabenden Kammerkonzerte in der Ordensburg.

 Bus: Mehrere Verbindungen tägl. nach Olsztyn sowie via Gierłoż nach Giżycko.

Kluki (Klucken)

Lage: Vordere Umschlagkarte G8
Vorwahl: 0 59
Einwohner: 200

 Freilichtmuseum (Skansen), Mai–Sept. tägl. 8–16 Uhr, sonst 8–15 Uhr.
Großes slowinzisches Museumsdorf mit reetgedeckten Fachwerkhäusern und Werkstätten.

 Wandern: Kluki liegt am gelb markierten Wanderweg von Smołdzino nach Łeba.

Kołobrzeg (Kolberg)

Lage: Vordere Umschlagkarte D7
Stadtplan: S. 83
Vorwahl: 0 94
Einwohner: 50 000

 Touristeninformation, al. I Armii Wojska Polskiego 6-C, Tel. 3 52 79 39, Fax 3 54 72 20, www.kolobrzeg.turystyka.pl, Mo–Fr 9–15 Uhr, im Sommer länger und auch am Wochenende geöffnet.

 Etna, ul. Portowa 18, Tel. 3 55 00 12, Fax 3 55 00 13, 200 Zimmer und Apartments, teuer.
12-stöckiges Luxushotel zwischen Hafen und Strand. Geräumige Zimmer mit Terrasse, viele davon behindertengerecht. Mit schönen großen Bädern, »Öko-Betten« und Klimaanlage. Zum Haus gehören mehrere Restaurants, ein Nightklub sowie ein Panorama-Café, zu dem ein gläserner Aussichtslift hinaufführt. Autos können in der Tiefgarage abgestellt werden.
Centrum, ul. Katedralna 12, Tel. 3 45 55 60, Fax 3 52 29 05, 30 Zimmer, moderat.
Hotel im Schatten der Kirche; gemütliche, mit Kühlschrank und Sat-TV ausgestattete Zimmer sowie ein kleines Konferenzzentrum.
New Skanpol, ul. Dworcowa 10, Tel. 3 52 82 11, Fax 3 52 44 78, www.newskanpol.pl, 160 Zimmer u. 4 Apartments, moderat.
Von einem dänischen Unternehmen geführtes Mittelklassehotel im Stadtzentrum, 1 km vom Strand und vor allem von deutschen Gästen besucht. Komfortable Zimmer mit Sat-TV, eine komplette Etage für Wohlfühl- und Entspannungsprogramme. Außerdem im Haus: ein gutes Restaurant mit nordischen Spezialitäten, Café und Nachtklub.
Solny, ul. Aleksandra Fredry 4, Tel. 3 54 57 00, Fax 3 54 58 28, 145 Zimmer, moderat.
Renoviertes Mittelklassehotel aus den 1970er Jahren, zu Fuß knapp 10 Minuten vom Meer. Alle Zimmer mit Sat-TV und Kühlschrank, zum Haus gehören Swimmingpool und Sauna, Tennisplatz und Radverleih.
Hansa, ul. Jedności Narodowej 57, Tel. 3 51 61 11, 3 51 82 22, www.ta.pl/hansa, 22 Zimmer, moderat.
Kleines, gemütliches Hotel an der zum Stadtzentrum führenden Straße, 300 m vom Strand. Die Zimmer sind mit Eichenholzmöbeln eingerichtet, einige verfügen über Balkon. Treffpunkt des Hauses ist das Café im Wintergarten, wo auch das Frühstücksbüfett eingenommen wird.
Mona Lisa, ul. Lwowska, Tel. 3 54 36 68, Fax 3 54 33 23, moderat.
Schmuckes Hotel für »gesundheitsbewusste« Urlauber: am Stadtrand 500 m vom Meer, Wellness-Club mit Pool, Sauna, Solarium, Fitnessbereich und Massage.
Arka-Mega, ul. Sułkowskiego 11, Tel. 3 52 81 52, Fax 3 52 77 57, www.ta.pl/arka, 157 Zimmer, günstig.
11-stöckiges Kurhotel aus sozialistischer Zeit gegenüber der Seebrücke. Alle Zim-

mer mit Sat-TV und Kühlschrank; je höher man wohnt, desto schöner ist der Blick auf die Küste. Mit einem großen Kurzentrum, Sauna, Fitnessbereich und Massage.
Meduza, ul. Borzymowskiego 1, Tel. 3 52 22 53, Fax 3 54 25 13, 19 Zimmer, günstig.
Familiär geführte Pension in alter Villa, 200 m vom Meer. Gute Hausmannskost.
Węgiel Brunatny, ul. Sikorskiego 8, Tel. 3 52 24 24, Fax 3 52 63 61, 80 Zimmer, günstig.
Das ehemalige Ferienheim der Braunkohleindustrie hat sich zu einem der besten und preisgünstigsten Kurhotels gemausert. Es verfügt über ein Hallenbad mit Whirlpool, alle Zimmer jetzt mit eigenem Bad.
Privatzimmer, zu buchen über PTTK, ul. Dubois 20, Tel. 352 23 11, preiswert.
Eine gute Option für alle, die mindestens drei Tage in Kołobrzeg bleiben wollen.

Camping Nr. 78, ul. IV Dywizji Wojska Polskiego 1, Tel./Fax 3 52 45 69, geöffnet Juni–Aug.
Zeltplatz in einem Park am Ostrand der Stadt mit Campinghäuschen.

 Die besten Restaurants sind das **Skandynawia** im Hotel New Skanpol (teuer) sowie **Etna** (teuer), **Solny** (moderat) und **Centrum** (moderat) in den gleichnamigen Hotels. In der Fußgängerzone der Altstadt entstehen viele neue Lokale, gegenüber vom Rathaus bleibt die **Gospoda pod Łabędziami,** ul. Armii Krajowej 30-B, eine verlässliche Adresse für preiswerte polnische Hausmannskost.

Leuchtturm (Latarnia Morska), tägl. 10–18 Uhr.
Von der Aussichtsplattform bietet sich ein weiter Blick über die Küstenregion.
Marienkirche (Kościół Mariacki), ul. Armii Krajowej s/n, tägl. 8–21 Uhr.
Riesiger gotischer Backsteinbau mit einigen kunsthandwerklichen Kostbarkeiten.
Pulverturm (Baszta Prochowa), ul. Dubois 20.
Einziges Überbleibsel der alten Stadtbefestigung.

Rathaus (Ratusz), ul. Armii Krajowej 12, Di–So 10–17 Uhr.
Von K. F. Schinkel entworfenes Gebäude aus dem 19. Jh. mit einer Galerie für zeitgenössische Kunst.

 Waffenmuseum (Muzeum Oręża Polskiego), ul. Gierczak 5, Mo–Sa 9–17, So 9–16 Uhr.
Im ehemaligen Schlieffen-Palais werden Waffen aus mehreren Jahrhunderten ausgestellt, dazu Uniformen und Exponate zur Stadtgeschichte. Eine Dependance im ehemaligen Plüddemannhaus (ul. Armii Krajowej 13) zeigt Messinstrumente und regionales Kunsthandwerk.

 Musikcafés: Adabar (ul. Armii Krajowej 12) ist ein beliebter Treff in den Kellerräumen des alten Rathauses. Anschließend zieht man oft weiter ins Fiddler's Green (ul. Dubois 16) oder in die Lokale auf der ul. Mariacka und ul. Gierczak.

Kino: Die Kinos in der ul. Łopuskiego zeigen oft ausländische Filme im Original mit polnischen Untertiteln.

 Interfolk (Ende Aug): Zum Folklorefestival reisen Ensembles aus der ganzen Welt an. Meist zur gleichen Zeit findet eine Bootsparade mit historisch kostümierter Besatzung auf dem Fluss Parsęta statt.

Baden: Ist das Wetter zu schlecht, um im Meer zu baden, geht man in die Hallenbäder der Hotels Solny oder Węgiel Brunatny.
Reiten: Auf dem Reiterhof Budzistowo 3 km südlich kann man Pferde für Ausritte mieten und Kurse belegen: Dazu wohnt man stilvoll im benachbarten Schloss: Pałac w Budzistowie, ul. Pałacowa 19, Tel. 3 54 72 12, Fax 3 54 66 45.
Schiffsausflüge: Beliebt sind die Rundfahrten vor der Küste.

 Bus/Zug: Die beiden Bahnhöfe befinden sich nebeneinander auf halber Strecke zwischen Strand und Innenstadt. Mit dem Zug kommt man gut nach Koszalin, zu allen Ferienorten an der Ostsee besser mit Bus.

Kórnik

Lage: Vordere Umschlagkarte F1
Vorwahl: 0 61
Einwohner: 6 500

Im Internet:
www.kornik.pl.

Schlossmuseum (Muzeum Zamek), Di–So 9–17 Uhr.
Palast im neugotischen Stil, besonders schön ist der »Maurische Saal«.

Bus: Viele Busse fahren nach Poznań, einige wenige nach Rogalin.

Kościerzyna (Berent)

Lage: Vordere Umschlagkarte H6
Vorwahl: 0 58
Einwohner: 24 000

Eisenbahnmuseum (Muzeum Kolejowe), tägl. 10–18 Uhr.
Mit einem Dutzend alter Dampflokomotiven, im Sommer werden Nostalgie-Trips angeboten.
Museum der Nationalhymne (Muzeum Hymnu Narodowego), 9 km östlich in Będomin: Mai–Sept. 9–16, sonst 9–15 Uhr. Spätbarockes, stilvoll eingerichtetes Landhaus eines polnischen Adeligen mit zahlreichen Andenken an die polnische Nationalhymne.

Radfahren: Der 22 km lange »Kaschubische Weg« verbindet Kościerzyna mit Kartuzy, windet sich dabei an sechs Seen entlang und bietet herrliche Ausblicke.

Bus/Zug: Der Bahnhof liegt 1 km nordwestlich des zentral gelegenen Marktplatzes; gute Zugverbindungen nach Gdańsk und Chojnice, seltener nach Bytów und Słupsk sowie über Lębork nach Łeba. Für Ziele in der Kaschubischen Schweiz ist der Bus vorzuziehen; der Busterminal befindet sich nahe dem Marktplatz.

Kosewo (Kutzen)

Lage: Hintere Umschlagkarte N6
(in der Nähe von Mrągowo)
Vorwahl: 0 89
Einwohner: 1000

Country Holiday, Kosewo 78, Tel. 7 42 43 50, Fax 7 42 43 88, 34 Zimmer, günstig.
Freundlich-familiär geführtes Haus direkt am See mit Rad- und Bootsverleih. Die Zimmer sind funktional mit Sat-TV, das Kaminrestaurant bietet gute polnische Küche. Monika Drężek, eine studierte Politologin, spricht gut deutsch.
Hubertus, Kosewo 77, Tel./Fax 7 42 45 57, www.pensjonat-hubertus.pl, 10 Zimmer, günstig.
Attraktive Familienpension mit Sauna, Boots- und Mountainbikeverleih (inkl.).
Lech, Kosewo 8, Tel. 7 42 45 76, http://pensjonat-lech.fm.interia.pl, 9 Zimmer, nur im Sommerhalbjahr geöffnet, sehr preiswert.
Fachwerkhaus direkt am See mit einfachen Zimmern, teils ohne eigenes Bad.

Hirschfarm (Forschungszentrum des Instituts für Parasitologie der Polnischen Akademie der Wissenschaften), Kosewo Górne, Tel. 7 42 43 80, Di–So 10–18 Uhr (Mai–Aug.).
200 ha großes Gehege, mit zahmen und wilden Hirschen und Rehen. Das zugehörige Museum zeigt Naturphotos, Dia-Shows sowie »abgestoßene« Geweihe. Der Besuch ist vorerst nur im Rahmen einer geführten Tour möglich.

Bus: Etwa stündlich Verbindungen nach Mrągowo und Mikołajki.

Koszalin (Köslin)

Lage: Vordere Umschlagkarte E6/7
Vorwahl: 0 94
Einwohner: 113 000

Touristeninformation, ul. Dworcowa 10, Tel. 3 42 73 99, www.info.koszalin.pl.
Büro in Bahnhofsnähe; man wird freundlich beraten und kann Karten und Stadtpläne kaufen.

Arka, ul. Zwycięstwa 20, Tel./Fax 3 42 79 11, www.arka.szelf.com.pl, 74 Zimmer, moderat.
Komfortables Dreisternehotel 200 m vom Bahnhof entfernt. Zimmer mit Sat-TV und Minibar, außerdem im Haus: Sauna, Massage und Nachtklub. Am Wochenende gibt's Rabatt.
8 km südlich:
Bursztynowo Pałac, Strzekęcino 12, Świeszyno, Tel. 3 16 12 27, Fax 3 16 14 42, 3 Zimmer u. 3 Suiten, moderat.
Schlosshotel mit Hallenbad, Sauna und Fitnessbereich, Tennis, Reitsport und Bootsverleih. Weitere Zimmer im 5 Minuten entfernten »Weißen Palast« (Biały Pałac). Sehr gute Küche und große Weinauswahl. Von Koszalin der Straße nach Świeszyno folgen und dort auf Ausschilderung achten.

Jugendherberge, ul. Gnieźnieńska 3, Tel. 3 42 60 68, 80 Betten, ganzjährig geöffnet.
2 km südöstlich des Bahnhofs, erreichbar mit Bus Nr. 13, auch einige Doppelzimmer.

Dworek Kasztelański, ul. Morska 15, Tel. 3 40 70 87, Fax 3 41 49 04, moderat.
Gemütliches Gasthaus knapp außerhalb der Stadt an der Straße nach Gdańsk mit altpolnischer Küche, viel Fisch, aber auch feinen Fleischgerichten.

Marienkirche (Kościół N.P. Marii), ul. Bolesława Chrobrego/ul. Zwycięstwa.
Dreischiffige Basilika mit steil herabgezogenen Satteldächern und wuchtigem Turm, seit 1972 Kathedrale.

Regionalmuseum (Muzeum Regionalne), ul. Młyńska 37/38, Di–So 10–16 Uhr.
Mit der Nachgestaltung einer alten Fischerkate, einer Kunstgalerie und einer Abteilung für Stadtgeschichte und Archäologie, letztere in der Dependance (ul. Piłsudskiego 53).

Klassik: Das Freilichttheater im Stadtpark lädt in den Sommermonaten zu musikalischen Veranstaltungen ein, daneben gibt es regelmäßig Konzerte in der Philharmonie (ul. Zwycięstwa 105).

Festival der Orgel- und Vokalmusik (Juni/Juli): Tausende von Musikliebhabern strömen im Sommer zu den Konzerten in der Marienkathedrale.

Bus/Zug: Beide Bahnhöfe befinden sich 800 m westlich des Marktplatzes. Es gibt gute Verbindungen nach Szczecin, Kołobrzeg, Poznań und Gdańsk. Die kleinen Küstenorte erreicht man besser mit dem Bus.

Krokowa (Krockow)

Lage: Vordere Umschlagkarte H8
Vorwahl: 0 58
Einwohner: 400

Im Internet:
www.krokowa.pl.

Zamek, ul. Zamkowa 1, Tel. 6 73 77 06, Fax 6 73 76 87, 20 Zimmer, moderat.
Stilvolle Unterkunft im ehemaligen Gutsherrenschloss der Familie Krockow, eingerahmt von einem großen Park. Gemütliche, fast intime Atmosphäre mit antiken Möbeln, Kachelöfen und Gemälden; an kühlen Abenden brennt im Restaurant der Kamin, die Zimmer sind komfortabel.

Zamkowa, ul. Zamkowa 1, Tel. 6 73 76 38, teuer.
Fantasievoll abgewandelte kaschubische Küche wie Forelle im Gemüsefond oder Räucheraal in Honigsoße. Antik-vornehme Einrichtung, dennoch nicht erdrückend.

 Schloss (Zamek), ul. Zamkowa 1, Tel. 6 73 77 06.
Wer die Innenräume besichtigen möchte, sollte sich telefonisch voranmelden.

 Krockower Heimatmuseum (Muzeum Ziemi Krokowskiej), Di–So 9–13 Uhr.
Kleine Ausstellung zur turbulenten Geschichte des Ortes.

 In den Monaten Juli/Aug. finden im Schloss **Sonntagskonzerte** und **Ritterkampfspiele** statt.

 Ausritte: Die Vermittlung erfolgt über das Hotel, Gleiches gilt für Kutschen- und Schlittenfahrten.
Wandern: Die grüne Wanderroute führt nach Wejherowo (37 km), die schwarze nach Puck (29 km) und die blaue nach Jurata auf der Halbinsel Hel (54 km).

 Bus: Mehrere Verbindungen tägl. nach Wejherowo und Żarnowiec.

Krutyń (Krutinnen)

Lage: Hintere Umschlagkarte N5 (in der Nähe von Ukta)
Vorwahl: 0 89
Einwohner: 400

Habenda, Krutyń 42, Tel./Fax 7 42 12 18, www.habenda.prv.pl, nosek@habenda.prv.pl, 25 Zimmer, günstig.
Beste Unterkunft in Krutyń, hier möchte man seinen ganzen Urlaub verbringen. Die von der deutschstämmigen Brigitta Nosek engagiert geführte Pension bietet komfortable Zimmer mit hellen Holzmöbeln und Bad; Büfettfrühstück und Abendessen werden im gemütlichen Kaminraum eingenommen. Habenda ist ein guter Ort, um andere Leute kennen zu lernen; abends trifft man sich im Aufenthaltsraum, tauscht Erfahrungen aus und plant die Trips des kommenden Tages. Gut funktionierender Kajakverleih und bewachter Parkplatz.
Mazur, Krutyń 36, Tel./Fax 7 42 18 36, 31 Zimmer, günstig.
Gepflegte Pension am Dorfrand sowie ein Ferienhaus für bis zu 10 Personen. Frühstücksraum im Souterrain, Zeltplatz und Kajakverleih.
Magda, Krutyń 74, Tel./Fax 7 42 14 07, magdapensjonat@skrzynka.pl, 21 Zimmer, sehr preiswert.
Angenehme Familienpension in einem verwinkelten Holzhaus, das Lokal bietet gute Hausmannskost. Boots- und Fahrradverleih.
Wodniak, Krutyń 18, Tel. 7 42 22 17, 5 Zimmer, sehr preiswert.
Herr Prusiński vermietet einfache Gästezimmer, Kajaks und Fahrräder. Direkt an der Dorfstraße, neben dem Eingang zur PTTK-Zufahrt.
Stanica Wodna, Krutyń s/n, Tel./Fax 7 42 12 93, geöffnet Mai–Sept., sehr preiswert.
»Wasserstation« des polnischen Naturfreundeverbands PTTK am Flussufer, erreichbar über eine am nördlichen Ortsrand abzweigende 700 m lange Piste. Spartanische Zimmer im Haupthaus sowie in Campinghäuschen, außerdem Zeltmöglichkeit. Mit Bar am Fluss, Fisch-Räucherkammer und Bootsverleih.

 Krutyniańka, Krutyń s/n, Tel. 7 42 10 26, moderat.
Alteingesessenes, von außen unansehnliches Lokal, das von seiner tollen Lage unmittelbar über dem Fluss profitiert. Man sitzt auf der großen, leider vergitterten Terrasse, schaut den Kanuten beim Paddeln zu und genießt gute masurische (etwas überteuerte) Fischküche.
Karczma Zacisze, Krutyń 33, Tel. 7 42 21 50, günstig.
Schönstes und preiswertestes Lokal, untergebracht im Fachwerkhaus der Dorffeuerwehr am Ufer der Krutynia. Man sitzt entweder auf der großen Terrasse oder im

einer rustikalen Schenke nachempfundenen Innenraum. Marek und Małgorzata versorgen die Gäste mit leckerer Sauerampfer- und Pfifferlingsuppe, fangfrischer Maräne, Zander in Knoblauchsuppe und hausgemachtem Kuchen.
Mazurska, Krutyń 34a, Tel. 7 42 14 40, günstig.
Altes Holzhaus mit modernem Anbau, Inneneinrichtung nicht überzeugend, aber gute Fischgerichte.

Naturkundemuseum (Muzeum Przyrodnicze), Krutyń s/n, Mo–Fr 8–15 Uhr.
Hübsches Holzhaus mit Fotogalerie und ausgestopften Tieren; die Dia-Show zur Flora und Fauna des masurischen Landschaftsparks wird nur für Gruppen ab 15 Personen gezeigt.

Markt: Auf dem kleinen Platz neben dem Museum werden Gänseschmalz und Bienenhonig, Weidenkörbe, Stickereien und Holzschnitzereien verkauft – meist günstiger als in den großen Ferienorten Masurens.

Bootsfahren: Am Flussufer gibt es Anlegestellen z. B. an der Karczma Zacisze, am Restaurant Krutyniańka und an der Stanica Wodna PTTK. Verliehen werden Kajaks und Ruderboote, wer will, kann sich staken lassen. Nach einem dreistündigen Kanutrip werden die Gäste (z. B. bei Buchung in der Pension Habenda) in Ukta abgeholt, so dass man sich die anstrengende Rückfahrt gegen den Strom erspart.
Wanderungen: Im Verwaltungsgebäude des Masurischen Landschaftsparks neben dem Museum (Zarząd Mazurskiego Parku Krajobrazowego, Mo–Fr 7.30–15.30 Uhr) erhält man genaue Beschreibungen der Naturlehrpfade. Von Krutyń geht es westwärts auf einer 6 km langen Rundtour zum Mokre-See mit seinen schwimmenden Inseln; unterwegs kommt man durch Reservate: das versumpfte Zakręt und das mit mächtigen »Königskiefern« beeindruckende Królewska Sosna. Nordwärts läuft man am dschungelhaften Flussufer entlang zum Krutynia-See (hin und zurück 4 km).

 Bus: Verbindungen nach Zgon, Ruciane Nida und Mikołajki.

Krynica Morska (Kahlberg-Diep)

Lage: Hintere Umschlagkarte K7
(in der Nähe von Kąty Rybackie)
Vorwahl: 0 55
Einwohner: 1300

Im Internet:
www.krynicamorska.pl.

Kahlberg, ul. Bosmańska 1, Tel. 2 47 60 17, www.kahlberg. mierzeja.pl, 20 Zimmer, moderat.
Restauriertes Komforthotel am Fischerhafen an der Haffseite der Nehrung, der Strand ist über einen 600 m langen Waldweg erreichbar.
Gallus, ul. Marynarzy 2, Tel. 2 47 61 26, 11 Zimmer, günstig.
Gepflegte Pension, Zimmer mit und ohne Balkon.

Morska, ul. Bosmańska 1, Tel. 2 47 60 17, günstig.
Frischer Fisch aus der Ostsee, deftig zubereitet.

 Schiffsausflüge: Schiffe der Weißen Flotte starten im Sommer zu Fahrten rund ums Frische Haff sowie nach Frombork (90 Min.) und Elbląg (ca. 2 Std.).

 Bus: Mehrere Verbindungen tägl. nach Gdańsk und Elbląg.

Łeba (Leba)

Lage: Vordere Umschlagkarte G8
Vorwahl: 0 59
Einwohner: 4500

 Im Internet:
www.leba.pl.

Neptun, ul. Sosnowa 1, Tel.
8 66 23 31, Fax 8 66 23 57,
22 Zimmer, moderat.
Neugotischer schlossartiger Bau am bewaldeten Kliffufer über dem Strand, die meisten Zimmer mit Seeblick. Im Sommer frühstückt man auf der Terrasse. Fahrradverleih.
Wodnik, ul. Nadmorska 10, Tel./Fax
8 66 15 42, www.wodnik.leba.pl, 86 Zimmer, moderat.
Komfortables Mittelklassehotel mit Sauna, Fahrradverleih und Reitstall, ca. 200 m vom Strand. Der Parkplatz wird bewacht.
Dwór/Zamek, Nowęcin 23, Tel. 8 66 16 15, ca. 15 Zimmer, moderat.
Neugotisches Schlösschen in Nowęcin (Neuhof) 2 km östlich von Łeba und nahe am Sarsen-See. Das angeschlossene Gestüt Senny bietet Kutschfahrten an. Auch Fahrradverleih ist möglich.
Gołabek, ul. Wybrzeże 10, Tel./Fax
8 66 29 45, 23 Zimmer, günstig.
Hotel an der Uferstraße im Zentrum der Stadt, angeschlossen ist ein »Relax«-Zentrum mit Sauna und Sonnenstudio.

Camping:
Łeba ist der Ort mit der größten Zahl guter Campingplätze: vier allein in der zum Strand führenden ul. Turystyczna!
Camping Eurocamp Nr. 21, ul. Turystyczna 3, Tel. 8 66 13 80, geöffnet Juni–Mitte Sept.
Über 200 teilweise schattige Stellplätze, nahe am Meer.
Camping Intercamp Nr. 84, ul. Turystyczna 10, Tel. 8 66 22 30, Fax 8 66 12 06, geöffnet Juni–Mitte Sept.
Mit 800 Stellplätzen die größte Anlage Łebas, gut geführt, doch leider ohne Schatten.

 Neptun, ul. Sosnowa 1, Tel.
8 66 23 31, moderat.
Leichte Küche im gleichnamigen Hotel, beim Essen hat man Ausblick aufs Meer.
Wodnik, ul. Nadmorksa 10, Tel. 8 66 19 60, moderat.
Fischrestaurant, das aufgrund seines hervorragend in Buttersoße zubereiteten Aals viele Stammkunden hat.
Ewa, Sasino 13, Tel. 6 76 33 39, moderat.
Preisgekröntes, beliebtes Familienrestaurant 15 km östlich von Łeba, erreichbar über eine bei Steknica abzweigende Piste. Gut schmecken die deftigen Suppen, als Hauptspeise Reh- und Lammbraten. Wer Fisch bevorzugt, bestellt gegrillten Lachs oder Forelle blau. Für Süßschnäbel ist der warme Apfelstrudel mit Sahne ein Muss. Besonders schön sitzt man im Obstgarten nahe einem plätschernden Bach.

 Radfahren: Eine speziell eingerichtete »Touristenstrecke« führt über Lębork nach Bytów.
Reiten: Pferde kann man im östlich gelegenen Gestüt von Nowęcin (Neuhof) mieten.
Schiffsausflüge: Schiffe der Weißen Flotte starten stündlich zu kleinen Rundfahrten auf dem offenen Meer.
Wandern: Eine attraktive Tour startet bei Rąbka (2 km westlich von Łeba) in die »polnische Sahara« (s. Tipp, S. 98).

 Bus/Zug: Beide Bahnhöfe befinden sich nahe der Kirche; mehrmals tägl. fahren Züge über Lębork nach Słupsk oder Gdynia, noch häufiger Busse.

Lębork (Lauenburg)

Lage: Vordere Umschlagkarte G7
Vorwahl: 0 59
Einwohner: 37 000

 Im Internet:
www.lebork.pl.

 Edwin, ul. 10 Marca 9, Tel./Fax
8 62 19 03, 20 Zimmer, günstig.

Funktionales Stadthotel, alle Zimmer mit Bad und Sat-TV.

 Radfahren: Eine speziell eingerichtete »Touristenstrecke« führt nordwärts nach Łeba und südwärts nach Bytów.
Wandern: Ein blau markierter Weg verbindet Lębork mit Jasień und Bytów.

 Bus/Zug: Die Stadt an der Europastraße Szczecin – Gdańsk ist ein Verkehrsknotenpunkt: mehrere Züge tägl. nach Łeba und Kartuzy, Eilzüge auch nach Słupsk und Gdańsk; für alle kleineren Orte ist der Bus vorzuziehen.

Lidzbark Warmiński (Heilsberg)

Lage: Hintere Umschlagkarte M6
Vorwahl: 0 89
Einwohner: 18 000

 Pizza Hotel, ul. Konstytucji 3 Maja 26, Tel. 7 67 52 59, 4 Zimmer, sehr preiswert.
Hotel in einem hübschen Bürgerhaus im Norden, alle Zimmer mit Sat-TV.
Pod Kłobukiem, ul. Olsztyńska 4, Tel. 7 67 32 92, 35 Zimmer, sehr preiswert.
Gepflegtes Hotel 2 km südwestlich des Zentrums an der Straße nach Olsztyn.

 Burg (Zamek), Di–So 10–16 Uhr.
Der Palast der ermländischen Bischöfe birgt ein Museum mit gotischen Skulpturen, orthodoxen Ikonen und moderner Kunst, im Kellergewölbe ist ein Café untergebracht.

 Bus: Die zentrale Haltestelle befindet sich 500 m nordwestlich des Hohen Tors. Verbindungen nach Olsztyn, Frombork und Gdańsk, via Reszel nach Święta Lipka und Kętrzyn.

Łowicz

Lage: Hintere Umschlagkarte L1
Vorwahl: 046
Einwohner: 32 000

 Touristeninformation (Centrum Informacji Turystycznej), Stary Rynek 3, Tel./Fax 8 37 32 69, Mo–Fr 8–16 Uhr.
Freundlich und hilfsbereit, Infos zu Hotels und sehenswerten Zielen in der Umgebung.

 Zacisze, ul. Kaliska 5, Tel. 8 37 62 44, günstig.
Zentral gelegenes Hotel, alle Zimmer mit Bad und dazu das beste Restaurant der Stadt.

 Regionalmuseum (Muzeum Łowickie), Stary Rynek 4, Di–So 10–16 Uhr.
Łowicz-Folklore in einem barocken Palais.

 Fronleichnamsfest (Mai): Bei der großen Prozession werden die traditionellen Trachten getragen.

 Bus/Zug: Bahnhof und Busstation befinden sich 600 m östlich des Rynek. Mit Bus und Zug kommt man leicht nach Warschau und Łódź, nur mit dem Bus nach Arkadia und Nieborów.

Malbork (Marienburg)

Lage: Hintere Umschlagkarte J/K6
Vorwahl: 0 55
Einwohner: 42 000

 Im Internet:
www.malbork.com/pmaltur.

 Zamek, ul. Starościńska 14, Tel. 2 72 84 00, Fax 2 72 33 67, 42 Zimmer, günstig.
Stilvolles Mittelklassehotel im ehemaligen Wirtschaftsgebäude und der Laurentiuskapelle der Marienburg. Ausblick durch

kleine, an klösterliche Klausen erinnernde Fenster.
Zbyszko, ul. Kościuszki 43, Tel. 2 72 26 40, Fax 2 72 33 94, sehr preiswert.
Einfache Zimmer in einem renovierten Haus im Stadtzentrum, nicht berauschend, aber sauber.

Jugendherberge, ul. Żeromskiego 45, Tel. 2 72 24 08, 56 Betten, ganzjährig geöffnet.
Einige Doppelzimmer, aber vorwiegend Säle für 8–12 Personen.

Camping Malbork Nr. 197, ul. Portowa 3, Tel. 2 72 24 13, Fax 2 72 30 12, geöffnet Juni–Aug.
Zeltplatz auf dem Gelände des nördlich gelegenen Sportzentrums mit 80 Stellplätzen, auch kleine Bungalows werden vermietet.

 Zamkowa, ul. Starościńska 14, Tel. 2 32 27 38, moderat.
Bestes Restaurant der Stadt, angeschlossen ans Burghotel. Zwar wird es mittags regelmäßig von Reisegruppen belagert, doch mit etwas Glück findet auch der Individualtourist ein freies Plätzchen. Sehr zu empfehlen sind die Suppen, darunter Pilz-, saure Roggenmehl- und ungarische Bogracz-Suppe, danach gefüllte Rouladen oder Geflügelmedaillons.
Zbyszko, ul. Kościuszki 43, Tel. 2 72 26 40, günstig.
Polnische Hausmannskost, schmackhaft zubereitet.

 Burg (Zamek), ul. Starościńska 1, Kartenvorbestellung Tel./Fax 2 72 26 77, www.zamek.malbork.com.pl, tägl. 9–17 Uhr, im Winter 9–15 Uhr, montags bleiben die Innenräume geschl.
Die größte Burg der Ordensritter wurde von der UNESCO ins Weltkulturerbe aufgenommen. Die dreistündige Besichtigung (inkl. Skulpturengalerie in der Hochburg und Bernsteinausstellung in der Mittelburg) ist nur im Rahmen einer englisch- oder deutschsprachigen Führung möglich.

 Ton- und Lichtschau: Die beliebte Veranstaltung im geheimnisvoll beleuchteten Innenhof der Mittelburg findet nur im Sommer statt und beginnt bei Einbruch der Dunkelheit.

Burgfestspiele (Juli/Aug.): Ritterturniere und Folkloreabende in historischen Kostümen.

Bus/Zug: Bahnhof und Busterminal liegen 1 km von der Marienburg entfernt, gute Verbindungen nach Gdańsk und Warszawa, Toruń, Elbląg und Olsztyn.
Auto: Malbork liegt 54 km von Gdańsk am Schnittpunkt der Straßen Starogard Gdański – Elbląg und Kwidzyn – Nowy Dwór; im Vorhof der Niederburg befindet sich ein großer bewachter Parkplatz.

Międzyzdroje (Misdroy)

Lage: Vordere Umschlagkarte B6
Vorwahl: 0 91
Einwohner: 6000

Touristeninformation (PTTK), ul. Kolejowa 2, Tel. 3 28 03 82, Fax 3 28 00 86, www.miedzyzdroje.net.pl, tägl. 8–20 Uhr.

 Für die internationalen Gäste gibt es ein sehr gutes Übernachtungsangebot – von der Pension bis zum modernen Viersternehotel. Daneben existieren noch zahlreiche Ferienheime aus sozialistischer Zeit, die schrittweise restauriert werden. Preiswerte Privatzimmer werden über Reisebüros vermittelt, z. B. über Viking Tour (ul. Gryfa Pomorskiego 44, Tel. 3 28 07 68).
Amber Baltic, Promenada Gwiazd 1, Tel. 3 28 08 00, Fax 3 28 10 22, www.hotel-amber-baltic.pl, 190 Zimmer u. Suiten, teuer.
Komforthotel der Kette Vienna International direkt am Strand. Die meisten Zimmer bieten Meerblick, sind sehr gemütlich und ausgestattet mit Fön, Bademantel und Sat-TV. Zum Frühstück bedient man sich am

umfangreichen Büfett, abends speist man à la carte. Zum Haus gehören ein »Wiener Café« und mehrere Restaurants, eine »Schönheitsfarm«, eine Bowling-Bahn und ein Swimmingpool sowie ein Hallenbad mit Sauna und Fitnessbereich. Ganzjährig werden Fahrräder, im Sommer auch Surfbretter ausgeliehen. Der Parkplatz ist bewacht. Zum Hotel gehört ein 18-Loch-Golfplatz im 9 km entfernten Kołczewo im Osten der Insel Wolin.
Marina, ul. Gryfa Pomorskiego 1, Tel. 3 28 04 49, Fax 3 28 23 82, www.miedzyzdroje.to.jest.to/marina, 35 Zimmer, moderat.
Elegantes Hotel im Ortszentrum, engagiert geführt vom Ex-Bürgermeister Stanisław Sapała und seiner Frau Ewa. Schon in der Eingangshalle mit rund geschwungener Rezeption, Muschel- und Dünenmotiven fühlt man sich wohl. Die Zimmer sind geräumig und mit Sat-TV komfortabel eingerichtet, am besten wählt man eines, das von der Straße abgewandt ist. Zum Frühstück bedient man sich am Büfett.
Nautilus, Promenada Gwiazd 8, Tel./Fax 3 28 09 99, 15 Zimmer, moderat.
Gepflegtes Hotel in einer restaurierten Strandvilla von 1913 gegenüber vom Amber Baltic. Die Zimmer sind eingerichtet mit Küchenzeile und Sat-TV, einige haben Balkon oder Wintergarten. Die deutschen Besitzer Silke und Jörg Krüger bieten im zugehörigen Restaurant polnische Hausmannskost. Eigener Parkplatz.
Aurora, ul. Bohaterów Warszawy 17, Tel./Fax 3 28 12 48, aurora@dragon.com.pl, 14 Zimmer u. 4 Apartments, günstig.
Renoviertes Hotel in einer alten Villa an der Promenade vis à vis der Mole. Blick aufs Meer bieten nur die Räume in der obersten Etage.
Orion, ul. Kopernika 5, 3 28 06 36, 8 Zimmer, moderat.
Verspielte Fin-de-Siècle-Villa mit zwei Türmen und Balkonen. Funktionale, mit Sat-TV ausgestattete Zimmer.
Wolin, Centrum Szkoleniowo-Wypoczynkowe, Nowomyślivska 32, Tel./Fax 3 28 09 57, www.hotelwolin.pl, 68 Zimmer, günstig.

Alle Zimmer mit Sat-TV, dazu Fitnessbereich und Sauna, Fahrradverleih und bewachter Parkplatz.
Gästehaus PTTK, ul. Kolejowa 2, Tel. 3 28 04 62, Fax 3 28 00 86, 10 Zimmer, sehr preiswert.
Vom Einzel- bzw. Doppelzimmer mit Bad bis zum Vierbettzimmer mit sanitären Anlagen auf dem Flur: Nirgendwo im Ort übernachtet man preiswerter. Zentral gelegen, freundlich geführt und mit Café. Eine Dependance des Hauses befindet sich in der ul. Dąbrówki 11.
Im Wolliner Nationalpark:
Grodno, Grodno, Tel. 3 28 07 55, Fax 3 28 00 65, günstig.
Anlage mitten im Nationalpark, noch vor gar nicht langer Zeit Elite-Unterkunft der polnischen sozialistischen Regierung. »Ausflugsheim der Präsidentschaftskanzlei des Ministerrats« – so lautet der offizielle Name, von Gierek bis Jaruzelski waren hier alle Präsidenten Polens zu Gast. Die Unterkunft liegt in einem Waldstück nahe dem sternförmigen Grodno-See; Fahrrad- und Bootsverleih, Tennis und Fitnessbereich sind im Preis inbegriffen. Die Apartments verteilen sich auf eine Villa und mehrere Nebenhäuschen, alle verfügen über ein bzw. zwei Schlafzimmer, Wohnraum, Küche, Bad und Terrasse. In der Einrichtung wurde kein Zugeständnis an den Zeitgeist gemacht, alles ist in hellem Kiefernholz im Stil der 70er Jahre möbliert. Wer hier Urlaub macht, bucht die preiswerte Vollpension: das gleiche Menü für alle in einem kantinenartigen Speisesaal.

Camping Nr. 24, ul. Polna 10, Tel. 3 28 02 75, geöffnet Mai–Sept.
3 ha großer, sandiger Wiesenplatz 500 m südwestlich vom Ortskern mit bescheidener sanitärer Ausstattung.

Marina, ul. Gryfa Pomorskiego 1, Tel. 3 28 04 49, moderat.
Traditionsreiches Restaurant im Ortszentrum, Spezialität ist Zander *(sandacz)*. Der Fisch wird in vier Varianten serviert: »beschwipst« in Weinbrand gegart, »polnisch« mit Sahnesoße, »provençalisch« mit Weißwein und »sautiert«. Wer Fleisch

bevorzugt, greift zum Madagaskarfilet mit Pfifferlingen. Preiswerter sind Pizza und Pasta sowie die deftige Gulaschsuppe.
Wiener Café, Promenada Gwiazd 1, tägl. 10–22 Uhr, günstig.
Gemütliches Café im Hotel Amber Baltic mit moderner Kunst an der Wand und nostalgischem Mobiliar. Zu den Spezialitäten gehören Amber-Torte mit Nuss und warmer Apfelstrudel mit Vanille. Im Sommer mit Außenterrasse.

Museum des Wolliner Nationalparks (Muzeum Przyrodnicze Wolińskiego Parku Narodowego), ul. Niepodległości 3, Di–So 9–15 Uhr.
Ausgestopfte Tiere, eine Ausstellung zum Thema Wolf und eine ganze Reihe geologischer Exponate. Am schönsten ist das Seeadlerpärchen im Garten des Naturkundemuseums.
Wachsfigurenkabinett (Gabinet Figur Woskowych), ul. Bohaterów Warszawy s/n, tägl. 11–20 Uhr.
Im Wachsfigurenkabinett (gegenüber dem Anfiteatr) werden neben Stars polnischer Kultfilme auch Helden der Weltgeschichte vorgeführt, darunter Einstein, Kleopatra und Sokrates.

 Golf-Pub, ul. Bohaterów Warszawy 17, tägl. 18–2 Uhr.
Gemütlicher Pub im englischen Stil, mal klassische Musik, mal Sport vom Fernseher. Der schwedische Besitzer Hans Borg sorgt dafür, dass stets eine Palette skandinavischer Mineralwasser auf Lager ist.

 Shows und Konzerte: Das Hotel Amber Baltic bietet an mehreren Abenden der Woche ein Unterhaltungsprogramm.

 Internationales Chorfestival (Juni): Seit 1966 werden im schmucken Konzertsaal des Kulturhauses unter Leitung von Jan Szerocki klassische Chorwerke aufgeführt.

 Golf: Golf Amber Baltic, ul. Bałtycka 13, Tel. 3 26 51 10. Vom Hotel Amber Baltic fährt ein Shuttle-Bus zum 12 km östlich gelegenen Kołczewo, wo auf der 18-Loch-Anlage am Rande des Nationalparks schon viele internationale Turniere veranstaltet wurden. Wer einmal ausprobieren möchte, ob ihm der Sport gefällt, kann einen Schnupperkurs belegen. Die nötige Ausrüstung wird kostenlos zur Verfügung gestellt. Angeschlossen sind ein Golfladen und eine Bar mit aussichtsreicher Terrasse.
Radfahren: 44 km markierte Pisten führen durch den Wolliner Nationalpark. Drahtesel sind ausleihbar im Hotel Amber Baltic.
Tennis: Die Plätze 100 m östlich vom Hotel gehören zum Amber Baltic, werden aber in der Regel auch an andere Gäste vermietet.
Wandern: Der Wolliner Nationalpark beginnt am östlichen Ortsrand. Drei markierte Wege machen mit den schönsten Teilen der Insel vertraut (s. Tipp, S. 72f.).
Wassersport: Im Sommer wird am Strand die Ausrüstung für Wasserski, Skijet und Windsurfing verliehen.

 Bus: Busse steuern die Orte entlang der Ostseeküste an, im Sommer fahren sie auch nach Kamien Pomorski; die zentrale Haltestelle befindet sich gegenüber vom Naturkundemuseum an der ul. Niepodległości.
Zug: Der Bahnhof befindet sich am Südende der Stadt, gute Verbindungen nach Szczecin und Świnoujście.

Mielno (Groß Möllen)

Lage: Vordere Umschlagkarte E7
Vorwahl: 0 94
Einwohner: 5000

 Im Internet:
www.mielno.pl.

 Meduza, ul. Nadrzeżna 2, Tel. 3 18 99 66, 16 Zimmer, moderat.
Direkt am Meer: attraktives kleines Komforthotel mit behaglichen Zimmern. Das zugehörige Restaurant gilt als bestes vor Ort (s. u.).

Madeleine, ul. Lechitów 21a, Tel./Fax 3 18 99 24, 8 Zimmer, moderat.
Kleines, feines Hotel 300 m vom Jamno-See. Gemütliche Zimmer mit Sat-TV, Minibar, Safe, sehr geräumigem Bad und Terrasse; der Besitzer hat sein halbes Leben in Belgien verbracht und spricht französisch. Bedeutend günstiger in der Nebensaison.

Przy Kominku, ul. Północna 1, Tel. 3 18 91 34, www.ta.pl/kominek, 9 Zimmer, günstig.
Attraktives Gästehaus mit Sauna und Tennis, 5 Minuten vom Strand. Im Restaurant mit Kamin wird deftige polnische Kost serviert.

 Meduza, ul. Nadrzeżna 2, Tel. 3 18 99 66, moderat.
Leckere Lachsgerichte, Lendenfilet und Steak in Pfeffersoße. Von der Terrasse im Obergeschoss hat man einen schönen Meerblick.

 Bus: Gute Verbindungen nach Koszalin.

Mierzeja Helska (Halbinsel Hel)

Lage: Vordere Umschlagkarte J8
Vorwahl: 0 58
Einwohner: 5000

 Im Internet:
www.hel.com.pl

 Bryza, ul. Świętopełka 1, Jurata, Tel. 6 75 23 43, Fax 6 75 24 26, 64 Zimmer u. Apartments, teuer.
Komforthotel in Dünenlandschaft mit Frei- und Hallenbad, Tennisplätzen und einer attraktiven Terrasse direkt über dem Strand. Von den Zimmern blickt man auf Kiefernwald, von den Apartments aufs Meer. Treffpunkt der polnischen Schickeria.

Morskie Oko, ul. Wojska Polskiego 37, Jurata, Tel. 6 75 21 93, Fax 6 75 33 20, 60 Zimmer, moderat.
Neues Komforthotel mit Sauna und Whirlpool.

U Maćka, ul. Wiejska 82, Hel, Tel. 6 75 06 40, 8 Zimmer u. Apartments, günstig.
Kleines Hotel mit weithin bekanntem Fischlokal (s. u.).

Camping Nowa Maszoperia Nr. 75, ul. Mickiewicza, Jastarnia, Tel. 6 75 23 48, geöffnet Mitte Mai–Mitte Sept.
3 ha große, teils schattige Anlage mit 300 Stellplätzen, beliebt bei Surfern.

 Smażalnia Bałtyk, ul. Polna 1, Jastarnia, Tel. 6 75 23 72, günstig.
»Baltische Bratstube«: Seit Jahrzehnten wird hier frischer, deftiger Fisch serviert.

Maszoperia, ul. Wiejska 110, Hel, Tel. 6 75 02 97, günstig.
Der Name erinnert an die kaschubischen Fischerbünde, deren Mitglieder gemeinsam auf Lachs- und Aalfang gingen. Das Restaurant ist in zwei Katen untergebracht, es gibt in Bierteig gebratenen Dorsch à la Hel, warmen und frisch geräucherten Aal sowie Hering mit Pellkartoffeln.

U Maćka, ul. Wiejska 82, Hel, Tel. 6 75 06 40, günstig.
Dunkle, mit Fischerei- und Schiffsgerät geschmückte Taverne. Polnische Hausmannskost, vor allem schmackhafte Fischgerichte und Meeresfrüchte; an kühlen Abenden trinkt man vorzüglichen hausgemachten Met.

Leuchtturm (Latarnia Morska), ul. Bałtycka 3, Hel, Di–So 10–16 Uhr.
41 m hoher Leuchtturm mit schönem Panorama.

Fischereimuseum (Muzeum Rybołówstwa), ul. Bulwar Nadmorski 2, Hel, Di–So 10–16 Uhr.
Aufgebockte Boote und Fischereigerät geben einen Einblick in den Arbeitsalltag der Fischer.

Prozession der Fischer (Juni): Meist am Mittag des 29. Juni starten Fischer von Kuźnica zu einer Bootsprozession in Richtung Puck. Abends gibt es ein großes Fest im Hafen von Kuźnica.

Folklore der Nordvölker (Mitte Aug.): Festival in Hel mit vielen Ensembles aus Skandinavien.

 Schiffsausflüge: Im Sommer starten in Jastarnia Schiffe der Weißen Flotte zu einer Hafenrundfahrt, von Hel fahren sie nach Gdańsk, Sopot und Gdynia.

Wandern: Von Jurata kommt man auf der blauen Wanderroute über Władysławowo nach Krokowa (Gesamtlänge: 54 km).

 Bus/Zug: Alle Orte der Halbinsel sind mit Bus und Zug erreichbar.

Mikołajki (Nikolaiken)

Lage: Hintere Umschlagkarte N/O6
Vorwahl: 0 87
Einwohner: 3800

Touristeninformation, pl. Wolności 3, Tel. 4 21 68 50, www.mikolajki.com.pl., tägl. 9–18 Uhr (Juni–Aug.).
Infos zu Schiffsausflügen, Bus- und Bahnverbindungen sowie Vermittlung von Privatzimmern.

 Gołębiewski, ul. Mrągowska 34, Tel. 4 29 07 00, Fax 4 29 07 44, www.golebiewski.pl, 590 Zimmer, moderat.
Ein mit über tausend Betten überdimensionierter Hotelkasten am westlichen Ortsausgang. Weder außen noch innen passt er nach Masuren, doch bietet er allerlei Annehmlichkeiten für den komfortgewohnten Gast. Dazu zählen ein großes Erlebnisbad mit Sauna, Fitnessbereich und Solarium, Rad- und Bootsverleih, Squash- und Tennisplätze, ein Reitstall, eine eigene Schiffsanlegestelle, Ballon- und Hubschrauberflüge, für Kinder ein Miniklub, im Winter Fahrten im Pferdeschlitten.

Amax, al. Spacerowa 7, Tel. 4 21 90 00, Fax 4 21 90 14, www.hotel-amax.pl, 24 Zimmer, moderat.
Schönste Unterkunft der Stadt direkt am Nordufer des Mikołajki-Sees, 1,5 km vom Stadtzentrum. Außen im Villenstil, innen mit Teppichen, englischen Stoffen und Stilmöbeln nach Art eines eleganten Jagdpalais gestaltet. Die Zimmer sind sehr gemütlich, teilweise bieten sie einen Blick auf den See und die Silhouette von Mikołajki. Ideal für Familien sind die 6 benachbarten Bungalows mit eigener Küche. Zum Haus gehört ein kleines Hallenbad, Sauna, Fitnessbereich und Fahrradverleih. Mit üppigem Frühstücksbüfett und masurischem Restaurant.

Mazur, pl. Wolności 6, Tel. 4 21 69 41, Fax 4 21 69 43, 32 Zimmer, günstig.
Hotel im ehemaligen Rathaus am Marktplatz. Die Zimmer sind mit hellen Holzmöbeln und Sat-TV ausgestattet, zur Seitenstraße hin sind sie leiser.

Wałkuski, ul. 3 Maja 13-A, Tel./Fax 4 21 66 28, 28 Zimmer, günstig.
Das zentral gelegene Haus wirkt zur Hauptstraße hin schäbig, zur Seeseite gepflegt mit tief herabgezogenem Satteldach und blumengeschmückten Balkonen. Die Zimmer sind freundlich und hell, einige bieten Seeblick.

Mikołajki, ul. Kajki 18, Tel. 4 21 64 37, Fax 4 21 68 75, 10 Zimmer, günstig.
Für alle, die behaglich und doch vergleichsweise preiswert Urlaub machen wollen, bleibt dies die beste Adresse: eine freundlich geführte Familienpension direkt am See, nur ein paar Gehminuten vom Marktplatz. Fast alle Zimmer bieten Balkon und Seeblick, sind geräumig und behaglich. Mit Fahrrad- und Bootsverleih sowie umzäuntem Parkplatz; im Restaurant werden üppige Portionen polnischer Hausmannskost aufgetischt. Herr Dziak, der Besitzer, spricht englisch und deutsch.

Na Skarpie, ul. Kajki 96, Tel./Fax 4 21 64 18, 37 Zimmer, günstig.
Pension »auf der Uferböschung«, 700 m vom Stadtzentrum. Die meisten Zimmer verfügen über Sat-TV, Balkon und Seeblick. Auf Wunsch mit Halbpension.

Król Sielaw, ul. Kajki 5, Tel. 4 21 63 23, Fax 4 21 68 75, 6 Zimmer, günstig.
Gästezimmer oberhalb des gleichnamigen Restaurants (s. u.) im Ortszentrum. Die Zimmer sind funktional, sauber und haben ein Bad.

Wodnik, ul. Kajki 130, Tel. 42 16 21 41, 12 Zimmer, günstig.
Pension in einem Bauernhof am Ostrand der Stadt. Mit Rad- und Bootsverleih.
Kino Quick Wojtek, pl. Wolności 10, Tel. 4 21 61 60, 4 Zimmer, günstig.
Oberhalb des gleichnamigen Cafés am Marktplatz (im ehemaligen Kino) werden Zimmer mit Bad und Frühstück vermietet.
Parafia Ewangelicka–Augsburgska, Św. Trójci, pl. Kościelny 5, Tel. 4 21 68 11, Fax 4 21 66 64, 24 Zimmer, günstig.
Gästehaus der evangelischen Gemeinde am Mikołajki-See mit freundlich-ruhigen Zimmern.

Camping Wagabunda, ul. Leśna 2, Tel. 4 21 60 18, Fax 4 21 60 22, geöffnet Juni–Sept.
Großer Platz ca. 2 km vom Zentrum, auf einer Wiese hoch über dem See (aber ohne direkten Zugang). Mit 300 Stellplätzen.

Król Sielaw, ul. Kajki 5, Tel. 4 21 63 23, moderat.
Traditionsreiches, mit Holzbänken und -tischen rustikal eingerichtetes Restaurant nahe dem Marktplatz. Leckere Fischgerichte, im Herbst auch viel Wild. Die preiswerte Pizzeria im Souterrain wird von der gleichen Küche »bedient«.
Mazur, pl. Wolności 6, Tel. 4 21 69 41, moderat.
Das stilvolle, mit Eichenholz vertäfelte Restaurant liegt direkt am Marktplatz und bietet masurische Kost mit viel Fisch. Im Kellergewölbe befindet sich ein Pub.

Tage von Mikołajki (Ende Juni): Stadtfest am letzten Wochenende des Monats mit der Versenkung des »Stinthengsts«, einer großen Regatta und viel Musik.
Shanty-Festival (Aug.): Im Amphitheater am Seeufer ertönen alte und neue Seemannslieder.

Bootsverleih: Im »Seglerdorf« am Hafen (Wioska Żeglarska) mietet man Kanus, Tret- und Ruderboote.

Reiten: Pferde kann man bei Anna und Waldemar Szyszkowscy ausleihen (ul. Mrągowska 34, Tel. 4 21 65 17).
Schiffsausflüge: Von der Anlegestelle an der Fußgängerbrücke starten Mitte April– Okt., tägl. 10 Uhr, Schiffe zu Trips aufs »masurische Meer«, nach Ruciane-Nida, Giżycko, Ryn und Węgorzewo.

Bus: Der Terminal liegt zentral neben der evangelischen Kirche. Stündliche Verbindungen via Mrągowo nach Olsztyn und Kętrzyn; mehrmals tägl. nach Giżycko und Suwałki.
Zug: Der Bahnhof befindet sich 1 km vom Zentrum und bietet jeden Tag etwa 3 Verbindungen nach Ełk und Olsztyn.

Miłki (Milken)

Lage: Hintere Umschlagkarte O6
Vorwahl: 0 87
Einwohner: 650

Teresa, Marcinowa Wola 1, Tel. 4 21 10 97 oder 4 21 10 98, in Deutschland buchbar über Lothar und Gisela Kozian, Haunerfeldstr. 101, 45891 Gelsenkirchen, Tel. 02 09/7 26 20, Fax 02 09/77 77 98, pension.teresa@ t-online.de, 7 Zimmer, 3 Apartments, moderat.
Die komfortable Pension zählt zu den schönsten Unterkünften Masurens. Sie liegt am Ufer des Buwełno-Sees und wird von einem deutsch-polnischen Gespann freundlich-familiär geleitet. Die Zimmer sind mit Kirschholzmöbeln, Sat-TV, Fön und Safe eingerichtet und verfügen in der Regel über Balkon und Seeblick. Das opulente Büfettfrühstück wird im Sommer auf der Terrasse eingenommen, sehr gut ist das angeschlossene Fischrestaurant. Hinzu kommen Sauna, Fahrrad- und Bootsverleih, Garagen und ein bewachter Parkplatz. Gegen Aufpreis werden Gäste vom Bahnhof bzw. Flughafen abgeholt, auf Wunsch kommt ein Masseur ins Haus. Gutes Preis-Leistungs-Verhältnis.
Stara Kuźnia, Przykop 1, Tel./Fax 4 21 10 86, günstig.

4 einfache Zimmer mit Bad, auf Wunsch mit Frühstück in der 50 m entfernten Dorfschenke. Mit eigener Bootsanlegestelle und angeschlossenem Gestüt.

Karczma Stara Kuźnia, Przykop 1, Tel. 4 21 10 86, tägl. ab 13 Uhr (Mai–Sept.), moderat.
Traditionsreiches Lokal in einer historischen Schmiede *(Kuźnia)*, engagiert geführt von Marta und Stanisław. Lecker schmeckt die herzhafte Landküche: *Żurek* (Sauerrahmsuppe), der in einem ausgehöhlten Brotlaib serviert wird, Rippchen in süßsaurer Pflaumen-Knoblauch-Soße und Fleischspieß vom offenen Feuer. Auch ein paar Exoten stehen auf der Karte: *Giewucz,* bulgarisches Hammelfleisch, und *Halaszlé,* eine höllisch scharfe ungarische Fischsuppe. Süßschnäbel lassen sich zum Abschluss ein Stück vom litauischen Baumkuchen abschneiden.

Bus: Verbindungen nach Orzysz und Giżycko.
Auto: Przykop und Marcinowa Wola sind nur mit dem Auto erreichbar.

Morąg (Mohrungen)

Lage: Hintere Umschlagkarte L6
Vorwahl: 0 55
Einwohner: 14 000

Im Internet:
www.morag.pl.

Morąg, ul. Żeromskiego 36, Tel. 7 57 42 12, Fax 7 57 26 68, ca. 30 Zimmer, günstig.
Hotel am Stadtrand mit funktionellen, sauberen Zimmern.

Dohna-Schlösschen (Pałac Dohnów), ul. Dąbrowskiego 54, Di–So 9–16 Uhr.
Filiale des Ermländisch-masurischen Museums mit einer Ausstellung zu Leben und Werk von Johann Gottfried Herder sowie Gemälden niederländischer Meister.

Bus/Zug: Gute Verbindungen nach Gdańsk, Malbork und Olsztyn.

Mrągowo (Sensburg)

Lage: Hintere Umschlagkarte N6
Vorwahl: 0 89
Einwohner: 15 000

Touristeninformation (MAT), ul. Ratuszowa 5, Tel./Fax 7 41 81 51, www.mragowo.um.gov.pl., Mo–Fr 9–16 Uhr, im Juli/Aug. bis 17 Uhr sowie auch Sa 10–14 Uhr.
Freundliches Reisebüro, kostenloser Stadtplan, Vermittlung von Privatzimmern.

Die meisten Unterkünfte liegen an der Ostseite des Czos-Sees und sind vom Zentrum zu Fuß über eine Uferpromenade erreichbar. Der beste Campingplatz befindet sich 12 km südlich in Piecki.
Hotel Mrongovia, ul. Giżycka 6, Tel. 7 41 32 21, Fax 7 41 32 20, www.orbis.pl, 254 Zimmer u. 10 Bungalows, moderat.
Auf einer Anhöhe am Czos-See weitläufig angelegtes, vor allem bei Busgruppen beliebtes Komforthotel. Mit eleganter Einkaufshalle, Hallenbad, Tennis- und Squashcourts, Wellness Center, Reitstall und Fahrradverleih.
Panoramic, ul. Jaszczurcza Góra 16, Tel./Fax 7 41 39 70, 77 Zimmer, günstig.
Architektonisch attraktiv gestaltetes Hotel am Ufer des Czos-Sees; fast alle Zimmer verfügen über Seeblick. Fahrrad-, Boots- und Surfbrettverleih.
Eva, ul. Jaszczurcza Góra 28, Tel. 7 41 31 16, Fax 7 41 31 16, 46 Zimmer, günstig.
Etwas preiswerter als das Panoramic ist dieses benachbarte Familienhotel. Die Zimmer sind funktional und verfügen über Sat-TV und Balkon, über das Flachdach des Restaurants blickt man auf den See.

Camping Nr. 269, ul. Zwycięstwa 48-60, Piecki, Tel. 7 42 10 25, geöffnet Juni–Sept.
Großer Wald- und Wiesenplatz am Wągiel-See, 2 km nördlich von Piecki. 80 Stell-

plätze und 10 Campinghäuschen, gute sanitäre Einrichtungen und ein schilfgesäumter Badestrand.

 Stara Chata, ul. Warszawska 9-B, Tel. 7 41 45 02, moderat.
»Alte Hütte« im Herzen der Stadt: hübsch gestaltet mit offenem Dachstuhl, schweren Holzbalken und viel Naturstein. Dazu passend masurische Gerichte wie Maronen in Sahnesoße, Eisbein in Biersoße, Forelle vom Grill oder hausgemachte Wildpastete mit Wacholderbeeren.

 Masurisch-Ermländisches Museum (Muzeum Warmii i Mazur), ul. Ratuszowa 5, Di–So 9–17 Uhr. Im alten Rathaus werden Bauernmöbel und Kunsthandwerk ausgestellt, zuweilen gibt es interessante Kunstausstellungen. Im Fachwerkanbau erfährt man Interessantes zu Leben und Werk von Ernst Wiechert.

 Country Picknick Festival (Juli): Countrymusik mit vielen in- und ausländischen Solisten rund ums Amphitheater und in den Straßen der Stadt.
Festspiele der Grenzkultur (Aug.): Folklore, Tanz und Speisen aus Polens verlorenen Ostgebieten.

 Wassersport: Geräte sind am Hotel Mrongovia (s. o.) ausleihbar.

 Bus/Zug: Beide Bahnhöfe liegen südlich vom Zentrum, gute Zugverbindungen nur nach Olsztyn und Ełk. Busverbindungen gibt es in alle größeren Orte der Region, u. a. auch nach Giżycko, Kętrzyn und Szczytno.

Narew-Nationalpark (Narwiański Park Narodowy)

Lage: Hintere Umschlagkarte Q4
Vorwahl: 0 86

 Marshland Tourist Center, Waniewo 11, Tel./Fax 4 76 47 80, 16 Zimmer, sehr preiswert.
Kleine Pension, engagiert geführt von Eugeniusz Sokół, der auch deutsch spricht. Alle Zimmer mit Bad, Vollpension ist obligatorisch. Aufgetischt wird gute Hausmannskost, vieles kommt vom eigenen Hof. Mit Fahrradverleih.

 Bootsfahrten & Birdwatching: Das Marshland Tourist Center bietet zweistündige oder ganztägige Fahrten im Stocherkahn an. Jeweils zwei Personen werden von einem Führer durch ein Labyrinth von Seen und Flussläufen geleitet.

 Bus: 2-3 Busse tägl. fahren von Białystok ins südwestlich gelegene Łupianka; von der Haltestelle Waniewo muss man 1 km ins Dorf laufen.

Nieborów

Lage: Hintere Umschlagkarte L1
(in der Nähe von Łowicz)
Vorwahl: 0 46
Einwohner: 1000

 Pałac Radziwiłłów, Tel. 8 38 56 35, 16 Zimmer, günstig.
Einfache Unterkünfte im Wirtschaftsgebäude des Schlosses.

Camping Nieborów Nr. 77, Tel. 8 38 56 92, geöffnet Juni–Aug. 1 km westlich des Schlossparks und umgeben von Wald, 20 Campinghäuschen für je 3 Personen.

 Schlossmuseum (Muzeum v Nieborowie), Di–So 10–18 Uhr. Original eingerichtete Residenz einer Magnatenfamilie.

 Bus/Zug: Etwa stündlich gibt es Verbindungen von Warszawa nach Łowicz, dort umsteigen in den Bus Richtung Skierniewice (6 x tägl.); dieser hält erst in Arkadia, dann in Nieborów.

Oliwa (Oliva)

Lage: Vordere Umschlagkarte J7
Vorwahl: 0 58
Einwohner: 22 500

 Im Internet:
www.oliwa.pl.

Posejdon, ul. Kapliczna 30, Tel. 5 53 18 03, Fax 5 53 02 28, 145 Zimmer, moderat.
Beliebtes Ferienhotel im Ortsteil Jelitkowo östlich von Oliwa, sämtliche Zimmer mit Sat-TV, einige mit Blick aufs Meer, andere mit Blick auf den Wald. Zum Hotel gehören Hallenbad, Sauna und Solarium, der Parkplatz ist bewacht.

Jugendherberge Nr. 4, ul. Grunwaldzka 244, Tel. 3 41 41 08, 45 Zimmer, ganzjährig geöffnet.
Angeschlossen an den Sportkomplex von Oliwa. Alle Zimmer für 4 Personen, ausgestattet mit Doppelstockbetten und Waschbecken; Bad und Toiletten werden gemeinsam benutzt.

Camping Nr. 18, ul. Jelitkowska 23, Tel. 5 53 27 31, geöffnet Mai–Sept.
Im Ortsteil Jelitkowo, nahe am Strand: 120 Stellplätze, auf Wunsch kann man sich auch in Campinghäuschen einmieten.

Abteispeicher (Spichlerz Opacki), ul. Opacka 12, Di–So 10–16 Uhr.
Im hier untergebrachten **Ethnografischen Museum** (Muzeum Etnografii) werden Kunst und Kultur der Kaschuben vorgestellt.
Kathedrale und Kloster (Katedra & Klasztor), ul. Cystersów 15–16, Di–So 10–16 Uhr.
Gotische Kirche mit barockem Interieur, darunter eine klanggewaltige Orgel. Das im Kloster verborgene **Diözesanmuseum** (Muzeum Diecezjalne) zeigt Sakralkunst und kostbare Messgewänder.
Palast der Äbte (Pałac Opacki), ul. Cystersów 13, Di–So 10–16 Uhr. Im Palast befindet sich auch die **Galerie moderner Kunst** (Galeria Sztuki Wspólczesnej), die wechselnde Ausstellungen etablierter zeitgenössischer Kunst zeigt.

 Konzerte: Im Sommer kann man zur Mittagszeit im Stadtpark (Park Oliwski) kostenlosen Konzerten des preisgekrönten Ensembles Schola Cantorum Gedanensis lauschen.

 Internationales Festival der Orgelmusik (Juli/Aug.): Konzerte in der Kathedrale von Oliwa, in der Regel Di u. Fr 20 Uhr.

 Zoo (Ogród zoologiczny), ul. Karwieńska 3, tägl. 9–19 Uhr, im Winter bis 14 Uhr. Über 600 exotische Tiere in weitläufigen, artgerechten Gehegen, darunter Elefanten, Löwen und Himalaja-Bären. Auf Wunsch Fahrt per Kutsche oder Bimmelbahn.

 Zug: Der Nahverkehrszug *(kolejka)* fährt alle 10-20 Min. südwärts via Wrzeszcz zum Danziger Hauptbahnhof, nordwärts über Sopot nach Gdynia.
Straßenbahn: Die Linien 6 und 12 verbinden Oliwa mit der Danziger Altstadt.

Olsztyn (Allenstein)

Lage: Hintere Umschlagkarte M5
Stadtplan: S. 163
Vorwahl: 0 89
Einwohner: 180 000

 Touristeninformation, ul. Staromiejska 1, Tel./Fax 5 35 35 65, Fax 5 35 35 66, www.up.gov.pl.

Park, ul. Warszawska 119, Tel. 5 23 66 04, Fax 5 27 76 84, 100 Zimmer, teuer.
Komforthotel 3 km vom Zentrum an der Straße nach Warszawa im ruhigen Wohn- und Erholungsviertel Kortowo. Alle Zimmer mit Klimaanlage und Sat-TV, einige behindertengerecht. Mit Business- und Kongresszentrum, Fitnessraum, Tennisplatz, Auto-, Fahrrad- und Bootsverleih. Nahebei ein Reitstall.

Polsko-Niemieckie Centrum Młodzieży, ul. Okopowa 25, Tel. 5 34 07 80, Fax 5 27 69 33, 35 Zimmer, moderat.
Ein »deutsch-polnisches Jugendzentrum« der feineren Art: kleines Komforthotel in einem restaurierten Bürgerhaus am Fuße der Burg, alle Zimmer mit Sat-TV. Nicht nur für Jugendliche, sondern auch für ältere Besucher geöffnet. Mit Garage und bewachtem Parkplatz.

Villa Pallas, ul. Żołnierska 4, Tel. 5 35 01 15, Fax 5 35 99 15, 30 Zimmer, moderat.
Eine Art-Nouveau-Villa am Ostrand von Olsztyn, bestes Hotel der Stadt, die schöneren Zimmer befinden sich im älteren Trakt. Mit Sauna, Fitnessbereich und Konferenzsaal sowie einem ausgezeichneten Restaurant.

Gromada Kormoran, pl. Konstitucji 3 Maja 4, Tel. 5 34 58 64, Fax 5 34 63 30, 97 Zimmer, moderat.
Von außen gesichtsloses Hotel nahe dem Bahnhof, drinnen komfortabel. Beliebt bei Geschäftsleuten und deutschen Busgruppen.

Novotel, ul. Sielska 4a, Tel. 5 27 40 81, Fax 5 27 54 03, 98 Zimmer, moderat.
Hotel am Ufer des Ukiel-See, 5 km westlich des Stadtzentrums. Mit Auto-, Fahrrad- und Bootsverleih.

Warmiński, ul. Kołobrzeska 1, Tel. 5 22 14 00, Fax 5 33 67 63, www.hotel-warminski.com.pl, 132 Zimmer, 5 Apartments, moderat.
In der Neustadt gelegenes Vorzeigehaus der Kette Mazur Tourist, alle Zimmer mit Sat-TV und Internetzugang. Angeschlossen ist das auf polnische Küche spezialisierte Restaurant Nowoczesna.

Na Skarpie, ul. Gietkowska 6a, Tel. 5 26 92 11, Fax 5 26 93 81, 152 Zimmer, günstig.
Haus »an der Uferböschung« am Nordrand von Olsztyn, ehemals ein Hotel der Armee, ca. 10 Gehminuten von der Altstadt.

Kopernik, ul. Śliwy/ul. Mochnackiego, Tel. 5 22 99 29, 62 Zimmer, günstig.
Neues Hotel südlich der Altstadt nahe dem Geschäftszentrum. Mit Sauna und Café.

Wysoka Brama, ul. Staromiejska 1, Tel./Fax 5 27 36 75, 61 Zimmer, günstig/sehr preiswert.
Beste Adresse für Traveller: kleines Hotel neben dem Hohen Tor am Eingang zur Altstadt. Unschlagbar billig ist ein Bett in einem der beiden Massenschlafsäle im Hohen Turm mit Blick auf die Altstadt. Mit Sauna und Café-Bar, lockeres Ambiente.

Jugendherberge, ul. Kopernika 45, Tel. 5 34 07 80, 80 Betten, ganzjährig geöffnet.
Auf halbem Weg zwischen Bahnhof und Altstadt.

Camping Wanda Nr. 95, ul. Sielska 12, Tel. 5 27 12 53, geöffnet Mai–Sept.
3 km westlich der Stadt am Ukiel-See nahe dem Novotel. 500 Stellplätze, vom Bahnhof erreichbar mit Bus Nr. 7.

 Polsko-Niemieckie Centrum Młodzieży, ul. Okopowa 25, Tel. 5 34 07 80, moderat.
Feinere polnische Küche in einem stilvollen Rahmen.

Eridu, ul. Prosta 4, Tel. 5 27 73 67, günstig.
Kleines arabisches Lokal am Markt mit Fleischspießen, Kebab und Falafel.

Staromiejska, ul. Stare Miasto 4/6, günstig.
Café am altstädtischen Markt mit einer großen, überdachten Terrasse, von der man gut das Treiben ringsum beobachten kann.

Pożegnanie z Afryką, ul. Podwale 2, günstig.
Herrliche Düfte und drei Dutzend verschiedene Kaffeesorten aus aller Welt, die in kleinen Keramikkannen auf Stövchen serviert werden.

Galeria ZPAF, ul. Zamkowa 2a, Mo geschl., günstig.
In der ehemaligen Burgküche, im Schatten eines 40 m hohen Turms, unterhält der polnische Künstlerverband eine gemütliche Café-Bar mit Galerie.

 Jakobskirche (Kościół Św. Jakuba), ul. Długosza s/n, tagsüber geöffnet.

Große gotische Kirche mit hoch aufschießendem Glockenturm, sonntags abendliche Orgelkonzerte.

 Astronomisches Observatorium (Obserwatorium Astronomiczne), ul. Żołnierksa 13, Mo–Sa 10–13, Di–Fr 21–22 Uhr.
Himmelsbeobachtung in einem ehemaligen Wasserturm.
Galerie zeitgenössischer Kunst BWA (Galeria Sztuki Współczesnej BWA), al. Piłsudskiego 38, Di–So 10–17 Uhr.
Staatliche Kunstgalerie, ausgestellt werden arrivierte Avantgardisten.
Museum für das Ermland und Masuren (Muzeum Warmii i Mazur), ul. Zamkowa 2, Di–So 10–17 Uhr.
Eines der besten Museen der Region, untergebracht in der mittelalterlichen Bischofsburg. Eine Dependance befindet sich am Targ Rybny.
Planetarium (Planetarium), al. Piłsudskiego 38, Di–So 10–16 Uhr.
Gezeigt wird die Erde aus der Perspektive der Astronauten; die Ausstellung »Von Kopernikus bis zum Sputnik« beleuchtet die Entwicklung der Astronomie.
Städtische Galerie (Galeria Miejskiego), ul. Stare Miasto 24/25, Di–So 11–17 Uhr.
Hübsche Galerie im Herzen der Altstadt.

 Abends trifft man sich am liebsten in den Cafés am altstädtischen Markt und in den Seitenstraßen. Beste Adressen für Live-Musik sind das **Staromiejska** (ul. Staro Miasto 4/6) und die **Bar Sarp** in einem mittelalterlichen Fachwerkhaus (ul. Kołłątaja 14).

 Klassik: Filharmonia, ul. Kościuszki 39.
Puppen- und Marionettentheater: Teatr Lalek, ul. Głowackiego 17.
Vorträge und Ausstellungen: Kulturverein Borussia, ul. Mickiewicza 4/316.

 Musikfestival (Juli): Im Amphitheater am Fuß der Burg treten drei Tage lang Folkensembles aus ganz Europa auf.

 Golf: Olsztyński Klub Golfowy, ul. Naterki 13-A, Unieszewo, Tel./Fax 5 41 23 52. 1994 geschaffener Platz am Naterskie-See, 10 km südwestlich von Olsztyn.
Kajakverleih: PTTK, ul. Staromiejska 1, Tel. 5 23 53 20 und 5 27 40 59. Mit preiswerten Angeboten für die Krutynia-Route.
Sportfliegen: Aeroclub, ul. Sielska 34, Tel. 5 27 52 40. Ein Blick auf die westmasurischen Seen aus der Vogelperspektive.

 Bus/Zug: Beide Bahnhöfe befinden sich knapp 1 km nordöstlich der Altstadt. Busse mehrmals tägl. nach Elbląg, Olsztynek und Lidzbark Warmiński, nach Giżycko und Kętrzyn. Dazu fünf Schnellzüge tägl. über Elbląg nach Gdańsk, drei nach Warszawa und sechs nach Toruń.

Olsztynek (Hohenstein)

Lage: Hintere Umschlagkarte L5
Vorwahl: 0 89
Einwohner: 8000

 Kormoran, Olsztynek/Mierki, Tel. 5 19 23 00, Fax 5 19 23 03, 100 Zimmer, moderat.
Die einstige Nobelherberge der polnischen Regierung liegt auf der Landbrücke zwischen dem Pluszne- und dem Łańskie-See. Tennis, Hallenbad und Bootsverleih.

Masurisches Freilichtmuseum (Skansen), 1 km nordöstlich von Olsztynek (Richtung Olsztyn), Di–Fr 9–17, Sa/So 9–18 Uhr, nur in den Sommermonaten geöffnet.
Museum für volkstümliche Baukunst.

Bus: Die zentrale Haltestelle befindet sich 200 m südlich vom Marktplatz; viele Busse fahren nach Olsztyn, einige nach Grunwald und Ostróda.
Zug: Der Bahnhof liegt 1 km nordöstlich vom Ortskern, gute Verbindungen in Richtung Olsztyn.

Ostróda (Osterode)

Lage: Hintere Umschlagkarte L5
Vorwahl: 0 55
Einwohner: 36 000

 Im Internet:
www.ostroda.pl.

 Park, ul. 3 Maja 21, Tel. 6 46 22 27, Fax 6 46 38 49, 70 Zimmer, moderat.
Mittelklassehotel direkt am See, alle Zimmer mit Sat-TV. Badestrand und Tennisplatz.
Ostróda, ul. Mickiewicza 3, Tel. 6 46 42 75, 6 46 42 78, 24 Zimmer, moderat.
Attraktives kleines Hotel am Ufer des Drwęca-Sees mit Sauna, Garage und gutem Restaurant.

 Schiffsausflüge: Von Mai bis Sept. startet morgens um 8 Uhr ein Schiff zur Fahrt auf dem Oberländischen Kanal, Ankunft in Elbląg 19 Uhr. Die Fahrt kostet ca. 25 €, Radtransport wird extra berechnet. Infos und Tickets im Büro der Weißen Flotte: ul. Mickiewicza 9-A, Tel. 6 46 38 71, www.zegluga.com.pl.
Wassersport: An der Uferstraße, der ul. Słowackiego, kann man Paddelboote ausleihen. Eine beliebte Tour führt nach Iława.

 Bus/Zug: Beide Bahnhöfe liegen dicht beieinander, 500 m westlich der Bootsanlegestelle. Gute Verbindungen z. B. nach Olsztyn, Iława und Toruń, kleinere Orte wie Olsztynek und Grunwald erreicht man besser mit dem Bus.

Pelplin

Lage: Vordere Umschlagkarte J6
Vorwahl: 0 58
Einwohner: 8500

 Im Internet:
www.pelplin.pl.

 Kathedrale (Katedra), ul. Mestwina 4, ganztägig geöffnet.
Ehemalige Kirche der Zisterzienser, ein Meisterwerk der Gotik mit einem der größten Hochaltäre Europas.

 Diözesanmuseum (Muzeum Diecezjalne), ul. Dominika 11, Di–Sa 11–16, So 10–17 Uhr.
Wertvolle Manuskripte wie die Pelpliner Orgeltabulatur und eine Gutenbergbibel sowie eine Sammlung sakraler Skulpturen.

 Bus/Zug: Beide Bahnhöfe befinden sich am Ostrand der Stadt.
Per Zug kommt man gut nach Gdańsk und Bydgoszcz, aber nur 1 x tägl. nach Toruń, per Bus leicht nach Gniew und Tczew.

Pisz (Johannisburg)

Lage: Hintere Umschlagkarte O5
Vorwahl: 0 87
Einwohner: 20 000

 Im Internet:
www.pisz.pl.

Nad Pisą, ul. Ratuszowa 13, Tel./Fax 4 23 32 53, 58 Zimmer, günstig.
In historisierendem Stil schön gebautes Hotel am Fluss, direkt im Stadtzentrum. Alle Zimmer komfortabel und mit Sat-TV, die meisten auch mit Balkon. Das Restaurant bietet gute polnische Küche.
InnaTOURa, Karwik 7, Tel./Fax 4 25 10 42, in Deutschland buchbar über Peter H. Ostendorf, Tel./Fax 0 41 01/37 06 69 und 37 06 84, innatouraincoming@t-online.de, günstig.
Ferienanlage 5 km nördlich von Pisz und 800 m vom Seeufer. 2 Wohnhäuser und ein Wirtschaftsgebäude gruppieren sich um einen Innenhof mit Naturbrunnen, die Apartments sind zweigeschossig und je nach Größe mit 2-5 Schlafzimmern ausgestattet. Auch ideal für Schulklassen und Jugendgruppen, auf Wunsch Vollpension und Ausflugsprogramm.

Naturkundemuseum (Muzeum Przyrodnicze), Rynek, Di–Sa 10–15 Uhr.
Geschichte sowie Flora und Fauna der Johannisburger Heide.

 Bus/Zug: Mit dem Zug via Ruciane Nida nach Szczytno und Olsztyn, seltener nach Ełk; nur mit dem Bus nach Giżycko und Mikołajki.

Pobiedziska

Lage: Vordere Umschlagkarte G2
Vorwahl: 0 61
Einwohner: 200

 Museum der Ersten Piasten (Muzeum Pierwszych Piastów), Dziekanowice, Di–So 9–17 Uhr.
Archäologische Funde von der Insel Ostrów Lednicki aus dem 10. und 11. Jh.

 Auto: Einzig mit dem Auto kommt man zum Museum, Busse fahren nur entlang der Hauptstraße Poznań – Gniezno.

Połczyn Zdrój

Lage: Vordere Umschlagkarte E5
Vorwahl: 0 94
Einwohner: 10 000

 Polanin, ul. Wojska Polskiego 50, Tel. 3 66 21 58, Fax 3 66 26 98, 41 Zimmer, günstig.
Einfaches Hotel, doch nicht alle Zimmer verfügen über eigenes Bad.

 Bus: Mehrere Verbindungen tägl. nach Szczecinek und Świdwin.

Poznań (Posen)

Lage: Vordere Umschlagkarte F2
Stadtplan: S. 239
Vorwahl: 0 61
Einwohner: 590 000

Touristeninformation, ul. Ratajczaka 44, Tel. 8 51 96 45, Fax 8 56 04 54, www.cim.poznan.pl, Mo–Fr 10–19, Sa 10–17 Uhr.
Knapp westlich der Altstadt: Reservierung von Hotels, Vermittlung von Stadtführern und Verkauf des monatlichen Veranstaltungsprogramms »iks«.
Städtisches Touristenbüro, Stary Rynek 59, Tel. 8 52 61 56, Fax 8 52 69 64, Mo–Fr 9–17, Sa 10–14 Uhr.
Büro am Alten Markt mit vielen Karten und Broschüren.

Internet-Cafe: ul. Garncarska 10, Tel. 8 53 78 18, Mo–Sa 10–21 Uhr.
Internet-Klub in einer Seitenstraße der ul. Św. Marcin.

 Vor allem während der Industriemesse im Juni können sich die Preise für Hotels und Privatzimmer verdoppeln. Das Reisebüro im Hauptbahnhof ist rund um die Uhr geöffnet und vermittelt Zimmer und Apartments.
Park, ul. Majakowskiego 77, Tel. 8 79 40 81, Fax 8 77 38 30, www.hotel-park.com.pl, 100 Zimmer, teuer.
Das am Südufer des Malta-Sees, 2,5 km östlich vom Stadtzentrum gelegene Komforthotel ist die beste Unterkunft der Stadt. Für die Zimmer mit Seeblick zahlt man einen kleinen Aufschlag. Mit ausgezeichnetem Restaurant und Business Center.
Mercure Poznan, ul. Roosevelta 20, Tel. 8 55 80 00, Fax 8 55 89 55, 314 Zimmer, teuer.
Nur 200 m vom Messegelände entfernt, zwei Hoteletagen ausschließlich für Nichtraucher.
Meridian, ul. Litewska 22, Tel. 8 47 15 64, Fax 8 47 34 41, 10 Zimmer, teuer.
Hübsches Landhaus am Seeufer im Park Sołacki, knapp nördlich vom Messegelände.

Rzymski, al. Marcinkowskiego 22, Tel. 8 52 81 21, Fax 8 52 89 83, www.rzymskihotel.com.pl, 87 Zimmer, moderat.
Herausgeputztes traditionsreiches Hotel am Westrand der Altstadt, alle Zimmer mit Sat-TV.
Dom Turysty, Stary Rynek 91, Tel./Fax 8 52 88 93, 45 Zimmer, günstig/moderat.
Einfaches Hotel in einem Bürgerhaus am Alten Markt (1798), schon Napoleon ist hier abgestiegen. Die meisten Zimmer verfügen inzwischen über ein eigenes Bad.
Privatzimmer:
Glob Tour, Dworzec Centralny, Tel. 8 66 06 67, günstig/sehr preiswert.

Jugendherberge, ul. Drzymały 3, Tel. 8 48 58 36, 80 Plätze, ganzjährig geöffnet.
Beste der vier Herbergen mit Küchenbenutzung, 3 km nördlich des Bahnhofs (Straßenbahn Nr. 11).

Camping Malta Nr. 155, ul. Krańcowa 98, Tel. 8 76 61 55, Fax 8 76 62 83, geöffnet Mai–Sept.
4 ha große Wiesenanlage längs der Regattastrecke am Malta-See. 40 Stellplätze und 52 Campinghäuschen.
Camping Baranowo Nr. 30, Jezioro Kierskie, Tel. 8 14 28 12, Fax 8 14 27 28, geöffnet Juni–Aug.
4,5 ha große Anlage am Kierskie-See, von der E-30 abzweigen in Richtung Szamotuły, dann 2,5 km nordwärts und auf Ausschilderung achten. 150 Stellplätze und 21 Campinghütten.

Orfeusz, ul. Świętosławska 12, Tel. 8 51 98 44, teuer.
Top-Restaurant ein paar Schritte vom Alten Markt. In einem eleganten Saal werden Astrachaner Kaviar auf Toast, Hummerhäppchen und andere Leckerbissen serviert. Auch wer Deftiges mag, kommt nicht zu kurz; zu den Spezialitäten zählen *Bigos* und geräucherte Wurst. Mehrmals wöchentlich gibt es abendliche Konzerte klassischer Musik.
Stara Ratuszowa, Stary Rynek 55, Tel. 8 51 53 18, moderat.
Altposener Restaurant im stimmungsvollen Kellergewölbe eines Bürgerhauses am Markt, eingerichtet mit historischen Fotos und Antiquitäten. Für den großen Hunger empfiehlt sich die »Rathausplatte« mit vier Fleischsorten, Kartoffel-Variationen und viel Salat.
Africana, ul. Zamkowa 3, Tel. 8 53 08 19, moderat.
Kunstgalerie und Restaurant in afrikanischem Ambiente. Besonders lecker schmecken die Suppen, nicht schlecht auch Nilbarsch und Seewolf, mit Gemüse üppig dekoriert. Angenehm locker.
U Garniewiczów, ul. Wrocławska 18, Tel. 8 53 03 82, moderat.
Kellerrestaurant südlich des Markts mit traditioneller polnischer Küche, häufig Auftritte von Folk-Ensembles aus Polens Ostgebieten. Auf der Karte finden sich auch litauische, weißrussische und ukrainische Einsprengsel wie *Blinis* (gebratene Teigtaschen mit pikanter Fleischfüllung) oder *Zepelinai* (Kartoffel-Piroggen).
Estella, ul. Garbary 41, Tel. 8 52 34 10, moderat.
Geschmackvoll eingerichteter Italiener südöstlich der Altstadt. Reich belegte Pizzas, köstliche Antipasti und Fleischgerichte.

Archäologisches Museum (Pałac Górków & Muzeum Archeologiczne), ul. Wodna 27, Di–Fr 10–16, Sa 10–18, So 10–15 Uhr.
Prähistorische Funde aus der Region im Górka-Palast.
Diözesanmuseum (Muzeum Archidiecezjalne), ul. Podsadzego 2, Mo–Sa 10–15 Uhr.
Hochkarätige sakrale Kunst.
Fürstenschloss (Zamek Królewski), ul. Franciszkańska, Di–Fr 10–16, Sa 10–17, So 10–15 Uhr.
Kult- und Gebrauchsgegenstände vom Mittelalter bis zur Gegenwart.
Großpolnisches Militärmuseum (Wielkopolskie Muzeum Wojskowe), Pawilon/Stary Rynek, Di–So 9–16 Uhr.
Ein Loblied auf das stets tapfere polnische Heer.
Historisches Museum (Ratusz & Muzeum Historii Miasta Poznania), Stary Rynek 1, Mo/Di 10–16, Mi 12–18, Do 10–15, Fr 10–16, So 10–15 Uhr.

Ausstellung im Rathaus mit alten Stadtmodellen, Exponaten zur Geschichte und Sargporträts.
Museum für Musikinstrumente (Muzeum Instrumentów Muzycznych), Stary Rynek 45, Di 10–16, Mi 9–17, Do 10–16, Fr–Sa 9–17, So 11–16 Uhr.
Große Kollektion traditioneller und volkstümlicher Instrumente aus aller Welt.
Nationalmuseum (Muzeum Narodowe), pl. Wolności/al. Marcinkowskiego 9, Mi–Sa 10–16, So 11–15 Uhr.
Hervorragende Sammlung polnischer und europäischer Malerei.
Regionalmuseum (Odwach & Wielkopolskie Muzeum Historyczne), Odwach/Stary Rynek, Di–Sa 10–17, So 10–15 Uhr.
Zeugnisse großpolnischer Geschichte in der Hauptwache.

 Kunsthandwerk und **Antiquitäten** findet man in den Läden der Altstadt; **Buch- und Modegeschäfte** entlang der westlich angrenzenden ul. Św. Marcin.

 Blue Note Jazz Club, ul. Św. Marcin 80/82 (Eingang von der ul. Kościuszki.), www.jazz.pl.
Das ganze Jahr über treten hochkarätige Jazz-Ensembles auf, Infos zu geplanten Konzerten im Internet.
Stara Piwnica, Stary Rynek 92 (Eingang ul. Wroniecka).
Gotische Kellerkneipe im Zentrum der Stadt.
Pod Aniołem, ul. Wrocławska 4, open end.
Gemütliches Ambiente in einem Raum voller »Engel«.

 Die Monatszeitschrift »iks« mit Infos zu allen Kulturveranstaltungen bekommt man in den Büros der Touristeninformation (s. o.) und an jedem Kiosk.
Philharmonie (Filharmonia): ul. Św. Marcin 81.
Oper (Teatr Wielki): ul. Fredry 9.
Theater (Teatr Polski): ul. 27 Grudnia 8/10.
Ballettbühne (Polski Teatr Tańca): ul. Kozia 4.
Musiktheater (Teatr Muzyczny): ul. Niezłomnych 1.
Puppentheater (Teatr Animacji): al. Niepodległości 14.

 Johannisjahrmarkt (Juni): Kunsthandwerk, Musik und Tanz auf dem Alten Markt.
Festival der Avantgarde-Theater (Juni/Juli): Wichtigstes Theatertreffen Polens.

 Rudern: Boote mietet man am künstlich angelegten Malta-See, einer internationalen Regattastrecke östlich der Stadt.
Wandern: Für Touren im Großpolnischen Nationalpark empfiehlt sich der Kauf der Karte Wielkopolski Park Narodowy (1:35 000). Die Orte Osowa Góra und Puszczykowo sind mit dem Zug erreichbar.

 Flug: Der Flughafen liegt in Ławica 7 km westlich der Stadt.
Bus/Zug: Der Busterminal befindet sich 1 km, der Bahnhof 1,8 km südwestlich des Stary Rynek. Mit dem Bus kommt man gut nach Pobiedziska und Gniezno, Kórnik und Rogalin. IC- und EC-Züge nach Warszawa, mehrere Züge tägl. nach Kraków und Wrocław.
Auto: Gut parken kann man nordöstlich des Stary Rynek an der Ecke ul. Garbary/ul. Dominikańska und an der ul. Żydowska.

Puck (Putzig)

Lage: Vordere Umschlagkarte H/J8
Vorwahl: 0 58
Einwohner: 12 000

 Im Internet: www.miasto.puck.pl.

 Zamek Jan III. Sobieski, Rzucewo 6, Tel. 6 73 88 05, Fax 6 73 60 20, 27 Zimmer u. Apartments, moderat.
Hotel in einem restaurierten neugotischen Schloss, 6 km südöstlich der Stadt am Putziger Wiek. Eingangshalle mit zwei Kaminen, Turm mit Café und Pool, im Kellerge-

wölbe ein römisches Bad. Weinbar und Nachtklub, Radverleih und Sauna, Reitstall in der Nähe.
Admirał, ul. Morska 5, Tel. 6 73 28 23, Fax 6 73 27 97, 6 Zimmer, günstig.
Familiär geführte, nostalgische Pension nahe der Kirche im Zentrum der Stadt. Alle Zimmer befinden sich im zweiten Stock über dem gleichnamigen Restaurant (s. u.).

Camping Omega Nr. 66, ul. Nowy Świat 23, Tel. 6 73 29 80, geöffnet Juni–Aug.
500 m vom Ortskern entfernte Wiesenanlage mit 100 Stellplätzen.

 Admirał, ul. Morska 5, Tel. 6 73 28 23, moderat.
Bestes Lokal weit und breit, geführt von einem Briten, der sein Handwerk als Schiffskoch erlernte. Fleisch- und Fischgerichte, dazu ein sehr guter Service. Im Erdgeschoss ein gemütlicher Pub, in dem man Billard spielen kann.

 Regionalmuseum (Muzeum Ziemi Puckiej), ul. Wałowa 11, Mo, Mi–Fr 9–15, Sa/So 9–13 Uhr.
Ethnografisches Museum in einem Fachwerkhaus nahe der Hauptpost. Original kaschubisch eingerichtet mit alter Weberei und Nähmaschinen. Am Marktplatz befindet sich eine Filiale des Museums (pl. Wolności 28).

 Pilgerfahrt der Fischer (29. Juni): Große Prozession geschmückter Fischkutter in der Danziger Bucht.

 Schiffsausflüge: Rundfahrten starten an der Mole im Hafen.
Wandern: Auf der schwarz markierten Route kommt man nach Krokowa (29 km), auf der blauen nach Wejherowo (32 km).

 Bus/Zug: Bahnhof und Terminal liegen im Südwesten der Stadt, gute Verbindungen nach Gdańsk und Władysławowo.

Puńsk

Lage: Hintere Umschlagkarte Q7
Vorwahl: 0 87
Einwohner: 4000

 Sodas, ul. Mickiewicza 17, Tel. 5 16 13 15, 6 Zimmer, sehr preiswert.
Einfache Zimmer in der gleichnamigen Gaststätte, in der auch litauische Spezialitäten serviert werden: *Bliny* (kleine, gefüllte Pfannkuchen), *Czenaki* (gedünstetes Gemüse mit Fleisch) und viele Süßigkeiten.

 Ethno-Museum (Muzeum Etnograficzne), ul. Mickiewicza 15/8, Di–So 10–16 Uhr.
Volkskunst aus Litauen.

 Bus: Mehrere Verbindungen tägl. nach Sejny und Suwałki.

Reszel (Rössel)

Lage: Hintere Umschlagkarte N6
Vorwahl: 0 89
Einwohner: 4000

 Zamek, Tel. 7 55 02 16, 12 Zimmer, sehr preiswert.
Zimmer mit Bad im Obergeschoss der Burg, oft von Künstlern belegt. Kleine Mahlzeiten gibt es im Schlosscafé im Erdgeschoss.

 Bischofsburg (Zamek), Di–So 10–17 Uhr.
Mit einer Galerie moderner Kunst.

 Bus: Von der Haltestelle nördlich des Stadtzentrums fahren Busse nach Swięta Lipka und Kętrzyn, Mrągowo, Olsztyn und Lidzbark Warmiński.

Rewal (Reval)

Lage: Vordere Umschlagkarte C6
Vorwahl: 0 91
Einwohner: 2000

 Im Internet: www.rewal.pl.

 Oasis, ul. Klifowa 34 (Śliwin Nowy), Tel. 16 27 01, Fax 16 26 09, 8 Apartments, moderat.
Vier-Sterne-Hotel in Śliwin Nowy, 1 km von Rewal entfernt: ländlich eingerichtet mit Korbmöbeln, Antiquitäten und vielen Pflanzen. Park mit zwei Teichen, Pool, Sauna und Tennisplätze (im Preis inkl.). Für Reiter werden Pferde aus dem Gestüt Cerkwica angefordert, auch Kutschfahrten sind möglich. Das Beste aber ist die rein vegetarische, üppige Küche, viele Zutaten kommen aus eigenem Anbau.

Rancho, ul. Szkolna 16, Tel./Fax 3 86 26 13, 9 Zimmer, günstig.
Kleines Hotel gegenüber vom Rathaus und 100 m vom Meer. Alle Zimmer gemütlich und mit Sat-TV.

Camping Klif Nr. 192, ul. Kamieńska 2, Tel. 3 86 26 18, geöffnet Mai–Sept.
Anlage am westlichen Ortsrand, auf einem Wiesengelände zwischen Straße und Küstenwald. Mit 332 Stellplätzen, 9 Campinghäuschen mit Kitchenette.

 Zug: In der Saison verbindet eine Schmalspurbahn den Ort mit Niechorze und Trzebiatów.

Rogalin

Lage: Vordere Umschlagkarte F1
(in der Nähe von Kórnik)
Vorwahl: 0 61
Einwohner: 200

 Schlossmuseum (Muzeum Zamek), Di–So 10–16 Uhr.
Im 18. Jh. für die Adelsfamilie Raczyński erbautes Schloss mit Gemäldegalerie und Kutschenhaus.

 Bus: Tägl. mehrere Verbindungen nach Poznań, nur selten via Kórnik.

Rowy (Rowe)

Lage: Vordere Umschlagkarte F8
Vorwahl: 0 59
Einwohner: 1000

 Im Internet: www.rowy.pl.

Przymorze, ul. Bałtycka 12, Tel. 8 14 18 59, www.przymorze.com.pl, 25 Zimmer, sehr preiswert.
Das Hotel ist Teil einer großen Ferienanlage etwa 1 km vom Meer. Ein beheizbares Schwimmbad, Tenniscourts und ein Spielplatz für Kinder gehören dazu.

Camping Nr. 156, ul. Bałtycka 6, Tel. 8 14 19 40, geöffnet Juni–Mitte Sept.
4 ha große Anlage mit 400 Zelt- und Wohnwagenplätzen, am Westrand des Nationalparks und nahe dem Gardno-See. Man kann sich auch in Ferienhäusern einmieten, standardisiert eingerichtete Doppel- und Dreibettzimmer mit Bad.

 Bus: Der Terminal befindet sich in der ul. Bałtycka, in der Saison mehrmals tägl. Busse nach Słupsk.

Ruciane Nida (Rudczanny-Niedersee)

Lage: Hintere Umschlagkarte N/O5
Vorwahl: 0 87
Einwohner: 5600

Touristeninformation, ul. Dworcowa 14, Tel. 4 23 19 89, tägl. 7–20 Uhr, in der Nachsaison bis 15 Uhr.
Eine der besten Info-Stellen Masurens, man kann den Schiffs- und Zugfahrplan einsehen, erhält Tipps zu Unterkünften und Ausflugsmöglichkeiten. Frau Barbara spricht sehr gut deutsch.

Nidzki, ul. Nadbrzeżna s/n, Tel. 4 23 64 01, Fax 4 23 64 03, www.nidzki.com.pl, 33 Zimmer u. Apartments, moderat.
Abseits des Orts gelegenes hübsches Komforthotel am Ostufer des Nidzkie-Sees. Die Zimmer sind groß und gemütlich (mit Sat-TV), etwa die Hälfte hat Seeblick. Unmittelbar am See befindet sich das Terrassencafé, im Souterrain ein Pub im englischen Stil. Mit Fahrrad-, Boots- und Kajakverleih sowie einer »Biotherapie«, die sich vorerst auf Massage beschränkt.
Janus, ul. Guzianka 1, Tel./Fax 4 23 64 50, 8 Zimmer u. Apartments, günstig.
Gepflegte Pension am Bełdany-See. Die Zimmer sind mit hellen Holzmöbeln eingerichtet, über Seeblick verfügen nur die Apartments. Mit Kaminzimmer, Café, Rad- und Bootsverleih.

Camping U Andrzeja Nr. 7, al. Wczasów 17, Tel. 4 23 10 12, Fax 4 23 11 31.
Zeltplatz in einem Waldgelände am Nidzkie-See. Mit Campinghäuschen, Café und Lokal, Bootsanlegestellen und Badeplatz.

 Nidzki, ul. Nadbrzeżna s/n, Tel. 4 23 64 01, moderat.
Edelste Ausgehadresse vor Ort: ganz in Blau gehaltenes Restaurant im gleichnamigen Hotel. Außer frischem Fisch gibt es Schweinelende mit Pfifferlingsoße, Spanferkel-Kotlett mit schlesischen Klößen und ungarischen Kartoffelpuffern, gefüllt mit Fleisch und Waldpilzen.
Kolorada, ul. Dworcowa 6e, Tel. 4 23 65 31, günstig.
Von früh bis spät gut besuchtes Lokal an der Hauptstraße. Lockeres Ambiente auf überdachter Terrasse, großzügige Portionen: Zigeuner-Kartoffelpuffer, mit Pilzen überbackenes Kotelett »auf Räuberart« oder *Faworek Mazura,* zwei ineinander verflochtene Geflügelstücke. Auch die Fischküche kann sich sehen lassen, Spezialität des Hauses ist *Zupa Rybacka* mit Meeresfrüchten.
Chata, ul. Dworcowa 10/ul. Mazurska, Tel. 4 23 67 72, günstig.
Rustikale »Hütte« im ersten Stock über dem Lebensmittelladen, mit viel Holz hübsch eingerichtet. Serviert werden polnische Hausmannskost und Pizza.

 Schiffsausflüge: Zu den schönsten Touren Masurens zählt die Fahrt nach Mikołajki: Nach Einschleusen bei Guzianka, wo man auf den 2 m tiefer gelegenen Bełdany-See gelangt, durchfährt man das 14 km lange, rinnenartige Gewässer. Über Kamień und Wierzba, wo man aussteigen kann, erreicht man Mikołajki; am frühen Nachmittag fährt das Schiff wieder zurück. Als Alternative bietet sich eine Rundfahrt auf dem nördlichen Teil des Nidzkie-Sees an.

 Bus: Häufige Verbindungen nach Mrągowo, seltener nach Mikołajki und Suwałki. Frühmorgens eine Verbindung nach Popielno.
Zug: Vom Bahnhof im Stadtzentrum gibt es gute Verbindungen nach Olsztyn und Ełk sowie nach Gdańsk; nach Warszawa kommt man nur 1 x tägl.

Rydzewo (Rydzewen)

Lage: Hintere Umschlagkarte O6 (in der Nähe von Miłki)
Vorwahl: 0 87
Einwohner: 400

 Zagroda Mazurska, Rydzewo 17, Tel. 4 21 12 53, 8 Zimmer, günstig.
»Masurischer Hof« am Ufer des Niegocin-Sees, bestens restauriert und mit gemütlichen Zimmern. Rustikales Kamin-Restaurant, überdachter Grillplatz und eine eigene Bootsanlegestelle.

Camping Pod Czarnym Łabędziem, Rydzewo s/n, Tel. 4 21 12 52, Fax 4 28 83 11, geöffnet Juni–Mitte Sept.
40 Plätze mit Stromanschluss, gute sanitäre Anlagen, Waschmaschine und Herd.

 Pod Czarnym Łabędziem, Rydzewo s/n, Tel. 4 21 12 52, moderat.
An der Anlegestelle für Jachten liegt das Gasthaus »Zum Schwarzen Schwan« mit

sympathisch knarrenden Dielen, vom offenen Dachstuhl baumeln Paprika- und Knoblauchgirlanden herab. Am offenen Feuer werden Fleisch und Fisch gebraten, es gibt gefüllte Kartoffelpuffer, mit Quark und Graupen gefüllte Piroggen und andere deftige Speisen. Im Sommer sitzt man auf der Terrasse am Wasser.

Ryn (Rhein)

Lage: Hintere Umschlagkarte N6
Vorwahl: 0 87
Einwohner: 4000

 Im Internet:
www.mazury.ceti.com.pl/ryn.htm.

 Żero, ul. Partyzantów 5, Tel. 4 21 85 40, Fax 4 21 85 39, 40 Zimmer, günstig.
Hotel mit rotem, tief herabgezogenem Satteldach am Ortsausgang Richtung Olsztyn. Alle Zimmer mit Sat-TV, dazu Sauna und Pool, Nachtklub, Billard und Fahrradverleih.
Baszta, pl. Wolności 6, Tel./Fax 4 21 82 05, 14 Zimmer, günstig.
Backsteinverkleidetes Haus am Fuß der Burg mit Türmchen und Erkern.

 Bus: Häufige Verbindungen nach Giżycko und Mrągowo.

Sądry (Zondern)

Lage: Hintere Umschlagkarte N6
(in der Nähe von Mrągowo)
Vorwahl: 0 89
Einwohner: 200

 Christel, Sądry 3, Tel./Fax 7 42 36 11, 20 Zimmer, günstig.
Engagiert geführte Pension mit behaglichen Zimmern und einem üppigen Frühstück, viele Lebensmittel kommen vom eigenen Hof. Den ganzen Tag über kann man Kaffee und frischen Streuselkuchen ordern, als Hauptmahlzeit gibt's Königsberger Klopse, die nach ostpreußischer Art mit Löffel gegessen werden, oder auch deftigen *Bigos*, hausgemachte Leberwurst und Schinken. Groß und gepflegt ist der zugehörige Garten, der nächste See ist nur ein paar Gehminuten entfernt. »Zum Spielen für die Gäste gibt es Katzen und Hunde« (O-Ton Frau Christel), aus dem Stall lugen Kühe und riesige, fett gemästete Schweine.

 Masurisches Museum (Muzeum Mazurski), Sądry 3, tägl. 10–18 Uhr.
Die alte Bauernkate, liebevoll ausstaffiert mit historischen Gegenständen, vermittelt ein gutes Bild von ehemaligen Wohnverhältnissen. In der angeschlossenen Scheune werden alte Wagen und Maschinen ausgestellt.

 Bus: Seltene Verbindungen nach Ryn und Mrągowo.

Sejny

Lage: Hintere Umschlagkarte Q6
Vorwahl: 0 87
Einwohner: 6200

 Weiße Synagoge (Biała Synagoga), ul. Piłsudskiego 35/37, Di–So 10–16 Uhr.
Gebäude aus dem Jahr 1860 mit einem kleinen historischen Museum.

 Multikulti: Stiftung Grenzland (Fundacja Pogranicze), ul. Piłsudskiego 37, Tel./Fax 51 62 65, www.pogranicze.sejny.pl. In Ausstellungen, Vorträgen und Konzerten wird der multiethnische Charakter der Region betont.

 Ethno-Festival (April): Folklore-Ensembles aus den Anrainerstaaten präsentieren Tanz und Gesang.
Camera Pro Minoritate (Okt.): Filmfestival mit dem Schwerpunktthema »Minderheiten«.

 Bus: Mehrere Verbindungen tägl. nach Suwałki und Puńsk.

Słowiński Park Narodowy (Slowinzischer Nationalpark)

Lage: Vordere Umschlagkarte G8
Vorwahl: 0 59

 Slowinzischer Nationalpark (Słowiński Park Narodowy), Mai–Sept. 8–19 Uhr, sonst ohne Zeitbegrenzung. Der zentrale Eingang zum Park befindet sich bei Rąbka.
Die berühmten Wanderdünen wurden von der UNESCO zum Biosphärenreservat erklärt.

 Wandern: Etwa 8 Stunden braucht man für den Weg quer durch den Park, der bei Rąbka, 2 km westlich Łeba, beginnt und in Smołdzino endet.

 Bus: Im Sommer Verbindungen von Łeba direkt zum Eingang des Parks bei Rąbka.

Słupsk (Stolp)

Lage: Vordere Umschlagkarte F7
Vorwahl: 0 59
Einwohner: 103 000

 Touristeninformation, ul. Wojska Polskiego 16, Tel. 8 42 07 91, Fax 8 42 43 26, www.slupsk.pl., Mo–Fr 9–16 Uhr, im Sommer auch Sa 9–15 Uhr.

Staromiejski, ul. Jedności Narodowej 4, Tel. 8 42 84 64, Fax 8 42 84 65, 41 Zimmer, günstig.
Das im Sezessionsstil erbaute Hotel bietet allen Komfort, den man braucht, alle Zimmer mit Sat-TV und Bad, am Fr/Sa sollte man die Zimmer zur Straße meiden. Freundliches Ambiente, der Parkplatz ist bewacht.

Piast, ul. Jedności Narodowej 3, Tel. 8 42 52 86, Fax 84 25 28, 25 Zimmer, günstig.
Das ehemalige Hotel »Zum Franziskaner« liegt im Zentrum der Stadt. Die Zimmer sind komfortabel, doch solange es neben-an eine Disko gibt, kann es am Wochenende laut werden. Direkt gegenüber befindet sich ein bewachter Parkplatz.

Zamkowa, ul. Dominikańska 4, Tel. 8 42 52 94, Fax 8 42 52 95, 33 Zimmer, günstig.
Etwas einfachere Zimmer, dafür genießt man die unmittelbare Nähe zum Schloss. Das zugehörige Restaurant mit altpolnischer Küche genießt einen guten Ruf (s. u.).

 Zamkowa, ul. Dominikańska 4, Tel. 8 42 04 79, moderat.
Frau Teresa Włodkowska, die sich mit der Wiederbelebung der kaschubischen Küche in ganz Polen einen Namen gemacht hat, bietet im »Schloss-Lokal« nur das Beste vom Besten. Ein Menüvorschlag: Als Vorspeise Walnusssuppe mit winzigen Fleischklößchen *(Orzechowa z figatelkami)*, dann Schweinsrücken auf Jägerart *(Juki myśliwskie)* und als Nachtisch gebratene Birne mit Kandisfrüchten, Milchreis, Zimt und Sahnesoße *(Gruszka po słowińsku).*

Karczma pod Kluką, ul. Kaszubska 24, Tel. 8 42 34 69, moderat.
Rustikales Restaurant an der Straße nach Kluki und Łeba. Man sitzt auf Holzbänken oder in Schaukeln und genießt kaschubische Spezialitäten wie flambierte Forelle.

 Hexenbastei (Baszta Czarownic), ul. Nullo, Di–Sa 11–15 Uhr.
Kunstausstellungen in einem mittelalterlichen Wehrturm.

Mittelpommersches Museum (Muzeum Pomorza Środkowego), ul. Dominikańska 5, Mi–So 10–16 Uhr, in den Sommerferien täglich.
Schlossmuseum mit einer großen Sammlung expressiver Porträts von Witkiewicz, Kunsthandwerk, Teppichen und Waffen. In der angrenzenden Wassermühle befindet sich eine ethnologische Sammlung.

 Disco Miami Nice, ul. Jedności Narodowej 4, tägl. ab 21 Uhr.
Die einzige Disco der Stadt ist am Wochenende brechend voll; gespielt wird alles, was »in« ist, von Techno über Hiphop bis Rock.

Orgelmusik: Konzerte finden während der Sommermonate in der Dominikanerkirche statt.

 Festival der polnischen Pianistik (Sept.): Konzertwoche im Rittersaal des Schlosses.

 Bus/Zug: Beide Bahnhöfe befinden sich nebeneinander 1 km westlich vom Stadtzentrum.

Smołdzino (Schmolsin)

Lage: Vordere Umschlagkarte G8
Vorwahl: 0 59
Einwohner: 1000

 Pod Rowokołem, ul. Bohaterów Warszawy 26, Tel. 8 11 63 64, 9 Zimmer, sehr preiswert.
Pension für Wanderer, geleitet von Familie Bernacki und mit antiken pommerschen Möbeln gemütlich eingerichtet.

Jugendherberge, ul. Bohaterów Warszawy 48, Tel. 8 11 73 21, 40 Betten.
Die idyllisch gelegene backsteinerne Dorfschule verwandelt sich in den Monaten Juli/Aug. in eine Herberge mit Massenschlafsälen.

 Gościniec u Bernackich, ul. Bohaterów Warszawy 26, Tel. 8 11 73 64, moderat.
Landgasthaus mit hübschem Innenhof. Alle Zutaten sind frisch und stammen aus der nahen Umgebung. Zu empfehlen sind die mit Fleisch gefüllten Piroggen, Steinpilzsuppe, Schweinebraten in cremiger Gurkensoße und als Nachtisch Mürbekuchen.

 Naturkundemuseum (Muzeum Przyrodnicze), ul. Mostnika s/n, Mo–Fr 9–17 Uhr (Mai–Okt.), sonst 8–15 Uhr.
Erläuterungen zu Flora und Fauna des Nationalparks.

 Wandern: Etwa 8 Std. braucht man für den Weg quer durch die Dünen des Nationalparks nach Łeba, etwas weniger für die Strecke über Kluki.

 Bus: Mehrere Verbindungen tägl. nach Słupsk.

Sopot (Zoppot)

Lage: Vordere Umschlagkarte J7
Vorwahl: 0 58
Einwohner: 50 000

 Touristeninformation, ul. Dworcowa 4, Sopot, Tel./Fax 5 50 37 83, www.sopot.pl/cit, Mo–Fr 9–17, Sa 9–15 Uhr, in der Hochsaison länger.
Freundlich geführt, Info-Broschüren zur Stadt und Umgebung, Hinweise zu Kulturveranstaltungen.

 Grand Hotel, ul. Powstańców Warszawy, Tel. 5 51 00 41, Fax 5 51 61 24, www.orbis.pl, sogrand@orbis.pl, 104 Zimmer, 8 Suiten, teuer.
Nach seiner Renovierung darf es sich wieder zu den »Großen« zählen: Das 1926 im Art-Deco-Stil erbaute Hotel liegt direkt am Meer und beschwört jene Zeiten herauf, als sich hier der Adel ein Stelldichein gab. Die Zimmer sind gemütlich-komfortabel und verfügen meist über Meerblick, angeschlossen sind ein nobles Restaurant, ein Café und ein Kasino.

Zhong Hua, al. Wojska Polskiego 1, Tel. 5 50 20 20, Fax 5 51 72 75, 35 Zimmer, 13 Apartments, teuer.
Nobles kleines Hotel im ehemaligen Südbad von Sopot, einem betont nordischen, mit Greifen und Drachen geschmückten Holzbau von 1908. Mit seinen pagodenähnlichen Dächern passt es gut zum fernöstlich inspirierten Hotel. Die Zimmer sind groß und gepflegt, vom Erdgeschoss hat man direkten Zugang zum Strand. Das zugehörige asiatische Restaurant (s. u.) gehört zu den besten der Dreistadt.

Amber, ul. Grunwaldzka 45, Tel. 5 50 00 41, Fax 5 50 31 83, 16 Zimmer, teuer.
Mittelklassehotel gut 100 m von Strand und Seesteg entfernt. Bequeme Zimmer mit Sat-TV, freundlich-familiärer Service.

Villa Hestia, ul. Władysława IV 3/5, Tel./Fax 5 51 21 00, http://villa.hestia.pl, 2 Zimmer, 3 Suiten, teuer.
Ein Ort, um sich verwöhnen zu lassen: luxuriös eingerichtete Zimmer über dem Restaurant Fukier, auch die holländische Königin war hier schon zu Gast.
Europa, al. Niepodległości 766, Tel. 5 51 44 90, Fax 5 51 44 65, www.hotel-europa.com.pl, 34 Zimmer, teuer.
Komforthotel im lebhaften Ortszentrum, 10 Gehminuten vom Strand. Sauna und Fitnessbereich sorgen für Entspannung.
Wanda, ul. Poniatowskiego 7, Tel. 5 50 30 37, Fax 5 51 57 25, 18 Zimmer, 2 Apartments, moderat.
Feines kleines Familienhotel in einer Villa nahe am Meer.
Irena, ul. Chopina 36, Tel. 5 51 20 73, Fax 5 51 34 90, 16 Zimmer, günstig.
Gepflegte, renovierte Villa 300 m vom Seesteg, im Innern im Jugendstil ausgestattet. Im hauseigenen Restaurant wird gute polnische Küche serviert, v. a. die Kalbsgerichte sind in ganz Sopot bekannt.
Eden, ul. Kordeckiego 4/6, Tel./Fax 5 51 15 03, 28 Zimmer, günstig.
Jugendstilhaus im nördlichen Teil von Sopot, nur 50 m vom Strand. Das große offene Treppenhaus hat schon oft als Filmkulisse gedient. Von zwei älteren Damen freundlich geführt und vergleichsweise preiswert. Gern nimmt man da in Kauf, dass die Zimmer etwas altertümlich wirken und es vorerst nur Etagenbäder gibt.
Lucky Hotels Sopot, ul. Haffnera 81/85, Tel. 5 51 42 04, Fax 5 51 32 96, 116 Zimmer, 8 Apartments, günstig.
Blockartig gebautes Motel mit kleinen Konferenzräumen, dessen einfallslose Architektur durch bunte Farben aufgelockert wird. Mit sauber-funktionalen Zimmern und eigenen Tennisplätzen, 20 Gehminuten vom Seesteg.
Maryła, al. Sępia 22, Tel. 5 51 00 34, Fax 5 51 00 35, 15 Zimmer, 2 Suiten, günstig.
Fast am Meer liegt die große, renovierte Villa mit Garten, 1,5 km nördlich des Stadtzentrums. Mit gutem Restaurant, Cocktailbar und Disko.

Camping Kamienny Potok Nr. 19, ul. Zamkowa Góra 21/25, Tel. 5 50 04 45, geöffnet Mai–Sept.
Terrassenförmig angelegtes Wiesengelände im Norden der Stadt mit 400 Stellplätzen, man kann sich auch in Campinghäuschen (für je 3-4 Personen) einmieten. Von Gdańsk mit dem Nahverkehrszug bis zur Haltestelle Sopot Kamienny Potok.

Zhong Hua, ul. Wojska Polskiego 1, Tel. 5 50 20 19, teuer.
Chinesisches Lokal für Feinschmecker im gleichnamigen Strandhotel. Die asiatischen Gerichte werden nach Originalrezepten zubereitet, der Service ist vorbildlich. Im Sommer mit Terrasse und Meerblick.
Villa Hestia, ul. Władysława IV 3/5, Tel. 5 51 21 00, teuer.
Exklusiver Ort zum Speisen: edel eingerichtete Räume und ausgefallene Gourmet-Kreationen von Polens Top-Köchin Magda Gessler.
Rozmaryn, ul. Ogrodowa 8, Tel. 5 50 42 25, tägl. ab 14 Uhr, moderat.
Von der italienischen Honorarkonsulin wurde die einstige Fischerkate in ein feines Lokal verwandelt. Täglich wechselnde Karte mit vorzüglichen mediterranen Gerichten.
Szejk, ul. Bohaterów Monte Cassino 60, Tel. 5 51 06 71, günstig.
Großes Terrassenlokal am unteren Ende der Flaniermeile mit preiswerten orientalischen Gerichten.
Błękitny Pudel, ul. Bohaterów Monte Cassino 44, günstig.
Das schönste Café an der verkehrsberuhigten Monte-Cassino-Straße bleibt bis nach Mitternacht geöffnet: ein guter Ort, um zu sehen und gesehen zu werden. Der »blaue Pudel« gibt sich nostalgisch: draußen mit geschwungenen gusseisernen Stühlen, drinnen mit dunklem, antikem Mobiliar.
Galeria Kiński, ul. Kościuszki 10, günstig.
Im Geburtshaus von Klaus Kinski wird dem großen Schauspieler mit Fotos und Plakaten gehuldigt. Tagsüber als Café, abends als Bar geöffnet.

Badeanstalt (Zakład Balneologiczny), ul. Grunwaldzka 1-3.
Nostalgischer Badepalast von 1903; der zugehörige Aussichtsturm bietet einen weiten Blick über die Küste, darf aber nur in der Saison bestiegen werden.
Kurhaus (Dawny Dom Zdrojowy), ul. Powstańców Warszawy 2-6.
Das 1910 erbaute Kurhaus wurde nach dem Zweiten Weltkrieg nur teilweise wieder aufgebaut, heute beherbergt es ein Café. Im angrenzenden Gebäude werden in der BWA-Galerie zeitgenössische Künstler ausgestellt.
Seesteg (Molo), meist bis 22 Uhr.
Mit 512 m Europas längster Seesteg, Flaniermeile und Anlegestelle der Weißen Flotte.
Südbad (Łazienki Południowe), al. Wojska Polskiego 1.
Im nordischen Stil erbaute ehemalige Badeanstalt, heute Hotel mit chinesischem Restaurant (s. o.).

 Kunsthandwerk: Cepelia, ul. Bohaterów Monte Cassino 63.
Bekannte Ladenkette mit Souvenirartikeln. Verkauft werden u. a. geschnitzte Holzdosen, Bilder und Figuren, Porzellan und Trachtenpuppen.

 Wieloryb, ul. Podjazd 2, tägl. bis 1 Uhr.
So könnte es im »Bauch eines Wales« zugehen: verschlungene Meeresjungfrauen und Ungeheuer, ein Boden, auf dem man zu wanken beginnt, und dazu eine gedämpfte Geräuschkulisse. In Sopots originellstem Pub kann man übrigens auch gut speisen.
Kawiaret, ul. Bohaterów Monte Cassino 57, tägl. bis 24 Uhr.
Jazz-Bar im Stil der Sezession, schon tagsüber kein schlechter Ort für eine Kaffeepause.
Lili Marleen Club, ul. Powstańców Warszawy 6, tägl. bis 2 Uhr.
Treffpunkt aller Fans moderner Musik mit Live-Auftritten polnischer Gruppen.

Kultursommer: Opera Leśna, ul. Moniuszki 12, Tel. 5 51 18 12. Im Sommer finden in der »Waldoper« Konzerte aller Art und die polnische Miss-Wahl, im August das bekannte Schlagerfestival statt. Unter der Bezeichnung **Sopockie Spotkania Operowe** (Oberntreffen von Sopot) sollen bald wieder, wie zur Zeit der »Freien Stadt Danzig«, Werke von Wagner aufgeführt werden.
Ausstellungen:
Dom Sierakowskich, ul. Czyżewskiego 12, Tel. 5 51 07 56. Das 200-jährige Gutshaus der Adelsfamilie Sierakowski, bei der schon Frédéric Chopin zu Besuch weilte, ist mit seiner Galerie eine beliebte Adresse für Kunstfreunde. Mit Café und Teestube.
Tanz und Theater:
Agnieszka-Osiecka-Theater: al. Franciszka Mamuszki 2. Avantgardestücke, moderner Tanz und Ballett, hin und wieder auch ein Konzert.
Kammertheater (Scena Kameralna): ul. Bohaterów Monte Cassino 55/57.
Kino:
Polonia, ul. Bohaterów Monte Cassino 55/57. Schönstes Kino der Dreistadt.

Tage des Meeres (Juni): Kulturveranstaltungen mit Ausstellungen, Konzerten und Sportwettkämpfen.
Sommer in Sopot (Juli/Aug.): Jazz- und Rock auf der Mole und im Strandbereich, Konzerte klassischer Musik und Theaterbegegnungen mit Ensembles aus ganz Polen.

Schlagerfestival (Aug.): Auf der Freilichtbühne der Waldoper treten internationale Stars der Schlagerbranche auf.

 Reiten: Hipodrom, ul. Polna 1.
Schiffsausflug: Schiffe der Weißen Flotte starten von der Anlegestelle aus zu einer Hafenrundfahrt.
Segeln und Surfen: Im Klub von Sopot (ul. Bitwy pod Płowcami 67) werden Kurse angeboten, das benötigte Equipment kann man ausleihen. Im Juli organisiert der Klub die Regatta »Pokal der Ostsee«.
Wandern/Radfahren: Von Sopot führt ein markierter Wander- und Radweg 10 km längs der Küste nach Brzeźno.

Bus: Vom Terminal an der ul. 3 Maja kommt man zu allen Orten entlang der Küste.
Zug: Alle 10 Min. fährt der Nahverkehrszug *(kolejka)* südwärts via Oliwa nach Gdańsk, nordwärts nach Gdynia.
Fähre: Schiffe der Weißen Flotte fahren von der Anlegestelle *(Molo)* nach Gdańsk und Gdynia, zur Westerplatte und zur Halbinsel Hel.

Sorkwity (Sorquitten)

Lage: Hintere Umschlagkarte N6
Vorwahl: 0 89
Einwohner: 400

 Pałac Sorkwity, ul. Zamkowa 15, Tel. 7 42 81 89, Fax 7 42 82 51, www.palacsorkwity.pl, 12 Zimmer, günstig/sehr preiswert.
Am Lampasz-See herrlich gelegenes Schloss mit komfortablen Zimmern im Erdgeschoss, die Räume im Obergeschoss sind sehr einfach. Mit Anlegestelle und Bootsverleih sowie gemütlichem Restaurant, zusätzliche 10 Campinghütten im Park.
Pensjonat w Sorkwitach, ul. Plażowa 12, Tel. 7 42 81 78, 5 Apartments, günstig.
Hanna Mutschmann, die Frau des evangelischen Pfarrers, vermietet Holzhütten hinter dem Pfarrhaus sowie gepflegte Apartments in einem Neubau (»Oase am See«) auf der Uferböschung. Mit Kanuverleih.

 Evangelische Kirche (Kościół Ewangelicki), ul. Plażowa s/n, Schlüssel im Pfarrhaus gegenüber, Gottesdienst So 9 Uhr.
Eine der ältesten Kirchen Masurens, schön gelegen am Seeufer.

 Bootstour: An der PTTK-Station kann man Paddelboote ausleihen, hier beginnt auch die 100 km lange »Krutynia-Route« mit Mikołajki als Ziel.

 Bus/Zug: Gute Zugverbindungen nach Olsztyn, Mikołajki und Ełk, mit dem Bus auch nach Szczytno und Gizycko.

Stare Jabłonki (Alffinken)

Lage: Hintere Umschlagkarte L5
Vorwahl: 0 89
Einwohner: 400

 Anders, Tel./Fax 6 41 14 25, www.hotelanders.com.pl, 60 Zimmer, moderat.
Villenartiges Komforthotel am hohen Ufer des Szeląg-Sees. Familien quartieren sich gern in den 30 im Wald gelegenen Campinghäuschen ein. Zur Anlage gehören Tennisplatz und Schwimmbad, Sauna und Fitnessbereich; man kann Räder und Boote leihen.

 Zug: Der Bahnhof liegt an der Strecke Toruń – Olsztyn, von hier erreicht man in 10 Min. das Wassersportzentrum PTTK.

Stare Juchy (Fließdorf)

Lage: Hintere Umschlagkarte O6
(in der Nähe von Ełk)
Vorwahl: 0 87
Einwohner: 1700

 Pod Bocianim Gniazdem, Jeziorowskie 17, Tel. 6 19 94 66, günstig.
Die von Lidia und Andrzej Rejrat geführte Pension liegt 4 km südöstlich von Stare Juchy. 17 Zimmer mit und ohne eigenes Bad verteilen sich auf zwei Fachwerkhäuser, dazu gibt es einen Kamin- und Essraum. Mit Bootssteg, Reitmöglichkeit und Fahrradverleih.

 Bus: Nur wenige Verbindungen nach Ełk und Giżycko.

Stargard Szczeciński (Stargard)

Lage: Vordere Umschlagkarte C4
Vorwahl: 0 91
Einwohner: 75 000

 Regionalmuseum (Muzeum Regionalne), Rynek Staromiejski 3, Di–So 10–16 Uhr.
In der ehemaligen Alten Wache werden Exponate zu Archäologie und Ethnografie ausgestellt.

 Bus/Zug: Die beiden Bahnhöfe befinden sich 1 km westlich der Altstadt. Gute Verbindungen nach Szczecin und in Richtung Gdańsk.

Straduny (Stradaunen)

Lage: Hintere Umschlagkarte P6
Vorwahl: 0 87
Einwohner: 400

 Herrenhaus A. S. (Alfred Schulze), ul. Szkolna 7, Tel./Fax 6 19 66 22, www.masuren.w.pl, 14 Zimmer, günstig.
Das attraktive Haus aus dem Jahr 1911 liegt an der Schleuse, die den Laśmiady-See vom Fluss Łyck trennt. Einige Zimmer sind wunderbar geräumig, mit Antiquitäten eingerichtet und bieten Blick auf den See. Das Frühstück wird bei gutem Wetter auf der Gartenterrasse eingenommen, ansonsten im gemütlichen Kamin- und Essraum. Es lohnt sich, Halbpension zu buchen, Beata und Jarek bieten beste polnische Hausmannskost.

 Kanufahren: Vom Herrenhaus kann man über den Halecki-See in ca. 6 Std. nach Ełk paddeln, wo man die Boote von den Besitzern des Hotels abholen lassen kann.

 Bus: Mehrere Verbindungen tägl. nach Ełk und Olecko.

Suwałki

Lage: Hintere Umschlagkarte Q6
Vorwahl: 0 87
Einwohner: 69 000

 Touristeninformation, ul. Kościuszki 45, Tel. 5 66 58 72, www.suwalki-turystyka.info.pl, Mo–Fr 9–16, Sa 9–14 Uhr.

 Suwalszczyzna, ul. Noniewicza 71-A, Tel./Fax 5 65 19 00, 23 Zimmer, günstig.
Nahe dem zentralen Hauptplatz gelegenes Hotel. Gepflegte Zimmer mit Sat-TV, im Restaurant wird gute polnische Küche serviert.
Dom Nauczyciela, ul. Kościuszki 120, Tel. 5 66 69 00, Fax 5 66 62 70, 30 Zimmer, günstig.
Das »Haus des Lehrers« ist ein modernes, freundlich geführtes Mittelklassehotel im Stadtzentrum. Komfortable Zimmer mit Sat-TV, dazu Bar und Restaurant.

 Regionalmuseum (Muzeum Regionalne), ul. Kościuszki 81, Di–So 9–16 Uhr.
Mit Hinweisen zur ausgelöschten Kultur der Jadzwinger.

 Kajakverleih: PTTK, ul. Kościuszki 37, Tel./Fax 5 66 79 47, www.suwalki-turystyka.info.pl/pttk. Mit preiswerten Angeboten für die Route auf der Czarna Hańcza.

 Bus/Zug: Der Zugbahnhof liegt 1,5 km, der Busterminal 1 km nordöstlich des Zentrums. Mehrere Verbindungen tägl. nach Giżycko, Olsztyn und Warszawa, ausschließlich Busse sind zur Erkundung der näheren Umgebung (Wigry, Sejny, Puńsk) geeignet.

Święta Lipka (Heiligelinde)

Lage: Hintere Umschlagkarte N6
Vorwahl: 0 89
Einwohner: 300

 Kirche und Kloster (Klasztor i Kościół), Mo–Sa 8–18, So nur kurzzeitig zwischen den Messen.
Prächtiger Barockbau und wichtiger Marienwallfahrtsort; auf der 1721 in Königsberg geschaffenen Orgel werden ab 9.30 Uhr nahezu stündlich musikalische Kostproben gegeben. Zur Mittagszeit findet eine Pilgermesse statt.

 Konzerte: Freitag 20 Uhr in der Kirche (Juli/Aug.).

 Bus: Häufige Verbindungen nach Kętrzyn, Reszel, Olsztyn, Mrągowo und Lidzbark Warmiński.

Świnoujście (Swinemünde)

Lage: Vordere Umschlagkarte B6
Vorwahl: 0 91
Einwohner: 45 000

 Touristeninformation, pl. Słowiański 15, Tel./Fax 3 22 49 99, cit@fornet.com.pl, www.swinoujscie.pl, Mo–Fr 9–17 Uhr, im Sommer auch Sa/So 10–16 Uhr.

Atol, ul. Orkana 3, Tel. 3 21 30 10, Fax 3 21 38 46, 21 Zimmer, moderat.
Bestes Haus vor Ort, attraktiv an der Promenade und nur 100 m vom Strand. In den eleganten Zimmern steigen polnische Politiker ab, wenn sie auf Durchreise sind, stolz wirbt man mit einem Porträt von Balcerowicz, Ex-Finanzminister und Erfinder der »Schocktherapie«. Das strahlend-helle Restaurant bietet ausgefallene internationale Küche. Mit Sauna und Solarium.
Albatros, ul. Kasprowicza 2, Tel. 3 21 23 35, Fax 3 21 23 36, 26 Zimmer, moderat.
Strandnahes Hotel aus der Gründerzeit mit gemütlichen Zimmern.

Polaris, ul. Słowackiego 33, Tel./Fax 3 21 54 12, 34 Zimmer, günstig.
Neues kleines Hotel 200 m vom Strand mit gemütlichen Zimmern und Sat-TV. Im Haus gibt es ein Hallenbad, angeboten werden auch Entschlackungskuren unter fachärztlicher Betreuung.
Promenada Ondraszek, ul. Żeromskiego 20, Tel. 3 27 04 00, Fax 3 27 94 18, www.hotel-promenada.com.pl, 33 Zimmer, günstig.
Einfaches, aber attraktives Hotel in alter Villa nahe dem Strand. Alle Zimmer mit Fernseher, Telefon und Bad. Direkt gegenüber befindet sich eine Schwimmhalle, nahebei ein bewachter Parkplatz.

Jugendherberge, ul. Gdyńska 26, Tel. 3 27 06 13.
Ganzjährig geöffnet, aber aufgrund der Lage nur bedingt zu empfehlen: im äußersten Südwesten der Stadt, zu Fuß über 20 Min. zum Strand.

Camping Relax Nr. 44, ul. Słowackiego 5, Tel. 3 21 39 12, Fax 3 21 47 00, www.camping-relax.com.pl, geöffnet Juni–Sept.
Die beliebte, strandnahe Anlage verfügt über Campinghäuschen, Café und Restaurant.

 Baron, ul. Bohaterów Września 14, Tel. 3 22 24 24, moderat.
Alt- und neupolnische Küche mit Schwerpunkt Fisch; beim Fondue kann man sich von der guten Qualität polnischen Fleisches überzeugen, lecker schmeckt auch der flambierte Fleischspieß. Im Sommer mit Terrasse.

Leuchtturm (Latarnia Morska), tägl. 10–18 Uhr.
259 Stufen führen zur Aussichtsplattform hinauf.

Fischereimuseum (Muzeum Rybołówstwa Morskiego), pl. Rybacka 1, Di–Fr 9–15, Sa/So 11–15 Uhr.
Im ehemaligen Rathaus werden Meeresfauna und alte Navigationsinstrumente vorgestellt, dazu gibt es eine Ausstellung zur Stadtgeschichte.

Radfahren: Ein internationaler Radwanderweg verbindet Świnoujście mit Szczecin und den deutschen Städten Ueckermünde und Anklam.
Schiffsausflüge: Schiffe der Weißen Flotte unternehmen Fahrten auf dem Stettiner Haff und entlang der Oderbucht, ein Tragflügelboot fährt mehrmals tägl. nach Szczecin. In den Sommermonaten gibt es auch nach Deutschland gute Verbindungen, u. a. nach Heringsdorf, Ahlbeck und Sassnitz. Tickets bekommt man im Reisebüro Weneda (ul. Żeromskiego 1).

Der **Grenzübergang**, der Świnoujście mit dem deutschen Ostseebad Ahlbeck (5 km westlich) verbindet, ist nur für Fußgänger und Radfahrer geöffnet.
Bus/Zug: Die beiden Bahnhöfe befinden sich im Ostteil der Stadt auf der Insel Wolin. Züge fahren über Międzyzdroje nach Szczecin, Busse via Międzyzdroje nach Kamień Pomorski und die Küste entlang. Eine Autofähre verbindet beide Stadtteile, Fußgänger fahren umsonst.
Schiff: Im Morskie Biuro Podróży PŻB (ul. Armii Krajowej 14-A) kauft man Tickets nach Skandinavien. Von Świnoujście verkehren tägl. Fährschiffe nach Ystad (Schweden) sowie mehrmals wöchentlich nach Kopenhagen (Dänemark). Zusätzlich geht es in der Sommersaison 1 x wöchentlich nach Bornholm. Auskünfte gibt es bei der deutschen Vertretung der Reedereien Polferries und Unity Line, dem Reisebüro Darpol: Tel. 0 30/3 42 00 74, Fax 3 42 24 72, www.darpol.com.

Szczecin (Stettin)

Lage: Vordere Umschlagkarte B5
Stadtplan: S. 57
Vorwahl: 0 91
Einwohner: 420 000

Touristeninformation, al. Niepodległości 1, Tel. 4 34 04 40, Fax 4 33 84 20, www.szczecin.pl, Mo–Fr 9.30–17, im Sommer auch Sa 10–14 Uhr. Das Personal spricht englisch, ist freundlich und hilfsbereit.

Touristenbüro im Schloss, Zamek, ul. Korsarzy 34, Tel. 4 89 16 30, Fax 4 34 02 86, info@zamek.szczecin.pl, tägl. 10–18 Uhr. Hotelreservierungen für Stettin und die Küste, außerdem Infos und Eintrittskarten für kulturelle Veranstaltungen in der Stadt.

 Stettin bietet viele Übernachtungsmöglichkeiten in allen Preisklassen, so dass man selbst in der Ferienzeit kein Problem hat, etwas zu finden.
Radisson, pl. Rodła 10, Tel. 3 59 55 95, Fax 3 59 45 94, 379 Zimmer u. Apartments, www.radisson.com, sehr teuer.
Hypermodernes Komforthotel unter Leitung der skandinavischen Fluglinie SAS, angeschlossen ans Geschäftszentrum Pazim. Alle Zimmer mit Sat-TV, Klimaanlage und Fön, von den oberen Stockwerken bietet sich ein weiter Blick über die Stadt. Zum Haus gehören zwei Restaurants, Business-Center, Sauna, Fitnessbereich und Hallenbad, Disko und Nachtklub sowie ein AVIS-Autoverleih. Die Hausgarage ist rund um die Uhr bewacht.
Park, ul. Plantowa 1, Tel. 4 88 15 24, Fax 4 34 45 03, 16 Zimmer, teuer.
Gut für ein romantisches Wochenende: Die restaurierte Villa liegt inmitten eines Parks, die Zimmer sind ruhig und gemütlich. Das Hotel verfügt über Sauna und Hallenbad.
Neptun, ul. Matejki 18, Tel. 4 88 38 83, Fax 4 88 41 17, 283 Zimmer u. Apartments, teuer.
Komforthotel am Żeromski-Park, beliebt bei Geschäftsleuten. Mit Sauna und Fitnessbereich, Disko, Kasino und Autoverleih.
Dom Marynarza, ul. J. Małczewskiego 10/12, Tel. 4 24 00 01, Fax 4 22 85 78, 158 Zimmer, moderat.
Nördlich des Żeromski-Parks präsentiert sich das ehemalige »Haus des Seemanns« als akzeptables Mittelklassehotel. Das Haus ist zehnstöckig – je höher man wohnt, desto besser der Ausblick!
Arkona, ul. Panieńska 10, Tel. 4 88 02 61, Fax 4 88 02 60, 62 Zimmer, moderat.
Hotel in bester Lage am Fuße des Schlosses. Alle Zimmer sind mit Sat-TV und Kühlschrank komfortabel eingerichtet, am

schönsten sind die Räume mit Blick auf die Oder. Bei all diesen Vorzügen nimmt man gern in Kauf, dass das Haus von außen als grauer Klotz erscheint. Hunde und Katzen werden akzeptiert, bewachter Parkplatz 300 m entfernt.

Podzamcze, ul. Sienna 1-3, Tel. 8 12 14 04, 19 Zimmer, moderat.
Gemütliche Zimmer in einem schmucken Giebelhaus der restaurierten Altstadt, im Erdgeschoss befinden sich Restaurant und Bar Capri.

Victoria, pl. Stefana Batorego 2, Tel. 4 34 38 55, Fax 4 33 73 68, 42 Zimmer, moderat.
Haus aus der Gründerzeit nur fünf Gehminuten nördlich vom Zug- und Busbahnhof. Mit gutem Restaurant und Nachtklub.

Rycerski, ul. Potulicka 2-A, Tel./Fax 4 88 81 64, 32 Zimmer, moderat.
Renoviertes Hotel nahe dem Hafentor. Die Zimmer sind freundlich und mit Sat-TV ausgestattet. Im Restaurant wird altpolnische Küche in »ritterlichem« *(rycerski)* Ambiente serviert.

Elka Sen, al. 3 Maja 1-A, Tel 4 33 56 04, Fax 4 33 56 04, 20 Zimmer, günstig.
Hotel in bester Lage auf dem Weg vom Bahnhof ins Zentrum. Die Zimmer sind mit hellen Holzmöbeln freundlich-funktional eingerichtet. Die Angestellten sind Touristikstudenten und bemüht, alle Wünsche der Gäste zu erfüllen.

Pomorski, pl. Brama Portowa 4, Tel. 4 33 61 51, 34 Zimmer, günstig.
Spartanische Unterkunft in einem alten Bürgerhaus am Hafentor, Rucksacktouristen wählen meist die billigeren Räume ohne eigenes Bad.

Gryf, al. Wojska Polskiego 49, Tel. 4 80 84 00, Fax 4 80 84 03, 24 Zimmer, günstig.
Mittelklassehotel westlich des Stadtkerns. Das Haus stammt aus dem 19. Jh., freundlich eingerichtete Zimmer und gutes Frühstück.

Jugendherberge, ul. Monte Cassino 19-A, Tel. 4 22 47 61, Fax 4 23 56 96, 130 Plätze, ganzjährig geöffnet.
Herberge im Norden nahe dem Kasprowicz-Park. Zimmer für 2-6 Personen, zwei Selbstbedienungsküchen, Fahrradverleih, Tischtennis und Volleyball. Vom Bahnhof mit Straßenbahn Linie 1 Richtung Głebokie zur Haltestelle Piotra Skargi, dann 5 Min. zu Fuß über die ul. Królowej Korony Polskiej zur ul. Monte Cassino, dort rechts.

Camping PTTK, ul. Przestrzenna 24, Tel./Fax 4 60 11 65, geöffnet Mitte April–Sept.
5 ha große Anlage auf einem Wiesengelände am Dąbie-See, 6 km östlich der Stadt. Eigener Bootssteg mit Liegeplätzen, keine Bademöglichkeit, in der Nähe ein Sportflugplatz. 150 Stellplätze und 26 Campinghütten.

Chief, pl. Grunwaldzki/ul. Rayskiego 16, Tel. 4 34 32 65, teuer.
Fischrestaurant im Zentrum der Stadt mit holzvertäfelten Wänden, Aquarien und Kerzenlicht. Große Auswahl an Süß- und Salzwasserfischen, allein Zander, den »Hausfisch«, gibt es in drei Varianten.

Europa, pl. Rodła 10, Tel. 3 59 51 90, moderat.
Auch wer nicht im Hotel Radisson nächtigt, ist willkommen. Empfehlenswert ist das vergleichsweise preiswerte Lunch-Büfett.

Zamkowa, ul. Rycerska 3, Tel. 4 34 04 48, moderat.
Zum Abschluss des Schlossbesuchs stärkt man sich im malerischen Innenhof oder in einem der drei großen Säle. Passend zum Ambiente gibt es altpolnische Küche. Wie wäre es z. B. mit einem Vorspeisenteller à la Fürst Bogusław oder mit *Żurek staropolski,* einer deftigen Roggenmehlsuppe?

Pod Muzami, pl. Żołnierza Polskiego 2, Tel. 4 34 72 09, moderat.
Das Lokal »Zu den Musen« liegt nahe dem Schloss und bietet traditionale polnische Küche in lockerer Kelleratmosphäre. Bis tief in die Nacht geöffnet!

Chata, pl. Hołdu Pruskiego 8, Tel. 4 88 73 70, moderat.
Gemütliches, einer *Chata* (Bauernhütte) nachempfundenes Lokal. Serviert wird traditionelle altpolnische Küche, auch viel Fisch ist dabei, z. B. Lachs und Forelle. Wer Piroggen kosten will, bestellt *Pierogi*

z kapustą i grzybami, gefüllt mit Pilzen und Sauerkraut.
Balaton, pl. Lotników 3, Tel. 4 34 68 73, günstig.
Habsburgische Küche mit einem stark ungarischen Einschlag, besonders lecker schmeckt die scharfe Gulaschsuppe. Abends gibt es zum Essen oft Live-Musik.
Pannekoeken Haga, ul. Sienna 10, Tel. 8 12 17 59, günstig.
300 verschiedene Pfannkuchen von zuckersüß bis höllisch scharf, zubereitet von Waldemar Gałęba, der lange in Den Haag (poln. *Haga*) gelebt hat. Das Lokal befindet sich schräg gegenüber vom alten Rathaus, im Sommer sitzt man auf der Terrasse, im Winter in gotischen Gewölben.

 Jakobskathedrale (Katedra Św. Jakuba), ul. Wyszyńskiego 19, tägl. 9–15 Uhr (nur im Sommer).
Die Backsteinkathedrale ist eine der größten Pommerns. Angeschlossen ist ein **Diözesanmuseum**.

 Nationalmuseum (Muzeum Narodowe), ul. Staromłyńska 27, Di u. Do 10–17, Mi u. Fr 9–15.30, Sa/So 10–16 Uhr.
Pommersche Kunst vom Spätmittelalter bis zur frühen Neuzeit in einem klassizistischen Palast. Eine Dependance des Museums befindet sich gegenüber in der ul. Staromłyńska 1.
Schifffahrtsmuseum (Muzeum Morskie), ul. Wały Chrobrego 3, Di u. Do 10–17, Mi u. Fr 9–15.30, Sa/So 10–16 Uhr.
Mit Abteilungen für Bootsbau und Militärgeschichte, Meeres- und Küstenfauna sowie einer reichen Sammlung afrikanischer Kunstobjekte.
Schlossmuseum (Zamek Książąt Pomorskich), ul. Korsarzy s/n, tägl. außer Mo 10–16 Uhr.
Im Ostflügel des Schlosses befindet sich die Renaissance-Krypta mit Zinnsarkophagen Stettiner Fürsten. Tickets, auch zum Turmaufstieg, erhält man in der angeschlossenen Touristeninformation (s. o.).
Stadtmuseum (Muzeum Miasta Szczecina), ul. Rzepichy 1, Di u. Do 10–17, Mi u. Fr 9–15.30, Sa/So 10–16 Uhr.
Geschichtsunterricht in den historischen Räumen des Alten Rathauses.

 Einkaufszentrum: Nördlich der Altstadt, am Rodła-Platz, befindet sich das Pazim-Center mit dem üblichen westlichen Angebot von Benetton bis Versace.

Hotel Radisson, pl. Rodła 10.
Im obersten Stockwerk wurde eine Piano-Bar eingerichtet, ansonsten vergnügt man sich im Kasino.
Klub 13 Muz, pl. Żolnierza Polskiego 2.
Im Nachtklub der »13 Musen«, dem Treffpunkt der Stettiner Künstler, finden an mehreren Abenden der Woche Theatervorführungen, manchmal auch Live-Konzerte statt.
U Wyszaka, ul. Rzepichy 1.
Im Keller des Alten Rathauses wird abends getanzt.
Zamkowa, ul. Rycerska 3.
In der Weinstube werden über 100 Tropfen aus aller Welt angeboten.

 Viele Kulturveranstaltungen finden im Stettiner Schloss statt. Im Innenhof gibt es im Sommer fast jeden Abend Jazz oder Klassik; in den Seitenflügeln sind Kino, Oper und Operette, im Keller das Teatr Krypta untergebracht. Infos zu den aktuellen Veranstaltungen erhält man im Touristenbüro im Schloss, zu Ausstellungen auch im Internet unter www.szczecin.art.pl.
Oper u. Operette: Opera i Operetka, ul. Korsarzy 34.
Modernes Theater: Teatr Współczesny, Wały Chrobrego 3.
Sommertheater: Teatr Letni, ul. Falata 2.
Puppentheater: Teatr Lalek Pleciuga, ul. Kaszubska 9.
Pantomimentheater: Teatr Pantomimy, ul. Korsarzy 2.
Klassik: Państwowa Filharmonia, pl. Armii Krajowej 1.
Kino: Kinozentren an der al. Wojska Polskiego zeigen ausländische Filme in der Originalsprache.

Tage des Meeres (Juni): Festwoche mit Segelregatta, Shanty-Chören und Konzerten.
Festival orthodoxer Musik (Nov.–Dez.): Ensembles aus ganz Osteuropa geben Kostproben ihres Könnens.

 Golf: Binowo Park, ul. Szczecińska 51, Radziszewo, Tel. 4 16 01 77. Neue 18-Loch-Anlage 15 km südlich der Stadt.
Radfahren und Wandern: Beliebte Ausflugsziele sind die Wälder Goleniowska, Wkrzanska und Bukowa. Ein internationaler Radwanderweg verbindet Szczecin mit Świnoujście und den deutschen Städten Ueckermünde und Anklam.
Schiffsausflug: Rundfahrten mit der Weißen Flotte bieten eine Möglichkeit, den vor allem bei Seglern beliebten Dąbie-See kennen zu lernen. Weitere Touren führen durchs Haff und nach Świnoujście. Abfahrt im Seehafen: Dworzec Morski, ul. Jana z Kolna 7.
Stadtrundfahrt: Eine zweistündige Bustour führt vorbei an den interessantesten Sehenswürdigkeiten der Stadt. Das Programm bekommt man bei der Touristeninformation.

 Flugzeug: Der Inlandsflughafen befindet sich bei Goleniów 40 km nordöstlich der Stadt, erreichbar mit dem Buszubringer von LOT (al. Wyzwolenia 17).
Bus/Zug: Beide Bahnhöfe liegen 1 km südlich des Stadtzentrums am Westufer der Oder. Mit dem Zug kommt man besser nach Międzyzdroje und Świnoujście, nach Kołobrzeg fahren häufiger Busse.
Schiff: Mehrmals tägl. fährt ein Tragflügelboot vom Seebahnhof (Dworzec Morski) durch das Stettiner Haff nach Świnoujście.

Szczecinek (Neustettin)

Lage: Vordere Umschlagkarte F5
Vorwahl: 0 94
Einwohner: 43 000

 Touristeninformation, pl. Wolności 5, Tel. 3 72 37 00, www.szczecinek.net.pl.

 Residence, ul. Lelewela 12, Tel. 3 72 88 50, 15 Zimmer u. Apartments, moderat.
Neues Komforthotel am See Trzesiecko, zu Fuß 10 Min. vom Stadtzentrum. Alle Zimmer mit Sat-TV und Internet, dazu Sauna, Fitnessbereich und Solarium; der Parkplatz ist rund um die Uhr bewacht. In der Saison werden Ausflüge zur Pilzsuche organisiert, man kann Wassersportgeräte ausleihen und reiten.
Merkury, ul. Cieślaka 11, Tel. 3 74 35 26, Fax 3 74 04 02, 16 Zimmer, günstig.
Einfaches Hotel in zentraler Lage, alle Zimmer mit Kühlschrank. Das zugehörige Lokal bietet gute polnische Kost.

 Regionalmuseum (Muzeum Regionalne), ul. Ks. Elżbiety 6.
Dokumente zur Stadtgeschichte im gotischen Turm der Nikolaikirche (Kościół Św. Mikołaja).

 Reiten: Ein bekanntes Gestüt liegt in Biały Bór, 29 km nordöstlich der Stadt (Tel. 3 73 90 35).

 Bus: Gute Verbindungen nach Koszalin und Piła.

Szczytno (Ortelsburg)

Lage: Hintere Umschlagkarte N5
Vorwahl: 0 89
Einwohner: 28 000

 Im Internet:
www.szczytno.com.pl.

 Hotel Krystyna, ul. Żwirki i Wigury 10, Tel. 6 24 52 88, Fax 6 24 21 69,

hotelkrystyna@post.pl, 40 Zimmer, moderat.
Am See gelegenes Hotel im Fachwerkstil, alle Zimmer geräumig und mit Sat-TV. Mit Büfettfrühstück und guter polnischer Küche. Bewachter Parkplatz und Fahrradverleih.
Leśna, ul. Ostrołęcka 6, Tel. 6 24 32 46, Fax 6 24 67 67, 35 Zimmer, günstig.
»Waldhotel« am nordöstlichen Ortsrand; fünf Zimmer verfügen über Sat-TV und teilen sich eine große Terrasse.
Pension Krystyna, Szczytno-Sawica, Tel./Fax 6 24 16 44, 9 Zimmer, günstig.
Nicht zu verwechseln mit dem Hotel gleichen Namens: familiar geführte Pension, 8 km westlich von Szczytno an der Straße nach Nidzica. Die Zimmer verteilen sich auf das Gutshaus, den ehemaligen Pferdestall und zwei Holzbungalows. Mit Rad-, Boots- und im Winter auch Schlittschuhverleih. Zelten ist erlaubt.

Jugendherberge, ul. Pasymska 7, Tel. 6 24 39 92, 50 Betten.
Einfache, das ganze Jahr über geöffnete Unterkunft mit Mehrbettzimmern.

 Ehemalige Freimaurerloge (Aula Szkoła Podstawowa), ul. Kasprowicza 1.
Kurioser Raum mit Wandmalereien; nur mit Erlaubnis der Schuldirektion zu besichtigen.
Jüdischer Friedhof (Cmentarz Żydowski), ul. Łomżyńska s/n.
Ältester noch erhaltener Friedhof des Orts (1915) knapp südlich der Bahngleise. Sollte er verschlossen sein, erhält man den Schlüssel nebenan bei Frau Syrlewska.

 Masurisches Muzeum (Muzeum Mazurskie), ul. Sienkiewicza 1, Di–So 10–16 Uhr.
Ausstellung im Rathaus mit masurischen Stilmöbeln, Trachten und Kunsthandwerk sowie archäologischen Funden.

 Ritterturnier (Juli): Höhepunkt des Stadtfests in den Ruinen der Ordensburg.

 Bus/Zug: Die beiden Bahnhöfe befinden sich im Stadtzentrum; gute Verbindungen nach Olsztyn und über Pisz nach Ełk.

Sztutowo (Stutthof)

Lage: Hintere Umschlagkarte K7
Vorwahl: 0 55
Einwohner: 1600

 Museum Stutthof (Muzeum Stutthof), Mai–Sept. tägl. 8–18, Okt.–April 8–15 Uhr.
Eine Ausstellung dokumentiert die Geschichte des ehemaligen Konzentrationslagers und die nationalsozialistische Vernichtungspolitik, tägl. außer Mo werden auch Dokumentarfilme gezeigt (meist alle 30 Min.). Kindern unter 13 Jahren ist der Zutritt zum Museum untersagt.

 Bus: Verbindungen nach Gdańsk und Krynica Morska.

Toruń (Thorn)

Lage: Vordere Umschlagkarte J3
Vorwahl: 0 56
Einwohner: 207 000

 Touristeninformation, Rynek Staromiejski 1, Tel. 6 21 09 31, Fax 6 21 09 30, www.it.torun.com.pl, Mo 9–16, Di–Fr 9–18, Sa 9–16, im Sommer auch So 9–13 Uhr.
Freundliches Büro am Westeingang zur Altstadt mit Infos zu Privatzimmern und Unterkünften in Studentenhotels.

Helios, ul. Kraszewskiego 1/3, Tel. 6 55 54 61, Fax 6 55 54 29, 108 Zimmer, moderat.
Komforthotel wenige Gehminuten von der Altstadt. Das fünfstöckige Haus liegt am Rand eines Grüngürtels, von seiner Ostseite bietet sich ein schöner Blick auf die Kirchtürme der Kopernikusstadt. Geräumige, mit hellen Holzmöbeln elegant eingerichtete Zimmer mit Sat-TV und Mini-

bar. Großes Lob verdient das Frühstücksbüfett.
Kosmos, ul. Popieluszki 2, Tel. 6 22 89 00, Fax 6 22 13 41, 59 Zimmer, moderat.
Westlich der Altstadt gelegenes Hotel, nicht ganz so teuer wie Helios.
Zajazd Staropolski, ul. Żeglarska 10/14, Tel. 6 22 60 60, Fax 6 22 53 84, 36 Zimmer, moderat.
Traditionsreiches Hotel im Herzen der Altstadt in drei historischen, miteinander verbundenen Kaufmannshäusern aus dem 14. Jh. Jedes Zimmer mit Bad und Sat-TV, sehr beliebtes Lokal (s. u.)!
Petite Fleur, ul. Piekary 25, Tel. 6 63 44 00, Fax 6 63 54 54, 6 Zimmer, günstig.
Minihotel in einem Renaissancehaus nahe dem Haupttor zur Altstadt. Abends, wenn sich das Restaurant füllt, kann es in den Zimmern etwas laut werden.
Pod Czarną Różą, ul. Rabiańska 11, Tel./Fax 6 21 96 37, 16 Zimmer, günstig.
Kleines und einfaches Hotel in einer ruhigen Altstadtgasse. Es kann nicht mit Kreditkarten bezahlt werden.
Pod Orłem, ul. Mostowa 17, Tel./Fax 6 22 50 24, 55 Zimmer, geöffnet Juni–Mitte Sept., günstig.
Hotel nahe am zentralen Marktplatz, akzeptable Zimmer mit Sat-TV.

Camping Tramp Nr. 33, ul. Kujawska 14, Tel. 6 54 71 87, geöffnet Mai–Mitte Sept.
2,6 ha große Wiesenanlage mit großen Bäumen, nahe dem Zugbahnhof südlich der Weichsel. Auch 15 Campinghäuschen können angemietet werden.

Zajazd Staropolski, ul. Żeglarska 10/14, Tel. 6 22 60 60, moderat.
Bestes Lokal der Stadt in einem stilvollen Saal mit gotischen Spitzbogenfenstern. Ausgezeichnete altpolnische Küche zu erstaunlich günstigen Preisen. Lecker schmecken Sauresahnesuppe, Pfifferlinge mit Krabben und Wildbret.
Palomino, ul. Wielkie Grabary 18, Tel. 6 21 09 79, tägl. ab 12 Uhr, günstig.
Beliebtes Restaurant unweit des Marktplatzes. Auf der Karte finden sich Grillgerichte mit so seltsamen Namen wie *Ucho słonia* (Elefantenohr) und *Krwawa korida* (Blutiger Stierkampf).
Pożegnanie z Afryką, ul. Mostowa 3, günstig.
Im Café »Jenseits von Afrika« gibt es die besten Kaffeebohnen aus aller Welt.

Altes Rathaus (Ratusz Staromiejski), Rynek Staromiejski 1, Di–So 10–16 (auch Rathausturm).
Eines der schönsten Rathäuser Europas, im angeschlossenen **Regionalmuseum** (Muzeum Okręgowe) wird Kunst vom Mittelalter bis heute ausgestellt.
Haus unterm Stern (Kamienica Pod Gwiazdą), Rynek Staromiejski 35, Di–So 10–16 Uhr.
Original erhaltenes Barockhaus am Markt mit einer Ausstellung fernöstlicher Kunst.
Johanniskirche (Kościół Św. Jana), ul. Żeglarska.
Kirche aus dem 13.–15. Jh. mit der zweitgrößten Glocke Polens.
Marienkirche (Kościół NMP), ul. Panny Marii.
Gotische, ehemalige Franziskanerkirche.
Ordensburg (Zamek Krzyżacki) ul. Przedzamcze, tägl. 9–19 Uhr.
Romantische Burgruine am Weichselufer.

Ethnografisches Museum (Muzeum Etnograficzne), ul. Wały Gen. Sikorskiego 19, Di–So 10–16.
Im angeschlossenen Park schöne Beispiele kujawischer und pommerscher Volksbauweise.
Kopernikus-Museum (Muzeum Kopernika), ul. Kopernika 15/17, Di–So 10–16 Uhr.
Geburtshaus von Kopernikus mit Schriften und Instrumenten des Astronomen.
Planetarium, ul. Franciszkańska 15, Di–So 10–16 Uhr.
Ausstellungen sowie Filme und Konzerte »unter den Sternen«.
Regionalmuseum: siehe Altes Rathaus.

Lebkuchen: Die berühmten »Thorner Kathrinchen« gibt es im Kopernik (Dwór Artusa, Rynek Staromiejski 6) und bei Katarzynka (ul. Żeglarska 25).

Nachtklubs und Studentenkneipen: längs der ul. Gagarina, im Universitäts-Viertel außerhalb des Stadtkerns.
Bar mit Live-Musik: Piwnica Pod Aniołem, Rynek Staromiejski 1. Beliebter Treff im stimmungsvollen Rathauskeller.

 Bei der Touristeninformation erhält man eine Monatsübersicht aller Kulturveranstaltungen.
Theater: Teatr, pl. Teatralny 1, Tel. 62 22 50 21. Aufführungen des landesweit bekannten Stadtensembles in einem neobarocken Prunkbau von 1904.
Klassik: Dwór Artusa, Rynek Staromiejski 6. Konzerte des Städtischen Kammerorchesters im Artushof.

 Theatertage (Mai): Größtes ost-/ mitteleuropäisches Festival.
Stadtfest (Anfang Juni): Beim Jarmark Katarzyński dreht sich alles um die Thorner Lebkuchen.
Ritterturnier (Juli): Schlachten und Festlichkeiten in der Ordensburg Golub-Dobrzyń, 38 km nordöstlich.

 Bootstouren: Wer Toruń vom Fluss aus erleben möchte, begibt sich zur Anlegestelle am Brückentor der Altstadt (Bulwar Filadelfijski s/n). Touren starten im Sommer ab 9 Uhr zu jeder vollen Stunde, Tickets gibt es an Bord.

 Bus: Der Terminal liegt am Nordrand der Altstadt, von hier startet man zu Ausflügen in die Orte der näheren Umgebung.
Zug: Der Hauptbahnhof liegt 2 km südlich der Altstadt, gute Verbindungen nach Gdańsk und Malbork, Bydgoszcz und Grudziądz.

Trygort (Thiergarten)

Lage: Hintere Umschlagkarte O7
(in der Nähe von Węgorzewo)
Vorwahl: 0 87
Einwohner: 200

 Aniata, Trygort 57, Tel. 4 27 12 94, Fax 4 27 42 91,www.mazury.com.pl/ hotele/aniata, 7 Zimmer, 3 Apartments, günstig.
Abgelegene Pension oberhalb des Mamry-Sees. Mit Anlegestelle, Bootsverleih und Reitmöglichkeit. 1 km westlich von Trygort abbiegen und der Piste 800 m folgen.

 Bus: Tägl. mehrere Verbindungen nach Węgorzewo.

Trzebiatów (Treptow)

Lage: Vordere Umschlagkarte D6
Vorwahl: 0 91
Einwohner: 10 500

 Im Internet: www.trzebiatow.pl.

 Marienkirche (Kościół Mariacki), ul. Słowackiego.
Gotische Kirche aus dem 14. Jh. mit hoch aufschießendem Glockenturm und Aussichtsplattform.

 Zug: In der Saison verbindet eine Schmalspurbahn den Ort mit Niechorze und Rewal.

Tykocin

Lage: Hintere Umschlagkarte P4
Vorwahl: 0 85
Einwohner: 2000

 Dworek nad Łąkami, Nieciece 34, Tel./Fax 7 46 00 60, 25 Zimmer, moderat.
Aus Holz erbauter Gutshof am Ufer der Narew mit russischer Sauna; Verpflegung

mit guter altpolnischer Kost. Verleih von
Rädern, Booten und Angelutensilien.

 Synagoge (Synagoga), ul. Kozia 2,
tägl. 10–17 Uhr.
Hervorragend erhaltenes frühbarockes
Baudenkmal mit einem jüdischen
Museum.

 Bus: Ab dem Mały Rynek, 100 m
von der Synagoge entfernt, fahren
stündlich Busse nach Białystok.

Ustka (Stolpmünde)

Lage: Vordere Umschlagkarte F8
Vorwahl: 0 59
Einwohner: 17 000

 Touristeninformation, ul. Marynarki Polskiej 87, Tel. 8 14 71 70, Fax
8 14 99 26, Mo–Fr 11–16 Uhr, während der
Sommerferien Mo–Sa 8–19 Uhr.

 Dinkels, ul. Marynarki Polskiej 10,
Tel./Fax 8 14 62 62, 9 Zimmer, güns-
tig.
Pension in einem alten Fachwerkhaus ca.
100 m vom Strand, gemütlich und familiär.
Dass sie von einem ehemaligen deutschen
Gärtner geführt wird, merkt man an der
Blumenpracht rings ums Haus.
Jantar, ul. Wczasowa 14, Tel./Fax
8 14 40 93, 41 Zimmer, günstig.
Ferienzentrum im Kiefernwald 100 m vom
Strand. Die Zimmer im attraktiven Haupt-
haus verfügen über Sat-TV, dazu gibt es
Campinghütten und einen Spielplatz.
Preiswerte Vollpension.
Oleńka, ul. Zaruskiego 1, Tel. 8 14 85 22,
Fax 8 14 85 23, www.dc.slupsk.pl/
pensjonat-olenka, 7 Zimmer, 4 Apart-
ments, günstig.
Gästehaus in einem denkmalgeschützten
Hafenspeicher aus dem 19. Jh., 50 m von
Strand und Promenade entfernt. Komfor-
table, mit englischen Stilmöbeln ausge-
stattete Zimmer, dazu ein gemütlicher
Essraum und ein Garten mit Grill.
Dom Rybaka, ul. Marynarki Polskiej 31,
Tel. 8 14 45 26, 60 Zimmer, sehr preiswert.

Das »Haus des Fischers« ist auch als
»Hotel Nord« bekannt und liegt zentral am
Hafen. Im Speiselokal gibt es frischen, gut
zubereiteten Fisch.
Bałtycki, ul. Grunwaldzka 55, Tel./Fax
8 14 40 48, 25 Zimmer, sehr preiswert.
Einfaches, im Wald gelegenes Gasthaus
am Ortsausgang Richtung Rowy, 700 m
vom Meer. Von außen unattraktiv, innen
schöner.

Jugendherberge, ul. Jagiellońska 1,
Tel. 8 14 50 81, 42 Betten.
Ganzjährig geöffnetes Haus mit Gruppen-
schlafsälen.

Camping Morski Nr. 101, ul. Armii
Krajowej 4, Tel. 8 14 47 89, Fax 8 14 44 26,
geöffnet Mai–Okt.
3 ha große Anlage auf teilweise schatti-
gem Wiesengelände, 1,3 km vom Meer.
200 Stellplätze, dazu 12 kleine Campinghütten und Bungalows sowie Pensionszimmer. An der Straße von Ustka nach
Przewłoka (beschildert).

 Leuchtturm (Latarnia Morska),
tägl. 10–18 Uhr.
Kleiner, backsteinerner Leuchtturm mit
Fernblick.

 Baden: Für Tage mit schlechtem
Wetter steht in der ul. Sportowa ein
Hallenbad bereit.
Schiffsausflüge: Ausflugsboote laden
ein zur Fahrt auf hoher See. Während der
Sommerferien verkehrt am Wochenende
ein Katamaran zwischen Ustka und Bornholm; Fahrtdauer 2 Std., Räder können
mitgenommen werden.

 Bus/Zug: Stündliche Zugverbindungen mit Słupsk, Busse fahren
noch häufiger.

Ustronie Morskie (Henkenhagen)

Lage: Vordere Umschlagkarte D7
Vorwahl: 0 94
Einwohner: 2000

 Im Internet: www.ustronie-morskie.pl.

 Rafa, ul. Kolejowa 2, Tel. 3 51 51 25, 22 Zimmer, günstig.
Bestes Haus vor Ort in einem modernen, mit Backstein verkleideten Bau, alle Zimmer mit Sat-TV. Gute Küche.

 Bus: Verbindungen nach Kołobrzeg und Koszalin.

Warszawa (Warschau)

Lage: Hintere Umschlagkarte N1
Stadtplan: S. 220
Vorwahl: 0 22
Einwohner: 1,65 Mio.

 Warschauer Touristeninformation, Tel. 94 31 (auch in englischer Sprache), www.warsawtour.pl.
Städtische Informationsstellen gibt es u. a. am Flughafen und am Zentralbahnhof, tägl. 9–18, in den Sommerferien 9–20 Uhr. Man erhält dort Auskunft zu Hotelzimmern, Kulturveranstaltungen und Ausflügen.

Touristenbüro am Schlossplatz, pl. Zamkowy 1-3, Tel. 6 35 18 81, Fax 8 31 04 64, Mo–Fr 9–18, Sa 10–18, So 11–18 Uhr. Verkauf von Ausflugstickets, Broschüren und Videokassetten.

Internet-Cafe: Cyberia, ul. Krakowskie Przedmieście 4/6, Tel. 8 28 14 47.

 Bristol, ul. Krakowskie Przedmieście 42/44, Tel. 5 51 10 00, Fax 6 25 25 77, www.lemeridien-bristol.com, 206 Zimmer, sehr teuer.
Zur Hundertjahrfeier 2001 frisch renoviertes Luxushotel am Königsweg, gleich neben dem Präsidentenpalais. Außen und innen schönster Art Nouveau, alle Zimmer mit Stilmöbeln und Marmorbad, neuerdings hat man auch Fax und Internet-Anschluss. Hervorragendes Frühstücksbüfett und aufmerksamer Service rund um die Uhr (s. u.).

Victoria Warsaw, ul. Królewska 11, Tel. 6 57 80 11, Fax 6 57 80 57, 340 Zimmer, sehr teuer.
Das ehemalige Orbis-Hotel am Piłsudski-Platz wurde nach seiner Renovierung von der Sofitel-Kette übernommen. Als teuerstes Hotel der Hauptstadt bietet es allen erdenklichen Komfort, die Business Rooms verfügen über ein zusätzliches Arbeitszimmer.

MDM, pl. Konstitucji 1, Tel. 6 21 62 11, Fax 6 21 41 73, www.syrena.com.pl, 119 Zimmer, teuer.
Komforthotel im Geschäftszentrum der Stadt mit einem hervorragenden, arabisch inspirierten Frühstücksbüfett.

Gromada Dom Chłopa, pl. Powstańców Warszawy 2, Tel. 6 25 15 45, Fax 6 25 21 40, 211 Zimmer, teuer.
Mittelklassehotel in günstiger Lage zwischen Königsweg und Geschäftszentrum.

Harenda, ul. Krakowskie Przedmieście 4/6, Tel. 8 26 00 71, Fax 8 26 26 25, 43 Zimmer, moderat.
Sympathisches Hotel nahe der Universität mit einfachen, aber sauberen Zimmern.

Dom Literatury, ul. Krakowskie Przedmieście 87, Tel. 6 35 04 04, Fax 6 35 39 20, moderat.
»Literatenhotel« im obersten Stock eines historischen Hauses. Einfache Zimmer mit Blick auf den Schlossplatz, trotz des hohen Preises nur Etagenbad.

Mazowiecki, ul. Mazowiecka 10, Tel. 8 27 23 65, Fax 8 27 23 65, www.mazowiecki.com.pl, 54 Zimmer, moderat.
Funktionales Hotel in zentraler Lage nahe dem Königsweg. Die Zimmer wurden jüngst renoviert, so dass nichts mehr an die frühere Nutzung durch Angehörige der polnischen Armee erinnert.

Federacja Metalowcy, ul. Długa 29, Tel. 8 31 40 20, Fax 6 35 31 38, 25 Zimmer, günstig/sehr preiswert.
Bescheidene Unterkunft am Rande der Altstadt. Man hat die Wahl zwischen Einzel-,

Doppel-, Drei- und Vierbettzimmern, doch nur wenige haben ein eigenes Bad. Nicht immer sauber, aber man freut sich über den für Warschau wohltuend niedrigen Preis.
Privatzimmer (günstig/sehr preiswert), Biuro Syrena, ul. Krucza 17, Mo–Fr 9–19, Sa 10–14 Uhr, Tel. 6 28 75 40.
Die Privatzimmer sind über die ganze Stadt verstreut, aber eine gute Alternative zu den insgesamt überteuerten Hotelunterkünften.

Jugendherberge, ul. Karolkowa 53a, Tel. 6 32 88 29, Fax 6 32 97 46, www.ptsm.com.pl, 180 Betten, ganzjährig geöffnet.
Die beste von insgesamt vier Warschauer Herbergen: zahlreiche DZ mit Bad und eine akzeptable Lage: 2 km westlich vom Zentralbahnhof im Stadtteil Wola, erreichbar mit Straßenbahn Nr. 24.

Bristol, ul. Krakowskie Przedmieście 42/44, Tel. 5 51 10 00, teuer.
Der Sunday Brunch ist nicht gerade billig, aber dafür darf der Champagner unbegrenzt fließen, es gibt Kaviar und Lachs, Käse, Salat und viel Süßes. Ausschließlich à la carte speist man im edlen Malinowa, während das im Stil der Wiener Sezession eingerichtete Café hausgemachten Kuchen und internationale Presse bietet.
Fukier, Rynek Starego Miasta 27, Tel. 8 31 10 13, teuer.
Traditionsreiches Restaurant am Altstädtischen Markt: Kerzenlüster, Wandteppiche und opulente Stillleben mit Blumen und Früchten bilden den Rahmen für feine altpolnische Küche. Seit ein paar Jahren dinieren hier mit Vorliebe die Neureichen Russlands.
Pod Samsonem, ul. Freta 3/5, Tel. 8 31 17 88, moderat.
Jüdisches Restaurant in der Neustadt, nostalgisches Ambiente. Ausgezeichnet schmecken frische Forelle, Karpfen in Aspik und galizischer Salat. Gutes Preis-Leistungs-Verhältnis.
Nowe Miasto, Rynek Nowego Miasto 13/15, Tel. 8 31 43 79, moderat.
Vegetarisches Restaurant am Neustädtischen Markt; innen mit Bambus und viel Grün, im Sommer nimmt man auf der Terrasse Platz.
Ejlat, al. Ujazdowskie 47, Tel. 6 28 54 72, moderat.
Liebevoll zubereitete polnische Küche mit jüdischen Einsprengseln. Begehrt ist der Mittagstisch, nachmittags trifft man sich zu Kaffee und Kuchen. Einmal pro Woche spielt zur Abendzeit ein kleines Ensemble.
U Szwejka, pl. Konstytucji 1, Tel. 6 21 87 55, moderat.
Gut besuchtes Lokal mit schmackhaften Grillgerichten, polnische Küche wird fantasievoll variiert. Gäste schätzen das lockere Ambiente, kommen oft nur auf ein Glas Bier vorbei.
Café Blikle, Nowy Świat 33, tägl. ab 9 Uhr, moderat.
Traditionsreiches Café für Genießer, seit 1869 wird hausgemachter Kuchen serviert. Etwas teuer und versnobt, aber stets gut gefüllt.
Café Nowy Świat, Nowy Świat 63, Mo–Fr ab 9, Sa/So ab 10 Uhr, günstig.
Das im Wiener Stil eingerichtete Café ist ein Treffpunkt für Warschauer aller Generationen und Schichten. Sehr guter Kuchen, Kaffeevariationen, Frühstücksgedecke und kleine Speisen. Internationale Presse, im Sommer mit Garten.
Wedel, ul. Szpitalna 8, Mo–Fr 11–19, Sa/So 11–17 Uhr, günstig.
Tolle Adresse für die kalte Jahreszeit: In der »Trinkstube« *(Pijalnia)* des traditionsreichen Pralinen- und Schokoladenherstellers wird ausschließlich heiße Schokolade serviert. Die Art-Deco-Einrichtung blieb bis heute original erhalten; es gibt keine Musikberieselung und keinen Nikotinqualm – ein guter Ort für mußevolle Stunden!

 Jüdischer Friedhof (Cmentarz Żydowski), ul. Okopowa 49/51, So–Do 10–15 Uhr.
Der Friedhof mit über 100 000 Gräbern wird noch heute genutzt. Ein Monument nahe dem Eingang zeigt den Pädagogen Janusz Korczak.
Königsschloss (Zamek Królewski), pl. Zamkowy 4, www.zamek-krolewski.art.pl, Di–Sa 10–16.30, So–Mo 11–16.30 Uhr;

Tickets nebenan in der ul. Świętojańska 2. Kostbar ausgestattete Wohn- und Repräsentationsräume der polnischen Monarchen.
Kulturpalast (Pałac Kultury i Nauki), pl. Defilad.
Höchstes und größtes Gebäude Warschaus, entworfen im Moskauer Stil der 50er Jahre. Mit 3 Theatern, 2 Museen (Technik und Evolution), Goethe-Institut, Deutschem Historischen Institut, Kongress- und Veranstaltungssälen sowie einer Aussichtsplattform im 30. Stock (tägl. 11–17 Uhr).
Łazienki-Park, al. Ujazdowskie, Park tägl. 9–19 Uhr, Museen Di–So 10–16 Uhr (Bus 116, 180, 519, 522).
Romantischer Park mit Chopin-Denkmal, Theater auf der Insel sowie musealer Alter Orangerie und Palais auf der Insel.
Nożyk-Synagoge (Synagoga Nożyków), ul. Twarda 6, Do 10–14 Uhr.
Jüdisches Gotteshaus von 1898, das einzige, in dem Gottesdienste abgehalten werden.
Schloss Wilanów (Pałac Wilanów), ul. Wiertnicza s/n, Mi–Mo 9.30–14.30, Park bis 18 Uhr (Bus 116, 180, 519, 522).
Sommerresidenz von König Jan III. Sobieski. Angeschlossen sind eine Porträt-Galerie sowie ein großes **Plakatmuseum** (Muzeum Plakatu, Di–Fr 10–16, Sa/So 10–17 Uhr).

Chopin-Museum (Muzeum Fryderyka Chopina), Pałac Ostrogskich, ul. Okólnik 1, Mo–Mi 10–14, Do 12–18, Fr/Sa 10–14 Uhr.
Erinnerungsstücke an den berühmten, zeitweise in Warschau lebenden Komponisten.
Historisches Museum (Muzeum Historyczne), Rynek Starego Miasta 28, Di u. Do 12.30–18, Mi u. Fr 10–15.30, Sa/So 11–16 Uhr.
Aufstieg und Fall Warschaus: 700 Jahre Stadtgeschichte.
Jüdisches Historisches Institut (Żydowski Instytut Historyczny), ul. Tłomacka 3/5, Mo–Fr 9–15 Uhr.
Mit Ausstellungsräumen, Bibliothek und Archiv.

Karikaturenmuseum (Muzeum Karykatury), ul. Kozia 11, Di–Fr 11–17, Sa/So 12–17 Uhr.
Satirische Grafik, bissig und meist leicht verständlich.
Literaturmuseum (Muzeum Literatury), Rynek Starego Miasta 20, Mo/Di 10–15, Mi/Do 11–18, Fr 10–15, So 11–17 Uhr.
Mieckiewicz-Reminiszenzen und wechselnde Ausstellungen.
Nationalmuseum (Muzeum Narodowe), al. Jerozolimskie 3, www.ddg.com.pl/nm, Di/Mi 10–18, Do 12–18, Fr–So 10–18 Uhr.
Polens größtes und ältestes Museum mit reichen Sammlungen von der Antike bis zur Gegenwart. Im Ostflügel befindet sich das **Militärmuseum** (Muzeum Wojska Polskiego).
Plakatmuseum: siehe Schloss Wilanów.
Technikmuseum & Museum der Evolution (Muzeum Techniki & Muzeum Evolucji), Pałac Kultury i Nauki, pl. Defilad 1, Di–So 10–15 Uhr.
Errungenschaften der Technik und die Entwicklung des Lebens – attraktiv aufbereitet im Erdgeschoss des Kulturpalasts.
Zachęta-Galerie, pl. Małachowskiego 3, Di–So 10–18 Uhr, www.zacheta-gallery. waw.pl.
Renommierte Galerie internationaler zeitgenössischer Kunst in einem um 1900 erbauten Palast.

Antiquariat: Ultima Thule, ul. Krakowskie Przedmiesscie 20/22, www.ultimathule.com.pl. Viele deutschsprachige Vorkriegstitel, historische Stiche und Landkarten.
Kunst: Galeria Grafiki i Plakatu, ul. Hoża 40. Klassische und junge polnische Grafiker zu erschwinglichem Preis.
Multimedia: Empik, ul. Nowy Świat 15/17. Frisch eingeflogene internationale Presse, deutsche Bücher und eine Riesenauswahl an CDs.
Mode: Längs von Nowy Świat und ihren Seitenstraßen haben sich Boss, Lacoste, Kenzo etc. niedergelassen.
Flohmarkt: Der große »Russenmarkt« am Stadion von Praga hat seinen Reiz verloren. Besser ist z. Zt. der Bazaar in Obocowa, erreichbar mit Straßenbahn 1, 12,

13, 20, 24 oder 43 (Haltestelle Kolo), Sa/So ab 7 Uhr.

Harenda, Krakowskie Przedmieście 4/6, tägl. bis 3 Uhr.
Im großen Biergarten trifft sich ein bunt gemischtes Publikum, mehrmals in der Woche Live-Jazz.
Irish Pub, ul. Miodowa 3, tägl. open end. Gemütlich, locker und fast jeden Abend ein Songwriter.

Die Monatszeitschriften »Warsaw Insider« und »Warsaw in your pocket« informieren in englischer Sprache über aktuelle Kulturveranstaltungen. Sie können in Kiosken und Info-Stellen gekauft werden.
Theater: Empfehlenswert ist ein Besuch im Großen Theater (Teatr Wielki) am pl. Teatralny, wo fast jeden Abend Opern-, Theater- und Ballettaufführungen stattfinden. Das Jüdische Theater (Państwowy Teatr Żydowski) am pl. Grzybowski ist die einzige Bühne Europas, auf der Stücke in jiddischer Sprache (mit Simultanübersetzung) aufgeführt werden.
Klassik: Die Nationalphilharmonie (Filharmonia Narodowa) in der ul. Jasna feierte 2001 ihr 100-jähriges Bestehen. Konzerte mit Musik von Chopin finden während der Sommermonate jeden Sonntag im Łazienki-Park und an ausgewählten Abenden im Chopin-Museum statt.

Mozartfestival (Juli): Werke des Komponisten in Kirchen und Palästen.
Plakatbiennale (Juli/Aug.): Im Plakatmuseum von Wilanów werden alle zwei Jahre (2004, 2006) grafische Meisterwerke aus aller Welt prämiert.
Warschauer Herbst (Sept.): Renommiertes Festival zeitgenössischer Musik.
Monteverdi-Festival (Okt.): Opulente Barockopern, vornehmlich von Monteverdi.
Jazz Jamboree (Okt.): Seit 1958 treten im Kulturpalast Jazz-Größen aus aller Welt auf.

Historische Straßenbahn: Für die »T«-Linie, die Touristen zu einer Fahrt durch die Innenstadt einlädt, werden Wagen aus der Vorkriegszeit eingesetzt. Start und Endpunkt ist der pl. Narutowicza, von dort geht es u. a. durch die ul. Grojecka, al. Jerozolimskie, al. Solidarności und ul. Marszałkowska. Die Bahn verkehrt im Sommer stündlich zwischen 11.30 und 18.15 Uhr (Sa/So), Tickets gibt es in der Bahn.
Rundgang »Jüdisches Warschau«: Our Roots, Jewish Information and Tourist Bureau, ul. Twarda 6, Tel./Fax 6 20 05 56. Von allen großen Hotels starten Touren durch das jüdische Warschau, zum Programm gehört meist auch das Jüdische Historische Institut und der Jüdische Friedhof (siehe auch Tipp, S. 226ff.). Die Veranstalter bieten außerdem Fahrten nach Auschwitz, Treblinka, Majdanek und Lublin an.

Flug: Der Flughafen befindet sich in Okęcie, 10 km südlich von Warschau. Der Airport City Express steuert ab 5.30 Uhr alle 30 Min. die großen Hotels an.
Bus/Zug: Die meisten Reisenden kommen am Zentralbahnhof (Warszawa Centralna PKP) an, EuroCity-Züge verbinden die Stadt mit Berlin, Wien, Budapest und Prag. Tickets für die Weiterfahrt erhält man am Schalter im Obergeschoss. Die internationalen Busse kommen gleichfalls am Zentralbahnhof an (al. Jana Pawła II), seltener an der ungünstigen Station Dworzec Zachodni PKS im Westen der Stadt. Um von dort ins Zentrum zu kommen, fährt man mit dem Bummelzug von Warszawa Zachodnia zum Lokalbahnhof Warszawa Śródmieście – dieser liegt vor dem Kulturpalast und 300 m vom Zentralbahnhof.
Stadtverkehr: Fahrkarten für Bus, Straßenbahn und Metro (für große Gepäckstücke separate Einzelkarten) erhält man an Kiosken mit der Aufschrift MZK; beim Einsteigen sind die Karten zu entwerten. Es gibt preiswerte Tagestickets *(Bilet jednodniowy)* und Wochentickets (innerhalb der Stadtgrenzen: *Bilet tygodniowy miejski,* Warschau & Umgebung: *Bilet tygodniowy sieciowy).* Der Bus 175 verbindet

die Altstadt mit dem Zentralbahnhof und Flughafen, doch Vorsicht: Es gibt auf dieser Strecke Taschendiebe! Als verlässliches **Taxi** gilt Radio Taxi MPT (Tel. 9 19).
Auto: Bewachte Parkplätze gibt es z. B. am Kulturpalast (ul. Parkingowa, Tiefgarage hinter dem Hotel Forum) und am Hotel Dom Chłopa (pl. Powstańców Warszawy).

Wdzydze (Sanddorf)

Lage: Vordere Umschlagkarte H6
Vorwahl: 0 58
Einwohner: 1000

 Niedźwiadek, Wdzydze 32, Tel. 6 86 60 80, 50 Zimmer, günstig.
Hotel in Hügellage mit schönem Ausblick, alle Zimmer mit Bad und Sat-TV.

 Kaschubisches Freilichtmuseum (Kaszubski Park Etnograficzny), Di–So 9–16 Uhr, im Winter kürzer.
Großes Museumsdorf mit Kirche, Gehöften und Windmühlen.

 Während der Sommermonate finden in der Museumskirche **Orgelkonzerte** statt.

 Jahrmarkt (Juli): Kaschubisches Volksfest mit viel Musik und Theater.

 Wandern: Auf der rot markierten Route kommt man durch das landschaftlich schönste Gebiet der Kaschubischen Schweiz: via Olpuch und Gołubie nach Kartuzy (95 km).

 Bus: Nur wenige Verbindungen nach Kościerzyna.

Węgorzewo (Angerburg)

Lage: Hintere Umschlagkarte O7
Vorwahl: 0 87
Einwohner: 13 000

 Touristeninformation, pl. Wolności/ul. Portowa 1, Tel./Fax 4 27 50 80, www.mazury.ceti.com.pl/wegorzewo.htm, tägl. 9–18 Uhr.
Die Info-Stelle am Museum (könnte in die ul. Zamkowa zurückverlegt werden!) wird von Herrn Husar geleitet, der sehr gut deutsch spricht, Tipps zu Ausflügen gibt, Unterkünfte vermittelt und Fährtickets verkauft.

 Nautic, ul. Słowackiego 14, Tel./Fax 4 27 20 80, 12 Zimmer, günstig.
Pension an der Uferpromenade nahe der Bootsanlegestelle. Alle Zimmer mit Bad und Sat-TV, das zugehörige Restaurant gilt als bestes der Stadt.
Wiking, Kal, Tel./Fax 4 27 21 83, 24 Zimmer u. Apartments, günstig.
Kleine Ferienanlage auf der Halbinsel Kal mit rustikalen Holzhäuschen. Tennisplatz, Sauna, Fahrrad- und Bootsverleih, im Winter Touren im Pferdeschlitten und Eissegeln.
U Pirata, Kal 14-A, Tel./Fax 4 27 47 08, 6 Zimmer, günstig.
Pension mit Zeltplatz auf der Halbinsel Kal direkt am See. Mit Räucherkammer und »Piratentaverne«, Boote sind ausleihbar.

Camping Rusałka Nr. 175, ul. Leśna, Tel./Fax 4 27 20 49, geöffnet Mai–Sept.
Die »Wassernixe« (Rusałka) ist eine 14 ha große Anlage am Święcajty-See, 1 km südlich der Stadt. Mit 110 Plätzen in Holzhäuschen, die sich über ein schattiges, terrassenförmig angelegtes Gelände verteilen. Kinderspielplatz und Bootsverleih.

 Regionalmuseum (Muzeum Kultury Ludowej), ul. Portowa 1, tägl. 9–18 Uhr.
Volkskunst aus mehreren Jahrhunderten.

 Schiffsausflüge: Die Weiße Flotte bietet im Sommer Touren nach

Giżycko und Mikołajki. Tickets in der Touristeninformation (s. o.).
Wassersport: Bootsverleih am Campingplatz Rusałka (s. o.).

 Bus: Vom Terminal 1 km nordwestlich des Zentrums gibt es gute Verbindungen nach Giżycko, Kętrzyn und Gołdap.

Wejherowo (Neustadt)

Lage: Vordere Umschlagkarte H8
Vorwahl: 0 58
Einwohner: 48 000

Im Internet:
www.wejherowo.pl.

 Murat, ul. Wejherowska 33, Reda, Tel. 6 78 41 54, Fax 6 78 41 53, 42 Zimmer, moderat.
7 km östlich der Stadt an der E-28: Komfortunterkunft in einer Fantasie-Villa mit geräumigen Zimmern, gutem Restaurant und Nachtklub.

 Kalvarienberg (Kalwaria), ul. Edmunda Roszczynolskiego s/n.
Kreuzweg mit 26 Kapellen, die aber nur sonntags und an kirchlichen Feiertagen geöffnet sind.

Museum des kaschubisch-pommerschen Schrifttums und der Musik (Muzeum Piśmiennictwa i Muzyki Kasz.-Pomorskiej), ul. Zamkowa/ul. Klasztorna, Mo–Fr 9–15 Uhr.
Ethnografische Ausstellung in einem neugotischen Schloss.

Festival der Seemannslieder (April): Shanty-Wettbewerb der besten polnischen Chöre.
Jahrmarkt (Juni): Zum Monatsende trifft man sich im Amphitheater zum dreitägigen Jarmark Wejherowski – Auftakt zu einer ganzen Reihe kaschubischer Sommerfeste, u. a. in Kartuzy und Wdzydze.

 Wandern: Auf der grün markierten Route kommt man nach Krokowa (37 km), auf der blauen nach Puck (32 km).

 Bus/Zug: Etwa alle 20 Min. fahren Nahverkehrszüge in die Dreistadt, gute Zugverbindungen auch nach Lębork und Słupsk. In die Orte der Kaschubischen Schweiz kommt man am besten mit dem Bus; die zentrale Abfahrtsstelle befindet sich in der ul. Kwiatowa.

Wigierski Park Narodowy (Wigry-Nationalpark)

Lage: Hintere Umschlagkarte Q6
Vorwahl: 0 87

Im Internet:
www.wigry.pl.

Klosterhotel, Dom Pracy Twórczej, Wigry, Tel. 6 16 42 49, Fax 6 16 42 48, 15 Zimmer, günstig.
Ehemaliges Kamaldulenserkloster am Ufer des Wigry-Sees mit komfortablen Zimmern im Königstrakt und etwas einfacheren, aber gleichfalls mit Bad ausgestatteten »Klausen«. Angeschlossen ist ein gutes Restaurant.
PTTK-Herberge, Stary Folwark, Tel. 5 63 77 27, sehr preiswert.
Bester Ausgangspunkt zur einwöchigen Kajakwanderung auf der Czarna Hańcza. Zimmer für 2-4 Personen mit Etagenbad, dazu ein Campingplatz und selbstverständlich Bootsverleih.

 Bus: Von Wigry und Stary Folwark gibt es in der Saison fast stündlich Verbindungen nach Suwałki.

Wilkasy (Wilkassen)

*Lage: Hintere Umschlagkarte O6
(bei Giżycko)
Vorwahl: 0 87
Einwohner: 400*

 Wilkasy Country Club, ul. Niegocińska 7, Tel. 4 28 04 54, Fax 4 28 00 24, www.wilkasy.netoferta.pl, günstig.
Große Anlage im Kiefernwald direkt am Niegocin-See. Man wählt zwischen Doppelzimmern im Hotel und übers Gelände verstreuten Bungalows und Holzhäuschen für max. 5 Personen (alle mit Sat-TV). Mit Sauna, Freibad und Whirlpool, Mountainbike- und Bootsverleih. Angeschlossen ist eine Reitschule.
Tajty, ul. Przemysłowa 17, Tel. 4 28 01 94, Fax 4 28 00 87, www.mazury.com.pl/hotele/tajty, 50 Zimmer, günstig.
Hotel oberhalb des gleichnamigen Sees mit Fahrrad- und Bootsverleih. Anfahrt durch unattraktives Fabrikgelände.

Camping Borowo, Bystry, Tel. 4 28 89 72, Fax 4 28 89 25, ganzjährig geöffnet.
3 ha großer, am Niegocin-See gelegener Wiesenplatz mit 100 Stellplätzen, neuen Sanitäreinrichtungen und eigenem Badesteg.

 Reiten: Der Wilkasy Country Club verfügt über ein eigenes Gestüt, man muss nur aus dem Hotel heraustreten und die Straßenseite wechseln.

 Bus: Gute Verbindungen nach Giżycko, Kętrzyn, Mrągowo und Mikołajki.

Władysławowo (Großendorf)

*Lage: Vordere Umschlagkarte H/J8
Vorwahl: 0 58
Einwohner: 13 000*

 Im Internet:
www.wladyslawowo.pl.

 Camping Kaper Nr. 152, ul. Helska, Tel./Fax 6 74 14 86, geöffnet Ende Mai–Aug.
Auch bei Surfern beliebt: Strandanlage der I. Kategorie mit schattigen Abschnitten und insgesamt 400 Stellplätzen, 2 km östlich des Ortes an der Straße nach Chałupy.

 Schiffsausflüge: Vom Fischereihafen startet man zu Rundfahrten auf der Ostsee.
Wandern: Westwärts kommt man auf der blau markierten Route nach Krokowa (ca. 18 km), ostwärts nach Jurata (ca. 24 km) auf der Halbinsel Hel.

 Bus/Zug: Bahnhof und Busterminal befinden sich an der zentralen ul. Towarowa, gute Verbindungen auf die Halbinsel Hel und nach Gdańsk.

Wojnowo (Eckertsdorf)

*Lage: Hintere Umschlagkarte N5
(in der Nähe von Ukta)
Vorwahl: 0 87
Einwohner: 300*

 Klasztor, Wojnowo s/n, Mobiltel. 6 03 42 91 83, 5 Zimmer, sehr preiswert.
Spartanisch wohnen im Kloster: Direkt neben dem Kirchraum befinden sich drei Zimmer, im Obergeschoss zwei weitere Räume. Die Gäste teilen sich die Toilette, die Dusche befindet sich im Keller.

 Kloster der Heiligen Dreifaltigkeit und des Erlösers (Klasztor Św. Trójcy i Zbawiciela), tägl. 9–18 Uhr. Küster Krzysztof Ludwikowski spricht deutsch und führt die Besucher durchs Kloster.
Weiße Kirche (Biały Kościół).
Die Kirchendienerin lebt im Haus schräg über der Straße (Nr. 48) und übergibt gegen eine Spende den Schlüssel. Sonntags finden griechisch-orthodoxe Gottesdienste statt.

Bus: Die nächste Haltestelle befindet sich 3 km nördlich in Ukta, von dort tägl. mehrere Verbindungen nach Ruciane-Nida und Mikołajki.

Wolin (Wollin)

Lage: Vordere Umschlagkarte B6
Vorwahl: 0 91
Einwohner: 5200

 Im Internet:
www.wolin.pl.

Piaski, Troszyn/Piaski Wielkie, Tel. 3 26 31 23, Fax 3 26 31 24, piaski@pro.onet.pl, 40 Zimmer, moderat.
8 km östlich von Wolin: ein komfortables Jagdschlösschen am See. Speisesaal und Aufenthaltsraum befinden sich im alten Trakt, die Zimmer im modernen Anbau. Mit Sauna, Fitnessbereich, Tennis, Minigolf und Bootsverleih. Das angeschlossene Restaurant bietet gute polnische Küche.
Wineta, ul. Zamkowa 19, Tel. 3 26 18 84, günstig.
Einfaches Hotel im Ortszentrum von Wolin.

 Regionalmuseum (Muzeum Regionalne), ul. Zamkowa 24, Mo–So 9–18 Uhr, in der Nebensaison 9–16 Uhr.
Archäologische Exponate aus Wolins Glanzzeit vom 9.–11. Jh., aufgefächert in die Rubriken Besiedlung und Verteidigung, Wirtschaft, Handel und Glauben.

Wikinger-Festival (Juli): Wikingerfans aus ganz Europa reisen an, um Schaukämpfe in alten Rüstungen zu erleben.

Zug: Mehrere Verbindungen tägl. nach Szczecin, Międzyzdroje und Świnoujście.

Żarnowiec (Zarnowitz)

Lage: Vordere Umschlagkarte H8
(in der Nähe von Krokowa)
Vorwahl: 0 58
Einwohner: 300

 Kirche und Kloster Mariä Verkündigung (Kościoł i Klasztor Zwiastowania NMP), Żarnowiec 44, Tel. 6 73 71 07, Juli/Aug. tägl. 9–17 Uhr, sonst nach Voranmeldung.
Gotische Kirche mit prächtigem Sterngewölbe, angeschlossen ist ein Kloster mit Schatzkammer.

 Bus: Nur wenige Verbindungen nach Krokowa.

Żelazowa Wola

Lage: Hintere Umschlagkarte M1
(in der Nähe von Sochaczew)
Vorwahl: 0 22
Einwohner: 1000

 Chopin-Museum (Muzeum Chopina), tägl. außer Mo 10–16 Uhr.
Erinnerungsstücke und Bilder, dazu ein altes Klavier.

 Klavierkonzerte: Anfang Mai–Mitte Okt. So 11 u. 15 Uhr im Chopin-Museum (s. o.).

 Bus: Verbindungen nach Warszawa (Dworzec Zachodni PKS) via Kampinos.

Reiseinformationen von A bis Z

Ein Nachschlagewerk – von A wie Anreise über N wie Notruf bis Z wie Zeitungen – mit vielen nützlichen Hinweisen, Tipps und Antworten auf Fragen, die sich vor oder während der Reise stellen. Ein Ratgeber für die verschiedensten Reisesituationen.

Anreise

■ Mit dem Auto

Von Deutschland, Tschechien und der Slowakei stehen viele Grenzübergänge zur Wahl. Die meisten von ihnen sind rund um die Uhr geöffnet, Geldwechsel ist möglich. Starker LKW-Verkehr herrscht an den Übergängen bei Frankfurt/Oder, Forst und Görlitz. Zu längeren Warteschlangen kann es zu Ferienbeginn und an Wochenenden kommen, aber auch an kirchlichen Feiertagen wie Weihnachten, Ostern und Fronleichnam.

Autofahrer brauchen bei der Einreise den nationalen Führerschein und die grüne Versicherungskarte, für Wohnwagenanhänger ist eine zusätzliche Karte nötig. Ebenfalls erforderlich sind Warndreieck, Verbandskasten und Nationalitätenkennzeichen. Wer die grüne Versicherungskarte vergessen hat, kann an der Grenze eine Zusatzversicherung abschließen. Ist man mit einem geliehenen Auto unterwegs, muss man die amtlich beglaubigte Vollmacht des Fahrzeughalters vorweisen können – ansonsten geht man in Polen davon aus, der Wagen sei gestohlen.

■ Mit dem Bus

Regelmäßige Busverbindungen nach Polen bietet die Deutsche Touring-GmbH (Europabus) in Kooperation mit anderen Veranstaltern. Die wichtigsten Linien führen über Poznań (Posen) nach Warszawa (Warschau), früh ausgebucht ist die Strecke über Olsztyn (Allenstein) nach Giżycko (Lötzen). Auskunft erteilt die Deutsche Touring GmbH in Frankfurt/Main, Tel. 0 69/79 03 54, www.deutsche-touring.com. Kinder reisen bis zum 4. Lebensjahr ohne eigenen Sitzplatz gratis, Kinder im Alter zwischen 4 und 10 Jahren erhalten 50% Ermäßigung.

■ Mit der Bahn

Zwischen allen größeren Städten Deutschlands, der Schweiz, Österreichs und Polen verkehren täglich mehrere internationale Fernschnellzüge. Gute Direktverbindungen gibt es von Berlin und Wien nach Warszawa (Warschau), dort hat man Anschluss z. B. nach Gdańsk (Danzig), Toruń (Thorn) und Olsztyn (Allenstein). Einen festen Sparpreis bietet die Deutsche Bahn für Reisen von jedem deutschen zu jedem polnischen Bahnhof; der Streckenabschnitt in Polen ist nach wie vor sehr preiswert.

Der Euro-Domino-Tarif scheint wenig lukrativ, dagegen ist der Polrail-Pass für alle, die viel unterwegs sein wollen, keine schlechte Wahl. Er berechtigt zu beliebig vielen Fahrten in allen polnischen Personen-, Schnell- und Expresszügen und hat eine Gültigkeitsdauer von 8, 15, 21 Tagen oder von einem Monat. Man bestellt ihn ca. zwei Wochen vor der Abreise bei POLORBIS (Hohenzollernring 99, 50672 Köln, Tel. 02 21/95 15 34 30, Fax 52 82 77). Er wird namentlich ausgestellt und ist nur in Verbindung mit dem Reisepass gültig; die Kosten für eine Platzreservierung sind im Preis enthalten. Auskünfte zum polnischen Zugverkehr erteilt die Generalvertretung der Polnischen Staatsbahn PKP in Berlin, Tel./Fax 0 30/2 42 34 53.

■ Mit dem Fahrrad

Vor Reisebeginn erwirbt man am Bahnschalter des Abfahrtsortes eine internationale Fahrradkarte, mit der man in allen dafür zugelassenen Zügen die Grenze passieren und bis zum polnischen Zielbahnhof weiterreisen kann. Für zusätzliche Fahrten innerhalb Polens kauft man am jeweiligen Bahnschalter Fahrradtickets, deren Preis sich nach der Entfernung bemisst. Die Mitnahme des Rades ist nur in den Zügen mit Gepäckwagen möglich (im Fahrplan mit Gepäck- oder auch Fahrradsymbol gekennzeichnet). Das Fahrradticket wird am Drahtesel befestigt und dieser am Gepäckwagen abgegeben. Der Schaffner durchtrennt das Ticket und bestätigt die Übernahme des Fahrrades. Nach Ankunft am Bestimmungsbahnhof holt sich der Fahrgast sein Rad aus dem Gepäckwagen.

■ Mit dem Schiff

Von Dänemark und Schweden kann man mit der Fähre die polnischen Ostseehäfen Świnoujście (Swinemünde) und Gdańsk (Danzig) ansteuern, nicht aber von Deutschland.

■ Mit dem Flugzeug

Die polnische Fluggesellschaft LOT bietet von Hamburg Direktflüge nach Gdańsk (Danzig), von anderen Städten mit Zwischenlandung in Warszawa (Warschau). Daneben gibt es Flüge u. a. mit Austrian Airlines, Lufthansa, Delta Airlines und Eurowings. Direktflüge von verschiedenen deutschen Flughäfen nach Masuren bietet dnv-tours. Mit gecharterten Maschinen der Augsburg Airways, einer Tochtergesellschaft der Deutschen Lufthansa, geht es von Mitte Mai bis Anfang Oktober direkt nach Szymany, einem ehemaligen Militärflughafen bei Szczytno (Ortelsburg); Infos und genaue Termine unter www.dnv-tours.de. Auskünfte über weitere Zielorte und Abflugzeiten erteilen die Reisebüros.

Aktivurlaub

Wassersportler, Radler und Wanderer: Sie alle kommen in Nordpolen auf ihre Kosten. An der Ostseeküste gibt es kilometerlange Sandstrände, in den Nationalparks laden markierte Wege zu Ausflügen ein. Heimat vieler seltener Vögel sind die Sümpfe und Seen im Nordosten, im Białowieski-Park kann man Wisente und Tarpanpferde aus nächster Nähe betrachten.

■ Angeln

Polen ist ein Eldorado für Angler; über 20 Fischarten können gefangen werden. In der pommerschen und masurischen Seenplatte leben Hecht, Zander, Wels und Aal, an der Ostsee vor allem Seelachs, Makrele und Heilbutt; die Bestände des Dorsch haben sich in den vergangenen Jahren gleichfalls erholt. Gegen Überweisung einer Gebühr auf das Konto des örtlichen Angelverbands dürfen sich Touristen am Fangvergnügen beteiligen. Die aktuell festgelegten Tages- und Jahressätze erfährt man beim Polnischen Fremdenverkehrsamt oder direkt beim Angelverband in Warschau:
Polski Związek Wędkarski PZW,
ul. Twarda 42, Warszawa,
Tel. 0 22/6 20 89 66, Fax 6 20 50 89,
www.zgpzw.pl.

■ Baden

Weicher weißer Sand, kilometerlang und streckenweise von Kiefernwäldern gesäumt: So präsentieren sich die Strände der Ostsee. Die Wasserqualität hat sich in den vergangenen Jahren erheblich verbessert, dank neuer Klärwerke wagen es Urlauber, selbst in der Danziger Bucht wieder in die Fluten zu steigen. Sauber und ökologisch intakt sind auch die meisten Seen der Kaschubei und Masurens. FKK-Strände bleiben rar: Gegenwärtig gibt es mehr oder weniger geduldete Nacktbadestellen nur in Dębki und Chałupy.

■ Birdwatching

Noch immer ist der »polnische Amazonas« von Biebrza und Narew unter Urlaubern nur wenig bekannt. Er bietet Hunderttausenden Vögeln Lebensraum, darunter Schwarzstörchen und Kranichen, Exoten wie Kampfläufer, Wachtelkönig und Seggenrohrsänger. Auf Birdwatching-Exkursionen sind Agenturen in Białystok sowie im Biebrza- und Narew-Nationalpark spezialisiert. Daneben bieten die Veranstalter Wildbeobachtung, Spuren- und Fährtensuche an – mit deutschsprachigen Biologen wird die Natur zum offenen Buch. Die Touren führen in den Urwald von Białowieża, in die Augustówer, Rominter und Borkener Heide.

■ Golf

Der erste Golfplatz Polens war eine 18-Loch-Anlage und wurde zu Beginn der 90er Jahre auf der Insel Wolin eröffnet – leicht erreichbar für die Hotelgäste von Międzyzdroje. In den vergangenen Jahren entstanden weitere Plätze in der Nähe großer Städte und in Feriengebieten, z. B. in Radziszewo südlich von Stettin, in Dziwnów an der Ostseeküste und am Naterskie-See bei Olsztyn (Allenstein).

■ Jagd

Über 6000 Menschen fahren jedes Jahr nach Polen, um für viel Geld ihre Waffe auf Tiere zu richten. Gejagt werden Hase und Reh, Wildschwein, Rebhuhn und Fuchs, im Nordosten auch Elch, Birkhahn und Damwild. Eine Liste der Spezialveranstalter kann beim Polnischen Fremdenverkehrsamt angefordert werden.

■ Kajak & Kanu

Einige Wasserstrecken in Polen zählen zu den schönsten Europas. Die mehr als 100 km lange Krutynia-Route führt über 17 masurische Seen und durch mehrere Naturreservate, die Czarna-Hańcza-Route (ca. 150 km) durch den Wigry-Nationalpark und den mit 14 Schleusen ausgestatteten Augustówer Kanal. Beide Touren dauern etwa eine Woche, übernachtet wird unterwegs in Bootshäusern und Biwak-Camps. Preiswert buchen kann man sie bei den PTTK-Büros in Olsztyn (Allenstein) und Suwałki.

■ Radfahren

»Immer mehr Biker in Polen«: So lautete jüngst eine Zeitungsnotiz, und der Geschäftsführer vom Allgemeinen Deutschen Fahrrad-Club kann es bestätigen: »Schon seit Jahren gehört Polen in die Top Ten der bei uns am häufigsten nachgefragten Ziele.« Wer die Hauptstraßen meidet und auf Seitenstraßen ausweicht, kann in Nordpolen herrliche Touren unternehmen. Schweißtreibende Anstiege sind Mangelware – gerade mal auf 328 m bringt es der höchste Berg in der Kaschubei. In den letzten Jahren wurden zahlreiche Radstrecken markiert: Die transeuropäische Route R-1 führt von Kostrzyn nahe der deutschen bis Braniewo an der russischen Grenze. Hinzu kommen Radwege rund um das Stettiner Haff, durch den Wolliner und den Slowinzischen Nationalpark, die Pommersche Seenplatte und die Kaschubei.

Ein beliebtes Radlergebiet ist schon seit Jahren Masuren. Auf den schmalen Alleen herrscht nur wenig Verkehr, am Ziel einer jeden Tagestour wartet eine Herberge oder ein agrotouristischer Bauernhof. Wer keinen eigenen Drahtesel dabei hat, kann ihn vor Ort ausleihen – es gibt inzwischen viele Hotels und Pensionen, die auf das Bedürfnis der Touristen reagieren und sich mit einer ausreichenden Zahl von Rädern ausgestattet haben. Die wohl größte und bestens gewartete Flotte findet man im Hotel Europa in Giżycko. Reparaturläden sind aber nach wie vor rar, weshalb man, wenn man allein auf Tour geht, mit Flickzeug und Ersatzteilen gut ausgerüstet sein sollte.

■ Reiten

Der Adel hat es immer geliebt, sich auf edlen Pferden zu präsentieren – kein Wunder also, dass polnische Gestüte noch heute weltberühmt sind. Einige von ihnen haben ihren Sitz in ehemaligen Gutshöfen und restaurierten Schlössern, z. B. in Kadyny am Frischen Haff und in Budzistowo an der Ostseeküste. Gut organisierte Reitschulen findet man z. B.

in Wilkasy und Goleniów, Ausritte und Kutschfahrten bieten Hotels in Mrągowo und Mikołajki. Spezialveranstalter für Pferdereisen offerieren attraktive Pauschalangebote:
Das Urlaubspferd,
Tel. 0 61 51/89 56 38,
www.urlaubspferd.de
Pferd und Reiter,
Tel. 0 40/6 07 66 90,
www.pferdreiter.de

■ Segeln

Von den Jachthäfen des Stettiner Haffs und der Ostsee (Trzebież, Świnoujście, Kołobrzeg, Łeba und Danzig) starten Segler zu ihren Fahrten auf hoher See. Die meisten Segelsportler zieht es immer noch zu den Großen Masurischen Seen, die durch zahlreiche Kanäle verbunden sind; eine gute Infrastruktur gibt es vor allem in den Wassersportzentren Giżycko, Mikołajki, Ruciane Nida und Augustów. Im Winter laden die zugefrorenen Seen zum Eissegeln ein.

■ Sportfliegen

Die besten Bedingungen für den Flugsport bestehen in Olsztyn (Allenstein), wo ein Aeroclub Rundflüge über Masuren anbietet. Der Blick aus der Vogelperspektive auf das Land der 3000 Seen ist inzwischen auch in den Urlaubszentren Giżycko und Mikołajki möglich: Mehrere Hotels organisieren Ballonflüge.

■ Tauchen

In Giżycko hat die erste größere Tauchbasis Masurens eröffnet. Noch sind Polens Seen und Küstenreviere als Tauchrevier relativ unbekannt, doch das beginnt sich zu ändern, seit im Jahr-Verlag ein Buch der Zeitschrift »Tauchen« zu diesem Thema erschienen ist. Holger Goebel nennt darin die besten Spots, beschreibt Tiefen und Einstiege sowie markante Unterwasserformationen (Tauchen in Polen, Hamburg 1999).

■ Wandern

Kaum jemand wird den Europäischen Fernwanderweg E-9 ablaufen wollen, der von Świnoujście entlang der gesamten polnischen Ostseeküste bis Braniewo an der russischen Grenze führt. Doch es lohnt sich, seine schönsten Abschnitte kennen zu lernen: Markierte Touren führen durch den Wolliner und den Slowinzischen Nationalpark (s. Tipps S.72 und S. 98), entlang steiler Klippen, Wanderdünen und Strandseen. Weitere gute Wandergebiete sind die Kaschubei, hier vor allem die »Schweiz« rings um Chmielno und Kartuzy sowie das »Tal der fünf Seen« in der Pommerschen Seenplatte. Im Masurischen Landschaftspark führen von Krutyń Naturlehrpfade zu jahrhundertealten Königskiefern und schwimmenden Inseln. Gut gewartete Wege findet man auch im Kampinos-Nationalpark bei Warschau sowie im Großpolnischen Nationalpark bei Posen.

■ Windsurfen

Als bestes Revier der Ostseeküste gilt die Halbinsel Hel, hier vor allem um Chałupy. Verleihstationen gibt es selbstverständlich auch in Masuren, z. B. in den Ferienorten Giżycko und Mrągowo.

Auskunft

Vor der Reise lohnt es sich, ans Polnische Fremdenverkehrsamt zu schreiben und um die kostenlose Zusendung von aktuellen Broschüren zu bitten:
Polnisches Fremdenverkehrsamt
Marburger Str. 1
10798 Berlin
Tel. 0 30/2 10 09 20, Fax 21 00 92 14
www.polen-info.de
info@polen-info.de

Polnisches Fremdenverkehrsamt
Marienhilferstr. 32-34/102
1070 Wien
Tel. 01/5 24 71 91, Fax 5 24 71 91 20

Touristische Info-Zentren gibt es in wichtigen polnischen Städten und Feriengebieten. Mehr über sie erfährt man im Serviceteil »Tipps & Adressen von Ort zu Ort« (s. S. 251ff.).

Behinderte

Es gibt in Polen bisher nur wenige Hotels mit behindertengerechten Einrichtungen, und auch das Reisen mit öffentlichen Verkehrsmitteln ist nicht zu empfehlen. Wer dennoch nach Polen fahren möchte, sollte vor Antritt der Reise aktuelle Infos bei der Bundesarbeitsgemeinschaft der Klubs Behinderter und ihrer Freunde e.V. in Mainz (Tel. 0 61 31/22 55 14) einholen.

Diplomatische Vertretungen

■ In Deutschland
Polnische Botschaft
Unter den Linden 72
10117 Berlin
Tel. 0 30/2 20 25 51, Fax 2 29 03 58

■ In Österreich
Polnische Botschaft
Hietzinger Hauptstr. 42c
1130 Wien
Tel. 01/8 77 74 44, Fax 87 77 44 42 38

■ In der Schweiz
Polnische Botschaft
Elfenstr. 20a
3006 Bern
Tel. 0 31/3 52 04 52, Fax 3 52 34 16

■ In Polen
Deutsche Botschaft
ul. Dąbrowiecka 30
03-932 Warszawa
Tel. 0 22/6 17 30 11, Fax 6 17 35 82

Deutsche Konsularabteilung
ul. Jazdów 12b
00-540 Warszawa
Tel. 0 22/6 21 92 31, Fax 6 29 48 03

Österreichische Botschaft
ul. Gagarina 34
00-540 Warszawa
Tel. 0 22/8 41 00 81, Fax 8 41 00 85

Schweizerische Botschaft
al. Ujazdowskie 27
00-540 Warszawa
Tel. 022/6 28 04 81, Fax 6 21 05 48

Einreisebestimmungen

Bürger aus der Bundesrepublik Deutschland, Österreich und der Schweiz benötigen für einen maximal dreimonatigen Aufenthalt in Polen kein Visum. Es genügt ein Reisepass, der am Tag der Einreise noch für mindestens sechs Monate gültig ist. Kinder gleich welchen Alters müssen beim Grenzübertritt den deutschen Kinderausweis mit Foto vorweisen. Das gilt unabhängig davon, ob die Eltern oder begleitende Erwachsene mitreisen oder nicht.

Elektrizität

Die Netzspannung beträgt 220 Volt, die Steckdosen entsprechen der Euro-Norm.

Essen & Trinken

Die Polen mögen's herzhaft: Schon zum Frühstück (*Śniadanie*) greifen sie zu Wurst und Schinken, Käse und Ei, trinken dazu Tee oder Kaffee. Derart gesättigt halten sie durch bis zum Mittagessen *(Obiad),* der wichtigsten Mahlzeit des Tages, die zwischen 12 und 17 Uhr eingenommen wird. Das Abendessen *(Kolacja)* beginnt frühestens um 18 Uhr, oftmals wird es erst um 20 Uhr oder später eingenommen.

In den großen Städten gibt es Küchen aus aller Welt, außerdem Bistros, Snack- und Salatbars, Fast-Food-Lokale von Burger King bis Pizza Hut. Aus sozialistischer Zeit hat sich hier und da noch die Milchbar *(Bar Mleczny)* erhalten, die – anders als der Name vermuten lässt – polnische Hausmannskost bietet, und dies zu günstigen Preisen. Restaurants haben meist durchgehend von 11 bis 22 Uhr geöffnet, Ruhetage sind selten. Beim Trinkgeld wird (bei guter Bedienung) aufgerundet, Reservierung wird nur in kleinen Nobellokalen erwartet.

Feiertage

1. Januar: Neujahr
Ostern
1. Mai: Tag der Arbeit
3. Mai: Tag der Verfassung
Fronleichnam
15. August: Mariä Himmelfahrt
1. November: Allerheiligen
11. November: Unabhängigkeitstag
25./26. Dezember: Weihnachten

Geld und Banken

Die Ein- und Ausfuhr von polnischer Währung ist nicht gestattet. Zahlungsmittel in Polen ist der Złoty (1 Złoty = 100 Grosz); im Umlauf sind Münzen im Nennwert von 1, 2, 5, 10, 20, 50 Grosz und 1, 2, 5 Złoty, dazu Banknoten von 10, 20, 50, 100 und 200 Złoty. Bargeld tauscht man in Banken (Mo–Fr 7.30–17, Sa 7.30–14 Uhr) oder in Wechselstuben *(Kantor)*, die oft im Verein mit einem Geschäft betrieben werden. Die Kurse zwischen Wechselstuben und Banken differieren, deshalb lohnt ein Vergleich. Am Flughafen und im Bahnhof ist der Tausch nur im Notfall zu empfehlen – der Kurs ist hier um einige Prozentpunkte schlechter.

Geldautomaten *(Bankomaty)* findet man an fast jeder Bank, die gängigen internationalen Kreditkarten wie EC/MC und VISA werden in großen Hotels, Restaurants, Geschäften und Autovermietfirmen akzeptiert. Die entsprechenden Embleme sind an Türen oder Schaufenstern angebracht.

Polen gehört nicht mehr zu den Billigreisezielen. In Großstädten liegen die Preise fast auf EU-Niveau, vor allem für Hotels muss man tief in die Taschen greifen. Nach wie vor preiswert sind Bus-, Zug- und Schiffsfahrten, Besuche in Museen, Konzert- und Theateraufführungen.

Gesundheit

Für Reisende aus Deutschland, Österreich und der Schweiz sind keinerlei Impfungen vorgeschrieben. Da aber zwischen diesen Ländern und Polen bisher kein Krankenversicherungsabkommen besteht, empfiehlt sich der Abschluss einer privaten Auslandsversicherung. Nur die Erste Hilfe ist kostenfrei, sonstige Arztkosten müssen bar vor Ort bezahlt werden. Alle Quittungen sind aufzubewahren, damit die entstandenen Kosten später erstattet werden können. Fachärztliche Hilfe wird in Krankenhäusern und Ambulatorien gewährt; im Notfall ruft man den Rettungsdienst (Tel. 999) oder direkt das Taxi (Tel. 919).

Arzneimittel bekommt man preiswert und oft ohne Rezept in der Apotheke *(apteka)*. Obwohl sich die Versorgung mit Medikamenten in Polen inzwischen stark verbessert hat, sollte man Arzneimittel, die man regelmäßig einnehmen muss, in ausreichender Menge mitnehmen. Wer ein Medikament nachts oder an Feiertagen benötigt, ist auf Apotheken mit Sonderdienst angewiesen. Eine entsprechende Übersicht findet man am Eingang geschlossener Apotheken.

Internet

www.polen-info.de – Die deutschsprachige Seite des Polnischen Fremdenverkehrsamts enthält Basisinfos über das Land, eine Beschreibung aller touristisch interessanten Orte, Anschriften wichtiger Unterkünfte und Tipps für den Aktivurlaub.
www.urlaub-polen.de – Homepage mit Reiseberichten und Links, Wetterkarte und Umtauschkurs.
www.slowik-page.de – Kurze Artikel in deutscher Sprache zur Geschichte, Wirtschaft und Kultur Polens.
www.polska2000.pl – Viel Wissenswertes zur polnischen Literatur, dazu Essays und Judaica.
www.poland.pl/tourism/parks.html – Informationen zu allen polnischen Nationalparks in englischer Sprache.

www.hotelsinpoland.com – Ansprechend gestaltetes Unterkunftsportal, neue Hotels sind gesondert aufgeführt.
www.agritourism.pl – Ferien auf dem Lande: Die Lage der Bauernhöfe ist auf der Karte markiert.

Karten

Bei der örtlichen Touristeninformation, aber auch in größeren Buchhandlungen gibt es preiswerte Stadtpläne (Verlag PPWK). Sehr gut sind auch die Regional- und Nationalparkkarten, auf denen die markierten Wanderwege eingetragen sind.

Kinder

Was der ganzen Familie Spaß bereitet:
- Ausflugsfahrten mit der Weißen Flotte auf der Ostsee, dem Oberländischen Kanal oder den Großen Masurischen Seen
- eine Paddeltour auf der Krutynia
- eine Wandertour durch den Slowinzischen Nationalpark, wo man über Riesendünen hinabrutschen kann
- eine Fahrt mit der schnaufenden, nostalgischen Dampflok von Trzebiatów über Niechorze nach Rewal
- ein Besuch in den Wildparks von Kadzidłowo und Kosewo, wo man Tarpanpferde, Hirsche und Rehe streicheln kann

Kur & Wellness

Kurorte erkennt man am Zusatz *Zdrój*, was so viel bedeutet wie »Bad«. Die meisten sind so schön gelegen, dass man hier auch ohne Atem-, Herz- und Kreislaufbeschwerden seinen Urlaub verbringen möchte. Gegenwärtig werden viele therapeutische Einrichtungen erneuert, auch in den Ausbau der touristischen Infrastruktur wird investiert. Zu den wichtigsten Kurorten Nordpolens zählt Połczyn Zdrój, wo man jüngst zwei neue Rehabilitationsschwimmbäder eröffnete. Als Soleheilbad machte sich Kołobrzeg (Kolberg) einen Namen, das Hotel Mona Lisa widmet sich vornehmlich Wellness & Beauty. Kureinrichtungen gibt es auch in Świnoujście, Międzyzdroje, Ustka und Sopot.

Lesetipps

Stefan Chwin: Tod in Danzig. Hamburg 1999.
In dem Roman des gebürtigen Danzigers wird das Schicksal vertriebener Deutscher kunstvoll mit dem polnischer Zuwanderer verknüpft.
Alfred Döblin: Reise in Polen. 3. Aufl., München 2000.
Der aus Stettin stammende Autor hat 1924 eine Reportage verfasst, die sich noch heute spannend liest. Ein langes Kapitel ist Warschau gewidmet, in dem Döblin nicht nur die klassischen Sehenswürdigkeiten, sondern auch Arbeiter- und Judenviertel aufsucht.
Marion Gräfin Dönhoff: Namen, die keiner mehr nennt. München 1997.
Kurz vor dem Einmarsch der Roten Armee setzt sich die Gräfin an die Spitze des Dorftrecks in Richtung Westen. Ihre Erlebnisse während der Flucht werden verknüpft mit Erinnerungen an die Geschichte Ostpreußens.
Theodor Fontane: Meine Kinderjahre. Ditzingen 1986.
Der Autor, der ab 1827 mehrere Jahre in Swinemünde verbracht hat, beschreibt in seinen Memoiren den Alltag im mondänen Ostseebad.
Ralph Giordano: Ostpreußen ade – Reise durch ein melancholisches Land. München 1996.
Eine »Liebeserklärung mit Trauerrand«: Der Journalist spürt den Schicksalen von Menschen nach, die vor und nach dem zweiten Weltkrieg in Masuren gelebt haben.
Günter Grass: Danziger Trilogie. München 1997.
Zur Trilogie gehört neben den »Hundejahren« und »Katz und Maus« auch die von Volker Schlöndorff verfilmte »Blechtrommel«. In diesem Roman hat der 1927 in Danzig geborene Autor das Heraufziehen

des Faschismus in seiner Heimatstadt, die Zeit des Krieges und der Vertreibung aus der Perspektive eines Kindes spöttisch-ironisch geschildert.
Günter Grass: Im Krebsgang, Göttingen 2002.
Der Zweite Weltkrieg ausschließlich aus der Sichtweise deutscher Opfer: für die einen eine die Geschichte verfälschende Verkürzung, für die anderen die längst überfällige Anerkennung »deutschen Leides«. Historisches Anschauungsmaterial bietet das KdF-Schiff »Wilhelm Gustloff«, das, beladen mit Tausenden deutscher Flüchtlinge, im Januar 1945 von sowjetischen Torpedos vor Ostpreußens Küste versenkt wurde.
Paweł Huelle: Silberregen – Danziger Erzählungen. Berlin 2000.
Rückblick auf das Danzig vor dem Krieg und die Zeit danach – bis hin zu den verratenen Träumen der Solidarność-Zeit.
Wolfgang Koeppen: Es war einmal in Masuren. Frankfurt 1998.
Der Autor hat mehrere Jahre seiner Kindheit im heutigen Szczytno (Ortelsburg) verbracht und seine Erinnerungen zu einem schönen Stück Prosa verarbeitet.
Andreas Kossert: Masuren – Ostpreußens vergessener Süden. Berlin 2001.
»Studie über eine Grenzbevölkerung, die zwischen zwei Nationalismen aufgerieben wurde« – so heißt es im Vorwort. Der Autor, ein deutschstämmiger, polnischer Masure, rührt weder die Trommel für die deutsche noch für die polnische Sache, sondern schildert die Geschichte der Region emotionslos und faktenreich.
Christian Graf von Krockow: Zu Gast in drei Welten – Erinnerungen. München 2000.
Erinnerungen des 1927 im heutigen Krokowa geborenen Schriftstellers an die untergegangene Welt Pommerns und Preußens, an deren Menschen und Landschaften.
Siegfried Lenz: So zärtlich war Suleyken – Masurische Geschichten. Frankfurt 1993.
Fantastische Geschichten aus einem imaginären Masuren, angesiedelt in der Zwischenkriegszeit und erzählt in einer vergnüglichen, bilderreichen Sprache.

Czesław Miłosz: Das Tal der Issa. Frankfurt/Main 1999.
Passende Lektüre für einen Ausflug ins litauische Grenzgebiet. Der polnische Nobelpreisträger, der lange Zeit in Suwałki gelebt hat, setzt seiner Heimat mit diesem Roman ein literarisches Denkmal.
Hubert Orłowski: »Polnische Wirtschaft« – Zum Polendiskurs der Neuzeit. Wiesbaden 1996.
Umfassende Analyse eines in Deutschland immer noch verbreiteten Stereotyps.
Marianne Peyinghaus: Stille Jahre in Gertlauken – Erinnerung an Ostpreußen. München 2000.
Autobiografischer Bericht einer Lehrerin, die 1941 von Köln ins ostpreußische Gertlauken versetzt wird. Das eigene Erleben wird ungefiltert dokumentiert, unbeabsichtigt entsteht dabei die Charakterstudie einer Mitläuferin, die die nationalsozialistische Herrschaft nicht in Frage stellt. Die Kriegsjahre erlebt sie als idyllische Zeit mit Dampferfahrten und Ausflügen in die schöne Natur. Erst als ihre eigene Familie um Leib und Leben fürchten muss, finden die »stillen Jahre« ein Ende.
Norbert Schäffer: Narew und Biebrza – Leben am europäischen Amazonas. Überlingen 1999.
Für alle, die sich intensiver mit Europas größtem Sumpfgebiet beschäftigen wollen: Nicht nur Vögel wie Wachtelkönig und Seggenrohrsänger werden vorgestellt, auch Säuger wie Biber, Otter und Wisent kommen nicht zu kurz. Ein ausführliches Kapitel ist dem Umweltschutz gewidmet.
Malin Schwerdtfeger: Café Saratoga. Köln 2001.
Der Roman spielt auf der Halbinsel Hel und handelt vom Heranwachsen Majkas und Sonjas, zweier Mädchen in Polens »bleierner Zeit«. Als Deutschstämmige kommen sie 1987 mit ihren Eltern nach Westdeutschland, ein »entzaubertes« Land, dessen Sprache sie nicht sprechen und in dem sie Fremde sind.
Isaac Bashevis Singer: Schoscha, München 1990.
Erinnerungen an die untergegangene jüdische Welt Warschaus. 1978 erhielt der Autor den Nobelpreis für Literatur.

Arno Surminski: Reise nach Nikolaiken und andere Geschichten. Reinbek bei Hamburg 1993.
Vergnügliches und Nachdenkliches aus der Feder eines ostpreußischen Erzählers.

Nationalparks

Polens schönste Landschaften sind in Nationalparks *(Parki Narodowe)* geschützt. Insgesamt gibt es 22, zehn davon liegen in Nordpolen. Für den Besuch benötigt man keine spezielle Erlaubnis, doch wird am Eingang zum Park – meist freilich nur in der Hochsaison – eine geringe Eintrittsgebühr kassiert. Man darf nur die markierten Wege begehen, Zelten ist einzig an ausgewiesenen Orten erlaubt. Außer Nationalparks gibt es in Polen zahlreiche Landschafts- bzw. Naturparks *(Parki Krajobrazowe),* wo die Schutzbestimmungen weniger streng sind.

Notruf

Die Notrufnummern gelten für ganz Polen und können von öffentlichen Telefonzellen kostenlos angewählt werden:
Polizei: 997
Feuerwehr: 998
Ambulanz: 999
Pannenhilfe: 981

Öffnungszeiten

Es gibt in Polen keine gesetzlich festgelegten Ladenschlusszeiten. In den großen Städten sind viele Geschäfte auch sonntags geöffnet, einige sogar rund um die Uhr. Die hier angegebenen Richtwerte für Apotheken, Banken und Wechselstuben können variieren. Museen bleiben in der Regel montags geschl., Restaurants sind meist tägl. von 12 bis 23 Uhr geöffnet.
Apotheken: Mo–Fr 8–19, Sa 9–14 Uhr
Banken: Mo–Fr 8–17, Sa 8–14 Uhr
Wechselstuben: Mo–Fr 9–18, Sa 9–14 Uhr

Post

Postämter sind in der Regel Mo–Sa 8–20 Uhr geöffnet, verfügen über Kartentelefone und verkaufen Telefonkarten (s. »Telefonieren«). Briefmarken gibt es auch in Hotels und an Kiosken.

Preisniveau

Das Preisniveau ist in Polen sehr uneinheitlich: Während in den großen Städten und in beliebten Ferienorten Hotels und Restaurants »westliches Niveau« erreichen, sind sie auf dem Land erheblich preiswerter. Teuer ist das Mieten von Autos, günstig dagegen das Fahren mit öffentlichen Verkehrsmitteln. Preisgünstig ist auch nach wie vor der Besuch von Museen und Konzerten, Kino und Theater.

Reisezeit

Das Klima ist dem in Deutschland vergleichbar, doch je weiter östlich man fährt, desto stärker ist es vom Kontinentalklima beeinflusst. Die durchschnittliche Tagestemperatur liegt im Sommer etwas höher, im Winter etwas niedriger als in den vom ozeanischen Klima beeinflussten Westgebieten. Beste Reisezeit sind die Monate Mai, Juni und September: Strände und Seeufer sind dann leer und die Preise vergleichsweise niedrig. Zum Baden freilich ist's im Sommer am schönsten: Die Wassertemperaturen der Ostsee steigen dann auf 18-20° C, die masurischen Seen sind noch einige Grad wärmer. Plant man die Urlaubsreise für Juli oder August, sollte man allerdings rechtzeitig ein Quartier besorgen. Und da Fahrräder und Boote schnell ausgebucht sind, empfiehlt es sich auch, in dieser Zeit eigene Sportgeräte mitzubringen.

Sicherheit

Auch wenn inzwischen weniger Autodiebstähle gemeldet werden, sollte man vorsichtig bleiben und möglichst nur bewachte Parkplätze aufsuchen. In großen Städten wie Warschau und Danzig meide man alle Situationen, in denen sich Menschen in großer Zahl drängen: etwa am Bahnhof, im Bus oder in der Straßenbahn.

Beim Verlust des Reisepasses stellt die Konsularabteilung der deutschen Botschaft (s. S. 329) einen Reisepass zur Rückkehr aus. Vorgelegt werden müssen die Verlustanzeige, bestätigt durch die örtliche Polizeibehörde, sowie zwei Passbilder. Was Fahrzeugpapiere betrifft, genügt die von der Polizei attestierte Verlustanzeige.

Personalausweis und Fahrzeugpapiere können nur im Heimatland neu ausgestellt werden. Grundsätzlich sollte jeder Reisende die Registriernummern der Personalpapiere auf einem gesonderten Blatt notieren bzw. entsprechende Fotokopien mitführen. So wird beim Verlust der persönlichen Dokumente eine Identifizierung durch das deutsche Konsulat vereinfacht.

Souvenirs

Beliebtestes Mitbringsel ist der Bernstein- und Silberschmuck. Man bekommt ihn vor allem in den Läden der Danziger Rechtstadt, wo man nicht nur herrliche Ohrringe, Broschen und Ringe erstehen kann, sondern auch Schachfiguren, Spiegel und Lampen. Eine gute Adresse für Volkskunst sind die Cepelia-Läden; dort bekommt man Holzschnitzereien und Keramik, Leinentischdecken, Puppen und Porzellan.

Sprachkurse

Die Universitäten in Danzig, Posen und Warschau bieten Sommersprachkurse in Polnisch an. Nähere Auskünfte erteilt der Deutsche Akademische Austauschdienst (DAAD) in Bonn, Tel. 02 28/88 20, www.daad.de.

Telefonieren

Das polnische Telefonnetz wurde in den vergangenen Jahren modernisiert, auch Mobiltelefone für das D- und E-Netz können fast überall benutzt werden. Öffentliche Fernsprecher gibt es in jeder polnischen Stadt. Am leichtesten telefoniert es sich mit Magnetkarten zu 25, 50 oder 100 Zeiteinheiten, die man bei der Post sowie in Zeitungskiosken und an Tankstellen kaufen kann. Bevor man sie zum ersten Mal benutzt, ist die linke obere Ecke an der Perforation abzuknicken. Will man ein Auslandsgespräch führen, wählt man für Deutschland die 00 49, für Österreich die 00 43 und für die Schweiz die 00 41; bei der anschließenden Ortskennzahl ist die Anfangsnull wegzulassen. Für die Verbindungen von Deutschland nach Polen lautet die Landesvorwahl 00 48; auch hier wird bei der nachfolgenden Ortszahl die erste Null gestrichen.

Alle von Fernsprechern angewählten drei- und vierstelligen Auskunftsnummern sind gebührenfrei. Allerdings ist damit zu rechnen, dass die freundliche Dame am anderen Ende der Leitung nur Polnisch versteht. Die Telefonauskunft hat landesweit die Nummern:
Ausland: 912
Inland: 913

Tiere

Wer im Urlaub auf sein geliebtes Haustier nicht verzichten will, muss dafür sorgen, dass es mindestens drei Wochen und höchstens zwölf Monate vor der Einreise gegen Tollwut geimpft wurde. Die amtliche tierärztliche Gesundheitsbescheinigung darf bei der Einreise nach Polen nicht älter als eine Woche sein.

Toiletten

Zeichensprache will gelernt sein: Öffentliche Toiletten sind mit Dreieck oder Kreis markiert. Der Herr darf nur beim Dreieck hinein, die Dame beim Kreis. Unabhängig davon, wie schmutzig die Toiletten sind, ist für die meisten von ihnen bei der Garderobenfrau eine Gebühr zu zahlen.

Trinkgeld

Im Restaurant ist ein Trinkgeld von 5-10% üblich, freilich nur, wenn die Bedienung die Gäste wirklich zufrieden gestellt hat. Im Hotel freuen sich Zimmermädchen und Rezeptionisten über einen kleinen Obulus.

Unterkunft

Die Palette der Unterkünfte reicht von preiswerten Privatzimmern über Gästehäuser und Pensionen bis zu Schlössern und teuren Luxushotels.

■ Hotels und Pensionen

Wie international üblich, werden die Hotels in 5 Sterne klassifiziert, mit der Zahl der Sterne steigt meist die Qualität. Viele ältere Hotels wurden renoviert, zusätzlich sind neue, komfortable entstanden. Oft sind sie in historischen Bürgerhäusern, Palästen und Schlössern untergebracht, die sich durch romantisches Ambiente auszeichnen. Man findet sie z. B. in Sorkwity und Jędrychowo, Malbork, Kadyny, Budzistowo (bei Kołobrzeg) und Strzekęcino (bei Koszalin). Preiswerte Pensionen sind quer über das Land verstreut, Gästehäuser, oft hervorgegangen aus ehemaligen Ausflugsheimen, findet man in Kurorten und traditionellen Ferienzielen.

■ Privatzimmer

Privatzimmer werden durch ein Schild mit der Aufschrift *Pokoje* oder *Noclegi* angezeigt, oft werden sie auch über örtliche Reisebüros *(Biuro Zakwaterowania)* vermittelt.

■ Urlaub auf dem Bauernhof

Auch in Nordpolen gibt es mittlerweile »agrotouristische« Bauernhöfe, insbesondere in der Kaschubei, in Masuren und Podlachien. Sie sind unschlagbar günstig, neben Unterkünften in einfachen, aber sauberen Zimmern wird oft Halb- oder Vollpension geboten. Da bekommt man brutwarme Eier, Honig von eigenen Bienen, selbst geschöpften Käse und Quark. Eine entsprechende Info-Broschüre verschickt das Polnische Fremdenverkehrsamt (s. S. 328), informieren kann man sich auch im Internet unter www.agritourism.pl.

■ Herbergen / Studentenwohnheime

Zwar gibt es in Polen mehr als 200 Jugendherbergen (Poln. Jugendherbergsverband = PTSM), doch Doppelzimmer haben nur die in großen Städten wie Warschau, Danzig und Stettin. Meist nur Massenschlafsäle bieten Schulen, die während der Sommerferien zu »Saisonherbergen« umfunktioniert werden. In dieser Zeit verwandeln sich auch Studentenwohnheime in preiswerte Unterkünfte; aktuelle Angebote erhält man bei der jeweiligen Touristeninformation vor Ort. Schön gelegen sind die Herbergen des Wandervereins PTTK, oft erbaut im regionaltypischen Stil.

■ Camping

Campen ist nur auf den dafür vorgesehenen Zelt-und Biwakplätzen gestattet. In diesem Buch sind fast ausschließlich Campingplätze der Kategorie I aufgeführt, die auch vom ADAC empfohlen werden. Sie sind für Wohnwagen geeignet, verfügen über Imbissstuben und sanitäre Einrichtungen. Die Campingsaison dauert in der Regel vom 15. Mai bis zum 30. September.

Verkehrsmittel

■ Autofahren

Der Zustand der Hauptverkehrsstraßen hat sich deutlich gebessert, doch vor allem auf Nebenstrecken ist weiterhin Vorsicht geboten: Da gibt es Fahrräder, Pferdefuhrwerke und landwirtschaftliche Fahrzeuge mit nicht ausreichender Beleuchtung, häufig auch tiefe Rinnen, Schlaglöcher und holprige Bahnübergänge. Das Verkehrsaufkommen hat sich in den letzten Jahren stark erhöht, seit 1990 hat sich die Zahl stolzer

Autobesitzer mehr als verzehnfacht. Aufgrund der immer noch hohen Quote von Autodiebstählen sollte man das Fahrzeug nur auf bewachten Plätzen abstellen – vor allem dann, wenn es der gehobenen Preisklasse angehört.

Wer vor Ort ein Auto mieten will, findet internationale Anbieter (Avis, Budget, Europcar, Hertz und Sunny Cars) in den größeren Städten sowie an Flughäfen; es empfiehlt sich jedoch, das Auto schon vor der Reise über deutsche, österreichische und Schweizer Reisebüros zu buchen – der Mietpreis fällt dann günstiger aus.

Tankstellen sind fast ebenso zahlreich wie in Deutschland, die Versorgung mit bleifreiem Benzin (durchgestrichenes »Pb«) und Dieselkraftstoff (ON) ist flächendeckend sichergestellt. Im Sommer sind die Tankstellen meist von 6 bis 22 Uhr, an Sonn- und Feiertagen von 7 bis 17 Uhr geöffnet. An Kreuzungen von Fernstraßen sowie an internationalen Routen bleiben Tankstellen durchgehend geöffnet.

Bei der Fahrt auf Polens Straßen sind folgende Verkehrsregeln zu beachten: Als Tempolimits gelten innerorts 60 km/h, außerhalb von Ortschaften 100 km/h, auf Schnellstraßen 110 km/h und auf Autobahnen 130 km/h; PKW mit Anhänger dürfen auch auf breiten Landstraßen nicht schneller als 70 km/h, auf Autobahnen 80 km/h fahren. Gurtpflicht besteht in Stadt und Land auf allen Sitzen, Kinder bis zu 12 Jahren dürfen nur auf dem Rücksitz mitreisen. Auto- und Motorradfahrer müssen von Oktober bis März generell mit Abblendlicht fahren, Parken ist bei Dunkelheit nur mit Standlicht gestattet. Das Halten ist innerhalb von 100 m vor und nach einem Bahnübergang untersagt. Im Bereich von Kreuzungen ist das Überholen verboten, Straßenbahnen haben Vorfahrt. Das Telefonieren beim Fahren ist verboten, ausgenommen Freisprechanlagen, bei deren Benutzung beide Hände am Steuer bleiben. Warndreieck und Verbandskasten müssen stets im Auto mitgeführt werden. Die Promillegrenze beträgt 0,2, bei Überschreitung kann der Führerschein eingezogen und das Fahrzeug sichergestellt werden. Seit 2001 dürfen allerdings Polizisten das Strafgeld nicht mehr bar kassieren, sondern müssen eine Rechnung ausstellen.

Den Pannenhilfsdienst erreicht man unter Tel. 981, den Unfallrettungsdienst unter Tel. 999. Bei Unfällen ist grundsätzlich die örtliche Polizei zu verständigen (Tel. 997). Um mögliche Schadenersatzansprüche durchsetzen zu können, sollte man im Besitz einer Rechtsschutz-, Kasko- oder Schutzbriefversicherung sein.

Die **Notrufstation des ADAC** in Polen hat die Nummer 0 22/6 22 20 60.

■ Taxi

Die offiziellen Taxis sind in Polen noch immer sehr preiswert. Man kann sie telefonisch bestellen (z. B. Radio-Taxi 919) und zahlt dafür keine zusätzliche Gebühr. Vorsicht ist an Flughäfen und an den Bahnhöfen größerer Städte geboten. Hier hat die »Taxi-Mafia« das Gewerbe arg in Verruf gebracht: Oft geschieht es, dass der Taxameter nicht eingeschaltet wird und vom Kunden atemberaubende Preise verlangt werden.

■ Zugreisen

Nordpolen verfügt über kein sehr dichtes Streckennetz. Nur an wenigen Orten stoßen Züge zur Ostseeküste vor, rar sind die Verbindungen in Masuren. Abfahrtstafeln *(odjazdy)* sind stets gelb, Ankunftstafeln *(przyjazdy)* weiß gekennzeichnet. Will man am Wochenende oder in der Hauptferienzeit reisen, sollte man sich um eine Platzreservierung *(miejscówka)* bemühen; in allen Zügen, die auf dem Fahrplan mit einem »R« gekennzeichnet sind, ist diese obligatorisch. Verspäteter Kartenkauf beim Schaffner im Zug hat einen Preisaufschlag zur Folge.

■ Busreisen

Innerhalb Polens gibt es ein weit verzweigtes Netz des Staatlichen Autobusverkehrs (PKS) sowie der privaten Konkurrenz von Polski Express (schneller und bequemer!). Fahrkarten kauft man meist im Busbahnhof, in einigen Orten auch in Reisebüros. Kinder bis zum 4. Lebensjahr ohne eigenen Sitzplatz reisen gratis, Kinder von 4–10 Jahren erhalten 50% Ermäßigung.

Zeit

Es gilt wie in Deutschland die mitteleuropäische Zeit (MEZ).

Zeitungen & Zeitschriften

Deutschsprachige Zeitungen und Zeitschriften erreichen Stettin, Danzig, Posen und Warschau meist noch am gleichen Tag. Die beste Auswahl hat man auf Flughäfen (außer Szymany), in den Bahnhöfen der Großstädte und in den Buchläden der EMPiK-Kette. In größeren Städten liegen in Touristenbüros, in Hotels und auf Flughäfen Zeitschriften in englischer und deutscher Sprache aus, die über das kulturelle Angebot der Region, Einkaufs- und Ausflugsmöglichkeiten informieren.

Zollbestimmungen

Erwachsene ab 18 Jahren dürfen 0,5 l Schnaps oder 2 l Wein oder 5 l Bier zollfrei mitnehmen. Außerdem 200 Zigaretten oder 50 Zigarren oder 250 g Tabak, dazu Sportartikel und Dinge des persönlichen Bedarfs wie Fahrrad, Tennisschläger und Zelt, Fotoapparat und Computer. Zollpflichtig sind Gegenstände, die als Geschenk betrachtet werden können und den Gegenwert von 100 US-Dollar übersteigen. Sie werden pauschal mit 10% des Warenwertes verzollt. Kunstwerke und Antiquitäten, die vor dem 9. Mai 1945 hergestellt wurden, dürfen nur exportiert werden, wenn eine spezielle Genehmigung des polnischen Kultusministeriums vorliegt.

Sprachführer

Zu der Zahl »999« sagen die Polen *Dziewięćsetdzieniećdziesiątdzwieniec,* »Glück« verwandelt sich in *Szczęscia* und »Liebe« in *Miłość.* Angesichts so vieler Zungenbrecher raufen sich Besucher die Haare und sind froh, wenn sie nach einem zweiwöchigen Aufenthalt wenigstens das Wort »Hallo« *(Cześć)* aussprechen können.

In Hotels und Restaurants sind immer mehr jüngere Leute beschäftigt, die Deutsch oder Englisch gelernt haben. Doch schon am Bahnhofsschalter beginnen die Probleme, selten trifft man dort auf fremdsprachlich geschultes Personal. Darum kann es nichts schaden, sich ein paar Brocken dieser so schwierigen Sprache anzueignen. Zunächst gilt es, sich all jene Buchstaben und Laute einzuprägen, die es im Deutschen nicht gibt:

ę – ähnlich dem französischen fin
ą – ähnlich dem französischen mon
ł – ähnlich dem englischen where
ś – ein weiches s (sch)
ć – ein weiches c (tsch)
ń – ähnlich dem französischen Champagner
ó – entspricht dem kurzen u in Hund
ź, ż, rz – ähnlich dem französischen journal
z – wie stimmhaftes s in Sonne, doch im Auslaut stimmlos
sz – entspricht sch
cz – entspricht tsch

Der Hauptakzent liegt meist auf der vorletzten Silbe. Alle Vokale sind kurz und offen, in Kombination mit anderen Vokalen getrennt auszusprechen (i-e, e-u). Gleiches gilt für Konsonantenkombinationen: so wird ck nicht zu k verkürzt (Aussprache: tsk).

Grundvokabular

dzień dobry	Guten Tag
dobry wieczór	Guten Abend
dobranoc	Gute Nacht
Jak się Pan (m)/ Pani (w) ma?	Wie geht es Ihnen?
Jak się masz?	Wie geht's?
do widzenia	Auf Wiedersehen
cześć	hallo/tschüss
dziękuję	danke
proszę	bitte
proszę bardzo	bitte sehr
przepraszam	Entschuldigung
tak	ja
nie	nein
dlaczego?	warum?
Nie mówię po polsku	Ich spreche kein Polnisch
Nie rozumiem	Ich verstehe nicht
Nie wiem	Ich weiß nicht
Proszę powoli!	Bitte langsam!
Ie to kosztuje?	Wieviel kostet das?
Poproszę o rachunek	Die Rechnung bitte
To za drogo	Das ist zu teuer
tanio	billig
maly	klein
duży	groß
mało	wenig
dużo	viel
dobry	gut
niedobry/zły	schlecht
zajęty	besetzt
wolny	frei
czynne/otwarty	geöffnet
nieczynny/ zamknięty	geschlossen

Ortsangaben

Gdzie jest...?	Wo ist ...?
tu/tutaj	hier
tam	dort
na lewo	links
na prawo	rechts
po prostu	geradeaus

na przeciw	gegenüber
blisko	nahe
daleko	weit

Zeitangaben

Kiedy?	Wann?
Jak długo?	Wie lange?
Która jest godzina?	Wie spät ist es?
rano	morgens
po południu	nachmittags
wieczorem	abends
teraz	jetzt
dziśaj	heute
wczoraj	gestern
jutro	morgen
dzień	Tag
noc	Nacht
tydzińi	Woche
miesiąc	Monat

Zahlen

zero	0
jeden	1
dwa	2
trzy	3
cztery	4
pięć	5
sześć	6
siedem	7
osiem	8
dziewięć	9
dziesięć	10
pięćdziesiąt	50
sto	100
tysiąc	1000

Unterkunft

hotel	Hotel
schronisko	Herberge
noclegi	Unterkunft
pokój	Zimmer
Czy ma Pan/Pani (m/w) pokój?	Haben Sie ein Zimmer frei?
Czy mogę zobaczyć pokój?	Kann ich das Zimmer sehen?
Ile kosztuje ten pokój?	Wieviel kostet das Zimmer?
ze śniadaniem	– mit Frühstück

Essen und Trinken

śniadanie	Frühstück
obiad	Mittagessen
kolacja	Abendessen
zupa	Suppe
chleb	Brot
masło	Butter
dżem	Marmelade
ser	Käse
kiełbasa	Wurst
lody	Eis
owoce	Obst
ciastko	Kuchen
woda mineralna	Mineralwasser
kawa (z mlekiem)	Kaffee (mit Milch)
herbata (z cytryną)	Tee (mit Zitrone)
mleko	Milch
sok	Saft
piwo	Bier
wino	Wein
cukier	Zucker
sól	Salz
pieprz	Pfeffer
musztarda	Senf
sklep	Laden
Na zdrowje!	Zum Wohl!

Speisekarte

In preiswerten kleineren Lokalen ist die Speisekarte nur auf polnisch erhältlich.

barszcz czerwony	Rote-Rüben-Suppe
– z krokotkiem	Rote-Rüben-Suppe mit Fleischkrokette
– z uszkami	Rote-Rüben-Suppe mit Teigtaschen
bigos	Krautgulasch mit Pilzen
chłodnik	Kaltschale aus roter Beete
cielęcina	Kalbfleisch
dania bezmięsne	fleischlose Gerichte
– jarskie	vegetarische Gerichte
– mięsne	Fleischgerichte
– rybne	Fischgerichte
drób	Geflügel
filet z kurczaka	Hähnchenfilet
frytki	Pommes frites
grzyby	Pilze
gulasz wołowy	Rindsgulasch
jajecznica	Rührei
jajko	Ei
kaczka pieczona z jabłkami	gebratene Ente mit Äpfeln
karp w galarecie	Karpfen in Aspik

kiełbasa	Wurst	parking strzeżony	bewachter Parkplatz
– z rożna	Grillwurst		
kotlet szabowy	Schweineschnitzel		
kurczak	Hähnchen	poczta	Post
lody	Eis	list	Brief
makowiec	Mohnkuchen	pocztówka	Postkarte
mizeria	Gurkensalat mit saurer Sahne	znaczki	Briefmarken
		telefon	Telefon
parówki	Würstchen	karta magneticzna	Telefonkarte
pieczarki	Champignons		
pieczeń	Braten	**Wichtige Bezeichnungen auf polnisch**	
pierogi	gefüllte Teigtaschen	aleja (Abk. al.)	Allee
– po ruskie	auf russisch	cerkiew	orthodoxe Kirche/ Kirche der Unierten
– z mięsem	mit Fleisch		
– z kapustą	mit Sauerkraut	cmentarz	Friedhof
placki ziemniaczane	Kartoffelpuffer	dom	Haus
		droga	Weg
pomodory	Tomaten	dworzec	Bahnhof
pstrąg	Forelle	góra (pl. góry)	Berg
ryba	Fisch	jezioro (Abk. jez.)	See
ryż	Reis	kantor	Wechselstube
sałatka	grüner Salat	kawiarnia	Café
– jarzynowa	Gemüsesalat	klasztor	Kloster
– z pomidorów	Tomatensalat	kościół	Kirche
ser viały	Schichtkäse, Quark	muzeum	Museum
surówka	Rohkost, Salatbeilage	– archeologiczne	Archäologisches Museum
szarlotka	Apfelkuchen		
szaszłyk	Fleischspieß	– diecezjalne	Diözesanmuseum
sznycel	Schnitzel	– etnologiczne	Ethnografisches Museum
śledź w oleju	Hering in Öl		
warzywa	Gemüse	– historyczne	Geschichtsmuseum
ziemniaki	Kartoffeln	– okręgowe/ regionalny	Regionalmuseum
zupa	Suppe		
żurek	Sauerrahmsuppe	– przyrodnicze	Naturkundemuseum
		objazd	Umleitung
Unterwegs		pałac	Palast
odjazd	Abfahrt	pensjonat	Gästehaus
przyjazd	Ankunft	piwnica	Keller
lotnisko	Flughafen	plac (Abk. pl.)	Platz
przystanek autobusowy	Bushaltestelle	pokoje wolne	Zimmer frei
		przejazd wzbroniony	Durchfahrt verboten
tramwaj	Straßenbahn		
dworzec	Bahnhof	ratusz	Rathaus
peron	Gleis	restauracja	Restaurant
bilet	Fahrkarte	ruch	Kiosk
pierwsza/druga klasa	erste/zweite Klasse	rynek	Ring, Marktplatz
miejscówka	Platzreservierung	schronisko młodzieżowe	Jugendherberge
dla (nie)palących	für (Nicht)raucher		
		skansen	Freilichtmuseum
stacja benzynowa	Tankstelle	święty (Abk. św.)	Heiliger
benzyna (bezołowiowa)	Benzin (bleifrei)	ulica (Abk. ul.)	Straße
		wieża	Turm

zajazd	Gasthof	pogotowie techniczne	Pannenhilfe
zamek	Schloss	Pomocy! Ratunku!	Hilfe!
zdrój	Kurort	Zostałem okradziony/okradziona (m/w)!	Ich bin bestohlen worden!
Im Notfall		policja	Polizei
mam temperatura	Ich habe Fieber	ambasada	Botschaft
mam ból zęba	Ich habe Zahnschmerzen	niemiecka	– deutsche
szpital	Krankenhaus	austriacka	– österreichische
pogotowie ratunkowe	Rettungswagen	szwajcarska	– schweizerische

Abbildungs- und Quellennachweis

Abbildungen
Archiv für Kunst und Geschichte, Berlin
 S. 21, 25, 35, 40, 85, 157, 212
Ralf Freyer, Bildarchiv PANDIA, Freiburg
 S. 12/13, 44/45, 49, 52, 89, 108/109, 111, 119, 123, 137, 138, 140/141, 176/177, 188/189, 192, 196, 214/215, 232, 235, 237, 240/241, 242/243, 246
Izabella Gawin/Dieter Schulze, Bremen
 S. 8, 14, 27, 33, 79, 98/99, 184, 191, 225, 231
Rainer Hackenberg, Köln   S. 10/11, 30, 42/43, 107, 136, 150/151, 159, 168/169, 170/171, 172, 174, 223,
Jochen Keute, Frankfurt/M.   S. 217, 219, 227, 228
Hans Joachim Kürtz, Kiel   Titelbild, Umschlagklappe hinten, S. 9, 19, 54/55, 58/59, 60, 66/67, 70/71, 73, 74/75, 77, 80/81, 86/87, 92/93, 96/97, 100, 102, 105, 120, 121, 124, 129, 130, 132/133, 135, 142/143, 146/147, 154/155, 160/161, 165, 182/183, 186, 198, 199, 200/201, 205, 207,
transit/Peter Hirth, Leipzig   S. 210/211

Zitate
Wir danken dem Steidl Verlag für die freundliche Genehmigung, aus folgendem Text zu zitieren:
Zitat S. 94: aus Günter Grass:
Die Blechtrommel. (Werkausgabe Bd. 3)
© Steidl Verlag, Göttingen 1993
Erstausgabe: September 1959

Karten und Pläne
Gerald Konopik, Puchheim
© DuMont Reiseverlag, Köln

Bitte schreiben Sie uns, wenn sich etwas geändert hat!
Alle in diesem Buch enthaltenen Angaben wurden von den Autoren nach bestem Wissen erstellt und von ihnen und dem Verlag mit größtmöglicher Sorgfalt überprüft. Gleichwohl sind – wie wir im Sinne des Produkthaftungsrechts betonen müssen – inhaltliche Fehler nicht vollständig auszuschließen. Daher erfolgen die Angaben ohne jegliche Verpflichtung oder Garantie des Verlages oder der Autoren. Beide übernehmen keinerlei Verantwortung und Haftung für etwaige inhaltliche Unstimmigkeiten. Wir bitten daher um Verständnis und werden Korrekturhinweise gerne aufgreifen:
DuMont Reiseverlag, Postfach 10 10 45, 50450 Köln
E-Mail: reise@dumontverlag.de

Register

■ **Personen**

Adalbert, hl.   19, 112, 244
Adam von Bremen   75
Améry, Jean   226
August II. der Starke   24, 225

Bacciarelli, Marcello   221
Bednarz, Klaus   41, 190
Beneke, Paul   122
Bismarck, Otto von   88, 180
Blocke, Isaak van den   119
Bolesław I.   18, 36, 237, 242
Bona Sforza   49, 206
Bormann, Martin   173
Boyen, Hermann von   193
Brandt, Willy   225
Branicki, Familie   209

Canaletto   221
Caspar, Horst   84
Chmielnicki, Bohdan   23
Chopin, Frédéric   26, 47, 229, 233, 234, 240, 241
Chwin, Stefan   39
Conrad, Joseph   131
Czartoryski, Adam   26

Dąbrowski, Jan Henryk   106
Davies, Norman   22
Deutscher Ritterorden   20, 28, 36f., 42, 112, 148, 178, 193
Döblin, Alfred   60, 230
Dohna-Schlobitten, Heinrich zu   158
Dönhoff, Marion Gräfin   40, 149, 171, 173, 186, 195
Düringer, Hans   123

Edelman, Marek   227
Eichendorff, Joseph von   135
Erik XIII. (Erich von Pommern)   91

Feininger, Lyonel   77
Filipowiak, Władysław   69, 75

Fontane, Theodor   69f.
Friedrich II. der Große   162
Friedrich II. (dt. Kaiser)   134
Friedrich Wilhelm I. (König von Preußen)   64
Friedrich Wilhelm III. (König von Preußen)   190
Fugger (Kaufmannsfamilie)   222

Galinder   178, 187, 194
Gameren, Tylman van   42, 236
George, Heinrich   84
Gero (Markgraf)   18
Gierek, Edward   31, 225
Giordano, Ralph   40f., 178
Gneisenau, August W. A. von   84
Godunow, Boris   23
Goebbels, Joseph   84, 85
Goethe, Johann Wolfgang von   61
Gomułka, Władysław   31
Göring, Hermann   173
Górka, Familie   245
Grass, Günter   16, 39, **117**
Grodzki, Familie   240

Haffner, Jean George   127
Haken, Hermann   63
Harlan, Veit   84
Hasior, Władysław   168
Heinrich von Plauen   136
Herder, Johann Gottfried   157
Hermann von Salza   134
Herzog, Werner   129
Hevelius, Johannes   50, 116
Himmler, Heinrich   227
Hindenburg, Paul von   173
Hirsche, Bruno Hans   226
Hitler, Adolf   28f., 30, 113, 128, 171f., 174
Hoffmann, E.T.A.   224
Huelle, Paweł   39
Humboldt, Alexander von   126

Jadwiga (Königin)   21
Jadzwinger   202

343

Jakub, Ibrahim Ibn   75
Jan III. Sobieski   24, 37, 101, 118, 123, 138, 211, 217, 218, 233
Jaruzelski, Wojciech   32
Johannes Paul II.   31, 38

Kant, Immanuel   101, 148, 149
Kaschuben   94
Kass, Wojciech   128
Katharina II. die Große   24, 61, 221
Kazimierz III.   20, 36
Kinski, Klaus   128f.
Klitzing, Albrecht von   181
Kohl, Helmut   172
Konrad I. von Masowien   20, 36, 112, 134
Kopernik, Mikołaj   s. Kopernikus
Kopernikus, Nikolaus   22, 140, 152, 153, **156f.**, 163, 166, 168, 230
Korczak, Janusz   227
Kościuszko, Tadeusz   25, 222
Kossak, Wojciech und Jerzy   87
Krasicki, Ignacy   168
Krockow, Albrecht Wickerode von   101
Krockow, Christian Graf von   41
Krzywiński, Andrzej   187
Kwaśniewski, Aleksander   32

Lagerlöf, Selma   69
Lasch, Oskar   149
Lausitzer Kultur   18, 36, 245
Lehndorff, Hans Graf von   196
Lehndorff, Heinrich Graf von   196
Lenica, Jan   43, 168
Lenz, Siegfried   39. 194, 198, 199
Loewe, Carl   61
Loitz, Bankiersfamilie   62, 63
Ludwik I. von Ungarn   21
Luxemburg, Rosa   27

Macht, Adam   175
Macht, Vera   175
Marysieńka (Königin)   224
Masuren   178, **194f.**
Matejko, Jan   166, 221, 241
Mazowiecki, Tadeusz   32
Meister Bernhauser   146
Memling, Hans   122
Mendelsohn, Erich   164
Michail Fjodorowitsch (russ. Zar)   23
Michnik, Adam   32
Mickiewicz, Adam   26, 64, 204, 222, 225, 230, 242

Mieszko I.   18, 36, 236, 242, 244
Mieszko II.   19
Miłosz, Czesław   202, 204
Mirbach, Julius Ulrich von   180
Möller, Anton   116
Mrongowiusz, Krzysztof Celestyn   183
Murza-Krezczowski (Oberst)   211

Napoleon   26, 218
Nettelbeck, Joachim   84

Opbergen, Anton van   140
Otto I. der Große (Kaiser)   18
Otto II. (Kaiser)   18
Otto III. (Kaiser)   18, 36, 244

Pechstein, Max   82, 91, 95
Piłsudski, Józef   27, 28, 38
Polanen   18, 36
Pomoranen   28
Popieluszko, Jerzy   118
Pruzzen   19, 20, 28, 36, 112, 134, 137, 166, 174, 193, 194

Quadro, Giovanni Battista   238

Raczyński, Familie   245
Radziwiłł, Helena   235
Reinbern (Bischof)   82
Rejtan   221
Riga, Isaac   164, 181
Rommel, Erwin   98

Schinkel, Karl Friedrich   86, 186, 193, 245
Schmitt-Rottluff, Karl   82
Schopenhauer, Arthur   124
Schopenhauer, Johanna   124
Schröder, Gerhard   34
Schuch, Johann Christian   232
Sigismund III.   37
Skłodowska, Maria (Marie Curie)   224
Slawen   18, 36, 59
Sławoj-Składkowski, Felicjan   38
Słowacki, Juliusz   26, 31
Slowinzen   96
Söderbaum, Kristina   84
Stalin, Josef   31, 216
Stanisław II. August Poniatowski   24, 43, 218, 221, 232, 233
Stargard, Hermann   138
Starowiejeski, Franciszek   43
Stasys Eidrigevicius   43

Stauffenberg, Claus Graf Schenk von   172
Steenke, Georg Jakob   156
Subisław (Pommerellenfürst)   126
Sudauer   178, 194
Surminski, Arno   39

Tannenbergschlacht (auch: Schlacht bei Grunwald)   22, 37, 112, 135

Uphagen, Kaufmannsfamilie   63

Vermoellen, Ambrosius   51, 125

Wajda, Andrzej   202
Wałęsa, Lech   31, 32
Wallrave, Cornelius von   61, 64
Warmier   135
Watzenrode, Lukas von   153, 156, 168
Weiher, Jakob   103
Wiechert, Ernst   **180f.**, 183
Wilhelm II. (Kaiser)   152
Winkler, Adalbert von (Wojciech Kętrzyński)   171
Winrich von Kniprode   185
Witkiewicz, Ignacy   91
Władysław I.   20, 36
Władysław II. Jagiełło   21
Wufstan   144
Wulf, Johann   126
Wybicki, Józef   106
Wyszyński, Stefan (Kardinal)   228

Zamenhof, Ludwik   212
Żeromski, Stefan   85, 102
Zygmunt I. Stary   22
Zygmunt II. August   22, 119, 206
Zygmunt III. Wasa   101, 221

■ Orte

Alffinken   s. Stare Jabłonki
Allenstein   s. Olszty
Alt Jablonken   s. Stare Jabłonki
Angerburg   s. Węgorzewo
Arkadia   235
Arys   s. Orzysz
Augustów   206
Augustower Heide (Puszcza Augustowska)   15, **207f.**

Bad Polzin   s. Połczyn Zdrój
Baldenburg   s. Biały Bór
Będomin   107
Berent   s. Kościerzyna
Bernsteinschloss   s. Bursztynowo Pałac
Beldahn-See   s. Bełdany-See
Bełdany-See (Beldahn-See)   185, 187
Belgard   s. Białogard
Białogard (Belgard)   88
Białowieski-Nationalpark (Białowieski Park Narodowy)   15, 16, **212f.**
Białowieża   213
Biały Bór (Baldenburg)   89
Białystok   202, **209**, 212
Biebrza   15, 16, 208
Biebrza-Nationalpark (Biebrzański Park Narodowy)   208
Biskupin   36, **245**
Bodenwinkel   s. Kąty Rybackie
Bohoniki   211
Borkener Heide (Puszcza Borecka)   198, 213
Braniewo (Braunsberg)   155
Braunsberg   s. Braniewo
Brodnica Dolna (Nieder-Brodnitz)   106
Brodno-See   106
Bromberg   s. Bydgoszcz
Buchheide (Puszcza Bukowa)   64
Buchwald   s. Buczyniec
Buczyniec (Buchwald)   156, 158
Bug   12, 18, 30, 38
Bursztynowo Pałac (Bernsteinschloss)   90
Bütow   s. Bytów
Buwełno-See (Martinshagener See)   192
Bydgoszcz (Bromberg)   139
Bytów (Bütow)   107

Cadinen   s. Kadyny
Całuny Nowe (Kussfeld)   158
Cammin   s. Kamień Pomorski

Ceynowa   s. Chałupy
Chałupy (Ceynowa)   103
Chełmno (Kulm)   138
Chmielno (Ludwigsdorf)   106
Czaplinek (Tempelburg)   89
Czarna Hańcza   15, 206
Czołpino   99
Czos-See   184

Danzig   s. Gdańsk
Darłówko (Rügenwaldermünde)   90
Darłowo (Rügenwalde)   91
Dębki (Dembeck)   102
Deep   s. Mrzeżyno
Deutsch Eylau   s. Iława
Dietrichswalde   s. Gietrzwałd
Dievenow   s. Dziwnów
Dobre Miasto (Guttstadt)   167
Dönhoffstadt   s. Drogosze
Drawskie-See   89
Drogosze (Dönhoffstadt)   171
Druzno-See (Drauen-See)   144, 158
Drwęckie-See (Drewenz-See)   158
Duś-See   190
Dziekanów Leśny   234
Dziwnów (Dievenow)   76
Dziwnówek (Klein-Dievenow)   76

Eckertsdorf   s. Wojnowo
Einsiedeln   s. Kadzidłowo
Elbląg (Elbing)   22, **144ff.**
– Dominikanerkirche   146
– Elbinger Museum   150
– Markttor   146
– Nikolaikirche   146
– Spitalgebäude des Hl. Geistes   150
Ełckie-See   198
Ełk (Lyck)   39, **198**
Ermland (Warmia)   22, 24, 29, 30, **162ff.**
Eylauer Seenplatte   158

Fließdorf   s. Stare Juchy
Frauenburg   s. Frombork
Frische Nehrung (Mierzeja Wiślana)   41
Frisches Haff   34, **144ff.**
Frombork (Frauenburg)   41, 152
Funkenhagen   s. Gąski

Gardno-See (Garder See)   91, 96
Gąski (Funkenhagen)   87
Gdańsk (Danzig)   16, 22, 25, 28, 29, 30, 31, 37, 39, 42, 46, 47, 51, **110ff.**

– Altstädtisches Rathaus   116
– Anlegestelle   122
– Archäologisches Museum   122
– Artushof   120
– Brigittenkirche   116
– City Forum   116
– Denkmal für die gefallenen Werftarbeiter   125
– Fischmarkt   125
– Frauentor   122
– Georgshalle   119
– Goldenes Haus   121
– Goldenes Tor   118
– Große Mühle   116
– Großes Zeughaus   118
– Grünes Tor   121
– Hauptbahnhof   116
– Haus zum Lachs   124
– Historisches Museum   120
– Hohes Tor   118
– Katharinenkirche   116
– Königliche Kapelle   123
– Krantor   125
– Langgasse   119
– Marienkirche   122f.
– Markthalle   118
– Neptunbrunnen   120
– Nikolaikirche   118
– Peinkammer   118
– Polnische Post   125
– Rechtstädtisches Rathaus   119
– Sobieski-Denkmal   118
– Speicherinsel   121
– Stockturm   118
– Uphagenhaus   119
– Westerplatte   29, 113, 114, 122
– Zentrales Meeresmuseum   125
Gdingen   s. Gdynia
Gdynia (Gdingen)   113, 114, **130f.**
Giełąd-See (Gehland-See)   181
Gierłoż (Görlitz)   171
Gietrzwałd (Dietrichswalde)   159
Giżycko (Lötzen)   193
Gnesen   s. Gniezno
Gniew (Mewe)   47, **138**
Gniezno (Gnesen)   19, 36, 236, **244**
Gołdap (Goldap)   197
Goleniów (Gollnow)   67
Gollnow   s. Goleniów
Golub-Dobrzyń   47
Görlitz   s. Gierłoż
Grabarka   211f.

Graudenz   Grudziądz
Grodno   72
Groß Möllen   s. Mielno
Großendorf   s. Władysławowo
Großpolnischer Nationalpark (Wielkopolski Park Narodowy)   245
Grudziądz (Graudenz)   138
Grünfeld   s. Grunwald
Grunwald (Grünfeld)   173
Guttstadt   s. Dobre Miasto
Guzianka-See (Guschiener See)   191

Habichtsberg   s. Jastrzębia Góra
Hajnówka   46, 212
Hallerowo   102
Heiligelinde   s. Święta Lipka
Heilsberg   s. Lidzbark Warmiński
Heinrichshöfen   s. Jędrychowo
Heisternest   s. Jastarnia
Hel (Halbinsel)   s. Mierzeja Helska
Hel (Hela)   103
Henkenhagen   s. Ustronie Morskie
Hohenstein   s. Olsztynek
Hoff   s. Trzesącz
Horst   s. Niechorze

Iława (Deutsch Eylau)   158
Iznota (Isnothen)   187

Jamno-See (Jamund-See)   87
Jantar   150
Jarosławiec (Jerhöft)   91
Jastarnia (Heisternest)   47, 103
Jastrzębia Góra (Habichtsberg)   102
Jędrychowo (Heinrichshöfen)   181
Jerhöft   s. Jarosławiec
Jeziorak-See   158
Johannisburg   s. Pisz
Johannisburger Heide (Puszcza Piska)   15, 191
Jurata   103

Kadyny (Cadinen)   152
Kadzidłowo (Einsiedeln)   187
Kahlberg-Diep   s. Krynica Morska
Kaliningrad (Königsberg)   29, 135, **148f.**, 151
Kamień Pomorski (Cammin)   47, 76
Kampinos-Nationalpark (Kampinoski Park Narodowy)   234
Kap von Rozewie (Rixhöft)   102
Kartuzy (Karthaus)   104

Kaschubei   12, **94ff.**
Kaschubische Schweiz (Szwajcaria Kaszubska)   45, **104ff.**
Kąty Rybackie (Bodenwinkel)   151
Kętrzyn (Rastenburg)   171
Kisajno-See (Kissain-See)   193, 194
Klein-Dievenow   s. Dziwnówek
Kleinort (Leśnictwo Piersławek)   180
Klodno-See   106
Kluki (Klucken)   99, **101**
Kolbacz (Kolbatz)   65
Kolberg   s. Kołobrzeg
Kołczewo   72
Kołobrzeg (Kolberg)   19, **82ff.**
– Leuchtturm   84
– Marienkirche   86
– Obelisk   84
– Pulverturm   86
– Rathaus   86
– Waffenmuseum   86
Königsberg   s. Kaliningrad
Kórnik   245
Kosewo (Kossewen)   184
Köslin   s. Koszalin
Kościerzyna (Berent)   106
Koszalin (Köslin)   87
Krokowa (Krockow)   41, **101**
Kruszyniany   211
Krutinnen   s. Krutyń
Krutynia (Krutinna)   16, 187, **188f.**, 190
Krutyń (Krutinnen)   188, 190
Krutyńskie-See (Krutinnen-See)   189
Krynica Morska (Kahlberg-Diep)   152
Kuligi   209
Kulm   s. Chełmno
Kulmer Land   20, 22, 36, 134
Kussfeld   s. Całuny Nowe
Kutzen   s. Kosewo
Kuźnica   103
Kwidzyń (Marienwerder)   29, **138**

Lampasz-See (Lampasch-See)   180
Langfuhr   s. Wrzeszcz
Łaśmiady-See (Laschmieden-See)   199
Lauenburg   s. Lębork
Łeba (Leba)   14, **95ff.**
Leba-See   s. Łebsko-See
Lębork (Lauenburg)   95
Łebsko-See (Leba-See)   96, 99, 101
Lednica-See   243f.
Lidzbark Warmiński (Heilsberg)   167f.
Łomża   209

Lötzen   s. Giżycko
Löwentin-See   s. Niegocin-See
Łowicz   45, **235**
Lubin   73
Ludwigsdorf   s. Chmielno
Łuknajno-See (Lucknainer See)   14, 187
Lyck   s. Ełk

Maciejewo (Matzdorf)   67
Madü-See   s. Miedwie-See
Malbork (Marienburg)   16, 20, 36, 42, 47, **132ff.**
Mamry-See (Mauer-See)   194f.
Marcinowa Wola   192
Marienburg   s. Malborg
Marienwerder   s. Kwidzyń
Martinshagener See   s. Buwełno-See
Masowien   18, 173, 178, 194, 234
Masuren   12, 30, **178ff.**
Masurischer Landschaftspark (Masurski Park Krajobrazowy)   187ff.
Matzdorf   s. Maciejewo
Mewe   s. Gniew
Miedwie-See (Madü-See)   65
Międzyzdroje (Misdroy)   46, **71ff.**
Mielno (Großmöllen)   87
Mierzeja Helska (Halbinsel Hel)   12, **102ff.**
Mikołajki (Nikolaiken)   46, 188
Miłki (Milken)   192
Misdroy   s. Międzyzdroje
Mohrungen   s. Morąg
Mokre-See (Mucker-See)   187, 189
Morąg (Mohrungen)   157
Motława (Mottlau)   112, 121f.
Mottlau   s. Motława
Mrągowo (Sensburg)   47, **183f.**
Mrzeżyno (Deep)   77
Mucker-See   s. Mokre-See

Narew   16, 208, 208
Narew-Nationalpark (Narwiański Park Narodowy)   209
Nationalpark Unteres Odertal (Narodowy Park Dolinu Odry)   64
Neidenburg   s. Nidzica
Neiße   15, 30
Nest   s. Unieście
Neukrug   s. Piaski
Neustadt   s. Wejherowo
Neustettin   s. Szczecinek
Neuwarp   s. Nowe Warpno

Nidzica (Neidenburg)   173
Nidzkie-See (Nieder-See)   191, 192
Nieborów   236
Niechorze (Horst)   77
Nieder-Brodnitz   s. Brodnica Dolna
Nieder-See   s. Nidzkie-See
Niegocin-See (Löwentin-See)   192, 193, 194
Nikolaiken   s. Mikołajki
Nogat   29
Nowe Warpno (Neuwarp)   67f.

Oberländischer Kanal (Kanał Elblaski)   16, **156ff.**
Odargowo (Odargau)   105
Oder   12, 18, 30, 56, 58, 69
Odry   105
Olecko (Treuburg)   199
Oliwa (Oliva)   47, 126
Olsztyn (Allenstein)   34, 47, **162ff.**
– Altes Rathaus   164
– Astronomisches Observatorium   167
– Burg / Museum für das Ermland und Masuren   166
– Evangelische Kirche   167
– Herz-Jesu-Kirche   167
– Hohes Tor   164
– Jakobskirche   164
– Jüdischer Friedhof   164
– Mendelsohn-Haus   164
– Neues Rathaus   167
– Planetarium   167
Olsztynek (Hohenstein)   173
Orneta (Wormditt)   167
Ortelsburg   s. Szczytno
Orzysz (Arys)   192
Osowa Góra   245
Ostpreußen   **28f.**, 30, 34, 148, 202
Ostróda (Osterode)   158

Parsęta (Persante)   82
Pelplin   137
Piaski (Neukrug)   152
Pisz (Johannisburg)   192
Poberow   s. Pobierowo
Pobiedziska   243
Pobierowo (Poberow)   76
Podlachien   202
Połczyn Zdrój (Bad Polzin)   88
Pommerellen   20, 22, 24, 29, 37, 101
Pommern   19, **28f.**, 30, 36
Popielno   187

Posen   s. Poznań
Poznań (Posen)   26, 216, **236ff.**
- Alter Markt   238
- Bamberka   239
- Diözesanmuseum   243
- Dominsel   242f.
- Franziskanerkirche   241
- Fürstenschloss   241
- Górka-Palast   240
- Großpolnisches Militärmuseum   240
- Hauptwache   240
- Historisches Museum   238
- Jesuitenkolleg   241
- Kathedrale   242
- Lubrański-Akademie   243
- Marienkirche   243
- Museum für Musikinstrumente   240
- Nationalmuseum   241
- Pfarrkirche Maria Magdalena   241
- Raczyński-Bibliothek   242
- Rathaus   238
Pregel   148
Przystań   197
Puck (Putzig)   47, **103**
Puńsk   204
Puszcza Augustowska   s. Augustower Heide
Puszcza Borecka   s. Borkener Heide
Puszcza Bukowa   s. Buchheide
Puszcza Piska   s. Johannisburger Heide
Puszcza Rominicka   s. Rominter Heide
Puszczykowo   245
Putzig   s. Puck

Rajgród   209
Rastenburg   s. Kętrzyn
Reszel (Rössel)   168
Rewal (Reval)   77
Rhein   s. Ryn
Rixhöft   s. Kap von Rozewie
Rogalin   245
Rominter Heide (Puszcza Rominicka)   198
Rössel   s. Reszel
Rowy (Rowe)   91
Ruciane Nida (Rudczanny-Niedersee)   191
Rudczanny-Niedersee   s. Ruciane Nida
Rügenwalde   s. Darłowo
Rügenwaldermünde   s. Darłówko
Rydzewo (Rydzewen)   192
Ryn (Rhein)   185
Ryńskie-See   185

Sądry (Zondern)   184
Sanddorf   s. Wdzydze
Sarbinowo (Sorenbohm)   87
Schmolsin   s. Smołdzino
Schwornigatz   s. Swornegacie
Sejny   46, **204**
Sensburg   s. Mrągowo
Sianowo   106
Slowinzischer Nationalpark (Słowiński Park Narodowy)   14, 96f., **98f.**
Słupsk (Stolp)   47, **91**
Smołdzino (Schmolsin)   99
Śniardwy-See (Spirding-See)   185, 187
Sokółka   211
Sopot (Zoppot)   47, 1**26ff.**
Sorkwity (Sorquitten)   180, 188
Spirding-See   s. Śniardwy-See
Stare Drawsko   89
Stare Jabłonki (Alt Jablonken)   159
Stargard Szczeciński (Stargard)   65
Stary Juchy (Fließdorf)   199
Stębark (Tannenberg)   173
Stegna   150
Steinort, Schloss   s. Sztynort
Stettin   s. Szczecin
Stettiner Haff   64ff.
Stolp   s. Słupsk
Stolpmünde   s. Ustka
Straduny (Stradaunen)   199
Studzieniczna   207
Stutthof   s. Sztutowo
Suchacz   152
Sulejki (Suleyken)   199
Suleyken   s. Sulejki
Supraśl   210
Suwałki   17, **202f.**
Święta Lipka (Heiligelinde)   42, 46, **169ff.**
Świna (Swine)   73
Świnemünde   s. Świnoujście
Świnoujście (Swinemünde)   15, 58, **69f.**
Swornegacie (Schwornigatz)   107
Szczecin (Stettin)   15, 46, **56ff.**
- Altes Rathaus   61
- Alter Markt   61
- Bastei der Sieben Mäntel   63
- Hafentor   61
- Hakenterrasse   63
- Jakobskathedrale   61
- Johanniskirche   61
- Kaiser-Wilhelm-Platz   64
- Loitzenhof   62
- Nationalmuseum   64

- Palais unter dem Globus   61
- Peter-und-Paul-Kirche   64
- Professorenhäuser   64
- Rodła-Platz   59
- Rossmarktbrunnen   61
- Schifffahrtsmuseum   64
- Schloss der Pommerschen Herzöge   62
- Stadtmuseum   61
- Tor der Preußischen Huldigung   64
- Woiwodschaftsamt   64

Szczecinek (Neustettin)   89
Szczytno (Ortelsburg)   47, **173**
Sztutowo (Stutthof)   113, **150**
Sztynort, Schloss (Steinort)   196
Szymany   162

Talter Gewässer   s. Tałty-See
Tałty-See (Talter Gewässer)   185
Tannenberg   s. Stębark
Tempelburg   s. Czaplinek
Thorn   s. Toruń
Tiergarten   s. Trygort
Tolkmicko   152
Toruń (Thorn)   16, 21, 22, 25, 42, 46, **139ff.**, 157
Treptow   s. Trzebiatów
Treuburg   s. Olecko
Trójmiasto (»Dreistadt«)   110, 113
Trygort (Tiergarten)   197
Trzebiatów (Treptow)   77
Trzebież (Ziegenort)   67
Trzesącz (Hoff)   76
Tucheler Heide   94
Turowo   199
Tykocin   209

Ukiel-See   47
Ukta   41, 189, 190
Ulufki-See (Uloffke-See)   199
Unieście (Nest)   87
Usedom   12, **68ff.**
Ustka (Stolpmünde)   91
Ustronie Morskie (Henkenhagen)   87

Wapnica   73
Warnowo   72
Warschau   s. Warszawa
Warszawa (Warschau)   16, 23, 42, 47, **216ff.**
- Alexanderkirche   231
- Alte Orangerie   233
- Altstädtischer Ring   222
- Annakirche   224
- Barbakane   224
- Bristol   225
- Chopin-Denkmal   217, **232**
- Chopin-Museum   229
- Denkmal der Ghettohelden   226, 227
- Denkmal des Warschauer Aufstands   224
- Grabmal des Unbekannten Soldaten   225
- Großes Theater   225
- Heiligkreuzkirche   229
- Historisches Museum   222
- Jerusalem-Allee   229
- Johanniskathedrale   222
- Jüdischer Friedhof   226, 228
- Jüdisches Historisches Institut   228
- Jüdisches Theater   228
- Kirche der Sakramentinerinnen   224
- Krakauer Vorstadt   224
- Königsweg   217, 224f.
- Königsschloss   217, **221**
- Kulturpalast   230
- Łazienki-Park   232
- Literaturmuseum   222
- Militärmuseum   230
- Nationalmuseum   229
- Neustadt   224
- Nożyk-Synagoge   228
- Palais auf der Insel   233
- Plakatmuseum   233
- Präsidentenpalast   225
- Schloss Ujazdów   231
- Schloss Wilanów   217, 218, **233**
- Sigismundsäule   221
- Universität   228

Warthe (Warta)   18, 236
Wdzydze (Sanddorf)   47, **107**
Węgorzewo (Angerburg)   47, 197
Weichsel   19, 110, 137f., 144
Wejherowo (Neustadt)   103
Wensiori   s. Węsiory
Węsiory (Wensiori)   105
Westpreußen   28f.
Wicko   73
Wilczy Szaniec   s. Wolfsschanze
Wielka Wieś   102
Wigry   16, 42, **206**
Wigry-Nationalpark (Wigierski Park Narodowy)   15, **206**
Wisełka   72
Władysławowo (Großendorf)   102

Wojnowo (Eckertsdorf) 189, **190f.**
Wolfsschanze (Wilczy Szaniec) 41, **171ff.**
Wolin (Wollin), Insel 12, 14, 16, **68ff.**
Wolin (Wollin), Ort 69, **75**
Wolliner Nationalpark (Woliński Park Narodowy) **74f.**, 213
Wrzeszcz (Langfuhr) 117

Żarnowiec (Zarnowitz) 101
Żarnowieckie-See (Zarnowitzer See) 101
Żelazowa Wola 47, **234**
Ziegenort s. Trzebież
Zgon 188, 189
Zondern s. Sądry
Zoppot s. Sopot

Titelbild: Danzig mit der Marienkriche
S. 8: See bei Ruciane Nida (Masuren)
S. 52: Fußgängerzone in Toruń
Umschlaginnenklappe: Auf der Halbinsel Hel
Umschlagrückseite: Landschaft im Ermland

Über die Autorin: Izabella Gawin, geboren 1964, hat acht Jahre in Polen gelebt. Sie studierte Kunst und Germansitik an den Universitäten Bonn und Bremen und promovierte über ein Thema der Kulturwissenschaften. Gemeinsam mit Dieter Schulze verfasste sie mehrere Städte- und Regionalführer zu Polen, bei DuMont erschien der Kunstreiseführer »Schlesien«. Beteiligt war sie auch an der Erstellung des Richtig-Reisen-Bands »Südpolen«.

Die Deutsche Bibliothek – CIP-Einheitsaufnahme
Gawin, Izabella
Polen – Der Norden: Ostseeküste und Masuren / Izabella Gawin. -
Köln : DuMont-Reiseverl., 2002
   (Richtig Reisen)
   ISBN 3-7701-4745-6

© 2002 DuMont Reiseverlag, Köln
Alle Rechte vorbehalten
Druck: Rasch, Bramsche
Buchbinderische Verarbeitung: Bramscher Buchbinder Betriebe

Printed in Germany   ISBN 3-7701-4745-6